Houghton
Mifflin
Harcourt

SenDeRoS

ESTÁNDARES COMUNES

Autoras del programa
Alma Flor Ada
F. Isabel Campoy

ISBN 978-0-544-15604-3

1 2 3 4 5 6 7 8 9 10   0914   22 21 20 19 18 17 16 15 14 13
4500428384   A B C D E F G

SENDEROS

ESTÁNDARES COMUNES

Unidad 2

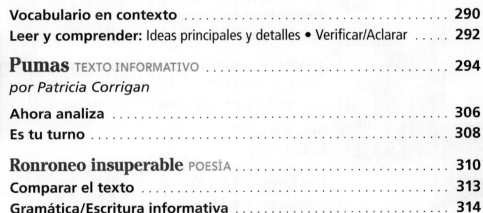

El árbol del tiempo:
¿Para qué sirven las genealogías?
por Armando Leñero Otero

Libro para leer

Unidad 3

Unidad 4

Siete reporteros y un periódico
por Pilar Lozano Carbayo

Libro para leer

Unidad 5

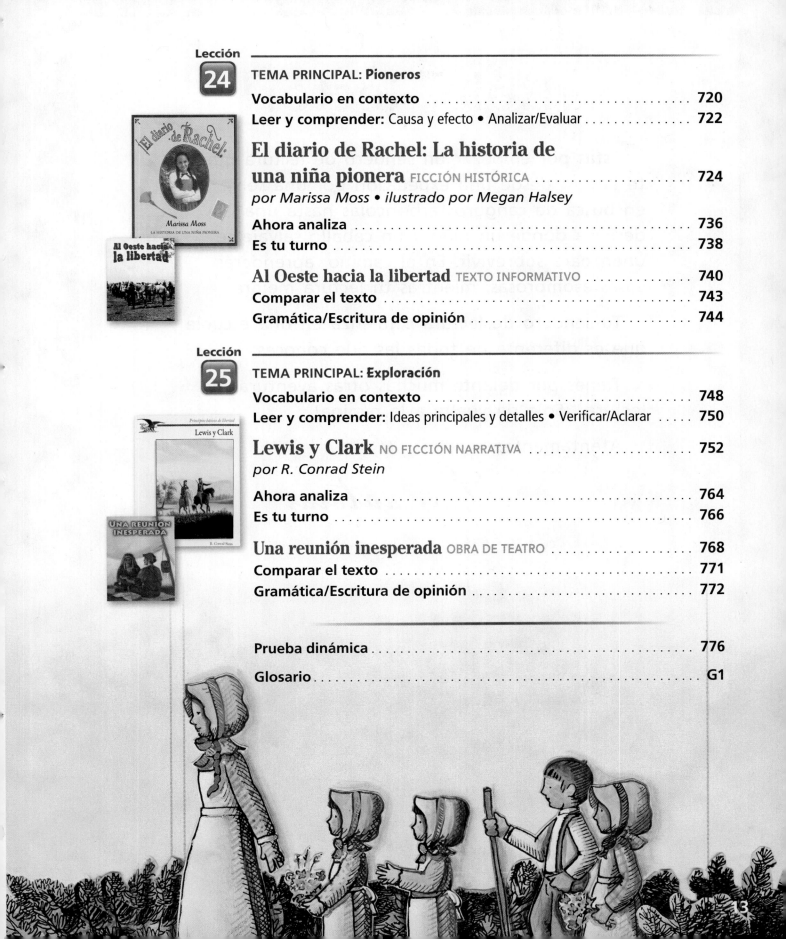

¡Hola, lector!

Estás por empezar un sendero de lectura que te llevará desde una expedición por una selva en busca de canguros arborícolas hasta una isla desierta donde un niño y un caballo salvaje se unen para sobrevivir. En el camino, aprenderás cosas asombrosas, mientras tu lectura mejora.

Tu sendero de lectura comienza en una escuela que es diferente de todas las que conoces.

Tienes por delante muchas otras aventuras de lectura. ¡Solo da vuelta a la página!

Atentamente,

Las autoras

unidad 1

Vocabulario en contexto

Librito de vocabulario

Tarjetas de contexto

L.5.6 acquire and use general academic and domain-specific words and phrases

1 especialidad

Un salón de clases puede estar preparado para enseñar una destreza, o especialidad. Aquí se usan computadoras.

2 molestar

Los ruidos fuertes pueden molestar a los estudiantes que trabajan en la biblioteca.

3 colapsar

Después de un entrenamiento arduo, las atletas colapsaron sobre las gradas.

4 aplastar

En el salón de arte los estudiantes suelen aplastar plastilina para crear figuras.

Aprende en línea

▶ Estudia cada Tarjeta de contexto.

▶ Usa un diccionario o un glosario para verificar el significado de las palabras del Vocabulario.

5 cambiar

Esta estudiante cambió una de sus respuestas del examen.

6 entumecer

Mi vecina no se puso guantes cuando salió a caminar y se le entumecieron los dedos.

7 tambalearse

Los estudiantes se dirigieron a sus salones de clases tambaleándose por el peso de las mochilas.

8 penosamente

Penosamente podemos concluir que el experimento está tomando demasiado tiempo.

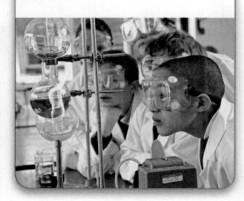

9 trastabillar

Esta pila de libros es tan alta que la niña debe tener cuidado de no trastabillar.

10 interrumpir

El maestro hizo que los estudiantes interrumpieran el ensayo para explicar la partitura.

Leer y comprender

Aprende en línea

☑ DESTREZA CLAVE

Estructura del cuento Mientras lees *Un paquete para la Sra. Jewls*, lleva el registro del entorno, los personajes y la trama del cuento. Identifica el problema del personaje principal, o **conflicto**, los **sucesos** que rodean el conflicto y el **desenlace** del conflicto. Estos elementos conforman la estructura general del cuento, o la organización. Usa un organizador gráfico como el siguiente para registrar las partes importantes del cuento.

Entorno	Personajes
Trama	
Conflicto: Sucesos: Desenlace:	

☑ ESTRATEGIA CLAVE

Resumir Mientras lees *Un paquete para la Sra. Jewls*, haz una pausa cada tanto para **resumir**, o volver a contar las partes importantes del cuento con tus propias palabras.

RL.5.2 determine theme from details/summarize; **RL.5.5** explain how chapters, scenes, or stanzas fit together to provide the overall structure

UN VISTAZO AL TEMA PRINCIPAL

Experimentos

   ¿Por qué los lápices caen hacia abajo en vez de hacia arriba? ¿Cómo hacen los cohetes para mantenerse en el espacio? La física, el estudio de la materia inerte, busca la respuesta a este tipo de preguntas. La física investiga cómo los objetos interactúan con fuerzas varias, tales como la energía.

   En *Un paquete para la Sra. Jewls*, la clase de la Sra. Jewls aprende sobre la gravedad. La gravedad es la fuerza que atrae a los objetos hacia el centro de la Tierra. Para demostrar la gravedad en acción, la Sra. Jewls hace que los estudiantes lleven a cabo experimentos, o pruebas que se usan para demostrar si las ideas son correctas. Mientras lees el cuento, tú también aprenderás sobre la gravedad.

TEXTO PRINCIPAL

☑ DESTREZA CLAVE

Estructura del cuento Examina los detalles acerca del entorno, los personajes y la trama.

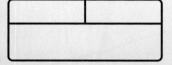

☑ GÉNERO

La **ficción humorística** es un relato escrito para entretener al lector. Mientras lees, busca:

▶ personajes y sucesos graciosos o poco comunes,

▶ diálogos que contengan chistes o doble significado y

▶ un desenlace inesperado para el conflicto del cuento.

 ESTÁNDARES COMUNES   **RL.5.5** explain how chapters, scenes, or stanzas fit together to provide the overall structure; **RL.5.6** describe how a narrator's or speaker's point of view influences how events are described; **RL.5.10** read and comprehend literature

CONOCE AL AUTOR

Louis Sachar

Cuando trabajaba como auxiliar en una escuela primaria, Louis Sachar escribió algunos cuentos y los leyó a sus estudiantes. A los estudiantes les encantaron sus relatos y, desde entonces, Sachar ha continuado escribiendo. Dice: "Quiero que los niños piensen que leer puede ser tan divertido como la televisión, los videojuegos o cualquier otra actividad, o más".

CONOCE AL ILUSTRADOR

Bruce MacPherson

Las ilustraciones de Bruce MacPherson han aparecido en periódicos y revistas de toda la nación. Aunque sus propios hijos ya son adultos, le encanta ilustrar libros para niños. Sus dibujos humorísticos y llenos de color han ilustrado los libros *Josefina Javelina* y *Thank You, Aunt Tallulah!*

UN PAQUETE PARA LA SRA. JEWLS

por Louis Sachar

selección ilustrada por Bruce MacPherson

ESCUELA

Luis, el maestro que cuidaba del patio, frunció el ceño al verlo tan desordenado. Había lápices y trozos de papel por todos lados.

—¿Cómo llegó aquí toda esta basura? —se preguntó—. Pues, ¡yo no voy a recogerla!

No era su trabajo recoger la basura. Solo se esperaba que distribuyera las pelotas durante el almuerzo y el recreo; sin embargo, suspiró y comenzó a limpiar. Luis quería mucho a todos los niños de la escuela Wayside y no quería que jugaran en un patio sucio.

Mientras estaba recogiendo los lápices y los trozos de papel, un gran camión llegó al estacionamiento. Tocó la bocina dos veces, y luego dos veces más.

Luis corrió hasta el camión y susurró:

—Silencio, hay niños tratando de aprender allí adentro. —Y señaló la escuela.

Un hombre pequeño, de cabellera abundante y espesa, bajó del camión.

—Tengo un paquete para una tal Sra. Jewls —dijo.

—Yo lo recibiré —respondió Luis.

—¿Es usted la Sra. Jewls? —preguntó el hombre.

—No —dijo Luis.

—Pues tengo que dárselo a la Sra. Jewls —aseguró el hombre.

Luis pensó por un momento. No quería que el hombre molestara a los niños. Sabía cuánto detestaban que los interrumpieran mientras estaban trabajando.

—Soy la Sra. Jewls —afirmó.

—Pero acaba de decirme que no era la Sra. Jewls —argumentó el hombre.

—Cambié de opinión —dijo Luis.

El hombre sacó el paquete de la parte trasera del camión y se lo entregó a Luis.

—Aquí tiene, Sra. Jewls —le dijo.

—¡Uf! —gruñó Luis. Era un paquete muy pesado que decía FRÁGIL por todos sus lados, así que debía tener mucho cuidado de no dejarlo caer.

El paquete era tan grande que Luis no podía ver por dónde iba. Afortunadamente, sabía de memoria el camino a la clase de la Sra. Jewls. Sólo debía seguir derecho y subir.

La escuela Wayside tenía treinta pisos y solo una clase en cada piso. La clase de la Sra. Jewls estaba en el último piso. Era la clase favorita de Luis.

Empujó la puerta de entrada a la escuela y comenzó a subir las escaleras porque no había ascensor.

También había escaleras que conducían al sótano, pero nadie bajaba allí nunca.

La caja estaba apoyada contra la cara de Luis y le aplastaba la nariz. Aun así, al llegar al decimoquinto piso, Luis pudo percibir el aroma que venía de la cafetería. La Srta. Mush estaba cocinando algo que olía a champiñones. "Cuando vuelva pararé donde la Srta. Mush a comer unos champiñones", pensó. No quería perderse los champiñones de la Srta. Mush: eran su especialidad.

Luis resoplaba y refunfuñaba a medida que subía las escaleras. Le dolían mucho los brazos y las piernas, pero no quería descansar. "Este paquete podría ser importante", pensó. "Tengo que dárselo a la Sra. Jewls de inmediato".

Subió fácilmente del decimoctavo piso al vigésimo porque el decimonoveno piso no existía. La maestra Zarves enseñaba en la clase del decimonoveno piso, pero no había ninguna maestra Zarves.

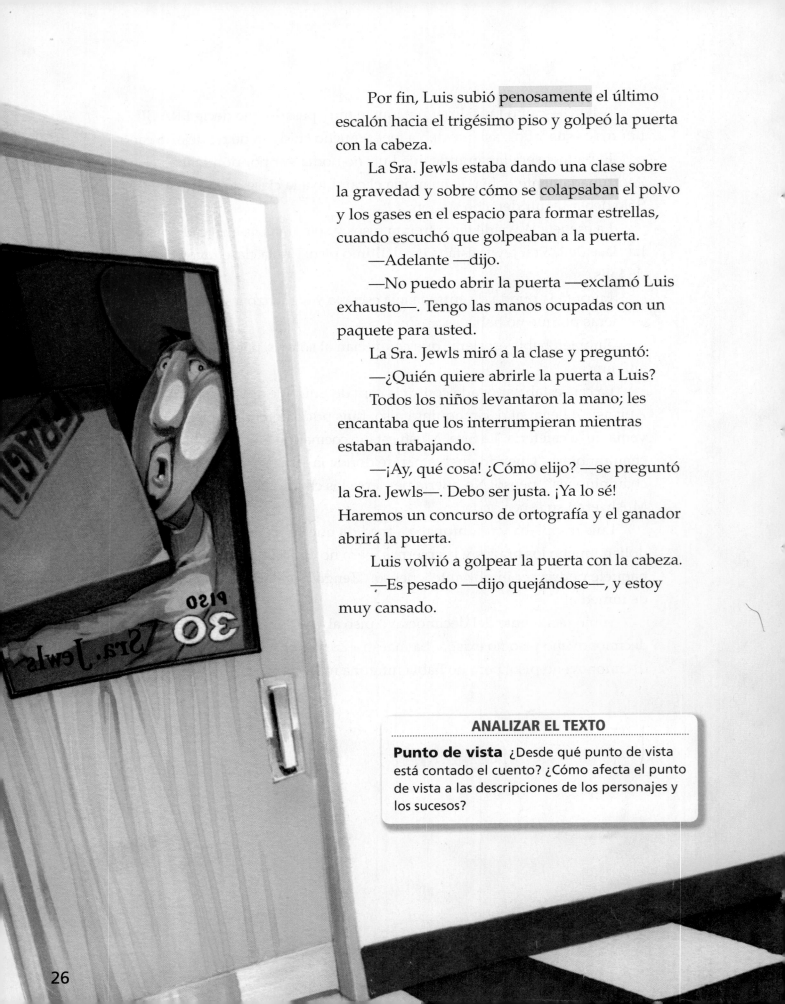

Por fin, Luis subió penosamente el último escalón hacia el trigésimo piso y golpeó la puerta con la cabeza.

La Sra. Jewls estaba dando una clase sobre la gravedad y sobre cómo se colapsaban el polvo y los gases en el espacio para formar estrellas, cuando escuchó que golpeaban a la puerta.

—Adelante —dijo.

—No puedo abrir la puerta —exclamó Luis exhausto—. Tengo las manos ocupadas con un paquete para usted.

La Sra. Jewls miró a la clase y preguntó:

—¿Quién quiere abrirle la puerta a Luis?

Todos los niños levantaron la mano; les encantaba que los interrumpieran mientras estaban trabajando.

—¡Ay, qué cosa! ¿Cómo elijo? —se preguntó la Sra. Jewls—. Debo ser justa. ¡Ya lo sé! Haremos un concurso de ortografía y el ganador abrirá la puerta.

Luis volvió a golpear la puerta con la cabeza.

—Es pesado —dijo quejándose—, y estoy muy cansado.

ANALIZAR EL TEXTO

Punto de vista ¿Desde qué punto de vista está contado el cuento? ¿Cómo afecta el punto de vista a las descripciones de los personajes y los sucesos?

—Un segundo —dijo la Sra. Jewls—. Allison, la primera palabra es para ti: pesado.

—Pesado —repitió Allison—. P-E-S-A-D-O. Pesado.

—Muy bien. Jason, tú sigues: cansado.

—Cansado —dijo Jason—. A-D-O-R-M-I-L-A-D-O. Cansado.

Luis sentía que el paquete se deslizaba por sus manos sudorosas, así que cambió de posición para sostenerlo mejor. Las esquinas de la caja se clavaban en sus brazos y sentía las manos entumecidas; en realidad, ni siquiera se dio cuenta cuando se le entumecieron.

—Jenny: paquete.

—Paquete —repitió Jenny—. C-A-J-A. Paquete.

—¡Excelente! —exclamó la Sra. Jewls.

Luis sentía que iba a desmayarse.

Finalmente, John abrió la puerta.

—¡Gané el concurso de ortografía, Luis! —gritó.

—Muy bien, John —refunfuñó Luis.

—¿No me vas a dar la mano? —preguntó John.

Luis pasó la caja a uno de sus brazos, rápidamente estrechó la mano de John, luego volvió a agarrar la caja y, tambaleándose, ingresó en la habitación.

—¿Dónde desea ponerla, Sra. Jewls?

—No lo sé —respondió la Sra. Jewls—. ¿Qué es?

—No lo sé —dijo Luis—. Tendré que bajarla en algún lado para que pueda abrirla.

—Pero, ¿cómo puedo decirle dónde ponerla sin saber qué es? —señaló la Sra. Jewls—. Podría ponerla en el lugar equivocado.

Entonces Luis, cuyas piernas no paraban de trastabillar, sostuvo la caja mientras la Sra. Jewls, parada en una silla a su lado, la abría.

—¡Es una computadora! —exclamó la Sra. Jewls y todos abuchearon.

—¿Qué sucede? —preguntó Luis—. Creía que a todos les encantaban las computadoras.

—No la queremos, Luis —dijo Eric Bacon.

—Devuélvela, amigo —mencionó Terrence.

—Saca esa basura de aquí —gritó Maurecia.

—Un momento, no sean así —señaló la Sra. Jewls—. La computadora nos ayudará a aprender. Es mucho más rápida que un lápiz y un trozo de papel.

—Pero, mientras más rápido aprendemos, más trabajo tenemos —se quejó Todd.

—Puedes dejarla en la repisa, Luis —dijo la Sra. Jewls.

Luis colocó la computadora sobre la repisa, al lado del escritorio de Sharie, y cayó exhausto al suelo.

ANALIZAR EL TEXTO

Estructura del cuento ¿Por qué Luis cae exhausto al suelo? ¿Qué detalles del cuento explican la razón?

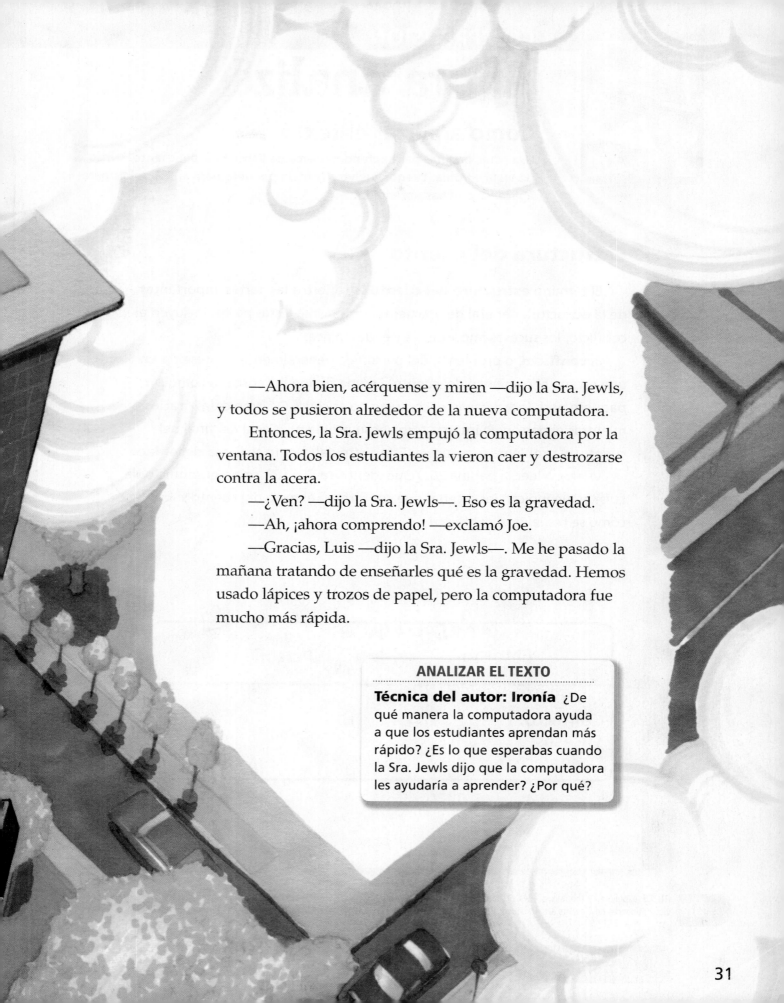

—Ahora bien, acérquense y miren —dijo la Sra. Jewls, y todos se pusieron alrededor de la nueva computadora.

Entonces, la Sra. Jewls empujó la computadora por la ventana. Todos los estudiantes la vieron caer y destrozarse contra la acera.

—¿Ven? —dijo la Sra. Jewls—. Eso es la gravedad.

—Ah, ¡ahora comprendo! —exclamó Joe.

—Gracias, Luis —dijo la Sra. Jewls—. Me he pasado la mañana tratando de enseñarles qué es la gravedad. Hemos usado lápices y trozos de papel, pero la computadora fue mucho más rápida.

ANALIZAR EL TEXTO

Técnica del autor: Ironía ¿De qué manera la computadora ayuda a que los estudiantes aprendan más rápido? ¿Es lo que esperabas cuando la Sra. Jewls dijo que la computadora les ayudaría a aprender? ¿Por qué?

Ahora analiza

Cómo analizar el texto

Usa estas páginas para aprender acerca de Estructura del cuento, Punto de vista e Ironía. Luego, vuelve a leer *Un paquete para la Sra. Jewls* para aplicar lo que has aprendido.

Estructura del cuento

El término **estructura del cuento** se refiere a las partes importantes de la estructura general de un cuento, o su trama. Estas partes incluyen el conflicto, los sucesos importantes y el desenlace.

El **conflicto**, o problema, del personaje generalmente se presenta en una escena al comienzo del cuento. En una ficción humorística como *Un paquete para la Sra. Jewls,* el conflicto no es serio. Ocurren cosas graciosas mientras el personaje intenta resolver su problema. Cerca del final del cuento, el problema se resuelve. Esta parte del cuento se llama **desenlace**.

Vuelve a leer la página 25. ¿Qué identifica el autor como el conflicto de Luis? ¿Qué indican las escenas que conforman el resto del cuento sobre cómo se resuelve el conflicto?

Entorno	Personajes
Trama	
Conflicto: Sucesos: Desenlace:	

RL.5.5 explain how chapters, scenes, or stanzas fit together to provide the overall structure; **RL.5.6** describe how a narrator's or speaker's point of view influences how events are described; **RL.5.10** read and comprehend literature; **RF.5.4a** read on-level text with purpose and understanding

Punto de vista

El **punto de vista** se refiere a quién está contando el cuento. Cuando el narrador es un observador, el punto de vista es la **tercera persona**. A veces, un narrador en tercera persona comparte los pensamientos y los sentimientos de un solo personaje. Este punto de vista se conoce como **tercera persona limitada**. Cuando un narrador en tercera persona comparte los pensamientos y los sentimientos de todos los personajes, el punto de vista es la **tercera persona omnisciente**. Vuelve a leer *Un paquete para la Sra. Jewls* y piensa qué comparte el narrador sobre los personajes. ¿Desde qué punto de vista está contado el cuento?

Técnica del autor: Ironía

Los autores a veces usan la **ironía** para agregarle humor a un cuento. La ironía ocurre cuando sucede algo que es lo opuesto a lo que el lector espera. El final de *Un paquete para la Sra. Jewls* es un ejemplo de ironía. Después de que Luis luchó para llevar el pesado paquete hasta el trigésimo piso, con cuidado para mantenerlo a salvo, la Sra. Jewls simplemente lo tira por la ventana.

Es tu turno

REPASAR LA PREGUNTA ESENCIAL

Turnarse y comentar

Repasa la selección y prepárate para comentar esta pregunta: *¿Cómo puede un experimento aclarar una idea?* Túrnate con un compañero para explicar la respuesta a la pregunta. Den evidencia del texto para apoyar la posición de cada uno.

Comentar en la clase

Para continuar comentando *Un paquete para la Sra. Jewls*, explica tus respuestas a estas preguntas:

1. ¿Por qué el patio de la escuela estaba tan desordenado al comienzo del cuento?

2. ¿Qué aprendiste sobre el carácter de Luis por la manera en que respondió a su conflicto?

3. ¿Qué pistas podrían haberte ayudado a predecir el final del cuento?

ANALIZAR EL HUMOR

Hacer una tabla Un entorno poco común, diálogos y acciones inesperadas de los personajes y sucesos graciosos... todo se usa para crear humor en *Un paquete para la Sra. Jewls*. Con un compañero o en un grupo pequeño, hagan un mapa de T. En la columna de la izquierda, enumeren ejemplos de humor del cuento. En la columna de la derecha, expliquen por qué cada uno es divertido.

Respuesta ¿*Un paquete para la Sra. Jewls* sería tan gracioso si se lo hubiera contado desde otro punto de vista? ¿Conocer los pensamientos y los sentimientos de Luis haría que disfrutaras más el cuento? Escribe un párrafo que explique cómo el punto de vista afecta la manera en que ves a los personajes y los sucesos. Usa citas del cuento y otras evidencias del texto para apoyar tu opinión.

¡Este paquete podría ser importante!

Sugerencia para la escritura

Proporciona varios ejemplos sólidos del cuento para apoyar tu opinión. Usa palabras y frases de transición para mostrar cómo los ejemplos se relacionan con tu punto principal.

Aprende en línea

ESTÁNDARES COMUNES **RL.5.6** describe how a narrator's or speaker's point of view influences how events are described; **W.5.1c** link opinion and reasons using words, phrases, and clauses; **W.5.9a** apply grade 5 Reading standards to literature; **SL.5.1a** come to discussions prepared/ explicitly draw on preparation and other information about the topic

Lección 1

TEATRO DEL LECTOR

✓ GÉNERO

El **teatro del lector** es un texto que ha sido preparado para ser leído en voz alta.

✓ ENFOQUE EN EL TEXTO

Una **entrevista** usa un formato de preguntas y respuestas para dar información usando las palabras de una persona.

RI.5.10 read and comprehend informational texts

ESTÁNDARES COMUNES

Aprende en línea

Teatro del lector

Examinando la gravedad

por Katie Sharp

Personajes

DR. G. NIO

ALEX

SARA

ED

DR. G. NIO. ¡Saludos, estudiantes! Espero no estar molestando mientras hacen la tarea.

ALEX. ¿Quién es usted?

DR. G. NIO. Excelente pregunta. Y me indica que he venido a la clase correcta. Los buenos científicos siempre hacen preguntas.

SARA. Y bien, ¿quién es usted y por qué está aquí?

Dr. G. Nio. Ah… ¡otra científica! Mi nombre es Dr. G. Nio, y mi especialidad son las ciencias. Su maestra me pidió que viniera a responder a las preguntas que ustedes tengan sobre las ciencias. ¡Pregúntenme lo que quieran!

Ed. Ayer estaba llevando a mi casa un montón de libros de la biblioteca. Eran tantos que mis manos se entumecieron y el libro de arriba se tambaleó y cayó al suelo. Entonces, tratando de recogerlo, trastabillé y me caí. Eso me hizo pensar: si la Tierra tiene una gravedad tan fuerte, ¿por qué no caen a la Tierra todas las cosas del espacio y nos aplastan?

Dr. G. Nio. Ah, cuando tenía tu edad, yo también traté de responder a esa pregunta. Verás, la gravedad disminuye con la distancia. Pero, sin gravedad alguna, la Luna saldría volando por el espacio, y quizás no la volveríamos a ver. El solo hecho de pensar en eso me deja paralizado.

Sara. Todo esto que dice sobre la Tierra y la Luna me hace preguntarme algo. Para empezar, ¿de dónde vinieron los planetas?

Dr. G. Nio. ¡Otra buena pregunta! La mayoría de los científicos creen que, hace aproximadamente 4,600 millones de años, polvo y gas se unieron y formaron una inmensa nube. Se unieron gracias a nuestra buena amiga la gravedad. Al comienzo, el núcleo de la nube comenzó a girar lentamente. Sin embargo, mientras la nube colapsaba, el núcleo giraba cada vez más rápido y finalmente se transformó en el Sol. Los restos de la nube se enfriaron y se convirtieron en planetas, asteroides y demás objetos del espacio.

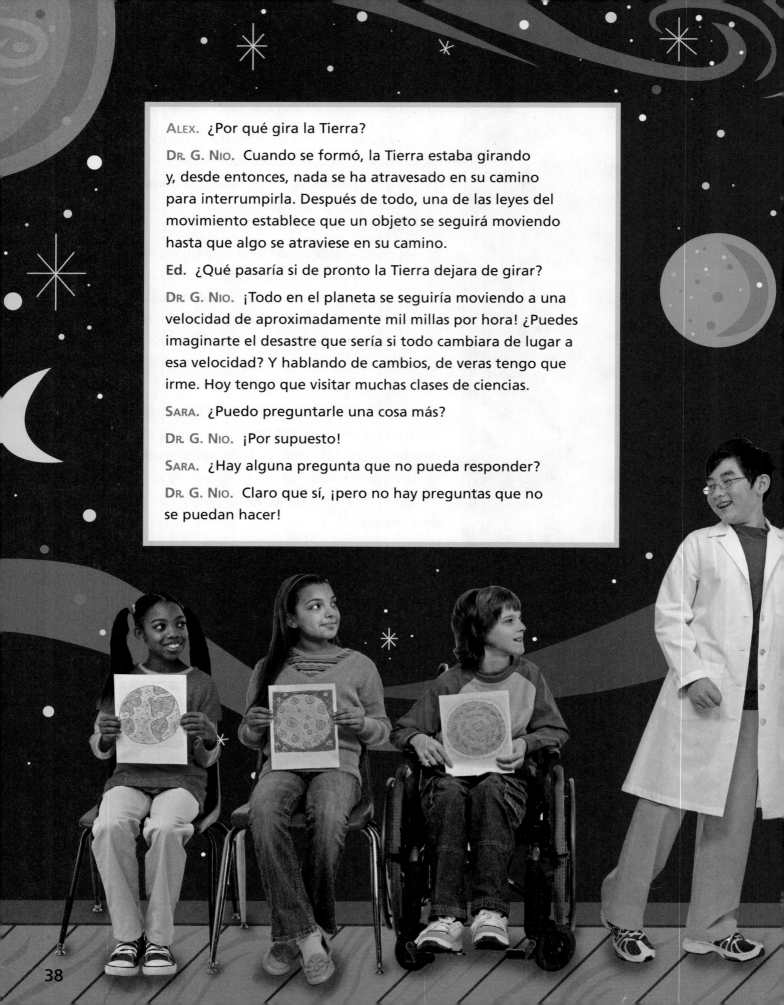

ALEX. ¿Por qué gira la Tierra?

DR. G. NIO. Cuando se formó, la Tierra estaba girando y, desde entonces, nada se ha atravesado en su camino para interrumpirla. Después de todo, una de las leyes del movimiento establece que un objeto se seguirá moviendo hasta que algo se atraviese en su camino.

ED. ¿Qué pasaría si de pronto la Tierra dejara de girar?

DR. G. NIO. ¡Todo en el planeta se seguiría moviendo a una velocidad de aproximadamente mil millas por hora! ¿Puedes imaginarte el desastre que sería si todo cambiara de lugar a esa velocidad? Y hablando de cambios, de veras tengo que irme. Hoy tengo que visitar muchas clases de ciencias.

SARA. ¿Puedo preguntarle una cosa más?

DR. G. NIO. ¡Por supuesto!

SARA. ¿Hay alguna pregunta que no pueda responder?

DR. G. NIO. Claro que sí, ¡pero no hay preguntas que no se puedan hacer!

Comparar el texto

Comparar textos sobre el aprendizaje Comenta con un compañero las semejanzas y las diferencias entre *Un paquete para la Sra. Jewls* y *Examinando la gravedad*. Luego, trabajen juntos para escribir un párrafo sobre el propósito y el mensaje de cada texto.

EL TEXTO Y TÚ

Describir una escena El autor de *Un paquete para la Sra. Jewls* usa el punto de vista de una tercera persona limitada para contar un cuento humorístico. Escribe una historia acerca de algo fuera de lo común que te haya ocurrido. Después explica cómo podría haber cambiado tu relato si hubieras usado un punto de vista diferente.

EL TEXTO Y EL MUNDO

Investigar una pregunta de ciencias Los estudiantes de *Examinando la gravedad* aprenden hechos científicos sorprendentes. Crea una lista de preguntas que le harías al Dr. G. Nio si tuvieras la oportunidad. Luego, elige una fuente impresa o digital para hallar la respuesta. Comparte tus descubrimientos con la clase.

1. ¿Por qué el cielo es azul?

2. ¿Por qué?

Aprende en línea

ESTÁNDARES COMUNES   **RL.5.1** quote accurately when explaining what the text says explicitly and when drawing inferences; **RI.5.7** draw on information from print and digital sources to locate answers or solve problems; **W.5.3a** orient the reader by establishing a situation and introducing a narrator or characters/ organize an event sequence; **W.5.10** write routinely over extended time frames and shorter time frames

Gramática

¿Qué es una oración? Una **oración** es un grupo de palabras que expresa un pensamiento completo. La oración se compone de sujeto y predicado. El **núcleo del sujeto** es el sustantivo, la palabra que nombra a la persona o cosa de la que habla la oración. El **núcleo del predicado** es el verbo, la palabra que dice qué es o qué hace el sujeto. A veces el sujeto no está explícito. Por ejemplo: Hoy fui al parque.

Oraciones completas
núcleo del sujeto　　　núcleo del predicado Un camión grande ingresó en el estacionamiento.
núcleo del sujeto　　núcleo del predicado El maestro corrió hasta el camión.

Un grupo de palabras que no expresa un pensamiento completo es un **fragmento.**

Fragmentos
un paquete para la Sra. Jewls (No indica quién es el sujeto ni qué hace el sujeto).
el paquete a una maestra (No indica quién es el sujeto ni qué hace el sujeto).

Inténtalo **Identifica en los siguientes ejemplos las oraciones y los fragmentos. Indica el núcleo del sujeto y el núcleo del predicado en las oraciones.**

1. un paquete pesado por las escaleras

2. El maestro golpea la puerta con la cabeza.

3. Los estudiantes compiten entusiasmados en un concurso de ortografía.

Verifica siempre que las oraciones que escribas estén completas.
Corrige los fragmentos que halles. A veces, puedes corregir un fragmento
agregándolo a una oración completa.

Oración completa	Fragmento
La Sra. Jewls apoyó las manos en la computadora y la empujó.	por la ventana

Oración completa + fragmento

La Sra. Jewls apoyó las manos en la computadora
y la empujó por la ventana.

 ## Relacionar la gramática con la escritura

**Mientras revisas tu cuento corto esta semana, asegúrate de que cada
oración tenga sujeto y predicado y de que el verbo concuerde con el sujeto,
implícito o explícito. Transforma todos los fragmentos que encuentres en
oraciones completas.**

W.5.3a orient the reader by establishing a situation and introducing a narrator or characters/organize an event sequence; **W.5.3b** use narrative techniques to develop experiences and events or show characters' responses; **W.5.3d** use concrete words and phrases and sensory details; **W.5.3e** provide a conclusion

Escritura narrativa

☑ **Ideas** En *Un paquete para la Sra. Jewls*, las palabras y los detalles del autor dan vida a los sucesos del cuento. Por ejemplo, Luis *resoplaba* y *refunfuñaba* a medida que subía las escaleras. Puedes hacer más claro y vívido tu **cuento corto** si le añades detalles sensoriales y verbos fuertes y activos.

Eduardo hizo el borrador de un cuento corto que relataba cómo alguien realizaba una tarea difícil. Luego añadió detalles vívidos para que su cuento tuviera más acción y fuera más interesante.

Lista de control de la escritura

☑ **Ideas**

¿Relaté los sucesos claramente usando detalles específicos?

☑ **Organización**
¿Ayuda cada suceso a construir la estructura del cuento?

☑ **Fluidez de las oraciones**
¿Usé oraciones completas?

☑ **Elección de palabras**
¿Usé verbos fuertes y activos y detalles sensoriales?

☑ **Voz**
¿Contribuyen mis palabras a transmitir el tono del cuento?

☑ **Convenciones**
¿Respeté las reglas de ortografía, gramática y puntuación?

Borrador revisado

El sótano de Aldo estaba muy desordenado.

La semana pasada había estado ~~trabajando~~
aserrando y martillando madera con ahínco.
~~con madera.~~ Había desparramado viruta de
　　^ y aserrín
madera por todos lados. ~~Había desparramado~~
　　^
~~aserrín por todos lados.~~ Ahora la pintura ~~caía~~
salpicaba
por^ todo el suelo mientras Aldo ~~intentaba~~
　　^
se apresuraba para terminar
~~terminar~~ su proyecto. La Feria Medieval de la
　　^

escuela tendría lugar al día siguiente, y Aldo

había prometido llevar una gran sorpresa.

La sorpresa de Aldo

por Eduardo Martínez

El sótano de Aldo estaba muy desordenado. La semana pasada había estado aserrando y martillando madera con ahínco. Había desparramado viruta de madera y aserrín por todos lados. Ahora la pintura salpicaba todo el suelo mientras Aldo se apresuraba para terminar su proyecto. La Feria Medieval de la escuela tendría lugar al día siguiente, y Aldo había prometido llevar una gran sorpresa. Después de cuatro horas pintando, Aldo dio un paso atrás para admirar su creación. Había construido una maqueta de un castillo medieval muy completo, con un puente levadizo que funcionaba de verdad y dos torreones altos. La mañana siguiente, Aldo estaba listo para mostrarle al mundo su obra de arte. De pronto, notó un pequeño problema. ¡Su castillo de madera y cartón era demasiado grande para subirlo por las escaleras!

Aldo no podía creer que había pasado por alto un detalle tan importante. Se arrodilló frente al castillo y lo examinó desde cada ángulo. Lo observó detenidamente desde el piso del sótano. No encontraba una solución al problema y se sentía descorazonado con la idea de tener que desarmar el castillo para volverlo a armar después de subirlo por las escaleras. Resignado, Aldo se levantó y golpeó el castillo con el codo, e hizo que se soltara de su base. ¡Ahora podría colocarlo de costado para subirlo por las escaleras, y luego lo volvería a pegar en el tablero de madera! Las cosas comenzaban a mejorar.

Leer como escritor

¿Qué detalles sensoriales y verbos fuertes dan vida al cuento de Eduardo? ¿Dónde puedes añadir detalles y verbos fuertes en tu propia escritura narrativa?

En mi versión final, añadí detalles sensoriales y verbos fuertes y activos. También combiné fragmentos para formar oraciones completas.

Vocabulario en contexto

incomodidad

primitivo

interior

honrado

reservado

absorto

errar

contagioso

alzar

impreso

Librito de vocabulario

Tarjetas de contexto

L.5.4a use context as a clue to the meaning of a word or phrase

1 incomodidad

La incomodidad de acostarse sobre el suelo en un saco de dormir puede hacer que se duerma mal.

2 primitivo

Las cabañas de los campamentos suelen ser primitivas, o muy agrestes y sencillas.

3 interior

El interior de una tienda o de una cabaña es un buen lugar para que los campistas almacenen artículos.

4 honrado

Sentirse honrado es sentirse orgulloso de tener una oportunidad o un reconocimiento especial.

Aprende en línea

▶ Estudia cada Tarjeta de contexto.

▶ Usa las claves de contexto para determinar el significado de cada palabra del Vocabulario.

5 reservado

Durante un partido, un equipo puede ser reservado sobre su estrategia de juego.

6 absorto

Estos estudiantes están absortos en su libro favorito. No piensan en otra cosa.

7 errar

Este jugador de fútbol americano le erró a la pelota al intentar atraparla.

8 contagioso

Estos campistas intentaron quedarse en silencio, pero descubrieron que su risa era contagiosa.

9 alzar

Estos futbolistas alzan el trofeo que ganaron.

10 impreso

Esta moneda tiene impresa la imagen de una corona real.

Leer y comprender

☑ DESTREZA CLAVE

Tema El autor de una obra de teatro desea contar una buena historia. En la mayoría de los casos, el autor también quiere expresar un **tema,** o mensaje acerca de la vida o las personas. Mientras lees *Un misterio real,* presta atención a lo que dicen los personajes, lo que sucede en la historia y las acciones o reacciones de los personajes. ¿Qué detalles de la obra sugieren un mensaje o tema? Usa el siguiente organizador gráfico para anotar los detalles clave que te sirven para determinar el tema de la obra.

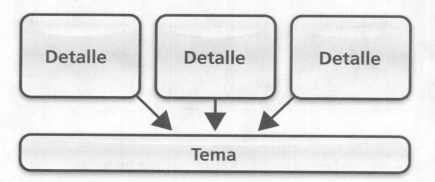

☑ ESTRATEGIA CLAVE

Preguntar Mientras completas el organizador gráfico, hazte **preguntas** sobre la obra. Las preguntas pueden lograr una mayor comprensión de las ideas del autor. Preguntarte cosas también te ayuda a identificar lo que te gustaría conocer más.

UN VISTAZO AL TEMA PRINCIPAL

Artes escénicas y visuales

Las artes ofrecen muchas maneras diferentes de expresar las ideas y los sentimientos. En las artes escénicas, los artistas se comunican directamente con el público. Bailan, tocan música o actúan en una obra de teatro. Las artes visuales implican algo que el público pueda ver o mirar. Los artistas visuales pintan murales, dirigen películas y hacen esculturas, solo por nombrar algunos ejemplos.

La selección que vas a leer, *Un misterio real*, es una obra de teatro. Mientras lees, ten presente que la obra está pensada para ser actuada. Visualiza a los actores mientras se mueven por el escenario y dicen sus diálogos. ¿Qué tipo de vestuario podrían usar? ¿Cómo sería el decorado? ¡Dale vida a la obra en tu imaginación!

TEXTO PRINCIPAL

✓ DESTREZA CLAVE

Tema Estudia a los personajes para determinar el tema de la obra, o el mensaje central.

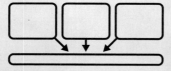

✓ GÉNERO

Una **obra de teatro** es una historia que se puede representar frente al público. Mientras lees, identifica:

► el texto que consiste principalmente en diálogo,

► las acciones y los sentimientos de los personajes que se expresan a través del diálogo y

► las acotaciones y las descripciones del entorno.

ESTÁNDARES COMUNES

RL.5.2 determine theme from details/summarize; **RL.5.5** explain how chapters, scenes, or stanzas fit together to provide the overall structure; **RL.5.10** read and comprehend literature

Aprende en línea

CONOCE A LA ILUSTRADORA

Jessica Secheret

Jessica Secheret empezó a dibujar y pintar a una edad muy temprana. "Tenía amiguitos extraños que siempre me acompañaban: marcadores, lápices de colores, pinceles y pintura", dice la artista. Actualmente vive y trabaja en su estudio en París, Francia. Ella dice que dibujar para revistas y libros le permite hacer lo que ama: poner su imaginación en el papel.

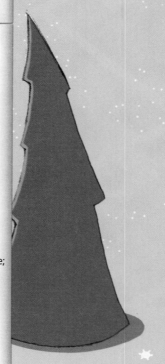

¿¿? Un misterio real

por Audrey Carangelo

ilustrado por Jessica Secheret

Cuentos de hadas

PREGUNTA ESENCIAL

¿De qué manera el arte y la actuación pueden ayudar a comprender un texto?

El campamento Katahdin, un campamento de verano para niñas y niños de siete a doce años de edad, está ubicado en lo profundo del bosque, lejos de pueblos o ciudades. Tiene millas de senderos naturales, lugares para cabalgar y saltar a caballo, y un amplio y profundo lago.

PERSONAJES:

- MISTY
- ALTHEA
- RENA
- NARRADOR
- JULIO
- GERARD

ESCENA I

Entorno: Plataforma de una tienda de campaña en Campamento Katahdin.

MISTY. ¡Althea! Me alegro de verte otra vez en el campamento.

ALTHEA. ¡También yo me alegro de verte, Misty! Espero que no te importe que tenga una nueva compañera de tienda este año.

MISTY. *(Se ríe).* ¡No hay problema! ¡Lo siento si fui tan torpe el año pasado! Seguramente te hice perder el trofeo. ¡Me parece que tuve problemas con todos los eventos!

ALTHEA. ¡No podemos ser todos buenos en todo! Espero que mi nueva compañerita sepa montar a caballo, a diferencia de alguien que conozco.

MISTY. *(Un poco ofendida).* Oye, que se haya volteado la canoa tampoco ayuda a ganar el torneo.

ALTHEA. *(Tímidamente).* Oh, cierto. Creo que lo había olvidado.

MISTY. ¿Y dónde está tu nueva compañera?

ALTHEA. Me parece que no está aquí todavía. ¡Cruza los dedos para que no les tenga miedo a los caballos!

RENA. *(Entra en la tienda arrastrando dos maletas pesadas).* ¡Buenos días! ¡Buenos días!

ALTHEA. ¡Ey! ¡Bienvenida, compañera de tienda!

RENA. (*Arroja las maletas de cuero, que son del mismo color, en un catre*). ¡Uf! ¡Gerard puso tantas cosas en estas maletas! ¡Y tuve que cargarlas yo sola!

MISTY. (*Susurra y pone los ojos en blanco*). ¡Caramba! ¿Maletas bonitas? No es buena señal… pero las apariencias engañan, ¿no es así?

ALTHEA. (*Observa a la niña nueva con cautela*). Hola, soy Althea. Cuánto equipaje tienes.

MISTY. Y yo soy Misty, la compañera de tienda de Althea del año pasado.

RENA. ¡Encantada de conocerlas a ambas! Me llamo Rena. (*Mira alrededor de la tienda, confundida*). ¿Podría preguntarles dónde están los armarios?

ALTHEA. (*Señala un cofre viejo*). ¡Aquí los tienes! ¿Montas a caballo?

RENA. Desde luego. Soy campeona de salto a caballo. ¿Y dónde está la cama? No veo ninguna.

ALTHEA. (*Señala uno de los catres*). ¡Así que sabes cabalgar! ¿Algún otro deporte?

RENA. He ganado algunos concursos de tiro con arco. Y, disculpa… ¿los baños?

ALTHEA. (*Asiente con la cabeza mirando hacia la abertura de la tienda*). Junto a las duchas. Impresionante, Rena. ¡Me parece que nos vamos a llevar bien! Vamos, es hora de almorzar. ¡A la tienda comedor!

RENA. ¿La qué?

MISTY. La tienda comedor. Allí comemos.

RENA. ¿Allí comemos? ¿Están completamente seguras?

ALTHEA. (*Se burla, imitando el tono de voz de Rena*). Sí. Completamente. (*Las niñas salen. Mientras lo hacen, Rena apenas se atreve a tocar la abertura de la tienda*).

Entorno: Más tarde esa misma noche, en la entrada de la tienda de las niñas.

NARRADOR. Las niñas regresan a la tienda, cargando con dificultad el peso de varios colchones.

RENA. No sabes cuánto te agradezco que hayas conseguido estos colchones extra.

ALTHEA. *(Colocando los colchones).* No hay problema. Pongámoslos por allí. Uno, dos, tres: ¡ahora!

RENA. Antes probé ese catre ridículo. Me produjo tanta incomodidad que seguro que nunca podré dormirme.

ALTHEA. No te preocupes. Muchos campistas necesitan colchones extra la primera noche.

RENA. ¿En serio?

ALTHEA. Bueno, no seis colchones… pero aun así.

RENA. ¿Quieres uno?

ALTHEA. No, estoy bien así. Ahora intentemos dormir un poco. Mañana tenemos nuestro partido. Todos los tiros en el blanco, ¿de acuerdo? *(Tira con un arco imaginario).*

ESCENA III

Entorno: Unos días después, dentro de la tienda de las niñas.

NARRADOR. Rena intenta acomodarse a la vida de campamento a medida que las dos niñas se conocen mejor.

RENA. *(Entra en la tienda).* Ohhhh. ¡Odio tanto los campamentos! Las duchas son tan primitivas.

ALTHEA. *(Se ríe).* Es parte de la vida de campamento, ¿no crees?

RENA. No sabría qué decirte.

ALTHEA. No entiendo por qué estás aquí, Rena. No pareces el tipo de niña a la que le gustan los campamentos de verano.

RENA. *(Se encoge de hombros).* Supongo que tienes razón. Esto fue idea de Gerard. Él cree que yo debería conocer a más gente de mi edad.

ALTHEA. ¿Quién es Gerard?

RENA. Es… Gerard. *(Ve la frustración de Althea).* Bueno, está bien. Gerard es mi tutor temporal. Mis padres se fueron por un tiempo y los extraño mucho. ¡Ahí tienes! ¿Estás contenta?

ALTHEA. ¡Oh! Lo siento, Rena. No quise ofenderte.

RENA. Preferiría no hablar de eso. *(Hace una pausa).* Entonces, ¿qué tal si me muestras más cosas del campamento? Ahora quisiera ver los establos de los caballos.

ESCENA IV

Entorno: Más tarde el mismo día, en el interior de un establo.

NARRADOR. Dentro del ventilado establo, hay olor a caballos y heno fresco. La luz del sol se cuela a través de una hilera de ventanas mientras las niñas visitan a Charger, el caballo preferido de Althea.

RENA. *(Entra e inspecciona).* Hay tanta paz aquí. *(Con emoción).* ¡Oh, pero qué hermoso *Appaloosa*! Me encantan las manchas que tienen, ¿a ti no?

ALTHEA. Sabía que te gustaría Charger. Es muy inteligente. ¡Solo espera a que lo montes! ¿Y cabalgas mucho donde vives? Por cierto, ¿de dónde eres?

RENA. De una ciudad del Norte.

ALTHEA. ¿Nueva York? ¿Boston?

RENA. *(La interrumpe).* ... del Noroeste.

ALTHEA. ¿Seattle? ¿Vancouver? ¡Eres canadiense! Claro, ahora entiendo por qué tienes ese acento extraño.

RENA. ¿Acento?

ALTHEA. Sí, como ahora mismo. *(Imita a Rena).* ¿Qué quieres decir con acento? *(Ve el enojo de Rena).* Lo siento. Entonces, ¿de dónde dices que eres?

RENA. Nos mudamos a menudo. *(Se siente incómoda).*

ALTHEA. Perfecto. ¡Cambio de tema! ¿Así que eres campeona de salto a caballo de veras?

RENA. Monto a caballo casi desde que nací. Creo que tengo unos cuantos trofeos.

ALTHEA. *(Se le iluminan los ojos).* ¿Conoces el Torneo de Campeones, no?

RENA. No, nunca lo escuché nombrar. *(Bromea).* ¡Tan solo cada día desde que entré en la tienda!

ALTHEA. Curioso. Oye, nuestro equipo puede tener un puntaje más alto si saltas con Charger. Yo jugaré en sóftbol en cambio.

RENA. Me sentiría honrada de saltar con Charger. Y no te preocupes, Althea, juro que te ayudaré a ganar ese trofeo este año.

ALTHEA. ¡Súper! Pero por ahora, nos hemos ganado el honor de limpiar los establos de estiércol. *(Le da a Rena una horquilla).*

RENA. ¿Perdón? ¿Dijiste estiércol? *(Con indignación).* ¡Por favor, dime que estás bromeando! ¿Qué es ese olor?

ALTHEA. ¡Es parte de ir de campamento!

Entorno: Temprano en la mañana, durante la última semana del campamento de verano.

NARRADOR. Los campistas se preparan para los eventos de los torneos del día. Althea descansa en su catre mientras lee un libro de cuentos de hadas.

ALTHEA. *(A sí misma).* ¡Eso es! Ahora sé por qué Rena es tan reservada.

RENA. *(Entra en la tienda).* ¿Eso piensas? Antes que nada, yo no me reservo nada. Tan solo elijo no contar ciertas cosas.

ALTHEA. Lo siento. No quise ofenderte. Solo trato de comprender cómo eres.

RENA. ¿Comprender cómo soy? *(Exasperada).* ¡Tal vez deberías tratar de comprenderte a ti misma! Por ejemplo, ¿por qué es tan importante para ti ganar un estúpido trofeo? ¡Ay! Perdona que te haya gritado. Fue muy grosero.

ALTHEA. No estabas gritando exactamente.

RENA. Debo irme corriendo ya mismo. *(Toma una toalla).* Prometí que iba a ir a clases de natación, pero llego tarde.

ALTHEA. Espera, Rena. Yo sé que odias la natación y que solo estás en las clases porque dijiste que me ayudarías a ganar.

RENA. Bueno, también odio romper las promesas. *(Dolida).* De todos modos, debo preguntarte: ¿qué quieres decir con ayudarte a ganar? ¿He cometido el error de dar por sentado que somos un equipo? *(Rena sale).*

Cuentos de hadas

ANALIZAR EL TEXTO

Caracterización ¿En qué se parecen y en qué se diferencian Althea y Rena? ¿Qué hace la autora para mostrar al lector que Althea y Rena tienen personalidades distintas?

Entorno: La tienda de las niñas, más tarde esa misma mañana.

NARRADOR. Rena entra en la tienda. Aún lleva puesta su gorra de baño. Althea deja de leer y levanta la vista. Todavía está absorta en su libro de cuentos de hadas.

ALTHEA. ¿Te gusta el lago?

RENA. ¿Lago? ¿Así le llamas a ese espantoso hoyito en el barro? En cuanto me cambie, voy a ensillar a Charger y practicaremos salto. ¿Te gustaría venir?

ALTHEA. Sí, pero esta tarde tengo la carrera de canoas. Estoy descansando para prepararme para el gran evento.

RENA. ¡Althea! Casi lo olvido. ¡Qué bien que me lo recordaste! Por supuesto, estaré allí en tu carrera. Ganaremos este torneo juntas.

ALTHEA. *(Se le ilumina la expresión).* ¿De verdad? Pensé que todavía estabas enojada. Me dijiste que tenía que comprenderme a mí misma y…

RENA. *(La interrumpe).* ¿Y lo intentaste? ¿Comprendes cómo eres?

ALTHEA. Eso creo.

RENA. Bien, te escucho.

ALTHEA. Está bien, te contaré. En mi casa no soy buena en nada. Aquí soy buena en varias cosas… bueno, menos en canotaje. Si vuelvo a casa con el trofeo de campamento, entonces podré recordar que soy buena en algo, aun cuando no esté aquí. ¿Lo entiendes?

ANALIZAR EL TEXTO

Elementos del teatro Todas las escenas de esta obra comienzan con una nota sobre el entorno. ¿Por qué esta información es importante para tu comprensión del texto?

RENA. Lo entiendo, es perfectamente lógico. ¿Y pensaste en todo eso mientras yo nadaba? *(Tomándole el pelo).* Después de todo, quizá tengas remedio aún. *(Estornuda).* ¡Achís! Yo sabía que esa agua repugnante estaba como cinco grados más fría de lo… ¡ACHÍS! …aconsejable.

ALTHEA. *(Arroja una almohada).* ¡Sé fuerte, niña! ¡Tenemos un torneo que ganar!

ESCENA VII

Entorno: El lago del Campamento Katahdin.

NARRADOR. La carrera de canoas ya ha comenzado. Las orillas del lago están repletas de campistas que alientan a los competidores. Julio, un consejero de campamento, comenta la carrera.

JULIO. *(Con emoción).* ¡La carrera está reñida, campistas! ¡Althea se mantiene en el segundo lugar! ¡Oh, no! ¡Erró el giro! Althea se retrasa hasta el cuarto lugar. Esperen: aquí viene Misty, ¡acercándose al segundo lugar!

RENA. ¡Vamos, Althea!

JULIO. ¡Althea sí que rema con fuerza! Está a la par de Kara. ¡Un momento! ¡Kara se ha retrasado, y Althea ahora está en tercer lugar!

(En la orilla, la multitud grita mientras las canoas se acercan a toda velocidad a la línea de llegada).

RENA. ¡Tú puedes, Althea!

JULIO. ¡Pero qué carrera! En la línea de llegada ¡está Jai en primer lugar! Misty toma el segundo lugar y, por unas pulgadas, ¡Althea se ha colocado tercera! ¡Muy bien hecho, todos!

(Rena corre a felicitar a Althea).

RENA. ¡Lo lograste!

ALTHEA. ¿Qué logré? No gané la carrera.

RENA. Bueno, pero diste lo mejor de ti, y eso es lo que cuenta. Todavía podemos ganar el torneo.

ALTHEA. *(Desanimada)*. Sí, pero…

RENA. ¡Sin peros! Cuando terminé en tercer lugar en la competencia de atletismo, me dijiste lo mismo.

ALTHEA. *(Recupera el ánimo)* Sí, cuando obtuviste el puntaje más alto en salto con Charger, nos pusimos a la cabeza.

RENA. ¡Y el lanzamiento con el que ganaste en sóftbol nos dio varios puntos más!

ALTHEA. *(Con emoción)*. Entonces, si mañana terminamos primera y segunda en el concurso de tiro con arco, ¡aún podemos ganar el torneo!

RENA. ¡Por cierto que tu espíritu competitivo es contagioso!

ALTHEA. ¡La última que llega a la tienda comedor tiene que ordenar el establo!

RENA. *(Se ríe)*. ¡Me encanta cómo haces que todo sea un concurso!

ESCENA VIII

Entorno: La tienda de las niñas, por la noche.

NARRADOR. Mañana es el último día de campamento y el último día del torneo. Althea está empeñada en resolver el misterio que rodea a Rena. Althea se ha guardado en los bolsillos algunos cacahuates de la tienda comedor.

(Althea esconde un cacahuate debajo de los seis colchones de Rena).

RENA. *(Entra en la tienda con su cepillo de dientes en la mano)*. ¡Estoy súper entusiasmada con lo de mañana! ¡Tal vez no duerma ni un segundo!

ALTHEA. Lo mismo digo yo. Pero cuanto antes nos durmamos, ¡antes ganaremos! Así que, ¡a apagar las luces!

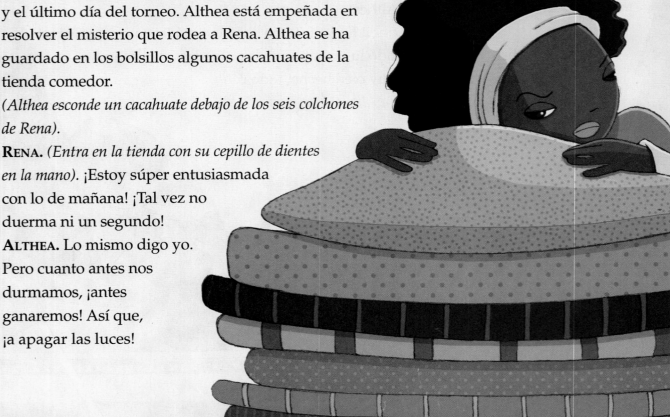

NARRADOR. Rena se pasa toda la noche girando y bamboleándose en su litera. Mientras tanto, Althea permanece despierta para ver si Rena se duerme. Por fin, llega la mañana.

RENA. ¡Ay! Siento como si hubiera dormido sobre una piedra del tamaño del monte Rushmore.

ALTHEA. ¡Sí! ¡Funcionó!

RENA. ¿Qué funcionó?

(Althea busca debajo de los colchones de Rena hasta que encuentra lo que buscaba: un cacahuate).

ALTHEA. *(Alzando el cacahuate).* ¡Esto! Esto es lo que funcionó. Lo puse debajo de tu colchón anoche, ¡y lo sentiste! Sentiste este pequeñísimo cacahuate a través de seis colchones.

RENA. No entiendo. ¿Por qué querrías torturarme de esa manera?

ALTHEA. ¿Torturarte? ¡Estoy investigando un misterio! Intento llegar al fondo de, bueno, intento…

RENA. Torturarme.

ALTHEA. Está bien, perdóname por esa parte. Pero te gustará mucho saber lo que descubrí.

RENA. *(Con sarcasmo).* ¿Me gustará? ¡Oh, genial! Por favor, dime. *(Mientras se frota su dolorida pierna).* ¿Qué descubriste?

ALTHEA. Bien, dama mía, este cacahuate —esta legumbre insignificante— prueba más allá de toda duda ¡que tú eres descendiente de reyes! ¡La realeza! ¡Eres una *princesa*!

RENA. ¿Princesa? ¿Qué quieres decir?

ALTHEA. Está todo claro. Escucha: *(Lee de su libro).*

.... quienes tienen sangre real son sensibles a los fríos más leves y a los olores más ligeros. Hablan con formalidad y refinamiento. Su sensibilidad es tal que pueden detectar un minúsculo cacahuate debajo de veinte colchones. En estos y otros aspectos, la realeza y sus descendientes son diferentes de la población general.

RENA. ¿Quieres decir que…?

ALTHEA. Piénsalo. Establos hediondos. Lago frío. La manera en que hablas, ¡y ahora el cacahuate!

RENA. *(Reflexiona).* ¿Puede ser verdad esto? Y si es así, ¿entonces qué debo hacer?

ALTHEA. ¡Lo que debes hacer es unirte a mí en el campo de batalla así ganamos el torneo!

RENA. ¡Althea, mira este moretón! No puedo competir con esta herida.

ALTHEA. ¡Tonterías! Una princesa debe sobreponerse a un simple moretón. ¡Así que moviéndose!

(Las dos niñas salen).

ESCENA IX

Entorno: Más tarde ese mismo día, en un sendero boscoso que va desde el campo de tiro con arco hasta la tienda de las niñas.

NARRADOR. Rena y Althea transportan el trofeo, con dificultad para sostener su enorme peso.

RENA. ¡Tu tiro en el blanco fue realmente asombroso!

ALTHEA. Bueno, Princesa, la última flecha que usted tiró partió *mi flecha* por la mitad. ¡Eso sí que es realmente asombroso!

Narrador. Antes de que las niñas lleguen a su tienda, Rena divisa a Gerard, quien está de pie junto a una limusina.

Rena. ¡Gerard! Ven, te presento a Althea.

Gerard. *(Sonriendo y mirando el trofeo).* ¡Bravo, Srta. Rena! Pero ahora, debo transmitirle un mensaje que creo que encontrará usted muy importante. *(Le entrega un pequeño sobre).*

Narrador. Rena lee la nota.

Rena. *(Lee).* "Querida Rena, lamentamos que tengas noticias nuestras tan tardíamente, lo que es inusual. Mucho ha sucedido en nuestro pequeño reino de Corelia. Recientemente, tu padre y yo fuimos nombrados para suceder a tu tío abuelo como gobernantes. Es tiempo de que todos nosotros estemos juntos nuevamente. Gerard te acompañará en tu viaje. Nos encontramos ansiosos de tu llegada".

Narrador. Rena abre el sobre y saca un collar. De una cadena cuelga un disco de oro que tiene impreso un león real.

Althea. *(Desconcertada).* ¡Ey, mira esto! *(Saca de su camisa una delicada cadena de oro).* Mi tía me envió esto cuando yo tenía cinco años…

Rena. ¡Ay, Dios! ¿Significa que…?

Gerard. *(Mira su reloj).* Señoritas, ¡nos espera el avión! Esta conversación deberá continuar en otro momento.

Rena. *(Se ríe).* ¡Adiós, princesa!

Althea. ¡Adiós a ti! Mejor nos vemos aquí el próximo año. ¡Para ese entonces habré resuelto otro misterio real!

Fin

ANALIZAR EL TEXTO

Tema ¿Cómo responden Althea y Rena a los desafíos que se presentan en esta obra? ¿Cómo se relaciona la respuesta de cada personaje con el tema de la obra?

Ahora analiza

Cómo analizar el texto

Usa estas páginas para aprender acerca de Tema, Elementos del teatro y Caracterización. Luego, vuelve a leer *Un misterio real* para aplicar lo que has aprendido.

Tema

Al igual que las demás obras de ficción, una obra de teatro suele expresar un mensaje importante sobre la vida. Este mensaje, o **tema,** se revela principalmente a través de los personajes. Los cambios que experimentan, la manera en que responden a los conflictos y las lecciones que aprenden ayudan a revelar el tema de la obra.

En *Un misterio real,* la relación entre Rena y Althea cambia. A medida que trabajan juntas para conseguir su objetivo, aprenden a valorar las cualidades únicas que tiene cada una. ¿Qué evidencia del texto y otros detalles sobre Rena y Althea permiten identificar el tema de la obra? ¿Qué lección puedes aprender a partir de sus experiencias?

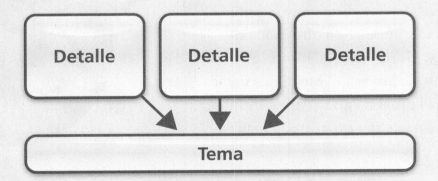

RL.5.2 determine theme from details/summarize; **RL.5.3** compare and contrast characters, settings, or events, drawing on details; **RL.5.5** explain how chapters, scenes, or stanzas fit together to provide the overall structure; **RL.5.10** read and comprehend literature; **RF.5.4a** read on-level text with purpose and understanding

Elementos del teatro

Las obras se dividen en **escenas,** que son como los capítulos de un libro. Las escenas se conectan para crear la estructura de la trama. Por ejemplo, en la Escena II, Rena y Althea vuelven a su tienda de campaña cargando con colchones extra para el catre de Rena. Al principio, la audiencia no está segura de cuál es la relación entre este suceso y la trama general. Sin embargo, en la Escena VIII, los colchones se vuelven importantes cuando Althea los usa para demostrar que Rena es una princesa.

Caracterización

La **caracterización** se refiere a las diferentes maneras en que el autor muestra cómo es un personaje. En *Un misterio real,* la autora revela el espíritu competitivo de Althea a través de su diálogo de la Escena I. Althea aún está desilusionada por no haber ganado el trofeo el año pasado, pero tiene la intención de ganarlo este año. La autora también establece un contraste entre Althea y Rena. ¿En qué se parecen y en qué se diferencian estos personajes? ¿Qué aprendes acerca de cada una de ellas comparándolas y contrastándolas?

Es tu turno

mi
Escritura genial

REPASAR LA PREGUNTA ESENCIAL

Turnarse y comentar

Repasa la selección y prepárate para comentar esta pregunta: *¿De qué manera el arte y la actuación pueden ayudar a comprender un texto?* Mientras comentas la pregunta, túrnate con un compañero para repasar y elaborar los puntos clave del otro. Usa evidencia del texto para apoyar tus ideas.

Comentar en la clase

Para continuar comentando *Un misterio real*, explica tus respuestas a estas preguntas:

1 ¿De qué manera el diálogo de la Escena I ayuda a la audiencia a comprender el entorno de la obra?

2 ¿De qué manera las acotaciones te ayudan a visualizar la acción?

3 ¿Cuáles de las ilustraciones son mejores para darles vida a los personajes? ¿Por qué?

ANALIZAR EL FINAL DE LA OBRA

Hacer una lista de las claves En *Un misterio real*, hay varias claves que anticipan que Rena es una princesa antes de que finalmente se revele. Con un compañero, repasa las Escenas de la VI a la IX. Haz una lista de los diálogos y los sucesos que dan una pista sobre el desenlace de la obra. Asegúrate de anotar citas y ejemplos específicos en la lista. Presenta tus ideas a la clase.

ESCRIBE SOBRE LO QUE LEÍSTE

Respuesta *Un misterio real* se divide en nueve escenas. Para el final de la última escena, el misterio que se presentó al comienzo se ha resuelto. ¿De qué manera las escenas hacen avanzar la trama? Escribe dos párrafos para explicar la manera en que todas las escenas en conjunto crean una historia completa. Asegúrate de ofrecer evidencia específica del texto.

Sugerencia para la escritura

Enuncia la idea principal al comienzo del primer párrafo. Escribe oraciones completas de modo que los lectores entiendan tu explicación.

Aprende en línea

ESTÁNDARES COMUNES **RL.5.5** explain how chapters, scenes, or stanzas fit together to provide the overall structure; **W.5.9a** apply grade 5 Reading standards to literature; **W.5.10** write routinely over extended time frames and shorter time frames; **SL.5.1a** come to discussions prepared/ explicitly draw on preparation and other information about the topic; **SL.5.1c** pose and respond to questions, make comments that contribute to the discussion, and elaborate on others' remarks

CUENTO DE HADAS

✅ GÉNERO

Un **cuento de hadas** es una historia que incluye sucesos y personajes mágicos. Los cuentos de hadas suelen comenzar con "Había una vez…" y en general tienen un final feliz.

✅ ENFOQUE EN EL TEXTO

Las **ilustraciones**, como las de este cuento, refuerzan el texto y añaden sentido a algunas escenas. También ayudan a crear el tono del cuento mediante el uso de varios esquemas de colores, medios y estilos. En esta selección, las ilustraciones son telas bordadas a mano.

ESTÁNDARES COMUNES

RL.5.7 analyze how visual and multimedia elements contribute to the meaning, tone, or beauty of a text; **RL.5.10** read and comprehend literature

La princesa y el guisante

por Annie Dalton

Bordados de Belinda Downes

HABÍA UNA VEZ UN PRÍNCIPE que era tan apuesto como cualquier otro príncipe. Pero también era un príncipe mañoso: el tipo de joven que quiere todo en su justa medida. Y se metió en la cabeza que solo se casaría con una princesa de verdad. Él sabía muy bien que una princesa verdadera era tan difícil de encontrar como un unicornio, pero esto no lo desanimaba para nada.

—Buscaré por todas partes hasta encontrarla—, dijo de buen humor.

De este modo, con dos amigos como compañía, emprendió el viaje al ancho mundo en busca de una princesa verdadera que fuera su novia. Ahora bien, en sus viajes, como era de esperar, el príncipe conoció montones y montones de princesas. Pero cada vez que se decidía a casarse con una de ellas, en el último momento cambiaba de parecer y consideraba que esa princesa no era una princesa de verdad después de todo.

Sus amigos no lo entendían.

—Pero la última era perfecta —exclamaban—. Su pelo era como seda brillante. Sus ojos eran como enormes flores azules. ¿Qué es lo que no te gustó? ¿La manera en que bailaba?

—Por supuesto que no —suspiró el príncipe—. Tiene toda la gracia de un cisne.

—¿Era su letra manuscrita entonces? ¿O sus modales?

—Su letra es cien veces mejor que la mía —dijo el príncipe, con tristeza—. Y sus modales también.

—Te molesta su voz, ¿es eso?

—¿Cómo podría molestarme? —suspiró el príncipe—. Tiene una voz más suave que el canto de las sirenas. Justo como debe ser la voz de una princesa —y dejó caer la cabeza en sus manos.

—Entonces, ¿por qué no quieres casarte con ella? —exclamaron sus amigos.

—Porque no estoy seguro de que sea una princesa de verdad —explicó el príncipe.

Así, el príncipe y sus compañeros volvieron a casa tristes.

—Si no puedo casarme con una princesa verdadera, entonces no me casaré con nadie —le dijo el príncipe a su madre, la reina.

Esa noche se levantó una terrible tormenta. Los rayos crujían por todo el cielo. Los truenos producían impresionantes estruendos. El viento silbaba intensamente y la lluvia azotaba las ventanas.

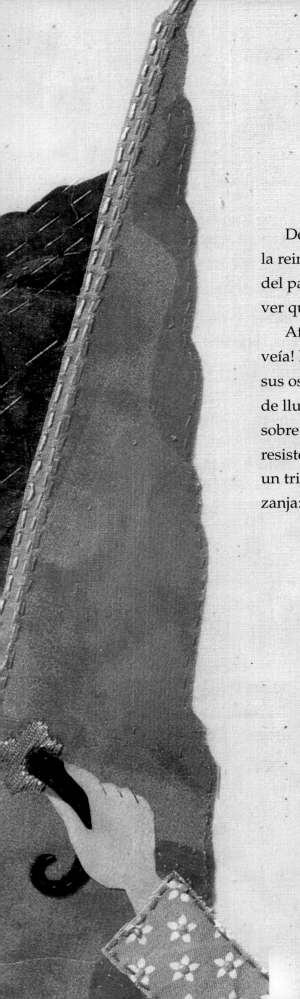

De repente, entre los truenos ensordecedores, la reina oyó unos firmes golpecitos en las puertas del palacio, de modo que se puso la bata y fue a ver quién podía ser.

Afuera había una muchacha. ¡Y qué mal se veía! El tiempo embravecido había convertido sus oscuros rizos en una mata gigante. Ríos de lluvia fluían de sus hombros y salpicaban sobre sus desgarradas medias, rebalsando sus resistentes botitas. Y a cada paso que daba se oía un triste chapoteo, como el de una rana en una zanja: chap, chap.

La reina casi se desmayó cuando este ser de aspecto lamentable dijo que era una princesa que se había perdido en medio de la tormenta y le pidió pasar la noche en su palacio.

"Suena demasiado firme para ser una princesa", pensó la reina. "No tiene nada de paloma blanca".

La muchacha tampoco tenía gracia, pero atravesó enérgicamente el umbral con sus botas empapadas —*chap, chap*— y colgó su mochila chorreante en la percha del vestíbulo, ¡como si esa fuera su casa!

"Tal vez eres princesa o tal vez no, jovencita", pensó la reina. "Pero no me engañarás por mucho tiempo". Y le pidió a la muchacha que firmara el libro de visitas para ver si tenía la letra adecuada de una princesa. Pero la muchacha temblaba con tanta fuerza que la tinta salió de la pluma a borbotones y dejó un gran manchón.

—No te preocupes, un poco de sopa te dará más calor —dijo la astuta reina. Entonces, puso a calentar sopa de repollo que había sobrado de la cena de los sirvientes y se la dio a la muchacha junto con un trozo de pan duro.

En vez de picar la comida delicadamente como lo haría una princesa, la muchacha se sentó en la mesa de la cocina y ávidamente se bebió hasta la última gota de sopa. Hasta le sacó brillo al tazón con un mendrugo de pan. Cuando terminó, le había quedado una mancha de sopa en la nariz.

—Es la mejor sopa que he probado —suspiró.

—¡Um! Tal vez lo es o tal vez no. Pero arreglaremos esta cuestión de una vez por todas —dijo entre dientes la reina. Porque ella sabía algunas cositas sobre las princesas… Ojalá su hijo se hubiera molestado en preguntarle.

Así fue que la reina se fue a toda velocidad hasta el cuarto de invitados. Quitó todas las sábanas y las cobijas de la cama, y junto con ellas también se salió el colchón. Luego, sacó un guisante seco de su bolsillo, lo colocó en el medio de la cama y volvió a poner el colchón encima.

Después, encima del primer colchón, la reina apiló otro colchón, y otro, y otro… ¡hasta que la cama tuvo veinte colchones de alto!

A continuación, reunió todas las colchas de retazos que había en el palacio para los invitados: algunas rayadas, otras con lunares y otras más que necesitaban un lavado urgente. Pero cuando las contó, eran exactamente veinte.

La reina puso las veinte colchas de retazos en una pila encima de los veinte colchones hasta que la cama empezó a balancearse como un barco a la deriva.

Por fin, la muchacha se quitó las botas y, soñolienta, se trepó a su enorme y alta cama bamboleante. Entonces, la reina apagó la vela —*fiú*— y la dejó sola por una noche.

A la mañana siguiente, la reina le preguntó cómo había dormido.

Pero la pobre muchacha estaba pálida como un fantasma.

—No pegué un ojo, me temo —se quejó—. Sentí algo que me aguijoneó toda la noche. Mire, ¡estoy llena de moretones!

Cuando la reina vio que la muchacha había sentido que un diminuto guisante la tocaba atravesando veinte colchones y veinte colchas de retazos, supo que, después de todo, tenía que ser una princesa de verdad, y corrió a decirle a su hijo que la búsqueda había terminado.

—Solo una princesa de verdad tiene la piel tan delicada —le dijo la reina.

—¡Por fin una princesa verdadera! —gritó asombrado—. Entonces, si le gusto, ¡nos casaremos ahora mismo!

Y así, el príncipe se casó con la princesa. Después de terminada la boda, el guisante se expuso en el Museo Real.

Y si no me creen, vayan a verlo por sí mismos.

Comparar el texto

Comparar textos con temas similares Junto con un compañero, identifica los temas de *Un misterio real* y *La princesa y el guisante.* Haz una lista con detalles de cada texto que apoyen tu análisis del tema. Luego, comenta en qué se parecen y en qué se diferencian los mensajes de ambas selecciones. Resume tu comparación para la clase.

EL TEXTO Y TÚ

Escribir una escena Piensa en un momento en que trabajaste con un compañero o grupo para cumplir un objetivo. Quizá hayas ayudado a limpiar un parque o hayas recaudado dinero para una causa. Piensa en cómo presentar tu experiencia en forma de obra de teatro y luego escribe una escena. Usa *Un misterio real* como guía para escribir las acotaciones y los diálogos. Comparte tu escena con un compañero, y comenten juntos de qué manera cada uno hizo una adaptación teatral de sus ideas.

EL TEXTO Y EL MUNDO

Comparar variedades del español Tal vez hayas notado que las personas de tu familia o tu grupo de amigos tienen una manera de hablar que les es propia. El habla de una persona puede reflejar sus conocimientos, su origen étnico, su personalidad o incluso su ubicación geográfica. Piensa en la manera de hablar de Rena y Althea en *Un misterio real*. Trabaja con un grupo pequeño para comparar y contrastar la manera de hablar de cada niña y lo que eso revela sobre ella.

Aprende en línea

ESTÁNDARES COMUNES

RL.5.2 determine theme from details/summarize; **RL.5.3** compare and contrast characters, settings, or events, drawing on details; **RL.5.9** compare and contrast stories in the same genre on their approaches to themes and topics; **L.5.3b** compare and contrast language varieties in stories, dramas, or poems

Gramática

¿Cuáles son las cuatro clases de oraciones? Una oración que enuncia algo es una **oración enunciativa.** Termina con un punto. Una oración que pregunta algo es una **oración interrogativa.** Empieza y termina con un signo de interrogación. Una oración que expresa una emoción fuerte es una **oración exclamativa.** Empieza y termina con un signo de exclamación. Una oración que da una orden es una **oración imperativa.** Termina con un punto.

Ejemplo	Clase de oración
punto Ganaremos el concurso.	enunciativa
signos de interrogación ¿Cuánto tiempo debemos practicar?	interrogativa
signos de exclamación ¡Debemos practicar hasta la perfección!	exclamativa
punto Empecemos a practicar.	imperativa

Inténtalo **Trabaja con un compañero. Lee en voz alta las siguientes oraciones. Luego, di qué clase de oración es y explica cómo lo sabes.**

❶ Ven a verme en la carrera de canoas.

❷ ¿A qué hora empieza?

❸ La carrera empieza a las dos en punto en el lago.

❹ ¡No veo la hora de verte ganar!

Sabes que hay cuatro clases de oraciones y que cada una tiene una función diferente. Usar distintos tipos de oraciones puede hacer que tu escritura sea más animada e interesante.

Un tipo de oración	Varios tipos de oración
Sería fantástico si escucharan mi historia sobre lo que pasó en el campamento. Al principio, Rena parecía otra campista más. Pero yo estaba equivocada. Hubo muchas pistas que me hicieron notarlo y al final lo entendí. Nadie hubiera adivinado que ella era una princesa.	Escuchen lo que pasó en el campamento. Al principio, Rena parecía otra campista más. ¡Pero yo estaba totalmente equivocada! Hubo muchas pistas que me hicieron notarlo y al final lo entendí. ¿Quién hubiera adivinado que ella era una princesa?

 ## Relacionar la gramática con la escritura

Mientras revisas tu descripción, trata de variar las clases de oraciones de tu escritura. Usar distintos tipos de oraciones te ayudará a mantener el interés de la audiencia. Ten cuidado de no emplear demasiadas oraciones exclamativas.

W.5.3b use narrative techniques to develop experiences and events or show characters' responses; **W.5.3d** use concrete words and phrases and sensory details; **W.5.5** develop and strengthen writing by planning, revising, editing, rewriting, or trying a new approach; **W.5.10** write routinely over extended time frames and shorter time frames

Escritura narrativa

✔ **Voz** La autora de *Un misterio real* crea una atmósfera emocionante cuando describe la acción que transcurre durante las competencias atléticas en el campamento de verano. Una buena **descripción** generalmente describe los sucesos de manera vívida para resaltar las experiencias y sentimientos del narrador o el personaje principal.

Natalie hizo el borrador de la descripción de una experiencia memorable que ella tuvo en un campamento de verano. Luego, añadió palabras y frases para transmitir al lector una idea más clara de sus sentimientos respecto de la experiencia.

Lista de control de la escritura

✔ **Ideas**
¿Usé detalles vívidos para describir el entorno?

✔ **Organización**
¿Presenté los detalles en un orden lógico?

✔ **Fluidez de las oraciones**
¿Usé varios tipos de oraciones?

✔ **Elección de palabras**
¿Usé palabras sensoriales?

✔ **Voz**
¿Transmiten mis palabras una actitud o sentimiento acerca del lugar?

✔ **Convenciones**
¿Usé la ortografía, la gramática y la puntuación correctas?

Borrador revisado

Cada golpe del remo de mi canoa creaba

un oscuro remolino en el agua. El aire $\wedge$ fangosa

cálido y pegajoso por los mosquitos. ¡Olía $\wedge$ zumbaba   ¡Puf!

a huevos podridos $\wedge$!

Mi grupo de naturaleza estaba explorando

la reserva natural Oxbow junto a Terry,

nuestra guía.

A pata en el pantano

por Natalie Sheng

Cada golpe del remo de mi canoa creaba un oscuro remolino en el agua fangosa. El aire cálido y pegajoso zumbaba por los mosquitos. ¡Puf! ¡Olía a huevos podridos!

Mi grupo de naturaleza estaba explorando la reserva natural Oxbow junto a Terry, nuestra guía. Alguna vez, esta zona fue un lago que, lentamente, comenzó a transformarse en tierra. ¿Y qué es ahora? Es un pantano y un lugar frustrante para el canotaje.

—¡No vayan cerca de la orilla! —gritó Terry.

¡Demasiado tarde! Mi amiga Erin y yo ya estábamos atascadas. Bajamos para liberar la canoa y nuestros pies se hundieron en el fondo barroso. A medida que caminábamos trabajosamente con el barro hasta las rodillas, realmente entendimos lo que significaba sentirse "empantanado". Ahora llamamos a esa famosa excursión "A pata en el pantano".

Leer como escritor

¿Qué palabras te ayudan a conocer los sentimientos de Natalie hacia el entorno que describe? ¿Cómo puedes modificar tu descripción para transmitir claramente tus sentimientos?

En mi versión final, añadí palabras sensoriales que transmiten mi actitud. También agregué diferentes tipos de oraciones.

✓ VOCABULARIO CLAVE

debate

obligar

gradualmente

decorado

captar

mirar

inflar

detener

podio

dudar

Librito de vocabulario

Tarjetas de contexto

Candidato a la presidencia

L.5.6 acquire and use general academic and domain-specific words and phrases

ESTÁNDARES COMUNES

Vocabulario en contexto

1 **debate**

Esta clase realizó un debate para analizar qué proyecto sería más útil para su escuela.

2 **obligar**

Nadie debe ser obligado a comprar en la venta de pasteles de la clase.

3 **gradualmente**

La gráfica muestra cómo la clase obtuvo gradualmente los fondos para la excursión.

4 **decorado**

El salón está decorado con globos y papel crepé para la ceremonia de graduación.

Aprende en línea

▶ Estudia cada Tarjeta de contexto.

▶ Separa las palabras más largas en sílabas. Usa un diccionario para verificar tu trabajo.

5 captar

La coreografía de las porristas captó la atención de los aficionados del equipo.

6 mirar

El niño miró varios estantes para escoger el libro de lectura.

7 inflar

El niño empezó a inflar globos para decorar el salón de clases porque iba a hacerse una fiesta.

8 detener

Los estudiantes se han detenido para esperar a sus amigos de la escuela.

9 podio

Este niño ensaya su discurso antes de subirse al podio de la escuela.

10 dudar

Esta estudiante dudó antes de responder a la pregunta de su maestra.

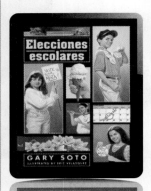

Leer y comprender

Aprende en línea

☑ DESTREZA CLAVE

Comparar y contrastar Cuando **comparas**, buscas similitudes. Cuando contrastas, identificas **diferencias.** En el cuento *Elecciones escolares*, Miata y Rudy, los dos personajes principales, se parecen en algunos aspectos y se diferencian en otros. Mientras lees el cuento, compara y contrasta la manera en que se comportan y piensan los personajes. Puedes usar un organizador gráfico como el siguiente como ayuda.

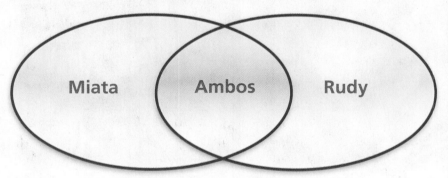

Miata   Ambos   Rudy

☑ ESTRATEGIA CLAVE

Inferir/Predecir Cuando **infieres**, comprendes algo que no está expuesto directamente. Cuando **predices,** usas pistas para sacar conclusiones lógicas sobre lo que podría pasar en el futuro. Mientras lees *Elecciones escolares,* usa detalles del texto para inferir qué piensan o sienten los personajes y para predecir cómo podrían actuar en el futuro.

ESTÁNDARES COMUNES

RL.5.1 quote accurately when explaining what the text says explicitly and when drawing inferences; **RL.5.3** compare and contrast characters, settings, or events, drawing on details

UN VISTAZO AL TEMA PRINCIPAL

Política

Cada dos años, los estadounidenses votan y eligen candidatos que los representarán en el gobierno local, del estado o del país. Los candidatos que quieren esos cargos primero hacen una campaña. Hacen discursos, debaten con otros candidatos y conocen a la mayor cantidad de personas posible. Si ganan, ayudan a aprobar leyes y a tomar decisiones que influyen en la vida de los ciudadanos estadounidenses.

En *Elecciones escolares*, los personajes Miata y Rudy quieren participar del gobierno estudiantil. Quieren influir en la manera en la que se maneja la escuela y en lo que hacen los estudiantes. Cada uno tiene ideas específicas y un estilo personal único. Sus compañeros deben decidir cuál de los dos será el mejor líder.

Lección 3

TEXTO PRINCIPAL

Elecciones escolares

GARY SOTO
ILLUSTRATED BY ERIC VELASQUEZ

☑ DESTREZA CLAVE

Comparar y contrastar Examina en qué se parecen dos o más personajes o ideas y en qué se diferencian.

☑ GÉNERO

La **ficción realista** incluye personajes y sucesos que son como en la vida real. Mientras lees, busca:

▶ personajes y sucesos realistas,

▶ sentimientos de los personajes que parecen creíbles y

▶ desafíos y conflictos que podrían existir en la vida real.

ESTÁNDARES COMUNES

RL.5.3 compare and contrast characters, settings, or events, drawing on details; **RL.5.4** determine the meaning of words and phrases, including figurative language; **RL.5.10** read and comprehend literature

84

Aprende en línea

CONOCE AL AUTOR

Gary Soto

De niño, Gary Soto vivía en Fresno, California, y creía que cuando fuera adulto se dedicaría a estudiar dinosaurios. Pero, en la universidad, descubrió la poesía y comenzó a escribir sus propios poemas; ha sido escritor desde entonces. En su primera colección de cuentos cortos, *Béisbol en abril,* decidió escribir para los jóvenes, porque reconoció la necesidad de que los jóvenes mexicano-estadounidenses leyeran relatos sobre su cultura y sus vecindarios.

El señor Soto halla ideas para sus poemas y sus cuentos en sus propias experiencias, en el legado de su ascendencia mexicano-estadounidense y en su imaginación vívida.

CONOCE AL ILUSTRADOR

Eric Velasquez

Eric Velasquez creció en Harlem, un vecindario de la ciudad de Nueva York. De niño, le encantaba tomar clases de arte. Él recuerda la influencia de la cultura que lo rodeaba y el apoyo de su madre, que reconocía cuánto le gustaba hacer dibujos a Eric. Él aconseja a los jóvenes que quieren convertirse en artistas que "dibujen, dibujen, dibujen, pinten, pinten, pinten, lean, lean, lean". También le encantan las películas viejas, que han sido la inspiración para muchas de sus ilustraciones.

Elecciones escolares

por Gary Soto

selección ilustrada por Eric Velasquez

PREGUNTA ESENCIAL

¿Por qué la determinación es una buena cualidad para un político?

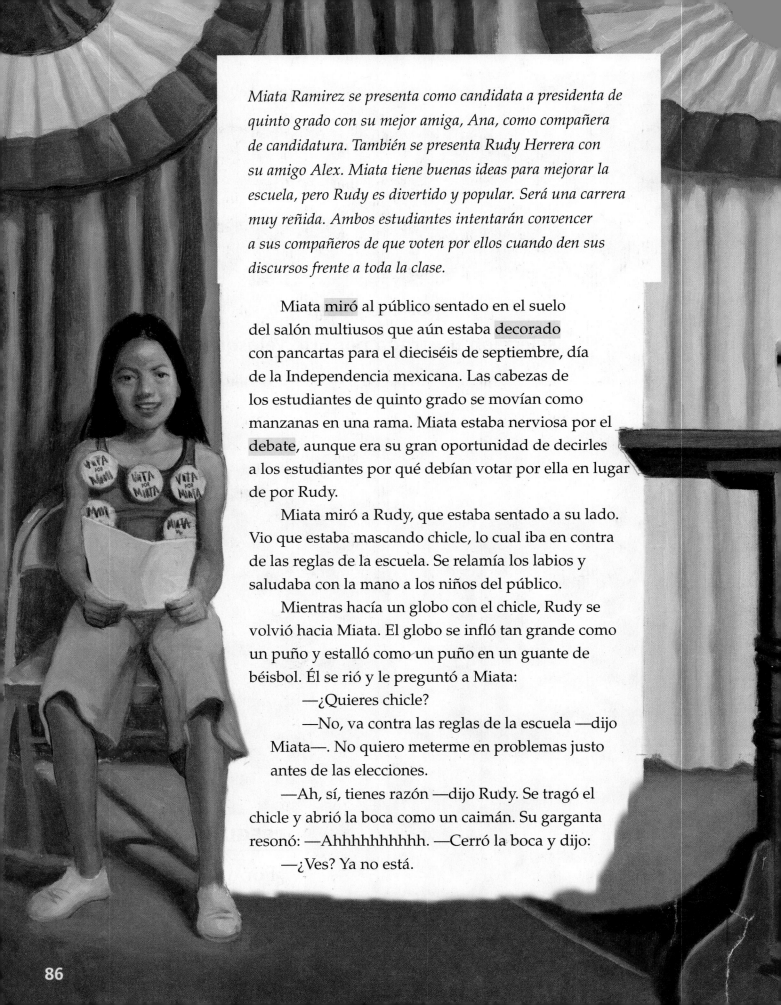

*Miata Ramirez se presenta como candidata a presidenta de
quinto grado con su mejor amiga, Ana, como compañera
de candidatura. También se presenta Rudy Herrera con
su amigo Alex. Miata tiene buenas ideas para mejorar la
escuela, pero Rudy es divertido y popular. Será una carrera
muy reñida. Ambos estudiantes intentarán convencer
a sus compañeros de que voten por ellos cuando den sus
discursos frente a toda la clase.*

Miata miró al público sentado en el suelo
del salón multiusos que aún estaba decorado
con pancartas para el dieciséis de septiembre, día
de la Independencia mexicana. Las cabezas de
los estudiantes de quinto grado se movían como
manzanas en una rama. Miata estaba nerviosa por el
debate, aunque era su gran oportunidad de decirles
a los estudiantes por qué debían votar por ella en lugar
de por Rudy.

Miata miró a Rudy, que estaba sentado a su lado.
Vio que estaba mascando chicle, lo cual iba en contra
de las reglas de la escuela. Se relamía los labios y
saludaba con la mano a los niños del público.

Mientras hacía un globo con el chicle, Rudy se
volvió hacia Miata. El globo se infló tan grande como
un puño y estalló como un puño en un guante de
béisbol. Él se rió y le preguntó a Miata:

—¿Quieres chicle?

—No, va contra las reglas de la escuela —dijo
Miata—. No quiero meterme en problemas justo
antes de las elecciones.

—Ah, sí, tienes razón —dijo Rudy. Se tragó el
chicle y abrió la boca como un caimán. Su garganta
resonó: —Ahhhhhhhhhh. —Cerró la boca y dijo:

—¿Ves? Ya no está.

—Eso está mal, Rudy —dijo Miata, haciendo una mueca.

Rudy se encogió de hombros y volvió su atención a la audiencia. Alguien le preguntó a gritos si quería intercambiar su sándwich por un burrito durante el almuerzo. Rudy respondió elevando los pulgares.

Las rodillas de Miata temblaban. Las líneas de las palmas de sus manos tenían un sudor pegajoso. Miata bajó la mirada hacia los cinco distintivos que decían "MIATA Y ANA", en la parte delantera de su blusa. Antes, le habían parecido geniales, pero ahora solo eran una molestia.

—Niños, estudiantes de quinto grado, ¡tranquilos! —gritó la vicedirectora Castillo, haciéndose oír por encima del ruido. Repitió la orden y, gradualmente, las cabezas movedizas se quedaron bien quietas.

—¡Sí, basta! —gritó Rudy, poniéndose de pie. Su mirada se detuvo sobre dos niños que se empujaban.

—Carlos, suelta a Jaime. Haz buena letra.

Carlos dejó de empujar a su amigo y se sentó derecho, como un ángel... aunque no lo era.

—Muy bien —dijo Rudy. Y volvió a su asiento.

—Gracias, Rudy —dijo la vicedirectora Castillo.

—De nada —dijo él.

La vicedirectora Castillo se volvió hacia Miata y, con una sonrisa, dijo dulcemente:

—Vamos a oír a Miata primero. Ella está en el salón seis. Oigamos lo que tiene que decir.

ANALIZAR EL TEXTO

Expresiones idiomáticas Busca la expresión idiomática que usa Rudy cuando les habla a Carlos y Jaime. ¿Qué significa?

Hubo un leve aplauso cuando Miata se levantó de su silla y se acercó al podio. Se subió a una caja que estaba preparada allí para ella y ajustó el micrófono.

—Buenos días —dijo Miata.

—¡Es casi la tarde! —gritó Carlos.

Miata miró el reloj de la pared y, luego, a Carlos. Decidió ignorarlo. Continuó hablando, con un tono melodioso en su voz:

—Busco sus votos el próximo martes. Quiero ser su presidenta.

—¿Presidenta de Estados Unidos? —preguntó Carlos, a través del hueco que hizo con las manos.

Ante eso, la vicedirectora Castillo, ahora con rostro severo, lo amenazó con un dedo. Él volvió a sentarse tan derecho como un ángel.

Miata inspiró mientras juntaba fuerzas. Respiró para inflar sus pulmones y dijo con voz muy potente:

—Tengo la intención de embellecer las instalaciones de la escuela si me eligen. Quiero deshacerme de ese grafiti cholo y sembrar algunas flores al lado de nuestros salones de quinto grado.

Algunos estudiantes, mayormente las niñas, la aplaudieron.

—Estoy segura de que están cansados de una escuela con aspecto cochino —dijo Miata, con voz aún más potente.

Hubo más aplausos, pero no alcanzaron para darle confianza. Observó entre el público a Ana, que no había aplaudido tan fuerte. Miata chasqueó su lengua y pensó: "Vamos, Ana, pon más entusiasmo".

—Esas son buenas ideas —comentó Ana, sin mucha valentía. Miró a la audiencia a su alrededor. Nadie aplaudía.

Miata hizo una pausa, un tanto asustada. Había practicado con Ana en el patio de la escuela, pero, ahora, detrás del podio, las palabras no parecían tan poderosas.

—Tengo la intención de hacer que los padres participen —continuó Miata—. Quiero que ellos ayuden con la limpieza.

Solo un estudiante aplaudió. Era Carlos. Aplaudía tan fuerte como la lluvia sobre el techo de un auto. No se detuvo hasta que la vicedirectora Castillo captó su atención con el movimiento de un dedo. Iban a sacarlo del salón. Se levantó y dijo:

—Yo votaré por ti, Miata. Eres más simpática.

Luego, mirando a Rudy, Carlos se acercó a sus compañeros sentados en el suelo.

—No, mejor voy a votar por Rudy. Le debo veinticinco centavos. Fue obligado a salir del salón multiusos para dirigirse hacia la oficina del director.

—Solo piensen —dijo Miata, con voz débil. Estaba perdiendo su confianza. —Podemos plantar unas bonitas plantas de azaleas y geranios fuera, junto a las ventanas. Las paredes estarán todas limpias, no como ahora.

Miró sus notas garabateadas y, luego, levantó la vista hacia la audiencia:

—Será mucho trabajo, pero lo haremos.

La audiencia frunció el rostro.

—Y tengo planes para una salida escolar —dijo Miata rápidamente, sintiendo que perdía a sus oyentes—. Y una idea para reunir fondos y obtener computadoras.

La audiencia bostezó. Unos estudiantes dejaron de sostener en alto dos carteles que decían "VOTA POR MIATA Y ANA".

—Tengo una pregunta —dijo un niño, con su mano en alto como una lanza.

—¿Sí?

—¿Nos pagarán por trabajar? —Su rostro estaba iluminado con una sonrisa. Él sabía que la pregunta era ridícula.

—No, no nos pagarán. Es para la escuela.

Los estudiantes murmuraron, pero aplaudieron levemente. Algunos de los carteles se elevaron otra vez, aunque pronto volvieron a bajar.

—Por favor, piensen en mí cuando voten el martes —dijo Miata. Su voz ahora era tan débil como el gorjeo de un pájaro bebé.

Se sentó, exhausta. Quería sacudir la cabeza en señal de derrota, pero sabía que tenía que sentarse valientemente. Saludó a la audiencia con la mano, pero solo unos pocos estudiantes le devolvieron el saludo. Ninguno de ellos era un niño.

Luego, Rudy se puso de pie. Se acercó al podio y subió de un salto a la caja.

—Oigan, me gusta esto —dijo riendo. Mientras se aferraba al podio, hizo tambalear la caja y dijo: —¡Es como una patineta!

La audiencia rió. Desde donde estaba sentada, Miata veía que más de un niño estaba mascando chicle.

Rudy se puso serio. Miró a Miata y dijo:

—Ella tiene algunas ideas. Miata sería una buena "presi", pero creo que yo sería realmente fenomenal.

La audiencia rió.

—¿Y saben por qué? —preguntó Rudy.

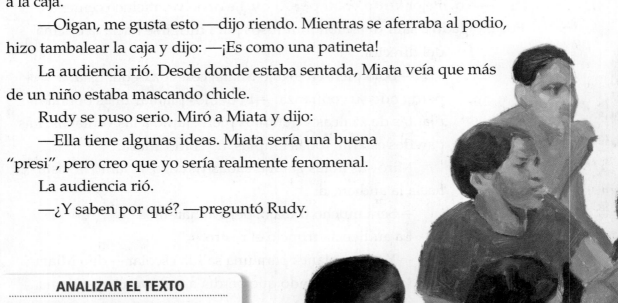

ANALIZAR EL TEXTO

Comparar y contrastar ¿En qué se diferencia la reacción del público hacia Rudy con respecto a la reacción que tuvo hacia Miata? Usa detalles del texto para apoyar tu respuesta.

—¿Por qué? —repitieron algunos de los niños de la audiencia.

Rudy ahuecó la mano detrás de la oreja, dirigiéndose a la audiencia:

—No los oigo.

—¿Por qué? —gritó un grupo de niños y niñas.

—Aún no los oigo —sonrió Rudy.

—¿Por qué? —gritó la audiencia.

Rudy asintió con la cabeza, sonriendo. Ya tenía su atención.

—Es porque… voy a trabajar para que tengamos más tiempo de recreo.

La audiencia aplaudía y gritaba:

—¡Más recreo! ¡Más recreo! ¡Más recreo!

—¡Sí, gente! En lugar de quince minutos, voy a pedirle al director veinte… ¡al menos!

¡Quizás hasta media hora, cuates!

—¿Por qué no una hora? –gritó alguien de la audiencia.

—No podemos desafiar a la suerte, amigo —respondió Rudy.

Miata quería taparse la cara. La audiencia se inclinaba por Rudy.

Rudy elevó sus manos y pidió silencio.

—Además... —continuó, mientras echaba un vistazo lento a los estudiantes—. Además, voy a pedir que haya un "día de helado" todos los días, no solo los viernes.

La audiencia daba gritos de aprobación mientras Rudy hacía tambalear la caja y bajaba de un salto. Regresó a su asiento y se metió un nuevo trozo de chicle en la boca.

—Tienes buenas ideas —le dijo Rudy a Miata, seguro de sí mismo—. Buena suerte. —Y le extendió la mano.

—Sí, gracias. La voy a necesitar —dijo Miata, en un susurro, mientras se ponía de pie y estrechaba la mano de Rudy, que estaba tan fría como la pata de un lagarto—. Buena suerte para ti también, Rudy.

Después del debate, los estudiantes regresaron a sus aulas. Miata intentó poner buena cara. La mayoría de las niñas sabía que Rudy era un bromista y que nunca conseguiría esos cinco minutos adicionales de recreo o que los cinco días de la semana fueran "día de helado", pero los niños quizá le creían. Miata necesitaba una nueva estrategia.

ANALIZAR EL TEXTO

Vocabulario formal e informal
¿Miata usa un vocabulario formal o informal en su discurso? ¿En qué se diferencia la manera de hablar de Miata de la manera de hablar de Rudy?

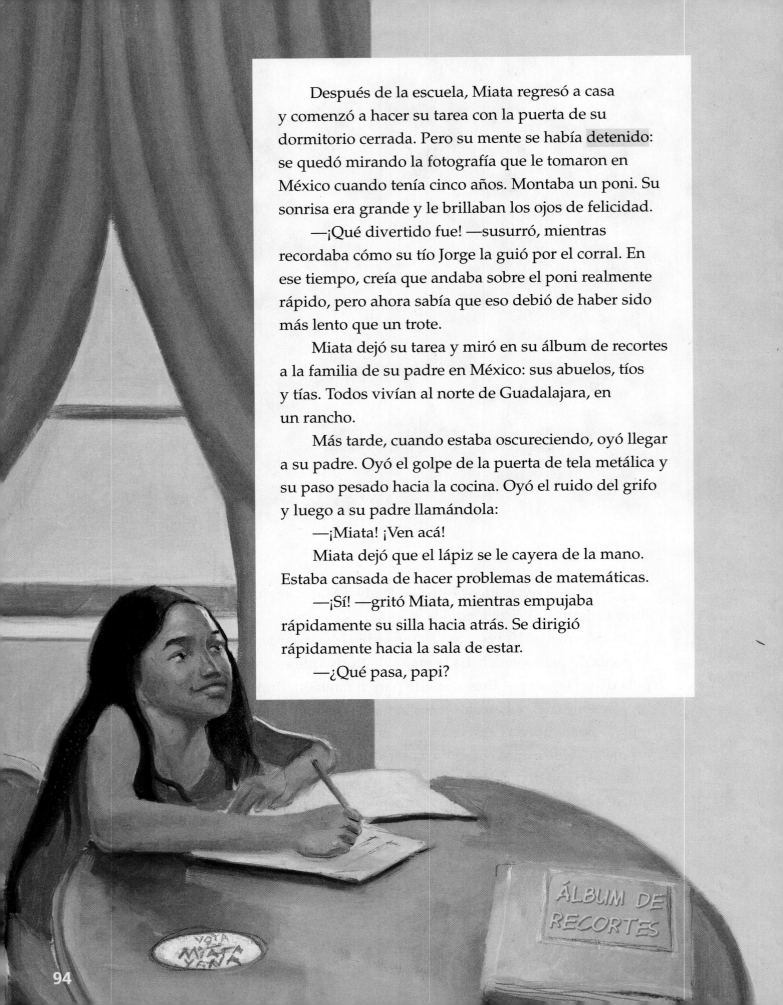

Después de la escuela, Miata regresó a casa y comenzó a hacer su tarea con la puerta de su dormitorio cerrada. Pero su mente se había detenido: se quedó mirando la fotografía que le tomaron en México cuando tenía cinco años. Montaba un poni. Su sonrisa era grande y le brillaban los ojos de felicidad.

—¡Qué divertido fue! —susurró, mientras recordaba cómo su tío Jorge la guió por el corral. En ese tiempo, creía que andaba sobre el poni realmente rápido, pero ahora sabía que eso debió de haber sido más lento que un trote.

Miata dejó su tarea y miró en su álbum de recortes a la familia de su padre en México: sus abuelos, tíos y tías. Todos vivían al norte de Guadalajara, en un rancho.

Más tarde, cuando estaba oscureciendo, oyó llegar a su padre. Oyó el golpe de la puerta de tela metálica y su paso pesado hacia la cocina. Oyó el ruido del grifo y luego a su padre llamándola:

—¡Miata! ¡Ven acá!

Miata dejó que el lápiz se le cayera de la mano. Estaba cansada de hacer problemas de matemáticas.

—¡Sí! —gritó Miata, mientras empujaba rápidamente su silla hacia atrás. Se dirigió rápidamente hacia la sala de estar.

—¿Qué pasa, papi?

—Encontré algo en el trabajo.

—¿Qué?

—Algo de lo más sorprendente.

—¿Qué es? Dime.

Su padre tenía una pequeña caja blanca en la mano.

—Me asustó cuando lo encontré.

El rostro de su padre estaba sombrío por la preocupación y oscurecido por el polvo de largas horas de trabajo.

Miata frunció el ceño. Tenía curiosidad.

Lentamente, su padre levantó la tapa de la caja. Miata miró dentro, poniéndose de puntillas. En ella, había el dedo índice de un adulto, tan retorcido como una raíz. Ella miró a su padre y chasqueó la lengua.

—¿De dónde crees que salió, mi'ja? —le preguntó su padre, seriamente, mientras tocaba el dedo con la mano que tenía libre.

—De tu mano izquierda, papi —contestó Miata, con las manos en la cadera—. De ahí salió.

Una sonrisa repentina iluminó el rostro de su padre. Movió el dedo en la caja y gritó:

—¡Ay, está reviviendo! ¡Mejor lo pongo en el cubo de la basura!

Corrió hacia la cocina, riendo, y Miata lo siguió, pero él solo se sirvió otro vaso con agua.

—¿Papá? —preguntó Miata, tomando su enorme mano con manchas de trabajo entre las suyas.

—¿Sí, mi'ja? —dijo él, secándose la boca con el dorso de su mano libre.

—¿Crees que debo presentarme como candidata? —dudó y, luego, continuó—. Quiero decir, no soy tan popular como Rudy o su amigo Alex.

—Bueno, la popularidad es una cosa y el servicio es otra. ¿Entiendes?

Miata sacudió la cabeza. Estaba confundida.

—Quiero decir que está bien tener muchas personas que te quieran, pero es mucho mejor ayudar a las personas, hacer cosas. —Le dio un abrazo fuerte a su hija. —No te preocupes, simplemente hazlo. Si no resulta, pues todavía puedes hacer el bien.

A Miata le gustó eso. Ella tenía planes para la escuela. Y eran buenos.

Considéralo

Como los personajes Miata y Rudy en *Elecciones escolares*, algunos estudiantes deciden presentarse a las elecciones escolares. A algunos de ellos les gusta tanto que deciden seguir una carrera política cuando crecen. ¿Por qué no participas en una elección escolar para ver si tienes lo que se necesita para ser un político exitoso?

Presentarse como candidato a las elecciones escolares es muy parecido a presentarse a elecciones de la ciudad, el estado o la nación, solo que en escala más pequeña. Las elecciones escolares pueden ser una buena manera de ver si tus fortalezas cumplen con las expectativas de una campaña y de seguir una carrera como servidor público. Por encima de todo, necesitas sentir pasión por trabajar con las personas y tener un fuerte deseo de hacer que tu comunidad sea un lugar mejor para vivir y trabajar.

Para la elección escolar, desarrollarás una plataforma, es decir, un listado de temas importantes que cumplirás una vez que te hayan elegido para el puesto; esto es algo que debe estar terminado antes de comenzar la campaña, ya que cambiar la plataforma en la mitad de la campaña solo confundirá a tus compañeros. Si te eligen, los estudiantes estarán atentos a que cumplas las promesas de tu plataforma.

Para hacer una campaña exitosa, necesitarás voluntarios que te ayuden a desarrollar tu estrategia de campaña, que es tu plan para promocionarte a ti y a tu plataforma. Las siguientes preguntas pueden ser útiles para desarrollar una estrategia de campaña: ¿Harás prendedores de campaña, pasacalles o carteles? ¿Cuál será tu eslogan de campaña? ¿Cuándo y dónde darás tus discursos? ¿Tendrás un debate con tu oponente? Si planeas hacer un debate, practica con amigos y voluntarios: pídeles que representen a los miembros de la audiencia y a tu oponente.

Por último, una elección escolar puede ayudarte a medir tus fortalezas: puedes ver si son las necesarias para hacer carrera en la política. Presentarte como candidato será más fácil si te gusta interactuar con las personas y si te sientes cómodo hablando frente a una multitud. Los candidatos también deben tener buenas habilidades para escuchar, de modo que puedan responder a las preguntas de manera efectiva; una vez que te elijan, tener grandes habilidades para hablar y escuchar te ayudará a escuchar diferentes puntos de vista y a compartir tus opiniones y decisiones.

Participar en una elección escolar te ayudará a darte cuenta de que tienes las capacidades y el deseo de marcar una diferencia en la vida de las personas. ¿Quieres ser alcalde de la ciudad? Puede suceder antes de lo que piensas. Para estar seguro, investiga qué dicen las leyes locales; muchas ciudades permiten que sus ciudadanos se presenten a elecciones cuando tienen 17 años. Siempre que cumplas 18 para la fecha de la elección y recibas la mayoría de los votos, puedes ser alcalde ¡y estar todavía en la escuela secundaria!

Ahora analiza

Cómo analizar el texto

Usa estas páginas para aprender acerca de Comparar y contrastar, Expresiones idiomáticas, y Vocabulario formal e informal. Luego, vuelve a leer *Elecciones escolares* para aplicar lo que has aprendido.

Comparar y contrastar

En el cuento *Elecciones escolares,* Miata y Rudy son personajes realistas que abordan el mismo objetivo de maneras diferentes. Sus personalidades se reflejan en lo que dicen y en lo que hacen.

Cuando **comparas y contrastas**, buscas detalles que muestren en qué se parecen y en qué se diferencian los personajes o las ideas de un texto. Para comparar a los personajes, piensa en lo que dicen los personajes, lo que hacen y lo que sienten. Comparar y contrastar a los personajes te ayuda a comprender sus rasgos únicos y sus motivaciones.

Vuelve a mirar el cuento y busca evidencia del texto sobre Miata y Rudy. ¿Qué semejanzas y diferencias ves entre los dos personajes?

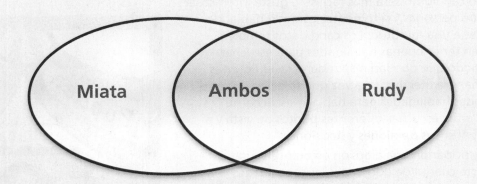

Miata   Ambos   Rudy

ESTÁNDARES COMUNES

RL.5.3 compare and contrast characters, settings, or events, drawing on details; **RL.5.4** determine the meaning of words and phrases, including figurative language; **RL.5.10** read and comprehend literature; **RF.5.4a** read on-level text with purpose and understanding; **L.5.3b** compare and contrast language varieties in stories, dramas, or poems; **L.5.5b** recognize and explain the meaning of idioms, adages, and proverbs

Aprende en línea

Expresiones idiomáticas

Para que el diálogo sea más realista y vívido, los autores pueden incluir **expresiones idiomáticas** o frases cuyo significado difiere del significado literal de las palabras. Vuelve a leer la página 87. Rudy dice: "Haz buena letra". Los verdaderos estudiantes de quinto grado pueden usar esta expresión idiomática cuando hablan entre ellos. Significa "compórtate".

Vocabulario formal e informal

El discurso de Miata incluye frases **formales** como "Busco sus votos" y "Tengo la intención de embellecer las instalaciones de la escuela". Por el contrario, Rudy usa palabras **informales** como "presi" y "cuates". ¿Qué diferencias entre Miata y Rudy se revelan a través de su diálogo? ¿Qué muestra el uso de algunos términos acerca de ambos personajes?

Es tu turno

REPASAR LA PREGUNTA ESENCIAL

Turnarse y comentar

Repasa la selección y prepárate para comentar esta pregunta: *¿Por qué la determinación es una buena cualidad para un político?* Mientras comentas la pregunta, túrnate para repasar y explicar las ideas clave. Usa la evidencia del texto para apoyar tu opinión.

 **Comentar en la clase**

Para continuar comentando *Elecciones escolares*, explica tus respuestas a estas preguntas:

1 ¿De qué manera Miata muestra determinación en el cuento?

2 ¿En qué se parecen los obstáculos que atraviesa Miata a los obstáculos que atraviesan los verdaderos políticos?

3 ¿Estás de acuerdo con el consejo que le da el padre a Miata?¿Por qué?

ANALIZAR EL DIÁLOGO

Hacer una lista Los autores incluyen diálogos en sus cuentos por muchos motivos. En *Elecciones escolares,* el diálogo hace que los personajes parezcan verdaderos estudiantes de quinto grado. Gary Soto también usa lo que dicen los personajes para mostrar algunos de sus sentimientos. Haz una lista de ejemplos de buen diálogo en el cuento. Explica de qué manera cada ejemplo hace que el hablante parezca realista o muestre lo que siente.

ESCRIBE SOBRE LO QUE LEÍSTE

Respuesta Piensa en lo que dicen Miata y Rudy en sus discursos. Si fueras uno de los estudiantes de la clase de quinto grado en *Elecciones escolares*, ¿a qué candidato votarías? ¿Por qué? Escribe un párrafo en el que compares y contrastes a los dos personajes y en el que comentes a quién elegirías para ser presidente de la clase. Incluye una explicación del motivo por el que votarías a ese estudiante. Apoya tus razones con detalles y citas del cuento.

Sugerencia para la escritura

Presenta tu opinión al comienzo de tu respuesta. Organiza tus razones presentando primero las más firmes. Apoya esas razones con detalles y evidencia del cuento. Recuerda terminar tu párrafo con un enunciado de conclusión convincente.

Aprende en línea

ESTÁNDARES COMUNES **RL.5.1** quote accurately when explaining what the text says explicitly and when drawing inferences; **RL.5.3** compare and contrast characters, settings, or events, drawing on details; **W.5.1a** introduce a topic, state an opinion, and create an organizational structure; **W.5.1b** provide logically ordered reasons supported by facts and details; **W.5.1d** provide a concluding statement or section; **W.5.9a** apply grade 5 Reading standards to literature

Lección 3

TEXTO PERSUASIVO

¡VOTEN POR MÍ!

por Pamela Zarn

✓ GÉNERO

Un **texto persuasivo,** como estos anuncios electorales, busca convencer al lector de pensar o actuar de cierto modo.

✓ ENFOQUE EN EL TEXTO

Las **técnicas persuasivas** son los procedimientos que usa un autor para tratar de convencer a un lector de pensar o actuar de cierto modo. Pueden usar palabras fuertes, frases que llamen la atención, promesas y atractivos emocionales.

Un debate electoral no es el único método que tienen los candidatos a presidente de la clase para convencer a los demás estudiantes de votar por ellos. Si has dudado en presentarte como candidato porque hablar en público te asusta, o si sientes que tus esfuerzos en la campaña se han estancado, intenta crear anuncios electorales para atraer el interés de tus compañeros.

Los carteles son una gran manera de anunciar tus puntos fuertes. Usa oraciones breves y textos claramente escritos en negrita, de modo que los estudiantes que van camino a la clase puedan ver fácilmente tu mensaje. Los carteles también son una manera magnífica de atraer y estimular a los estudiantes para que vayan a votar.

ESTÁNDARES COMUNES

RI.5.10 read and comprehend informational texts

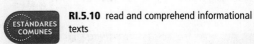

Lee los carteles de campaña electoral que se muestran a continuación y en la página 104. Piensa en cómo los carteles de los candidatos te persuaden a votar por ellos. ¿En qué se diferencian estas técnicas de un aviso publicitario televisivo?

La candidata hace un llamado a la acción. El cartel es breve y llamativo. Unas pocas palabras son mejores que un párrafo.

El cartel está decorado con una imagen atractiva de una pizza, lo que ayuda a asociar a la candidata con algo que les gusta a los niños.

Ella hace una generalización.

Ella hace una pregunta con un atractivo emocional. La mayoría de los anuncios quieren que sientas antes de pensar.

Ella hace una promesa. Debes preguntarte si es una promesa exagerada.

¡SI TE GUSTA LA PIZZA, VOTA POR NATASHA!

¡A todos les gusta la pizza! ¿No te gustaría almorzar pizza TODOS los días? Si votas por Natasha, ¡a nuestra cafetería nunca volverá a faltarle pizza!

El candidato comienza con una consigna de campaña breve y atractiva. Mientras más fácil sea de recordar, mejor.

El cartel del candidato incluye globos inflados con los colores de la escuela para dar un mayor atractivo emocional.

Él da ejemplos que apoyan sus puntos fuertes. Siempre debes verificar si la información de los anuncios es verdadera.

Él enumera sus puntos fuertes.

Él hace una promesa que le hará ganarse la simpatía de los estudiantes.

VOTA POR JARED
¡TIENE LO QUE HACE FALTA!

- Liderazgo: vicecapitán del equipo de fútbol
- Comunicación: miembro del consejo de estudiantes y profesores
- Acción: líder en la recaudación de fondos de la clase

Escucharé a los alumnos de quinto grado, ¡y haré lo que haga falta para lograr lo que piden!

¿Por quién votarías?
¿Alguno de estos carteles atrajo tu atención de inmediato o decidiste gradualmente a qué candidato apoyarás?

Comparar el texto

DE TEXTO A TEXTO

Comparar mensajes Con un compañero, determina el tema de *Elecciones escolares* y la idea principal de *¡Voten por mí!* Hablen de lo que tratan de decir ambos autores sobre las campañas y el verdadero liderazgo. Luego, comenten cómo los autores comunican sus ideas sobre cómo ser un buen candidato político.

EL TEXTO Y TÚ

Reconocer declaraciones exageradas Muchos candidatos a un cargo exageran sobre lo que harán cuando resulten electos. En *Elecciones escolares,* ¿qué candidato exagera sobre lo que hará si lo eligen presidente de la clase? Escribe un breve discurso de campaña para ser presidente de la clase en el que digas qué cambios harías y por qué tus compañeros deberían votar por ti. Dirige tu discurso a un grupo pequeño. Habla de forma clara y a un ritmo comprensible. Recuerda usar vocabulario formal cuando plantees tus ideas.

EL TEXTO Y EL MUNDO

Investigar líderes políticos Los candidatos de *Elecciones escolares* quieren cumplir una función de liderazgo en su escuela. Con un compañero, usen fuentes impresas y digitales para reunir información sobre dos líderes políticos importantes. Luego, comparen y contrasten ejemplos de las cualidades de liderazgo de cada uno.

Aprende en línea

ESTÁNDARES COMUNES RL.5.2 determine theme from details/summarize; RI.5.7 draw on information from print and digital sources to locate answers or solve problems; SL.5.4 report on a topic or text, or present an opinion/speak clearly at an understandable pace; SL.5.6 adapt speech to contexts and tasks, using formal language when appropriate to task and situation

Gramática

¿Qué es una oración compuesta? Una **oración compuesta** está formada por dos o más oraciones simples unidas con las **conjunciones** *pero, y* u *o*. En las oraciones unidas con *y*, se puede marcar una coma si el sujeto de la segunda oración es diferente del primero. También se marca una coma en las oraciones unidas con *pero*. Cada parte de una oración compuesta tiene un **sujeto completo** y un **predicado completo.**

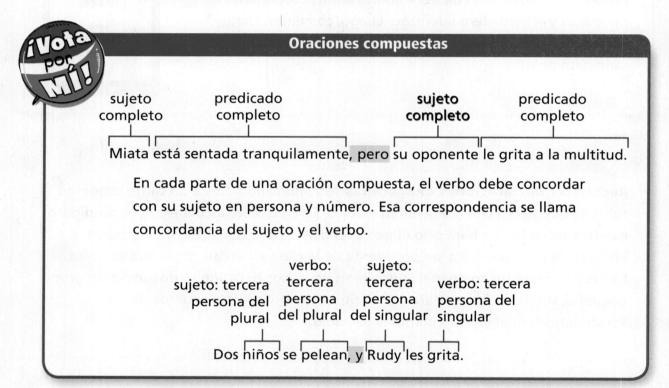

Oraciones compuestas

sujeto completo   predicado completo   **sujeto completo**   predicado completo

Miata está sentada tranquilamente, pero su oponente le grita a la multitud.

En cada parte de una oración compuesta, el verbo debe concordar con su sujeto en persona y número. Esa correspondencia se llama concordancia del sujeto y el verbo.

sujeto: tercera persona del plural   verbo: tercera persona del plural   sujeto: tercera persona del singular   verbo: tercera persona del singular

Dos niños se pelean, y Rudy les grita.

Inténtalo **Encuentra los errores en estas oraciones compuestas. ¿Cuáles no presentan una concordancia correcta del sujeto y el verbo? ¿Dónde deben colocarse comas? Escribe las oraciones correctamente en una hoja aparte.**

1 Miata presenta su plan y los estudiantes aplauden.

2 Ana y Carlos decepciona a Miata y ella se entristece.

3 Algunos niños mastican chicle pero nadie les dice nada.

En tu redacción, tal vez halles pares de oraciones que se relacionan de alguna manera. Trata de combinar las oraciones usando las conjunciones *y, pero* u *o*. Usa una coma cuando sea necesario.

Oraciones relacionadas

Varias niñas apoyaban a Jeanne.

Eddie era popular con casi todos.

Oración compuesta

Varias niñas apoyaban a Jeanne, pero Eddie era popular con casi todos.

 ## Relacionar la gramática con la escritura

Mientras revisas tu diálogo esta semana, identifica las oraciones relacionadas que puedes volver a escribir como oraciones compuestas, usando la coma y las conjunciones *y, pero* u *o*. Asegúrate de usar una concordancia apropiada del sujeto y el verbo.

W.5.3a orient the reader by establishing a situation and introducing a narrator or characters/organize an event sequence; **W.5.3b** use narrative techniques to develop experiences and events or show characters' responses; **W.5.5** develop and strengthen writing by planning, revising, editing, rewriting, or trying a new approach; **W.5.10** write routinely over extended time frames and shorter time frames

Escritura narrativa

✓ Elección de palabras En una narración, un buen **diálogo** suena natural y expresa la personalidad y los sentimientos de los personajes que hablan. Los diálogos hacen que tu narración sea más realista.

Brad escribió el borrador de una narración en la que dos o más personajes generan una reacción en el otro o los otros. Luego, cambió algunas palabras para que el diálogo sonara más natural. Usa la Lista de control de la escritura mientras revisas lo que escribiste.

mi **Escritura genial**

Aprende en línea

Lista de control de la escritura

✓ Ideas
¿El diálogo revela un problema o conflicto?

✓ Organización
¿Un hablante genera una reacción en otros?

✓ Fluidez de las oraciones
¿Es el diálogo fluido y natural?

✓ Elección de palabras
¿Elegí palabras que aclaran los sucesos y los sentimientos?

✓ Voz
¿Los hablantes revelan sus características al hablar?

✓ Convenciones
¿Usé las reglas de ortografía, gramática y puntuación correctamente?

Borrador revisado

—¡Escribir escenas cómicas sobre historia es divertidísimo!

~~Les gustará escribir escenas cómicas~~

—dijo la Srta. Ghose, la maestra de estudios sociales de quinto grado.

—¡Está soñando!
—~~No creo que me guste mucho~~ —murmuró

Evan cuando se sentó con su grupo. Podía notar que tendría que ser el líder.

108

Superhéroe histórico

por Brad Baumgartner

—¡Escribir escenas cómicas sobre historia es divertidísimo! —dijo la Srta. Ghose, la maestra de estudios sociales de quinto grado.

—¡Está soñando! —murmuró Evan cuando se sentó con su grupo. Podía notar que tendría que ser el líder. —Bueno, decidamos quiénes seremos. ¿Qué les parece George y Martha Washington?

—Eso es tan patético —dijo Derek, quien creía que todo era patético y raramente sonreía. Kalil bostezó. Nada le interesaba, excepto los superhéroes. Julia hacía bocetos en su cuaderno y no levantaba la vista.

—¡Esperen! —dijo Evan—. ¿Y si hacemos que George sea un superhéroe con poderes secretos que nadie conoce, ni siquiera Martha? Julia podría ser Martha, y Kalil podría ser George.

—Está bien —dijo Kalil—. Creo que se podría hacer eso.

Julia dejó de hacer bocetos y levantó la vista. Y lo mejor de todo: Derek realmente estaba sonriendo. Quizá la Srta. Ghose tenía razón: ¡parecía que escribir escenas cómicas sobre historia iba a ser divertidísimo después de todo!

Leer como escritor

¿Cómo muestra Brad la personalidad de sus personajes? ¿Qué tipos de diálogo ayudarían a tu narración a mostrar más detalles sobre tus personajes?

En mi versión final, cambié el diálogo de mis personajes para que sonara más realista. También usé la conjunción *y* para combinar oraciones.

Vocabulario en contexto

VOCABULARIO CLAVE

- **competencia**
- **idéntico**
- **número**
- **elemento**
- **intimidado**
- **unísono**
- **recitar**
- **clasificar**
- **uniforme**
- **dominar**

Librito de vocabulario **Tarjetas de contexto**

L.5.6 acquire and use general academic and domain-specific words and phrases

110

1 competencia

Si el nivel de los equipos es parejo, la competencia será emocionante.

2 idéntico

Casi siempre las camisetas de un equipo son idénticas.

3 número

Este entrenador indica las estrategias que el equipo usará después del número que realizarán las porristas.

4 elemento

La velocidad es un elemento importante en muchos deportes de equipo, como el hockey.

Aprende en línea

► Estudia cada Tarjeta de contexto.

► Redacta una oración de contexto nueva que incluya dos palabras del Vocabulario.

5 intimidado

Un jugador pequeño puede sentirse intimidado por un jugador corpulento.

6 unísono

Estos remeros deben trabajar al unísono para ganar. Deben mover sus remos todos a la vez.

7 recitar

Las porristas recitan una aclamación para animar a su equipo a ganar.

8 clasificar

Este equipo ganó tres carreras previas y se clasificó para la final.

9 uniforme

El tamaño de los campos de béisbol profesionales es uniforme. Entre cada base hay noventa pies.

10 dominar

Las medallas que ganaron estas niñas demuestran que lograron dominar sus destrezas gimnásticas.

Leer y comprender

Aprende en línea

☑ DESTREZA CLAVE

Secuencia de sucesos La secuencia es una estructura del texto que pueden usar los autores de no ficción para organizar su información. En una estructura de secuencia, los sucesos se describen en orden cronológico. Mientras lees *Las niñas Rockett,* busca palabras y frases de secuencia, como *hace años, primero* y *viernes.* Usa un organizador gráfico como el siguiente para ayudarte a seguir los sucesos y a comprender cómo se relacionan.

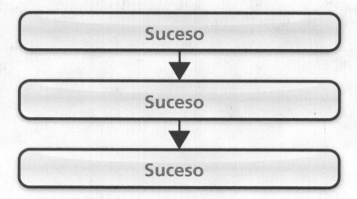

☑ ESTRATEGIA CLAVE

Verificar/Aclarar Mientras lees *Las niñas Rockett,* **verifica** tu comprensión del texto. Si algo no tiene sentido, haz una pausa para **aclararlo**.

RI.5.3 explain the relationships between individuals/events/ideas/concepts in a text.

ESTÁNDARES COMUNES

Estado físico

Saltar la cuerda es una gran forma de mantenerse en buen estado físico. El *double dutch* es un juego de saltar la cuerda con una modificación. Hay dos cuerdas que se hacen girar en diferentes direcciones. Un equipo de *double dutch* tiene al menos tres o cuatro miembros: dos que hacen girar las cuerdas y dos que saltan. Los dos miembros que saltan pueden brincar al unísono o con movimientos diferentes. Quienes hacen girar las cuerdas pueden recitar rimas para ayudar a quienes saltan a mantener el mismo ritmo.

Como verás mientras lees la selección, un equipo de *double dutch* hace más que mantener a sus miembros en un buen estado físico. Los ayuda a aprender lecciones sobre el trabajo en equipo, la disciplina y la competencia.

TEXTO PRINCIPAL

CONOCE A LA AUTORA

Veronica Chambers

Veronica Chambers nació en Panamá. A los cinco años de edad se mudó a la Ciudad de Nueva York, donde por primera vez se hizo socia de una biblioteca y aprendió a saltar la cuerda. Le encanta viajar y aprender nuevos idiomas. Sabe hablar inglés, español, japonés y francés. Entre sus libros para jóvenes se incluyen las novelas sobre dos mejores amigas, Marisol y Magdalena, y la biografía *Celia Cruz, reina de la salsa*. Todos los días, Veronica Chambers recibe una gran cantidad de mensajes por correo electrónico, pero ella todavía prefiere escribir cartas.

☑ DESTREZA CLAVE

Secuencia de sucesos
Identifica el orden cronológico en el que ocurren los sucesos.

☑ GÉNERO

La **no ficción narrativa** describe personas, cosas, sucesos o lugares reales. Mientras lees, busca:

▶ sucesos presentados en orden cronológico,

▶ información basada en los hechos que cuente un cuento y

▶ fotos de personas y sucesos mencionados en el texto.

ESTÁNDARES COMUNES **RI.5.10** read and comprehend informational texts; **RF.5.4a** read on-level text with purpose and understanding

 Aprende en línea

LAS NIÑAS ROCKETT

Una celebración del salto de cuerda, la rima y la hermandad

por Veronica Chambers

PREGUNTA ESENCIAL

¿Cómo puede mejorar la actitud de una persona si es deportista?

LAS NIÑAS ROCKETT

Es temprano en la mañana del sábado; cinco niñas se reúnen en el gimnasio de la escuela secundaria Reed de Central Islip, Long Island. Forman un grupo multirracial: blancas, negras y morenas, pero todas llevan un uniforme deportivo rojo. Cuando saltan la cuerda, jugando *double dutch*, sus cabezas se mueven con colas de caballo idénticas. Son un equipo. Es más, cada una de las niñas, de alrededor de trece años, sabe lo que es ser una ganadora. Las Snazzy Steppers, como llaman al equipo, son las campeonas de la Ciudad de Nueva York y, además, ocupan el quinto lugar a nivel mundial.

Al extender las cuerdas y comenzar a saltar son sumamente silenciosas, no cantan canciones ni recitan rimas. Peggy y Debbie comienzan a practicar el número de las dos cuerdas. Se mueven al unísono, lo cual no es fácil, y realizan incluso los movimientos más complejos con una gracia uniforme. Son como remadores del mismo bote, sus brazos y piernas se mueven y doblan juntos. Las dos personas encargadas de hacer girar la cuerda les hacen sugerencias y críticas:

—No vayan más rápido que la cuerda —les recuerda Lanieequah a sus compañeras. En ocasiones, todo el equipo se echa a reír, haciendo que el entrenador insista en que se esfuercen un poco más.

—No me estoy riendo —refunfuña Peggy.

—Sí te reías —susurra Debbie—. Yo sonreí y entonces te reíste.

Las Snazzy Steppers parecen desafiar la gravedad con las cuerdas: se paran sobre las manos y saltan hacia atrás, se inclinan hasta tocarse los pies y levantan las piernas tan alto como las Rockettes de Radio City, pero son aun mejores. Son astronautas del asfalto, chicas cohete limitadas solo por su imaginación y sus cuerpos increíblemente ágiles y atléticos.

Entrenador Rockett

Sin embargo, la vida no siempre fue tan fácil para las Snazzy Steppers. Hasta hace solo cinco años, estas niñas no sabían saltar *double dutch*. El entrenador, David Rockett, formó el equipo hace ocho años porque se sentía frustrado al ver que la escuela pública en la que enseñaba no ofrecía buenas actividades para los niños.

—Durante un recreo estaba mirando por la ventana de mi salón de clases —dijo el entrenador Rockett—. Algunos niños jugaban *double dutch* en el patio. Me fascinó el elemento llamada y respuesta, los ritmos y el movimiento.

Al día siguiente, Rockett fue a la ferretería local, compró un par de cuerdas para tender ropa de doscientas yardas y preparó un panfleto en el que invitaba a los estudiantes a formar un equipo de *double dutch*. ¡Se presentaron cuarenta niñas!

El entrenador Rockett estaba encantado aunque intimidado, ya que la mayoría de las niñas no tenía experiencia en *double dutch*. Tendría que enseñarles, pero primero ¡debía aprender él! Toda una hazaña para un hombre blanco de más de cuarenta años y de los suburbios. Pero el entrenador Rockett estaba decidido a ver a sus niñas volar. Visitó otras escuelas y patios y pidió a los niños que le dieran lecciones. Estudió libros sobre cómo saltar la cuerda y buscó en Internet información y sugerencias sobre competencias. En pocos meses logró dominar el juego a la perfección y hasta escribió una canción para enseñar a las niñas a saltar:

ANALIZAR EL TEXTO

Secuencia de sucesos ¿Qué pasos siguió el entrenador Rockett para crear un equipo de *double dutch*? Haz una lista de los pasos en orden de secuencia.

Mi nombre es Franny,
soy la rana del arco iris.
Y, con las cuerdas,
soy una estrella del *double dutch*.

Reúne a tres amigas
con el mismo sueño:
dos giran la cuerda y la otra salta.
Serán ganadoras de un premio,
   ¡y no pequeño!

Tomen las dos cuerdas
por los extremos
sin dejarlas caer
o perderemos.

Doblen un poco las rodillas
y separen bien los pies.
Giren y giren la cuerda
que empezamos de una vez.

Imaginen una batidora
que no para de girar.
Así se verán las cuerdas
cuando empiecen a saltar.

Acérquense, amigos.
Nos vamos a divertir.
Cantando y saltando *double dutch*
no hay que parar de reír.

El entrenador Rockett les enseñó a las niñas todo lo que sabía y fueron a la primera competencia en Harlem, donde las hicieron polvo. ¡En Central Islip parecían tener tanto talento! Todos en la escuela secundaria Reed estaban impresionados por la forma en que podían dar saltos y volteretas con la cuerda. Seguramente en casa, las Snazzy Steppers de taaaaan malas ya eran buenas, pero los equipos de Harlem eran más rápidos, más atrevidos, más elegantes y más llamativos. Las niñas volvieron sin trofeos y con la confianza hecha añicos.

—Fue de lo más doloroso. Creían que eran alguien —recuerda el entrenador Rockett—. Pero allí vieron *double dutch* por primera vez. En la competencia, las chicas se escondieron en el baño y fingieron estar enfermas. ¡Estaban tan asustadas! Sabían que eran uno de los equipos más débiles de la liga.

ANALIZAR EL TEXTO

Ritmo de la narrativa ¿De qué manera la inclusión de diálogo afecta el ritmo del texto?

Yo tenía un cachorrito
y su nombre era Omar.
Lo puse en la tina,
para ver si podía nadar.

Se bebió toda el agua
y el jabón se tragó.
¿Y no saben qué pasó?
A mitad de su garganta
      se quedó.

De un salto llegó el doctor.
De un salto llegó la enfermera.
De un salto llegó una señora
con una elegante cartera.

De un salto se fue el doctor.
De un salto se fue la
      enfermera.
De un salto se fue la señora
con la elegante cartera.

ANALIZAR EL TEXTO

Ritmo Observa el ritmo o la manera en que acentúas las palabras en la rima que aparece arriba. ¿Por qué el ritmo es importante para el *double dutch*? ¿De qué manera las rimas del *double dutch* realzan el texto?

Las Snazzy Steppers estaban deprimidas pero no se dieron por vencidas. Cada año volvían a la competencia un poco más fuertes. Primero ganaron el quinto lugar; luego, el cuarto; más tarde, el tercero; después, el segundo; y por último, con mucho trabajo, obtuvieron el primer lugar de la Ciudad de Nueva York y se clasificaron para el campeonato mundial. Desde entonces han volado alto y, además, se hicieron buenas amigas.

—Es un cálculo matemático extraño —señaló el entrenador Rockett—. En el *double dutch*, uno más uno más uno no es igual a tres. Uno más uno más uno es igual a uno. Debes ser riguroso. Si tú y yo estamos haciendo girar la cuerda y sentimos aunque sea un poco de antipatía por el otro, se nota. Lo que se intenta lograr es que las niñas se preocupen una por la otra, que aprendan de la otra, que se protejan. Cuando funciona, cuando el equipo está unido, se forma un grupo poderoso de jovencitas.

Cada una de las Snazzy Steppers tiene un elemento favorito en la competencia:

—La velocidad es mi objetivo, por el desafío que implica —señala Debbie.

—El estilo libre es donde logras expresarte —comenta Erika.

—Mi elemento favorito son... ¡los trofeos! —dice Katelyn.

—Mi mejor momento fue cuando aprendí la patada de karate, cuando estaba en tercer grado. Es un truco muy fácil, pero fue el primero que aprendí y la primera vez que demostré un poco de estilo con la cuerda —sostiene Peggy.

—Soy la única del equipo que entró sabiendo el *double dutch* callejero, que es distinto al salto competitivo. En el salto de cuerda callejero se salta largo y rápido. En las competencias, en cambio, se hace girar la cuerda más lento para captar el truco. Fue prácticamente más difícil que aprender de cero, porque tuve que cambiar mi estilo —agrega Lanieequah.

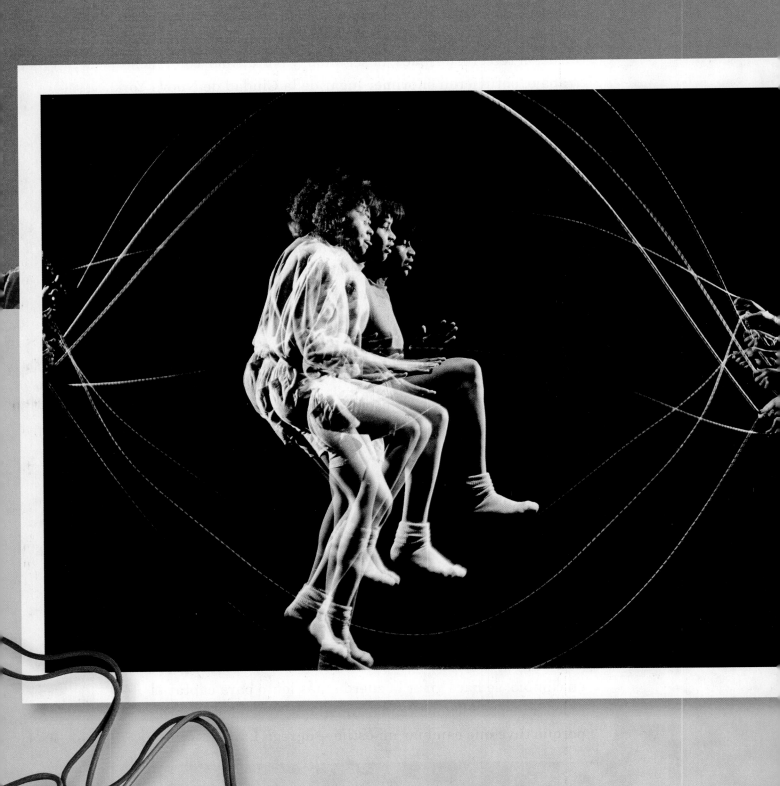

EL *DOUBLE DUTCH* ES . . .

"...**valentía.** El deseo audaz de saltar y mezclarlo todo cuando la vida pasa rápidamente, golpeándote por todos lados con olas incesantes e incontenibles. La habilidad o, en última instancia, la emoción, no está en detener la fluidez, sino en mantener el ritmo".

—Lynette Clementson,
reportera del periódico *New York Times*

"...**confianza en movimiento.** El *double dutch* es sinónimo de cuerpos en movimiento, no de decoración: fuerte, glorioso, exultante.

El *double dutch* es glorioso".

—Peggy Orenstein,
autora premiada del libro *School Girls*

125

Ahora analiza

Cómo analizar el texto

Usa estas páginas para aprender acerca de Secuencia de sucesos, Ritmo narrativo y Ritmo. Luego, vuelve a leer *Las niñas Rockett* para aplicar lo que has aprendido.

Secuencia de sucesos

Los autores de no ficción con frecuencia organizan la información con una estructura del texto conocida como **secuencia.** Se presentan los sucesos en orden cronológico, es decir, en el orden en que ocurrieron. Para describir las relaciones entre los sucesos de una secuencia, los autores pueden incluir palabras y frases como *primero, luego* y *años atrás*. A veces, los autores no mencionan determinados sucesos para que el cuento siga su curso. En estas instancias, los lectores pueden analizar las claves del contexto para **inferir**, es decir, para descifrar por su cuenta qué ha sucedido.

En *Las niñas Rockett*, la autora usa una secuencia de sucesos para contar la historia de las Snazzy Steppers. La disposición de los sucesos en orden cronológico ayuda a los lectores a comprender cómo están conectados los sucesos. Vuelve a leer la selección. ¿En qué orden ocurren los sucesos importantes? ¿Cómo se relacionan?

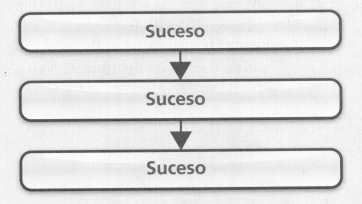

Suceso

↓

Suceso

↓

Suceso

RI.5.3 explain the relationships between individuals/events/ideas/concepts in a text; **RI.5.10** read and comprehend informational texts; **RF.5.4a** read on-level text with purpose and understanding

ESTÁNDARES COMUNES

Aprende en línea

Ritmo narrativo

A pesar de que *Las niñas Rockett* es una obra de no ficción, tiene una estructura narrativa, lo cual significa que se la narra como un cuento. Para atrapar la atención del lector, la autora varía el **ritmo narrativo**, es decir, el ritmo al que se mueve. Para disminuir el ritmo, la autora añade detalles, como el diálogo. Para acelerar el ritmo de la narrativa, la autora omite detalles descriptivos o sucesos de menor importancia.

Ritmo

En *Las niñas Rockett*, la autora incluye algunas rimas que usan quienes saltan para mantener un ritmo uniforme. Estas rimas tienen un **ritmo**, o tiempo, fuerte, que se forma al acentuar determinadas sílabas. Leer estas rimas en voz alta o en silencio hace que los lectores sientan que ellos también están saltando la cuerda.

Es tu turno

mi Escritura genial

REPASAR LA PREGUNTA ESENCIAL

Turnarse y comentar

Repasa la selección y prepárate para comentar esta pregunta: *¿Cómo puede mejorar la actitud de una persona si es deportista?* Mientras comentan, haz preguntas para asegurarte de que comprendes las ideas de tu compañero. Da ejemplos basados en evidencia del texto y en tu propia vida para aclarar tus ideas.

Comentar en la clase

Para continuar comentando *Las niñas Rockett,* usa evidencia del texto para explicar tus respuestas a estas preguntas:

1. ¿De qué maneras los miembros de las Snazzy Steppers sacan provecho de la actividad?

2. ¿Por qué el entrenador Rockett formó el equipo?

3. ¿Por qué la autora incluye citas directas de los miembros del equipo?

COMENTA LAS PALABRAS

Analizar la elección de palabras de la autora

La autora elige palabras y frases fuertes y descriptivas para ayudar a los lectores a imaginar los sucesos y a comprender los sentimientos de las niñas. Con un compañero, elige un fragmento de la narrativa que consideres particularmente vívido. Comenten qué palabras y frases los ayudan a imaginar los sucesos o a comprender cómo se sienten las Snazzy Steppers.

ESCRIBE SOBRE LO QUE LEÍSTE

Respuesta Las Snazzy Steppers pasaron de ser uno de los peores equipos de *double dutch* de la liga a ser el mejor. ¿Cómo lograron esta hazaña? Escribe un párrafo que explique lo mucho que se esforzaron las Snazzy Steppers para ser campeonas. Incluye citas y otra evidencia del texto para apoyar tu explicación.

 Sugerencia para la escritura

Finaliza tu explicación con una o dos oraciones que resuman tu idea principal.

ESTÁNDARES COMUNES **RI.5.1** quote accurately when explaining what the text says explicitly and when drawing inferences; **W.5.2e** provide a concluding statement or section; **W.5.9b** apply grade 5 Reading standards to informational texts; **SL.5.1a** come to discussions prepared/ explicitly draw on preparation and other information about the topic; **SL.5.1c** pose and respond to questions, make comments that contribute to the discussion, and elaborate on others' remarks

POESÍA

✓ GÉNERO

La **poesía** usa el sonido y el ritmo de las palabras de diversas maneras para sugerir imágenes y expresar sentimientos.

✓ ENFOQUE EN EL TEXTO

Ritmo y rima El ritmo de un poema es la forma en que suena cuando se lo lee en voz alta. La longitud del verso, la puntuación, la rima y otros mecanismos sonoros, además de la acentuación en determinadas sílabas, definen el ritmo. Con frecuencia, los poetas usan palabras que riman para enfocarse en una imagen o realzar una emoción.

RL.5.10 read and comprehend literature

Aprende en línea

¡GANADOR!

Ganar no es el único elemento de los deportes. A muchas personas les encanta ver a una pareja de patinadores artísticos girando al unísono. Algunos se asombran con la precisión del número de un gimnasta en la barra de equilibrio. A otros, el trabajo de equipo en el campo de baloncesto les da la mayor satisfacción.

Si bien ningún atleta es idéntico a otro, todos comparten algo: el amor por los deportes. Los siguientes poemas celebran la alegría, la belleza y el espíritu deportivo de los atletas en sus muchos aspectos.

Deportividad
por Richard Armour

A la deportividad alabamos,
siempre es agradable verla.
Pero hay algo desagradable:
perder para probar tenerla.

Este poema de Jane Yolen muestra que el karate es mucho más que una competencia. Quienes han llegado a dominar el karate tienen gracia y disciplina y saben usar sabiamente su destreza.

Niño karateca

por Jane Yolen

Soy el viento,
soy el muro,
soy la ola,
espíritu puro.
Soy la grulla
en noble vuelo
si así me entreno,
no necesitaré lucha.
Soy el tigre,
soy la rama,
soy el árbol,
soy la llama,
soy el codo.
Soy las manos
que saben cumplir
deseos cercanos.

No atacar,
no agredir.
Como dragón nacer,
como halcón partir.
Viento y marea,
árbol y flor,
Cortar.
    Patear.
      Paz.
        Fuerza.

Néstor LoPresto

por Walter Dean Myers

Néstor LoPresto es un as del baloncesto
alto como torre, y aquí les soy honesto.

Talla catorce de jersey, y quince de zapatos
con esas medidas, gana los campeonatos

Puede atacar y avanzar
con bloqueos molestar.

Puede fingir, puede evadir
y a su marca confundir.

Puede saltar, puede pasar
y así de fácil encestar.

Puede correr y sorprender
y casi siempre va a vencer.

Puede robarla, puede quitarla
con la mano interceptarla.

Puede pelar, puede moler
hasta el fin arremeter.

Néstor LoPresto es un as del baloncesto
alto como torre, y aquí les soy honesto.

Talla catorce de jersey, y quince de zapato
con esas medidas, gana los campeonatos.

ESCRIBE UN POEMA SOBRE DEPORTES

Escribe un poema basado en el recuerdo de un evento deportivo que hayas visto o en el que hayas participado. Escribe qué sentiste. Tal vez te sentiste intimidado por un oponente o emocionado cuando tu equipo favorito clasificó en un evento. Mientras escribes, busca inspiración en los poemas de esta lección. Usa la rima, la repetición o un ritmo uniforme para enfatizar la emoción y la acción. Recita tu poema a un amigo cuando termines.

Comparar el texto

Comparar descripciones de deportistas Elige un poema de *¡Ganador!* y un fragmento de *Las niñas Rockett* que describan los movimientos de los deportistas. Comenten en qué se diferencian y se asemejan las imágenes que crean en sus mentes. En tu comparación, enfócate en la elección de palabras y el tipo de imágenes que usa cada escritor. Apoya tus ideas con citas de ambos textos.

EL TEXTO Y TÚ

Escribir un poema Ya has leído varios poemas relacionados con los deportes y los deportistas. Escribe una canción o un poema sobre tu deporte o tu actividad de tiempo libre preferido. Usa la rima, el ritmo y el sonido para indicar qué te parece la actividad. Recuerda que la rima es un mecanismo de sonido que puede crear ritmo o un sentimiento determinado.

EL TEXTO Y EL MUNDO

Resumir un artículo deportivo En un principio, *Las niñas Rockett* apareció como un artículo del periódico *New York Times*. Busca en un periódico local y elige un artículo deportivo que te interese. Observa las ideas principales y los detalles de apoyo del artículo y resume esos conceptos para tus compañeros de clase.

RL.5.1 quote accurately when explaining what a text says explicitly and when drawing inferences; **RI.5.2** determine two or more main ideas and explain how they are supported by details/summarize; **W.5.10** write routinely over extended time frames and shorter time frames

Gramática

¿Qué son los sustantivos comunes y propios? Cuando hablas o escribes sobre personas, lugares o cosas en general usas **sustantivos comunes**. Cuando hablas o escribes sobre una persona, un lugar o una cosa particular usas **sustantivos propios,** que se escriben con mayúscula.

Sustantivos comunes	Sustantivos propios
niño	Alberto Moniz
calle	Plaza de los Libertadores

El nombre de una organización es un nombre propio, y debes escribir con mayúscula inicial todos los sustantivos y los adjetivos que lo forman. Algunas organizaciones tienen un nombre compuesto de **iniciales**, o la primera letra, de las palabras importantes. Si el nombre compuesto de iniciales puede leerse como una palabra, se llama **acrónimo**. En estos acrónimos y en otros nombres formados por iniciales, todas las letras se escriben con mayúscula. Una **abreviatura** es una forma acortada de una palabra. Las abreviaturas de los nombres propios empiezan con letra mayúscula y terminan con un punto.

Nombre de organización	Organización de las Naciones Unidas
Nombre compuesto de iniciales	EE. UU. (Estados Unidos)
Acrónimo	OTAN (Organización del Tratado del Atlántico Norte)
Abreviatura	Sr. (señor)

Inténtalo Con un compañero, identifica en las siguientes oraciones un sustantivo común, un sustantivo propio, el nombre de una organización, un nombre compuesto de iniciales y un acrónimo.

1 Mi hermana quiere trabajar para la NASA o para el FBI.

2 Ella es miembro del Club de Jóvenes Científicos de Lubbock.

3 Su héroe es Sally Ride.

Has aprendido que los sustantivos y los adjetivos del nombre de una organización se escriben con mayúscula inicial. También has aprendido que se escriben con mayúscula todas las letras que forman un acrónimo y los nombres compuestos de iniciales. Cuando corrijas tu trabajo, asegúrate de haber escrito las mayúsculas correctamente. Recuerda también escribir con mayúscula los sustantivos propios, como el nombre de una calle.

Mayúsculas incorrectas	Mayúsculas correctas
Miércoles, 8 de octubre, 7:00 p. m.	Miércoles, 8 de octubre, 7:00 p. m.
Los invitamos a la conferencia de la dra. Roberta price, de la asociación de salto de cuerda. Posiblemente la conocen por su acrónimo: Ascu. La doctora price ha aparecido en programas de Pbs, el sistema de Televisión Pública (Public Broadcasting system).	Los invitamos a la conferencia de la Dra. Roberta Price, de la Asociación de Salto de Cuerda. Posiblemente la conocen por su acrónimo: ASCU. La doctora Price ha aparecido en programas de PBS, el Sistema de Televisión Pública (Public Broadcasting System).

 ### Relacionar la gramática con la escritura

Mientras revisas tu narrativa de ficción la semana próxima, identifica todos los sustantivos propios. Si encuentras un sustantivo propio escrito con minúscula, vuelve a escribirlo correctamente.

Escritura narrativa

Taller de lectoescritura: Preparación para la escritura

☑ **Ideas** Los buenos escritores exploran su tema antes de escribir un borrador. Cuando te prepares para escribir tu **relato de ficción**, pregúntate *¿Quién?, ¿Dónde?, ¿Qué?* Anota palabras y frases que podrías incorporar en tu cuento.

Carolina decidió escribir acerca de un suceso de la escuela. Mientras pensaba en su tema, tomó notas acerca de los personajes, el entorno y los sucesos. Luego, organizó sus ideas en un mapa del cuento. Usa la Lista de control del proceso de escritura que se encuentra a continuación mientras te preparas para la escritura.

Lista de control del proceso de escritura

▶ **Preparación para la escritura**

☑ **¿Tengo suficientes ideas para un cuento?**

☑ **¿Quiénes son mis personajes?**

☑ **¿Dónde y cuándo tiene lugar mi cuento?**

☑ **¿Cuáles son los sucesos más importantes?**

☑ **¿Incluí un problema y una solución?**

Hacer un borrador

Revisar

Corregir

Publicar y compartir

Explorar un tema

¿Quién?
- dos equipos de básquetbol

¿Dónde?
- el patio de la escuela
- la cancha de básquetbol

¿Qué?
- discuten sobre el uso del aro
- compiten en el juego eliminatorio

Mapa del cuento

Personajes

Alicia y su equipo:
niños buenos

Ignacio y su equipo:
bravucones

Entorno

el patio de la escuela y la
cancha de básquetbol

Trama

Problema: Algunos jugadores no pueden practicar porque unos bravucones no les dejan usar el aro de básquetbol.

Suceso 1: Eligen al equipo de Alicia para liderar el equipo de su clase.

Suceso 2: El equipo de Ignacio no les deja usar el aro.

Suceso 3: El equipo de Alicia practica *en secreto* todas las noches.

Solución: El equipo de Alicia gana el gran juego. *¡Todos están sorprendidos!*

Leer como escritor

¿De qué manera el mapa del cuento de Carolina le ayuda a desarrollar ideas nuevas? ¿Qué ideas podrías añadir a tu mapa del cuento?

Se me ocurrieron algunas ideas nuevas cuando estaba haciendo mi mapa del cuento. Comencé a añadir detalles acerca de la trama.

✅ VOCABULARIO CLAVE

oponente

violento

supuestamente

estupendo

avergonzar

obvio

típicamente

preliminar

dramáticamente

oficialmente

Librito de vocabulario	Tarjetas de contexto

L.5.4c consult reference materials, both print and digital, to determine or clarify meaning

Vocabulario en contexto

1 oponente

En cualquier competencia debe haber al menos dos oponentes, o rivales.

2 violento

Elementos atmosféricos violentos pueden modificar el resultado de una competencia al aire libre.

3 supuestamente

Supuestamente, la escuela es, o al menos debería ser, el lugar donde los niños aprenden acerca del mundo.

4 estupendo

Los pájaros machos tienen un plumaje estupendo. Su colorido atrae a la pareja.

Aprende en línea

▶ Estudia cada Tarjeta de contexto.

▶ Haz una pregunta utilizando una de las palabras del Vocabulario.

5 avergonzar

«No puedo avergonzarme pues he dado lo mejor de mí», pensaba una de las concursantes.

6 obvio

El resultado es obvio. La foto muestra claramente quién fue la ganadora.

7 típicamente

Las plantas compiten por la luz. Típicamente, aquellas que obtienen más luz crecen más rápidamente.

8 preliminar

Un apretón de manos puede tomarse como muestra de un acuerdo preliminar.

9 dramáticamente

Estos candidatos compitieron dramáticamente durante la campaña y salieron triunfadores.

10 oficialmente

Los jueces declararon oficialmente como ganador a esta concursante.

Leer y comprender

 Aprende en línea

☑ DESTREZA CLAVE

Tema Mientras lees *El diario de Elisa*, busca el **tema** o mensaje principal del cuento. El comportamiento del personaje principal suele brindar pistas acerca del tema. Usa el siguiente organizador gráfico para registrar las cualidades, los motivos y las acciones de Elisa. Estos detalles te ayudarán a determinar el tema.

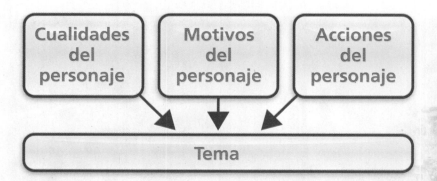

Cualidades del personaje	Motivos del personaje	Acciones del personaje

Tema

☑ ESTRATEGIA CLAVE

Visualizar Cuando **visualizas**, usas detalles del texto para crear imágenes mentales vívidas de los personajes, entornos y sucesos. Mientras lees *El diario de Elisa*, haz una pausa de vez en cuando para visualizar lo que está sucediendo. Usa tus imágenes mentales como ayuda para comprender el significado del cuento.

UN VISTAZO AL TEMA PRINCIPAL

Lenguaje y expresión

El lenguaje transmite más que simples hechos. Usamos las palabras para expresar nuestros sentimientos, para compartir nuestras experiencias y para hacer reír a nuestros amigos. Las personas que hablan el mismo idioma pueden llegar a conocerse fácilmente. Las que no, pueden tener dificultades para entenderse entre ellas.

En el cuento que estás por leer, Elisa acaba de mudarse a Estados Unidos. Tiene muchísimos pensamientos y sentimientos, pero se siente torpe al expresarlos en inglés. Cuando comienza la escuela, debe hallar un modo de superar esta barrera idiomática y de adaptarse a su nuevo hogar.

TEXTO PRINCIPAL

EL DIARIO DE ELISA

✓ DESTREZA CLAVE

Tema Examina las acciones y la forma de responder a los problemas del personaje principal para determinar el tema o mensaje del cuento.

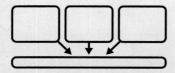

✓ GÉNERO

La **ficción realista** incluye personajes y sucesos que son semejantes a los de la vida real. Mientras lees, busca:

▶ desafíos y conflictos que pueden suceder en la vida real y

▶ sentimientos de los personajes que parezcan creíbles.

 ESTÁNDARES COMUNES **RL.5.2** determine theme from details/ summarize; **RL.5.10** read and comprehend literature

CONOCE A LA AUTORA

Doris Luisa Oronoz

Doris Luisa Oronoz y su familia se mudaron de Puerto Rico a Estados Unidos. Después, sus hijos vivieron experiencias y sentimientos muy similares a los de Elisa. Oronoz ha dicho que, a pesar de que su cuento no se basa en sucesos reales, las emociones del personaje de Elisa están tomadas de sus recuerdos. Son una meditación de las alegrías y las dificultades que los niños encuentran cuando se mudan a un lugar nuevo.

CONOCE AL ILUSTRADOR

Byron Gin

Byron Gin vive cerca de Chicago, Illinois, con su esposa y sus dos gatos, Bear y Kathe. Nacido en California, Gin trabajó como ilustrador y grabador antes de ser pintor de dedicación exclusiva. Un grupo de sus pinturas, *Street Series*, captura a las personas que Gin alcanzó a ver mientras caminaba por el centro de Chicago.

 **Aprende en línea**

El DIARIO DE ELISA

por Doris Luisa Oronoz
ilustrado por Byron Gin

PREGUNTA ESENCIAL

¿Cómo puede cambiar la vida de una persona el hecho de superar un desafío?

«Hoy es el día más triste de mi vida», escribió Elisa en su diario un 25 de marzo. Iba a continuar, pero su padre tocó a la puerta y dijo:

—Son las nueve de la noche, mi niña. Hay que apagar la luz y dormirse.

Elisa guardó la pluma y el cuaderno en su mochila y obedeció de inmediato.

En la semioscuridad, podía distinguir los objetos de la habitación. Había estado aquí antes; sin embargo, le parecía como si fuera la primera vez. Los tonos alegres y brillantes de la colcha de flores que supuestamente le gustaban tanto hoy le parecían fríos y apagados.

Elisa vio la ardillita de porcelana y recordó el día en que se la regalaron. Fue la primera vez que visitó este país. Vino a pasar una temporada con su abuela. Una noche escuchó un ruido como de algo que escarbaba en el plafón. Se asustó pensando que serían ratones y corrió a preguntar.

Tata la condujo al patio y le indicó con un gesto que se quedara calladita. Cuando llegaron a la parte de atrás, vio a dos ardillas jugando, justo en el techo de su cuarto. Las ardillas se deslizaban por la rama de un árbol y saltaban a las tejas a recoger bellotas. Y regresaban a la rama para volver a hacer lo mismo.

En su país no había ardillas. Esto era una novedad, y la celebró tanto que, cuando terminaron sus vacaciones, Tata compró una figurilla del animal y la colocó sobre la mesita de noche.

—Ahí te estará esperando, para cuando regreses.

—Regresaré pronto, Tata. Me encanta este lugar. A lo mejor, algún día, venga a vivir contigo.

Eso fue entonces y esto es ahora.

—¿Quién necesita ardillas? —se dijo. Cerró los ojos y respiró profundo. Estaba cansada. Había sido un día muy largo que, por alguna razón, transcurrió lento. Esa mañana había estado en Puerto Rico y ahora estaba en Estados Unidos. Solo que esta vez era para siempre. Una lágrima le rodó dramáticamente por la cara y fue a parar a la almohada.

Elisa tenía diez años. Su hermano Francisco, doce. Le hubiese gustado ir a la misma escuela que él. Así se sentiría protegida. Aunque los chicos de esa edad no quieren cuentas con sus hermanas menores.

—Está insoportable —pensó en voz alta. En eso, entró su hermano.

—¿Quién está insoportable? —preguntó Francisco.

—Tú —le contestó Elisa sin dudar.

—Y eso, ¿por qué? —preguntó su hermano, sorprendido.

—Porque me dejas aquí sola todo el día y te vas a pasear.

—Chica, si tú no te atreves a salir —le respondió su hermano—. Mira, he conocido a algunos de los vecinos, y son buena gente.

—¿Y en qué idioma les hablas, eh?

—Pues, en inglés.

—Me imagino los disparates que dices.

—Pero trato —contestó el hermano—. Lo que hay que hacer es atreverse. Si no me entienden, sigo haciendo señas hasta que algo pasa.

—Yo lo escribo bien. Y cuando leo, comprendo bastante. Ahora, si me hablan, no entiendo ni papa.

—Oye, la señora que vive en la casa de la esquina…

—¿Cuál? —interrumpió Elisa.

—La que me dio dos dólares por cuidarle el gato.

—¿Qué pasó con ella?

—Me contó que ella escuchaba las noticias en la radio y así acostumbraba su oído y que, poco a poco, fue entendiendo mejor.

—No me gusta la radio —sentenció Elisa.

—Pon el televisor, pero eso sí, nada de novelitas color de rosa o programas violentos en español.

—¿Qué quieres que vea?

—Cosas de acá, como juegos de béisbol, las grandes ligas y eso.

—¡Detesto los deportes!

—Ni modo. Si prefieres ser una ignorante…

—Ay, ya no sigas.

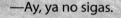

ANALIZAR EL TEXTO

Diálogo ¿Qué revela el diálogo entre Elisa y Francisco acerca de cada personaje? ¿Qué es lo que lo hace realista?

Elisa se arrepintió de haber deseado estar en la misma escuela que el sabelotodo de su hermano. Tendría que valérselas sola, pero... ¿cómo?

Pasó el verano y llegó el tiempo de ir a la escuela. Fue ahí donde conoció a José. Ese día escribió en su diario:

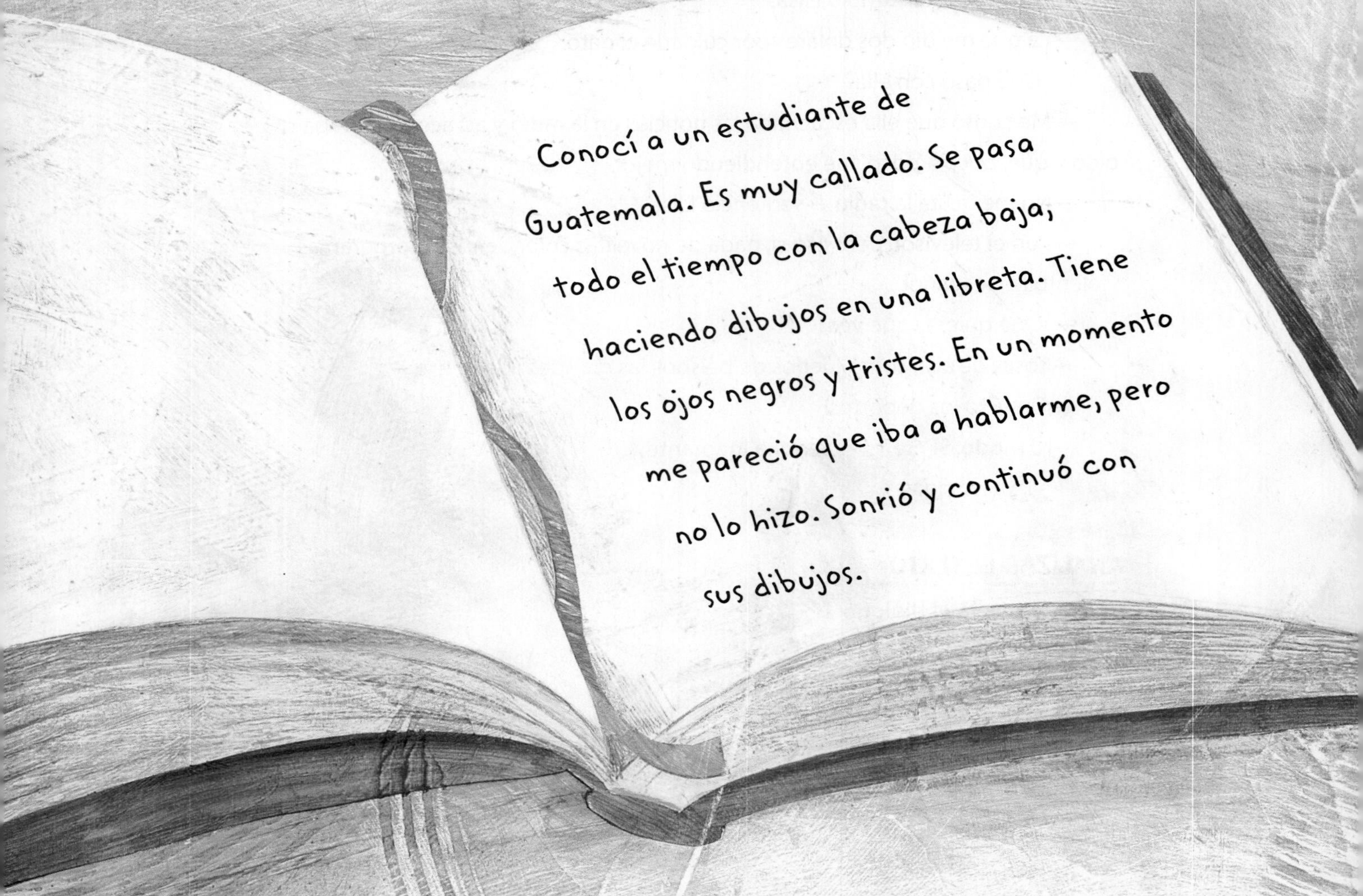

Conocí a un estudiante de Guatemala. Es muy callado. Se pasa todo el tiempo con la cabeza baja, haciendo dibujos en una libreta. Tiene los ojos negros y tristes. En un momento me pareció que iba a hablarme, pero no lo hizo. Sonrió y continuó con sus dibujos.

Leyó lo que había escrito y añadió: «Estupendo, creo que me va a gustar esta escuela después de todo».

El caso es que no le gustó la escuela nadita de nada. El segundo día de clases el maestro de inglés la llamó por su nombre, que sonaba más a "Alisha" que a "Elisa". Ella se levantó del pupitre anticipando un desastre. Y así fue. Le hicieron una pregunta y no entendió. Se la repitieron y fue peor. Estaba tan tiesa que apenas balbuceó unas sílabas:

—Eh, ah, ah, uh. No pudo continuar y se desplomó en la silla ante cuarenta miradas, sus oponentes, incrédulas unas, burlonas otras. ¡Qué vergüenza!

Cerca del mediodía le llegó el turno a José. Se levantó y, tímido, habló sobre las costumbres y tradiciones de su país. Mencionó el quetzal: un ave de plumaje suave, verde tornasolado y muy brillante, rojo en el pecho. Contó que este hermoso pájaro era el símbolo de autoridad de los mayas y que hoy día es oficialmente el ave nacional de Guatemala. Para terminar, mostró a todos un dibujo a colores y les dijo con orgullo que el quetzal en su bandera es el emblema de su libertad nacional. Todos lo aplaudieron. Él se sentó y, como siempre, bajó la cabeza y volvió a sus dibujos.

En la tarde cada estudiante escribió una composición. Elisa escribió sobre su tierra. Al igual que José, describió sus costumbres y tradiciones y explicó el simbolismo del escudo de Puerto Rico: en el centro verde aparece un cordero, emblema de la paz y la confraternidad. Sobre el cordero, un haz de flechas, simbólicas de la fuerza creadora, y más arriba, un yugo, que representa la unión y armonía de esfuerzos para grandes logros.

Pensó que no le había quedado tan mal, pero… escribir era una cosa y hablar, otra. Esa noche no abrió su diario. Estaba cansada de quejarse, aunque fuera a la tinta y al papel.

La mañana siguiente, Elisa sonrió por primera vez desde que habían empezado las clases. Obtuvo una calificación muy buena por su composición. Sintió deseos de enseñársela a todos para que vieran que no era tan torpe, pero no lo hizo. Quizás a José. Sí, a él.

Así las cosas, durante el receso lo llamó y le mostró con orgullo su trabajo. Él lo miró y, bajando los ojos, le dijo con una breve sonrisa:

—Enhorabuena.

—Gracias —dijo Elisa—, ¿y a ti cómo te fue?

—Bien.

—Seguro que te dieron sobresaliente y no quieres avergonzarme.

—No, no se trata de eso, Elisa. Es que… yo aprendí inglés escuchando. Ya sabes, "en la calle". Nunca estudié inglés en la escuela. Lo escribo como lo oigo, y todo sale mal.

Elisa leyó la hoja que él le dio, y con una mirada rápida se dio cuenta de lo que él quería decir. No sabía qué decir.

—Pero lo hablas muy bien —intentó consolarlo.

—Es obvio que hablar es una cosa y escribir, otra.

—Y viceversa —dijo Elisa.

—Y lo contrario.

—Y al revés.

Se rieron tanto que los demás chicos se acercaron para ver qué era tan chistoso. Pero no le dijeron a nadie su secreto. Esa tarde hicieron un trato: Ella lo ayudaría a escribir, y él, a su vez, la ayudaría con la pronunciación.

Doce años después, Elisa se preparaba para ir al trabajo. Bajó una caja de zapatos de la repisa superior del clóset. Con el apuro, varias cosas le cayeron encima. Una de ellas fue su viejo diario, que cayó abierto en la última página. Elisa lo tomó y leyó:

"Hoy recibí oficialmente mi diploma de la escuela secundaria. Cuando me miré en el espejo con mi toga y birrete y mis borlas de honor doradas, recordé a la niña que llegó aquí confundida, asustada y triste. Ahora estoy feliz".

ANALIZAR EL TEXTO

Tema ¿Cuál es el tema del cuento? ¿De qué manera el cambio que experimenta Elisa a lo largo del cuento apoya el tema?

Elisa guardó el cuaderno, se vistió y se dirigió a su trabajo.
Cuando entró al salón de clases, sus estudiantes la miraron,
típicamente tímidos unos, confusos otros, asustados algunos…
Vio las miradas tristes de primer día de clases, que conocía
tan bien.

Abrió su libreta de planes, pensó un momento y la cerró.
Se puso de pie y escribió en la pizarra: "Unión y armonía
de esfuerzos".

Entonces, les dijo:

—Voy a contarles, preliminar al curso, la historia de un
quetzal que bajó a la llanura con la mansedumbre de un
cordero y un cordero que se remontó a las alturas con
las alas de un quetzal.

ANALIZAR EL TEXTO

Secuencia de sucesos ¿Por qué la autora finaliza el cuento con un salto hacia adelante en el tiempo que muestra a Elisa como maestra? ¿Cómo impacta en el cuento este cambio en la secuencia?

Ahora analiza

Cómo analizar el texto

Usa estas páginas para aprender acerca de Tema, Diálogo y Secuencia de sucesos. Luego, vuelve a leer *El diario de Elisa* para aplicar lo que has aprendido.

Tema

Los cuentos como *El diario de Elisa* expresan un **tema**, mensaje o lección, que el autor quiere que los lectores conozcan. Este mensaje suele revelarse a través de las acciones del personaje principal, en especial en la forma en la que reacciona ante el conflicto.

En *El diario de Elisa*, el personaje principal (Elisa) enfrenta un conflicto. El principio del cuento muestra su primer intento por manejar el problema. Para el final, su respuesta es completamente distinta. ¿Cómo muestra con sus acciones este cambio de actitud? ¿Cómo se revela el tema del cuento con ese cambio?

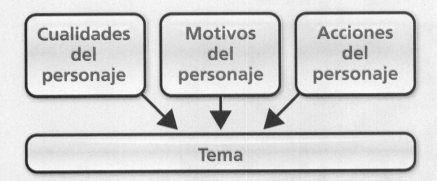

RL.5.2 determine theme from details/summarize; **RL.5.5** explain how chapters, scenes, or stanzas fit together to provide the overall structure; **RL.5.10** read and comprehend literature; **RF.5.4a** read on-level text with purpose and understanding

ESTÁNDARES COMUNES

Aprende en línea

Diálogo

Los autores usan el **diálogo,** las palabras de los personajes, para mostrar cómo son los personajes. El diálogo de la página 147 incluye guiones y puntos suspensivos. Los guiones (—) indican que primero habla un personaje y después el otro. Los puntos suspensivos (…) indican que la voz de un personaje se desvanece, en general, antes de que se complete una idea. Esta puntuación hace más realista el discurso de los personajes.

Secuencia de sucesos

En la página 151, el entorno del cuento se adelanta doce años desde el momento en el que ocurre la acción principal. Este salto en la **secuencia,** es decir, en el orden de los sucesos, permite a la autora mostrar una escena donde Elisa es adulta y les enseña a sus propios estudiantes. Al darle este final al cuento, la autora afirma que el conflicto de Elisa ya se ha resuelto. La estructura general del cuento está completa.

Es tu turno

REPASAR LA PREGUNTA ESENCIAL

Turnarse y comentar

Repasa la selección con un compañero y prepárate para responder esta pregunta: *¿Cómo puede cambiar la vida de una persona el hecho de superar un desafío?* Comparte tus ideas con otras parejas de estudiantes. Apoya tus ideas con evidencia del texto.

Comentar en la clase

Para continuar comentando *El diario de Elisa,* explica tus respuestas a estas preguntas:

1 ¿Es Elisa un personaje creíble? ¿Por qué? ¿Qué evidencia del texto apoya tu opinión?

2 ¿Cuál crees que es la parte más difícil de aprender un idioma nuevo?

3 ¿Qué demuestra el final del cuento sobre el carácter de Elisa?

COMPARAR LOS ENTORNOS DEL CUENTO

Comentar En *El diario de Elisa*, los lectores ven a Elisa en dos entornos: en su casa y en la escuela. Con un compañero, usa los detalles del cuento para comparar y contrastar estos dos entornos. Luego, comenta cómo actúa, cómo se siente y cómo piensa Elisa en cada lugar. Comparte lo que aprendes sobre el carácter de Elisa a partir de las diferencias y similitudes que encuentras.

Respuesta Un conflicto en el pasado de un personaje puede afectar su futuro. Escribe un párrafo en el que expliques el conflicto que enfrenta Elisa en el cuento. Cuenta también cómo lo supera. Además, incluye tu opinión acerca de cómo este conflicto puede haber influido en la elección de la carrera de Elisa. Apoya tus argumentos con citas, detalles y otras evidencias del texto.

Sugerencia para la escritura

Escribe una oración temática que identifique la idea principal de tu párrafo. Luego, presenta los detalles que apoyan tu idea en las oraciones siguientes.

ESTÁNDARES COMUNES **RL.5.3** compare and contrast characters, settings, or events, drawing on details; **W.5.1a** introduce a topic, state an opinion, and create an organizational structure; **W.5.10** write routinely over extended time frames and shorter time frames; **SL.5.1a** come to discussions prepared/explicitly draw on preparation and other information about the topic; **SL.5.1c** pose and respond to questions, make comments that contribute to the discussion, and elaborate on others' remarks

POESÍA

PALABRAS LIBRES COMO EL CONFETI

RL.5.10 read and comprehend literature

PALABRAS LIBRES COMO EL CONFETI

POR PAT MORA
ILUSTRADO POR
ALESSANDRA CIMATORIBUS

Vengan, palabras. Vengan en todos sus colores.
Las arrojaré a una tormenta o a una brisa.
Diré, diré, diré
que son dulces como rollizas ciruelas,
amargas como viejos limones.
Sentiré su aroma, palabras, cálidas
como almendras o ácidas como
manzanas rojas
las sentiré verdes

y suaves como césped nuevo,
blancas y livianas como dientes de león,
grises y punzantes como espinas de cactus,
pesadas como cemento negro,
frías como carámbanos azules,
cálidas como la falda amarilla de mi *granny*.
Las oiré, palabras, fuertes como el bramido
púrpura de las olas del mar, calladas.

como *kittens* durmiendo acurrucados,
como la última canción de cuna dorada.
Las veré largas y oscuras como túneles,
brillantes como arcoíris,
juguetonas como vientos de castañas.
Las miraré, palabras, elevarse, bailar y girar.
Las diré, diré, diré
en inglés,
en español.

Las encontraré.
Las tomaré en mis manos.
Las arrojaré.
Yo también soy libre.
Digo *I am free*,
soy libre,
libre, libre,
libre como el confeti.

Comparar el texto

Comparar textos sobre lenguaje *El diario de Elisa* y *Palabras libres como el confeti* comparten el tema del lenguaje. Con un compañero, comenta en qué se parece y en qué se diferencia la visión del lenguaje en ambos textos. Haz una lista de citas y ejemplos para apoyar tus ideas. Luego, comparte un resumen de tus argumentos clave con la clase.

EL TEXTO Y TÚ

Escribir sobre un desafío En *El diario de Elisa*, el personaje principal supera un desafío para tener éxito. Piensa en un desafío que hayas superado. Escribe una composición corta que describa el desafío, lo que sentías al respecto y lo que aprendiste.

EL TEXTO Y EL MUNDO

Comparar temas Piensa en el título del poema y en la razón por la cual el poeta compara las palabras con el confeti para hallar el tema del poema. ¿Cómo es el confeti? ¿Qué imagen crea el poeta con las palabras? Luego, usa lo que aprendiste para indicar cuál es el tema del poema. Compara ese tema con el mensaje que transmite *El diario de Elisa*. Explica cómo estos mensajes pueden ser útiles en todo el mundo.

RL.5.1 quote accurately when explaining what the text says explicitly and when drawing inferences; **RL.5.2** determine theme from details/summarize; **RL.5.9** compare and contrast stories in the same genre on their approaches to themes and topics; **W.5.10** write routinely over extended time frames and shorter time frames; **SL.5.1a** come to discussions prepared/explicitly draw on preparation and other information about the topic

Gramática

Género y número de los sustantivos El género de los sustantivos puede ser **masculino** o **femenino** y el **número, singular** o **plural**. Los sustantivos **singulares** nombran una sola persona, lugar o cosa y los **plurales** nombran más de uno. Para formar la mayoría de los sustantivos plurales se agrega *-s* o *-es* al singular. Unos pocos se forman de otro modo.

Sustantivos singulares	Sustantivos plurales
Robin encestó un tiro en el primer tiempo.	En total, encestó cinco tiros en los dos tiempos.
El entrenador fue a la reunión.	Los entrenadores fueron a las reuniones.
El hombre corre como un ciervo.	Los hombres corren como ciervos.

Un **sustantivo colectivo** nombra a un grupo o colectividad de personas, animales o cosas, que actúan como una unidad. Un sustantivo colectivo es un sustantivo singular, a menos que nombre a más de una colección.

sustantivo colectivo singular

Nuestro equipo local gana partidos difíciles.

sustantivo colectivo plural

Nuestros equipos locales ganan partidos difíciles.

Inténtalo **Copia estas oraciones en una hoja de papel aparte. Cambia los sustantivos singulares subrayados por un sustantivo plural y modifica los verbos, los artículos y los adjetivos correspondientes para que concuerden con el sustantivo.**

1 El nuevo estudiante saludó a los maestros.

2 Los amigos se sentaron en el banco verde.

3 La ardilla juguetona recogía bellotas.

4 Los libros nuevos están en el estante.

Has aprendido cómo se usan los sustantivos singulares y los sustantivos plurales para expresar exactamente lo que quieres. Si usas sustantivos precisos en tu escritura, crearás imágenes claras para tus lectores. Esto también ayudará a que tu escritura sea más interesante y se entienda más fácilmente.

Sustantivo menos preciso	Sustantivo más preciso

Un aficionado llevó a su mascota a una carrera.	Un aficionado llevó a su iguana a una carrera.

 Relacionar la gramática con la escritura

Mientras revisas tu ficción narrativa, busca sustantivos que puedas reemplazar por otros más precisos. Recuerda que los sustantivos precisos pueden estar en singular o en plural. Asegúrate de crear imágenes claras en tu escritura.

W.5.3a orient the reader by establishing a situation and introducing a narrator or characters/organize an event sequence; **W.5.3b** use narrative techniques to develop experiences and events or show characters' responses; **W.5.3d** use concrete words and phrases and sensory details; **W.5.3e** provide a conclusion; **W.5.5** develop and strengthen writing by planning, revising, editing, rewriting, or trying a new approach

Escritura narrativa

Taller de lectoescritura: Revisar

✓ **Voz**   Cuando revises una **ficción narrativa,** usa el diálogo para dar a los personajes sus propias voces distintivas y para mostrar cómo son. Lo que dicen los personajes y cómo lo dicen puede revelar sus sentimientos y personalidades.

Carolina hizo el borrador de su cuento con un mapa del cuento que había hecho. Después, cuando lo revisó, añadió diálogos para dar vida a sus personajes.

Lista de control del proceso de escritura

Preparación para la escritura

Hacer un borrador

▶ **Revisar**

☑ ¿Inventé voces distintivas para mi narrador y cada uno de mis personajes?

☑ ¿Incluí solo los sucesos que son importantes para mi argumento?

☑ ¿Usé diálogos que sonaran naturales y detalles precisos?

☑ ¿Incluí varias clases de oraciones?

☑ ¿Usé un buen ritmo para mi narración?

☑ ¿Desarrollé una conclusión convincente?

Corregir

Publicar y compartir

Borrador revisado

—No puedo creer que esos perdedores ganaran

—refunfuñó Ignacio. Estaba asombrado.

~~Cuando la clase de la maestra Mack ganó~~
  ^

~~las eliminatorias de baloncesto de quinto~~

~~grado, el otro equipo se veía asombrado.~~

Él y su equipo
~~Ellos~~ nunca habían luchado tan arduamente
  ^

en sus vidas. Cuando faltaban solo dos minutos

para que terminara el juego, iban empatados.

Ignacio tenía el balón cuando alicia se
                                     ⁼
las arregló para quitárselo. Se dio vuelta

y lanzó desde el centro de la cancha: ¡un

lanzamiento de tres puntos!

La derrota de los bravucones del baloncesto

por Carolina Jones

—No puedo creer que esos perdedores ganaran —refunfuñó Ignacio. Estaba asombrado. Él y su equipo nunca habían luchado tan arduamente en sus vidas. Cuando faltaban solo dos minutos para que terminara el juego, iban empatados. Ignacio tenía el balón cuando Alicia se las arregló para quitárselo. Se dio vuelta y lanzó desde el centro de la cancha: ¡un lanzamiento de tres puntos! A partir de ese momento, la competencia había terminado. El equipo de Alicia ganó las eliminatorias de baloncesto de quinto grado. La multitud aplaudió estrepitosamente.

Ese no era el final que esperaba la mayoría de los estudiantes. Sabían que Ignacio y su equipo acaparaban la cancha todos los días durante el recreo y trataban de intimidar al equipo del otro quinto grado.

—Practicar no les servirá de nada —se burló Ignacio del otro equipo.

Pero Alicia y sus jugadores no se rindieron. Habían practicado todas las noches y habían mantenido su buen ánimo. Mientras el equipo ganador salía de la cancha, Alicia sonrió.

—Ignacio —gritó—, que tengan más suerte el próximo año.

Leer como escritor

¿Qué aprendiste acerca de los personajes al leer el diálogo? ¿Dónde puedes añadir un diálogo para darles voz a tus personajes?

En mi cuento final, añadí un diálogo para darles voz a mis personajes. También escribí con mayúscula los nombres propios.

Lee el pasaje "El viaje de Ana al espacio". Mientras lees, detente y responde cada pregunta con evidencia del texto.

El viaje de Ana al espacio

Comienza el viaje

Hoy era el gran día. Por fin, Ana y su clase visitarían el Centro Espacial Houston, el centro de visitas del Centro Espacial Johnson de la NASA. Ana fue la primera en subir al autobús. Aunque vivía en Houston, esta era su primera visita al Centro Espacial. Estaba ansiosa por ver las exposiciones y aprender más sobre los trabajos que se hacían allí. Igual que muchos estudiantes, Ana pensaba que le gustaría ser científica. Creía que tener un trabajo que implicara estudiar el espacio exterior era una experiencia fabulosa.

Ana miró por la ventanilla. El autobús bajó la velocidad y dio vuelta a la derecha para entrar en el Centro Espacial. El conductor se detuvo frente a las puertas principales y abrió la puerta del autobús. Mientras bajaba, Ana exclamó ante sus amigos: —¡Estoy lista para entrar!

En cuanto entró al edificio vio algo que la hizo sonreír. La persona que recibía los boletos estaba vestida con un verdadero traje de la NASA. ¡Se veía tan oficial!

En el Centro Espacial

A la derecha, Ana vio una enorme área de juegos llamada "Área espacial para niños" (*Kids Space Place*). Parecía uno de los centros de juegos que se ven en los restaurantes de comidas rápidas. Ana temía que los juegos fueran para niños muy pequeños. Sin embargo, al entrar se dio cuenta de que sería una verdadera aventura y una gran experiencia de aprendizaje. Su amigo Roberto también estaba sorprendido.

—Vamos, Ana —dijo ansioso—. Apuesto que podemos aterrizar este transbordador nosotros solos.

—¡Claro que podemos! —respondió Ana.

1 ¿Qué impacto tiene el punto de vista del narrador en la forma en la que se describen los sucesos en este pasaje?

Ana entró en el transbordador espacial a escala y se colocó de espaldas, como lo haría un astronauta, frente a los controles. Miró fijamente el monitor que había sobre ella. Roberto se dirigió hacia otra parte del área de juegos, el centro de comando. Era igual al centro de comando verdadero, donde los científicos se comunican con los astronautas que están en el espacio.

ESTÁNDARES COMUNES

RL.5.2 determine theme from details/summarize; **RL.5.3** compare and contrast characters, settings, or events, drawing on details; **RL.5.5** explain how chapters, scenes, or stanzas fit together to provide the overall structure; **RL.5.6** describe how a narrator's or speaker's point of view influences how events are described

Ana y Roberto podían verse en los monitores y hablar a través de los micrófonos. Trabajaron juntos para "aterrizar" el transbordador. Cuando lo lograron, se felicitaron mutuamente y festejaron, tal como lo hacen los astronautas de verdad y las personas que trabajan en el centro de comando. Aunque el transbordador nunca se levantó del suelo, Ana y Roberto estaban orgullosos de haber superado el desafío que se habían propuesto.

 ¿Qué características revela sobre el personaje de Ana la forma en la que respondió al desafío de aterrizar el transbordador?

Después, llegó el momento de ver la demostración "Vivir en el espacio". Ana y sus compañeros subieron en fila a las gradas de metal para ver la presentación. Ahí, frente a ellos, vieron lo que parecía ser el interior de una estación espacial. Un "oficial de información de la misión" subió al escenario. Comenzó por contarle al público sobre la Estación Espacial Internacional, que en inglés se llama International Space Station (ISS).

El oficial les contó que quince países habían trabajado en conjunto durante diez años para construir la estación espacial. Ahora, la estación es más grande que una casa enorme con cinco dormitorios. Ana se sorprendió al oír que incluso tiene un gimnasio. Más de 200 astronautas habían viajado a la estación y vivían allí mientras realizaban experimentos en los laboratorios o realizaban caminatas espaciales para hacer trabajos fuera de la estación.

A continuación, el oficial de información de la misión explicó que necesitaba algunos voluntarios para mostrar cómo viven, comen, duermen y trabajan los astronautas mientras están en la estación. Ana levantó la mano ansiosamente y se alegró mucho cuando el oficial la escogió. Se apresuró a subir al escenario con un compañero. Juntos mostraron cómo se desarrollan las actividades cotidianas en el espacio.

El oficial de información de la misión mostró al público una cama que se utiliza en el espacio. Pero no parecía una cama. Con la ayuda de Ana, enseñó cómo usan los astronautas las correas para permanecer en la cama. Incluso, ¡Ana tuvo que sujetarse la cabeza a la almohada! Finalmente, otro voluntario mostró cómo comen los astronautas: tienen que usar imanes para sujetar los cubiertos a la bandeja, para evitar que se vayan flotando. Ana no se había dado cuenta de lo difícil que es seguir las rutinas cotidianas en el espacio.

¿En qué se parecen y en qué se diferencian los entornos y los sucesos que tienen lugar en la demostración "Vivir en el espacio" y en el "Área espacial para niños"?

Después de la demostración, los niños visitaron un modelo de tamaño natural de un transbordador espacial. ¡Era enorme! Dentro de la cabina de mando vieron lo que ven los astronautas verdaderos al volar: miles de interruptores y botones cubrían las paredes. Ana no podía imaginar tener que aprender el propósito de cada uno.

El viaje en tranvía

¡La parte final de la excursión fue de por sí una excursión! La clase subió a un tranvía para visitar el Centro Espacial. El tranvía se detuvo primero en el Hangar X, y todos se bajaron para entrar en fila a las enormes instalaciones de almacenamiento. Ahí, el grupo vio vehículos espaciales reales utilizados en el pasado. La clase también visitó el bosque Memorial Grove, donde se plantan robles por cada astronauta que ha muerto en alguna misión espacial.

La última parada del día fue el Parque de Cohetes, donde Ana se emocionó al ver un cohete Saturno V verdadero. Este cohete tiene unos treinta y seis pisos de altura; es más alto que la Estatua de la Libertad. Pesa más de seis millones de libras. Ana aprendió que los cohetes Saturno V habían volado en más de doce misiones espaciales históricas para el programa Apolo; en algunas de ellas llevaron astronautas a la luna. Estaba entusiasmada de ver una de esas naves espaciales gigantes de cerca.

Al terminar la visita, toda la clase fue a la Galería de los Astronautas. Detrás de las vitrinas, había trajes espaciales que usaron algunos astronautas. Al mirarlos, Ana podía imaginarse a sí misma trabajando junto con los científicos que estudian el espacio. —Quizá para cuando seamos científicos vuelvan a enviar astronautas al espacio, Ana —dijo Roberto, parándose junto a ella.

—Quizá *seamos nosotros* esos astronautas —contestó Ana. —Nunca se sabe.

 ¿De qué manera las tres secciones del pasaje se relacionan entre sí y cómo contribuyen al desarrollo del tema?

unidad 2

☑ VOCABULARIO CLAVE

empequeñecer
presencia
procedimiento
equipado
trasladado
calcular
ajustado
lugar elevado
entusiasmado
radiante

Librito de vocabulario   **Tarjetas de contexto**

Vocabulario en contexto

1 empequeñecer

Este canguro bebé se ve empequeñecido al lado de su mamá, que es más grande.

2 presencia

Los fotógrafos de la flora y la fauna deben evitar que su presencia asuste a los animales.

3 procedimiento

El veterinario explicó el procedimiento y dijo que el gato estará bien.

4 equipado

Esta mujer está equipada con un guante que la protege de las garras del búho.

▶ Estudia cada Tarjeta de contexto.

▶ Usa el diccionario o un glosario para aclarar la categoría gramatical de cada palabra del Vocabulario.

---

5 trasladado

Este aligátor bebé será trasladado, o llevado, a otra área cuando crezca un poco más.

---

6 calcular

Para calcular la velocidad de un guepardo, debes medir el tiempo que tarda en recorrer una distancia determinada.

---

7 ajustado

Es importante que el collar de un animal esté ajustado, pero no tan apretado como para que le resulte incómodo.

---

8 lugar elevado

Las águilas, entre otras aves, se posan en un lugar elevado para observar a sus presas y protegerse de sus depredadores.

---

9 entusiasmado

Este perro está muy entusiasmado corriendo y atrapando los discos voladores.

---

10 radiante

Esta niña está radiante porque supo que su familia adoptará al cachorro.

Leer y comprender

☑ DESTREZA CLAVE

Causa y efecto Mientras lees *En busca del canguro arborícola*, busca las causas y sus efectos. Una **causa** es un suceso que hace que otra cosa ocurra. Un **efecto** es algo que ocurre debido a un suceso anterior. Usa la evidencia del texto y un organizador gráfico como el siguiente para identificar las relaciones de causa y efecto en la selección.

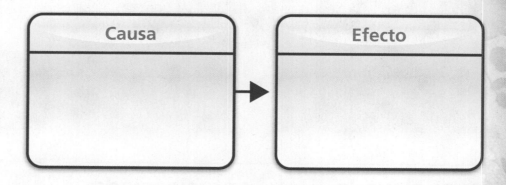

Causa		Efecto
	→	

☑ ESTRATEGIA CLAVE

Preguntar Mientras lees *En busca del canguro arborícola*, haz pausas con frecuencia para preguntarte qué sucesos llevan a otros y qué sucesos son causados por otros anteriores. Hacer **preguntas** y responderlas mientras lees puede ayudarte a identificar las relaciones de causa y efecto.

ESTÁNDARES COMUNES   **RI.5.3** explain the relationships between individuals/events/ideas/concepts in a text

Animales salvajes

Los animales salvajes son aquellos que no están domesticados por los seres humanos. Entre ellos se incluyen las ardillas y las palomas que ves todos los días, y los animales exóticos que viven en junglas lejanas y en las aguas profundas del océano. Muchos animales salvajes están en peligro de extinción: hay tan pocos de ellos que podrían desaparecer por completo. El cambio climático, la destrucción del hábitat y la caza excesiva contribuyen a la reducción de las poblaciones de animales.

El canguro arborícola de Huon es una especie en peligro de extinción. Vive en las selvas lluviosas tropicales de Papúa Nueva Guinea. Como los canguros arborícolas viven la mayor parte del tiempo en los árboles, los científicos deben trabajar mucho para localizarlos y estudiarlos. Cuando leas *En busca del canguro arborícola*, te embarcarás en una de estas aventuras científicas.

Lección 6

TEXTO PRINCIPAL

✅ DESTREZA CLAVE

Causa y efecto Determina cuáles son los sucesos que causan otros sucesos. Identifica las relaciones entre las causas y los efectos.

✅ GÉNERO

Un **texto informativo** presenta hechos y ejemplos sobre un tema. Mientras lees, busca:

▶ la estructura del texto, o la manera en que están organizadas las ideas y la información, y

▶ los hechos y los detalles sobre un tema específico.

ESTÁNDARES COMUNES **RI.5.3** explain the relationships between individuals/events/ideas/concepts in a text; **RI.5.10** read and comprehend informational texts; **L.5.6** acquire and use general academic and domain-specific words and phrases

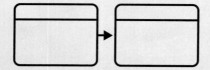

CONOCE A LA AUTORA
Sy Montgomery

La galardonada autora Sy Montgomery viaja por todo el mundo para estudiar a los animales. A veces, enfrenta situaciones inesperadas. "Una vez, en Borneo, un orangután se comió las cintas que contenían mis entrevistas", comentó, describiendo uno de muchos incidentes memorables. En sus aventuras puede ser que sea necesario "caminar durante varios días y nadar muchas millas". Afirma que su viaje a la selva nubosa de Nueva Guinea ha sido el más arduo físicamente hasta ahora.

CONOCE AL FOTÓGRAFO
Nic Bishop

Nic Bishop es fotógrafo de la naturaleza y autor de muchos libros. Toma algunas de sus fotografías de animales en un estudio y otras en lugares muy lejanos, en los hábitats naturales de los animales. Después de recorrer grandes distancias para un proyecto, se encuentra con la gran presión de obtener excelentes fotografías. "Simplemente no puedo darme el lujo de sentirme cansado o enfermarme, ya que nunca tendré la posibilidad de repetir nada", afirma.

EN BUSCA
DEL
CANGURO
ARBORÍCOLA

por Sy Montgomery
fotografías de Nic Bishop

PREGUNTA ESENCIAL

¿Por qué es importante investigar y proteger a los animales en peligro de extinción?

En la exuberante y colorida Papúa Nueva Guinea vive un animal escurridizo llamado canguro arborícola de Huon. La bióloga Lisa Dabek quedó fascinada con este canguro la primera vez que lo vio en un zoológico de Seattle hace más de veinte años. Ahora Lisa está al mando de una expedición de investigación en Papúa Nueva Guinea, acompañada por un equipo de científicos y guías locales, con el objetivo de ubicar a los canguros arborícolas de Huon en su hábitat natural y colocarles collares localizadores para poder rastrearlos y estudiarlos. Lisa y los demás esperan que sus estudios sirvan para comprender mejor y proteger a estas criaturas especiales.

Al equipo se unieron la autora Sy Montgomery y el fotógrafo Nic Bishop para documentar el viaje. El grupo llegó a destino y armó el campamento. Detectaron señales de que hay canguros en los alrededores, en la selva, y esperan ver alguno pronto.

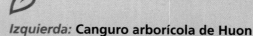

Izquierda: Canguro arborícola de Huon

Página siguiente: Los vientos fríos han empequeñecido algunas partes de la selva, por lo que solo mide aproximadamente veinte pies de altura.

LISA ESTÁ LAVANDO LA ROPA EN EL RÍO CUANDO RECIBE LA NOTICIA:
—¡CANGUROS ARBORÍCOLAS! —GRITA HOLLY—. *¡HAY DOS!*

Uno de los rastreadores ha regresado corriendo al campamento para contarnos: los dos canguros arborícolas están "klostu"[1], en un árbol. Mientras Holly y Christine preparan el equipo médico, los demás corremos tras el rastreador para ver.

Dejamos atrás el refugio para los canguros arborícolas, pasamos el kunai[2], bajamos por un sendero y luego nos internamos en un monte sin caminos. ¿Estarán los canguros todavía allí cuando lleguemos?

Nos toma casi una hora llegar al lugar. Vemos una cola larga y dorada que cuelga de las ramas de una saurauia[3] y, luego, el animal al que pertenece: un hermoso canguro arborícola rojo y dorado, que está sentado a ochenta pies por encima de nosotros y mira hacia abajo con las orejas apuntando hacia adelante.

—¡No puedo creerlo! —exclama Lisa.

Y, luego, en el árbol que está justo a la derecha de ese canguro, vemos otra cola que baja de otro canguro arborícola.

—¡Bigpela pikinini! —exclama uno de los rastreadores. "Pikinini" es una palabra en tok pisin que significa niño o bebé. ¿Y "bigpela"? Quiere decir que, si ese es su bebé, es bastante grande.

---

[1] klostu: "cerca" en tok pisin, una lengua popular de Papúa Nueva Guinea
[2] kunai: el área donde Lisa y su equipo armaron el campamento, llamada así por el tipo de hierba que hay allí
[3] saurauia: a los canguros arborícolas les encanta comer los brotes de esta planta con flores

ANALIZAR EL TEXTO

Causa y efecto Cuando el rastreador trepa a un árbol cercano, ¿qué efecto tiene esta acción en los canguros arborícolas?

El canguro arborícola de Huon es uno de los mamíferos menos frecuentes y más escurridizos del mundo.

—Este es el milagro de trabajar aquí —dice Lisa—. Son tan escurridizos. Hasta que finalmente los encuentras. Toda la expedición depende de estos momentos.

Los hombres habían dejado el campamento esa mañana sintiendo que tendrían suerte.

—Estaba soleado y cálido —recuerda Gabriel—. Un buen día para que los canguros arborícolas salieran a calentarse. —Cambiaron la estrategia—: Durante los primeros tres días, recorrimos más de un kilómetro por día para encontrar los canguros. Quería que nuestra presencia los acercara al campamento. Entonces, hoy decidimos intentar acercarnos, y funcionó.

Los hombres se dispersaron. Uno de los rastreadores decidió buscar una planta que a los canguros arborícolas les gusta comer. Crece en lo alto de las ramas de los árboles y es fácil de ver. La parte de abajo es marrón y la parte de arriba es verde. Encontró una en un árbol, pero no había ningún canguro. Examinó detenidamente el árbol de al lado (la saurauia), ¡y allí estaba la cola!

—Comencé a ladrar inmediatamente como un perro, porque eso la mantendría arriba en el árbol —explicó el rastreador a Gabriel—. Todos los demás escucharon los ladridos y adivinaron lo que sucedía. Corrieron a admirar el canguro. Nos quedamos de pie observando durante aproximadamente dos minutos. Luego, alguien notó que había otra cola.

Tomamos fotografías, grabamos vídeos y observamos a los dos canguros arborícolas durante diez minutos. Ahora debíamos hacer que los animales bajaran…

Los rastreadores han pensado mucho en este dilema. Poco después de divisar a los animales, comenzaron a cortar ramas y broza para construir una cerca baja que llaman "im" alrededor del árbol. Si el canguro baja de un salto y comienza a alejarse, la im evitará que lo haga rápidamente.

Uno de los rastreadores se quita las botas altas de goma. Descalzo, comienza a trepar a un árbol más pequeño que está al lado de la saurauia. En menos de dos minutos está a la misma altura que el canguro arborícola.

—Joel, ¿ves dónde está? —pregunta Lisa. Joel observa al canguro con sus binoculares—. Sigue allí —asegura.

Pero el canguro arborícola no está feliz de ver a un ser humano acercándose. Trepa otros 30 pies hacia arriba para escaparse. Si llegara a saltar, tendría una caída de 110 pies.

De repente, salta con sus patas delanteras estiradas. Cae 30 pies. Se aferra a un árbol más pequeño durante la caída. Y ahora comienza a bajar del árbol.

Está casi llegando al suelo cuando uno de los rastreadores lo toma de la cola y lo coloca en la bolsa de arpillera.

—¡Pikinini! ¡Pikinini! —gritan los hombres. El otro canguro arborícola está a 65 pies de altura en un árbol *decaspermum* y no quieren que se escape. El canguro se suelta de la rama. Al igual que un acróbata, atrapa una liana con sus patas delanteras, da un giro y aterriza en el suelo sobre sus patas traseras. Uno de los rastreadores lo sostiene del pecho, otro sostiene sus patas traseras y otro lo sostiene de frente.

En ese momento nos damos cuenta de que el "bebé" es un macho adulto que ha alcanzado su pleno desarrollo.

—Man na meri —dicen los rastreadores; los dos canguros no son madre e hijo, sino una pareja de canguros hembra y macho adultos. A las 10:10 a. m., ambos canguros arborícolas están en las bolsas de arpillera camino al campamento.

Veinticinco minutos más tarde, estamos todos de regreso en el campamento, donde Holly y Christine han preparado la camilla: una mesa de picnic construida con troncos jóvenes y delgados atados con lianas. Han colocado los equipos médicos y los frascos para muestras, los instrumentos de medición y las hojas de datos. A cada canguro arborícola se le dará un medicamento para que duerma mientras el equipo le coloca el collar localizador y lo examina para comprobar su estado de salud.

Queremos descubrir cuanto sea posible. Como se sabe muy poco sobre los canguros arborícolas, cada detalle es importante.

Primero, mientras los animales están en las bolsas de arpillera, se los pesa. La hembra pesa 6.4 kilogramos (aproximadamente 24 libras) con la bolsa. Los científicos se asegurarán de restar el peso de la bolsa más tarde. El macho, con la bolsa, pesa 8 kilogramos.

A la derecha: **Gabriel divisa un canguro arborícola.**

Joel también anota la temperatura y la humedad: 56.2 grados Fahrenheit y 81 por ciento de humedad.

—Midamos el cuello del macho para asegurarnos de que el collar localizador le quede bien —dice Lisa—. Pero trabajemos con la hembra primero.

—Con la hembra tendremos las mismas prioridades —explica Holly al grupo—. Mediremos el cuello, colocaremos el collar localizador, insertaremos el chip identificador, cortaremos algo de pelaje para hacer más pruebas y revisaremos la bolsa para ver si tiene un bebé.

Esperamos hallar todo lo que sea posible mientras el animal está dormido. Pero la anestesia puede ser peligrosa. Es por eso que observaremos cuidadosamente con qué frecuencia inspira y exhala y cuán rápido late su corazón durante el procedimiento. Tendremos que trabajar rápido. Todos ayudarán.

—Christine dirá en voz alta el pulso y la respiración cada cinco minutos —dice Holly—. ¿Están todos listos?

—¿Tienes el collar localizador? —le pregunta Lisa a Gabriel.

Gabriel sostiene un collar de cuero similar al de los perros. Sin embargo, en lugar de identificaciones de metal tiene una pequeña caja de plástico a prueba de agua. Contiene un transmisor que funciona con una batería cuadrada y está equipado con una antena interna. Cada collar localizador también cuenta con un chip de computadora. Sin sospecharlo, los canguros arborícolas enviarán su posición no solamente a los científicos que los rastrean en tierra sino también a los satélites que se mueven en círculo a miles de millas de la Tierra. A las 6 a. m. y a las 6 p. m. (las horas en que los canguros arborícolas suelen estar en los árboles y el tiempo es menos nuboso) los satélites leen la posición exacta de los animales en la superficie de la Tierra. Descargan esa información en los chips que están en los collares, y esos datos pueden trasladarse a una computadora cuando el collar se cae automáticamente después de cinco meses. El aparato completo pesa menos de media libra.

Arriba: **Un canguro arborícola de Huon mira hacia abajo desde una altura de ochenta pies en el dosel forestal.**

ANALIZAR EL TEXTO

Vocabulario específico de un campo
¿Qué término científico usa la autora en esta página al describir el propósito de colocar un collar localizador en el canguro arborícola? ¿Cómo afecta eso tu comprensión?

Página anterior: **Una vez que se divisa al animal, un rastreador trepa a un árbol cercano para asustarlo y hacer que baje.**

—¿Tienes el destornillador para poner el collar? —pregunta Lisa.

—Sí, sí —dice Gabriel sosteniendo la bolsa que se retorcía en su regazo—. ¡Estamos listos!

Pero el canguro arborícola no lo está. Gabriel le habla al animal que está dentro de la bolsa.

—Espera, espera, ven aquí —le dice suavemente. Y, luego, a los dos rastreadores—: ¡Sosténganlo! —De repente, se asoma una nariz rosada a través de un agujero de la bolsa.

Son las 10:55 a. m. y Holly le pone una máscara sobre la nariz. Una pata sale a través del agujero. Pero en menos de cuarenta y cinco segundos, el canguro arborícola se relaja. La anestesia hace efecto. Se duerme.

El canguro está fuera de la bolsa.

—¿Dónde está el termómetro? —pregunta Holly.

La temperatura del canguro es similar a la de una persona: 97.1 grados.

—La respiración es treinta y dos —dice Christine. Eso significa que respira treinta y dos veces en un minuto, lo que es saludable.

Holly se inclina para escuchar su corazón con el estetoscopio. Cuenta los latidos durante cinco segundos. Quiere calcular los latidos por minuto.

—La frecuencia cardíaca es dieciséis por doce. Haz la cuenta —le dice a Joel, que está registrando todo en una hoja de datos.

Mientras tanto, Gabriel le coloca el collar. —Asegúrate de que el collar esté cómodo, pero ajustado —dice Lisa. (Ayer Christine descubrió que Ombum[4] logró quitarse el suyo y lo dejó en el piso de su jaula).

---

[4] Ombum: Un canguro arborícola que examinaron anteriormente y está en tratamiento por una herida en una pata.

 Página anterior: **Christine y Holly se ponen a trabajar.**

ANALIZAR EL TEXTO

Citas y descripciones ¿Por qué crees que la autora incluye citas del equipo de investigación y descripciones detalladas de su trabajo?

Holly coloca el microchip y Joel anota el número: 029-274-864.

—Voy a revisar la bolsa —dice Holly. Mientras tanto, los otros científicos miden todo lo que pueden lo más rápido posible.

—La bolsa está vacía —dice Holly—. Ahora la inyección de vitaminas y minerales.

—Listo —dice Lisa. Da por terminado el examen. Como Ombum estaba lastimado, su examen duró mucho más; pero no queremos someter a este canguro arborícola a la anestesia más tiempo del necesario por razones de seguridad.

Holly le quita la máscara y revisa rápidamente los dientes. Está volviendo en sí. Son las 11:06 a. m.

—Ponla en la bolsa —dice Lisa—. La cola primero para que pueda sentarse. —La llaman Tess en honor a mi perra, una Border Collie que murió el año pasado a los dieciséis años. La nueva Tess descansa en su bolsa sobre las piernas de uno de los rastreadores mientras nos preparamos para el macho.

11:20 a. m.:

—¿La máquina de anestesia? ¿El gas está listo? ¿El collar localizador? —pregunta Holly—. ¿Y el otro canguro está listo?

—Todo en orden —responde el equipo—. ¡Estamos listos!

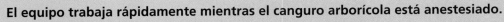 **El equipo trabaja rápidamente mientras el canguro arborícola está anestesiado.**

Cada collar permite a los científicos rastrear un canguro arborícola durante varios meses.

Gabriel desata la parte superior de la bolsa donde está el macho e inmediatamente la arpillera se agita con el movimiento.

—Está dando volteretas en la bolsa —informa Gabriel. Él y Joshua hacen todo lo posible para sostener al canguro.

A través de la bolsa, el macho toma el guante de uno de los hombres y se lo quita. Muerde el dedo de otro de los rastreadores. Ahora son cuatro los hombres que intentan sostenerlo.

—Tengo su cabeza aquí —dice Gabriel—. No puedo sacarla, ¡pero la nariz está justo aquí!

A través de la arpillera, Holly le da la anestesia.

—¡Qué fuerte es! —dice Gabriel.

Finalmente, la bolsa deja de sacudirse. A las 11:30 a. m. sacan al macho de la bolsa y lo colocan en la mesa. El equipo se pone a trabajar.

—La frecuencia cardíaca es diecisiete por doce —le dice Holly a Joel.

—Veintidós punto siete, la circunferencia del cuello —dice Toby—. Aquí está el collar. Coloquémoslo.

—La respiración es veinte —dice Holly—. Ahora tomemos la temperatura. Luego, el chip. Y después, el pelaje.

Holly toma una muestra de pelaje para el análisis de ADN.

Todo marcha a la perfección. Entonces, Christine advierte:

—La respiración está disminuyendo…

—Eso es todo. Quitémosle la máscara —dice Lisa.

Son las 11:37 a. m.

—Las orejas se mueven. Regresémoslo a la bolsa —dice Holly.

Todo termina en solo diez minutos.

—Excelente trabajo —dice Lisa.

Es mediodía. Estamos en el refugio para los canguros arborícolas[5]. Los hombres han cortado frondas de helechos y revistieron los dos departamentos del interior con esa alfombra blanda y húmeda. Han usado los helechos para ocultar la pared que separa a la nueva pareja de Ombum, de modo que los animales no se molesten entre sí. Ombum parece tranquilo. A pesar de que su pata no mejoró, ahora acepta las hojas de plátano que le ofrece Christine.

Estamos sentados en silencio mientras uno de los rastreadores abre la puerta de la jaula. Tess sale de la bolsa y sube rápidamente a un lugar elevado. Nos observa con interés, pero sin miedo. Lisa le ha puesto al macho Christopher, en honor a mi cerdo, que llegó a pesar 750 libras y vivió hasta los catorce años. El canguro Christopher sale corriendo de la bolsa y trepa hasta el lugar más elevado.

Joel y Gabriel quieren asegurarse de que los collares funcionan, así que han traído sus radiorreceptores para comprobarlo. Cada animal tiene su propia frecuencia, casi como un número de teléfono. Si Joel quiere sintonizar a Tess, marca el canal 151.080. El canal de Christopher es 150.050. Ambos collares funcionan bien.

Estamos felices. Uno de los rastreadores está tan entusiasmado que quiere salir a cazar más canguros arborícolas esta misma tarde.

—¡Pero el hotel está completo! —dice Lisa. Como Christopher y Tess están lo suficientemente sanos para volver a la naturaleza, los soltarán mañana. Por ahora, sin embargo, la jaula está completa con los tres canguros.

Nos damos la mano, nos abrazamos y sonreímos. Todos estamos radiantes con una mezcla de emoción, cansancio… y alivio.

—El primer canguro arborícola de Huon macho con collar —dice Gabriel—. ¡Es histórico!

---

[5] refugio para canguros arborícolas: un recinto de catorce pies por ocho pies que el equipo ha construido con ramas, lianas y musgo para mantener cómodos a los canguros

Ahora analiza

Cómo analizar el texto

Usa estas páginas para aprender acerca de Causa y efecto, Citas y descripciones, y Vocabulario específico de un campo. Luego, vuelve a leer *En busca del canguro arborícola* para aplicar lo que has aprendido.

Causa y efecto

En el texto informativo *En busca del canguro arborícola*, muchos de los sucesos tienen relaciones de **causa y efecto**. Un suceso, llamado causa, produce un suceso posterior, llamado efecto. Este efecto puede luego transformarse en la causa de otro efecto, y crear una cadena de sucesos que están relacionados.

Vuelve a leer la página 189 de *En busca del canguro arborícola*. Después de pasar varios minutos anestesiado, la respiración del canguro arborícola macho comienza a hacerse más lenta. ¿Qué decisión toma Lisa como resultado? ¿Qué efecto tiene su decisión?

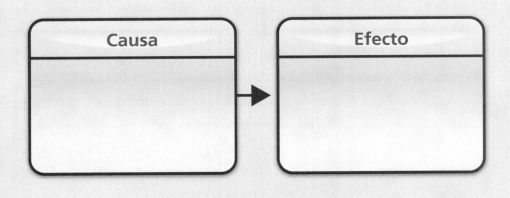

Causa		Efecto
	→	

Aprende en línea

Citas y descripciones

Para compartir información con los lectores de manera interesante, la autora de *En busca del canguro arborícola* incluye **citas**, o las palabras exactas que dicen los miembros del equipo. También escribe **descripciones** detalladas de lo que los científicos ven y hacen. Vuelve a leer las páginas 186 a 189. La conversación y la explicación de las acciones de los científicos ayudan a los lectores a imaginar que también están allí mientras los expertos examinan a los canguros.

Vocabulario específico de un campo

Muchas disciplinas tienen su propio vocabulario especial. Estos términos, conocidos como **vocabulario específico de un campo**, expresan ideas precisas y conceptos relacionados con el tema. Al incluir términos específicos en sus textos, los autores pueden comunicar información precisa a los lectores. Por ejemplo, los científicos de esta selección no les dan a los canguros "cualquier medicamento": les administran anestesia, que hace que los animales queden inconscientes durante un período breve.

Hábitat

Es tu turno

REPASAR LA PREGUNTA ESENCIAL

Turnarse y comentar

Repasa la selección y prepárate para comentar esta pregunta: *¿Por qué es importante investigar y proteger a los animales en peligro de extinción?* Con un compañero, enumera las razones a partir de tus conocimientos previos y la evidencia del texto. Compártelas con la clase.

Comentar en la clase

Para continuar comentando *En busca del canguro arborícola* usa la evidencia del texto para responder estas preguntas:

1 ¿Qué piensan los miembros del equipo acerca del trabajo que hacen? ¿Cómo lo sabes?

2 ¿Cuáles son los desafíos de estudiar al canguro arborícola?

3 ¿La autora hace un buen trabajo al presentar la información sobre los canguros arborícolas? Explica tu respuesta.

¿QUÉ SIGNIFICA?

Buscar en el diccionario En esta selección se usan muchas palabras específicas, como *rastreador, humedad, anestesia, respiración, estetoscopio, transmisor, antena, microscopio* y *frecuencia.* Usa un diccionario impreso o digital para buscar las definiciones de esas palabras u otras que encuentres en el texto. Luego, escribe una nueva oración en la que uses cada palabra. Muestra tus oraciones a un compañero.

ESCRIBE SOBRE LO QUE LEÍSTE

Respuesta Piensa en todo el esfuerzo que Lisa y su equipo hacen para estudiar al canguro arborícola de Huon. ¿Qué esperan aprender? ¿Por qué? Escribe un párrafo en el que expliques cómo la información que Lisa y su equipo recopilan ayudará a proteger la especie. Usa hechos específicos y detalles del texto para desarrollar tu explicación.

Sugerencia para la escritura

Mientras escribes tu borrador, usa un lenguaje preciso y el vocabulario específico de un campo. Incluye transiciones para mostrar las relaciones entre tus ideas.

ESTÁNDARES COMUNES **RI.5.3** explain the relationships between individuals/events/ideas/concepts in a text; **W.5.2d** use precise language and domain-specific vocabulary; **W.5.9b** apply grade 5 Reading standards to informational texts; **SL.5.1a** come to discussions prepared/explicitly draw on preparation and other information about the topic; **L.5.4c** consult reference materials to find pronunciation and determine or clarify meaning; **L.5.6** acquire and use general academic and domain-specific words and phrases

MITO

✓ GÉNERO

Un **mito** es un cuento que relata lo que un grupo de personas cree sobre el mundo o sobre un aspecto de la naturaleza.

✓ ENFOQUE EN EL TEXTO

Características de los mitos
En muchos mitos, los personajes son animales que actúan como personas. Esos personajes suelen tener una característica especial, como la determinación o la sabiduría. Los mitos también incluyen una lección o una explicación destinada a ayudar a los lectores a comprender cómo se creó algo de la naturaleza.

RL.5.10 read and comprehend literature

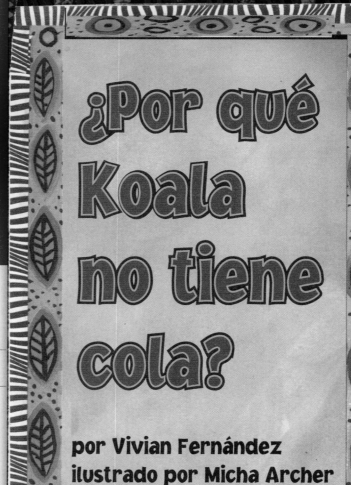

¿Por qué Koala no tiene cola?

por Vivian Fernández
ilustrado por Micha Archer

Un día, hace mucho tiempo, Canguro Arborícola estaba sentada en las alturas, bien lejos del suelo, mordiéndose preocupada el labio inferior. Habían pasado muchos días desde las últimas lluvias. Los pastos estaban secos y los árboles, normalmente exuberantes, estaban desnudos salvo por unas pocas hojas escuálidas.

—Amiga Canguro —llamó alguien desde abajo—. ¿Ves agua desde donde estás sentada?

Canguro Arborícola miró hacia abajo y vio a Koala jalando ansioso su larga y tupida cola.

—No veo nada de agua —dijo Canguro Arborícola y bajó de un salto al lado de Koala.

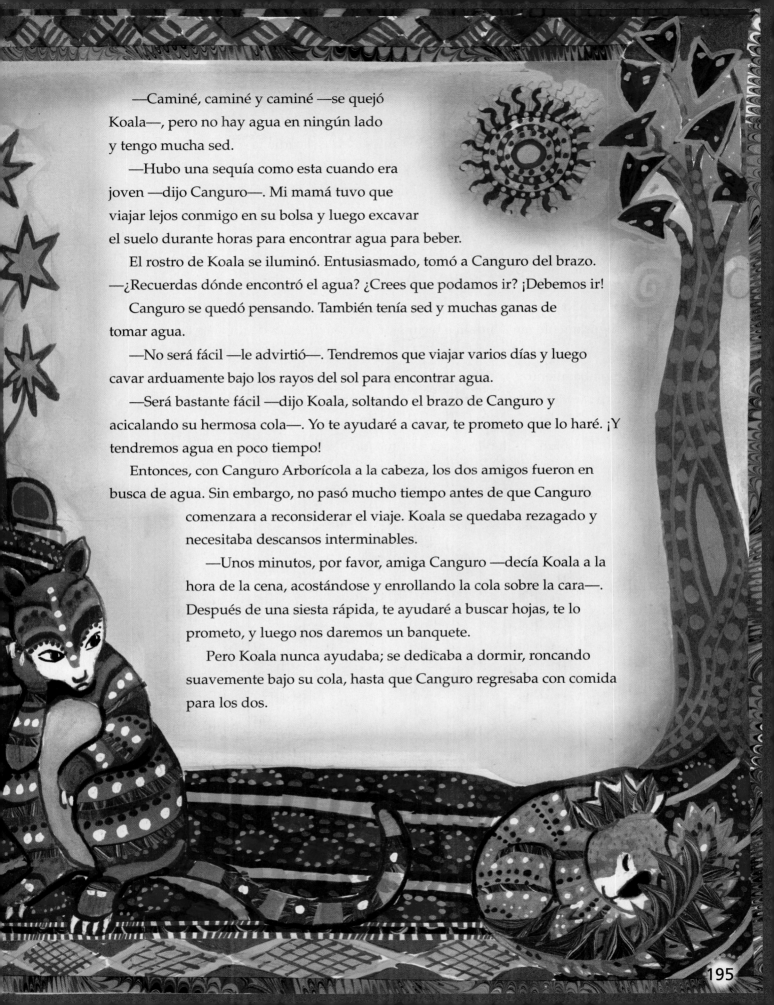

—Caminé, caminé y caminé —se quejó Koala—, pero no hay agua en ningún lado y tengo mucha sed.

—Hubo una sequía como esta cuando era joven —dijo Canguro—. Mi mamá tuvo que viajar lejos conmigo en su bolsa y luego excavar el suelo durante horas para encontrar agua para beber.

El rostro de Koala se iluminó. Entusiasmado, tomó a Canguro del brazo. —¿Recuerdas dónde encontró el agua? ¿Crees que podamos ir? ¡Debemos ir!

Canguro se quedó pensando. También tenía sed y muchas ganas de tomar agua.

—No será fácil —le advirtió—. Tendremos que viajar varios días y luego cavar arduamente bajo los rayos del sol para encontrar agua.

—Será bastante fácil —dijo Koala, soltando el brazo de Canguro y acicalando su hermosa cola—. Yo te ayudaré a cavar, te prometo que lo haré. ¡Y tendremos agua en poco tiempo!

Entonces, con Canguro Arborícola a la cabeza, los dos amigos fueron en busca de agua. Sin embargo, no pasó mucho tiempo antes de que Canguro comenzara a reconsiderar el viaje. Koala se quedaba rezagado y necesitaba descansos interminables.

—Unos minutos, por favor, amiga Canguro —decía Koala a la hora de la cena, acostándose y enrollando la cola sobre la cara—. Después de una siesta rápida, te ayudaré a buscar hojas, te lo prometo, y luego nos daremos un banquete.

Pero Koala nunca ayudaba; se dedicaba a dormir, roncando suavemente bajo su cola, hasta que Canguro regresaba con comida para los dos.

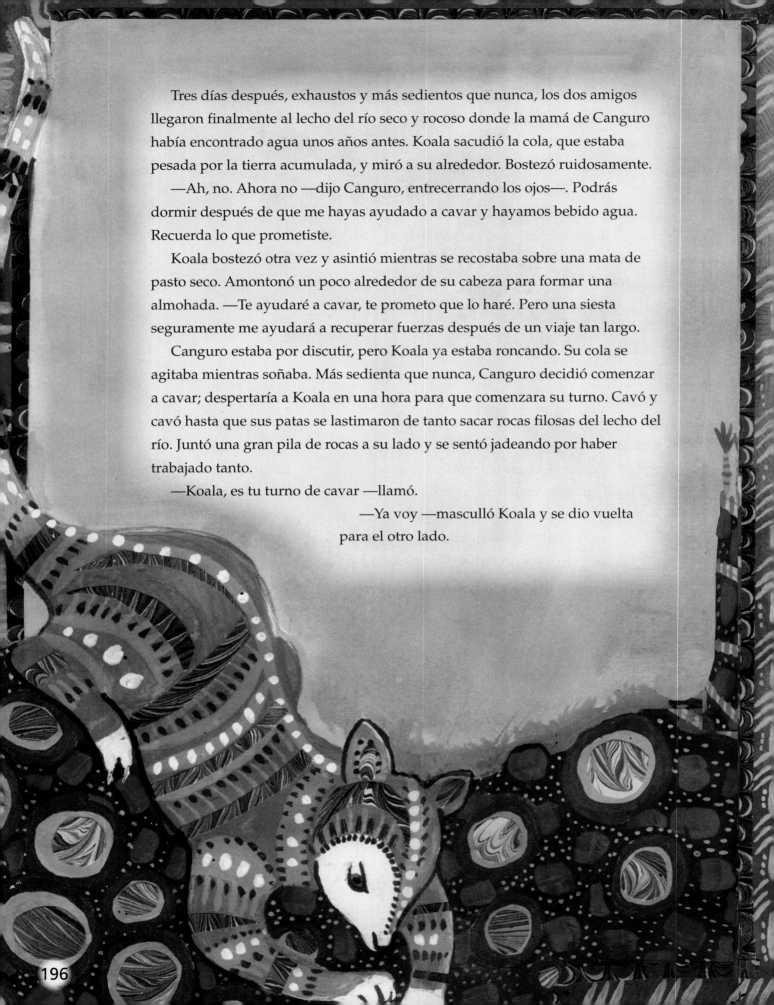

Tres días después, exhaustos y más sedientos que nunca, los dos amigos llegaron finalmente al lecho del río seco y rocoso donde la mamá de Canguro había encontrado agua unos años antes. Koala sacudió la cola, que estaba pesada por la tierra acumulada, y miró a su alrededor. Bostezó ruidosamente.

—Ah, no. Ahora no —dijo Canguro, entrecerrando los ojos—. Podrás dormir después de que me hayas ayudado a cavar y hayamos bebido agua. Recuerda lo que prometiste.

Koala bostezó otra vez y asintió mientras se recostaba sobre una mata de pasto seco. Amontonó un poco alrededor de su cabeza para formar una almohada. —Te ayudaré a cavar, te prometo que lo haré. Pero una siesta seguramente me ayudará a recuperar fuerzas después de un viaje tan largo.

Canguro estaba por discutir, pero Koala ya estaba roncando. Su cola se agitaba mientras soñaba. Más sedienta que nunca, Canguro decidió comenzar a cavar; despertaría a Koala en una hora para que comenzara su turno. Cavó y cavó hasta que sus patas se lastimaron de tanto sacar rocas filosas del lecho del río. Juntó una gran pila de rocas a su lado y se sentó jadeando por haber trabajado tanto.

—Koala, es tu turno de cavar —llamó.

—Ya voy —masculló Koala y se dio vuelta para el otro lado.

Canguro Arborícola se tomó otro minuto para recobrar el aliento, tapándose los ojos con las patas para protegerlos del sol brillante y caluroso. Estaba exasperada, pero todavía tenía sed, así que continuó cavando. Koala siguió durmiendo. Al cabo de un rato, Canguro comenzó a ver un brillo de humedad en las rocas que sacaba y sus patas doloridas tocaron suelo húmedo. Poco después: —¡Agua! —gritó rebosante de alegría.

—¡Por fin! —exclamó Koala, que se despertó en el acto. Corrió hacia Canguro, que estaba agachada sobre el agujero saboreando, por fin, el agua deliciosa. Empujó a Canguro apartándola de su camino y bebió, con tacañería, un largo trago. Mientras bebía, su cola que se agitaba nerviosamente, rozó el borde de una roca excepcionalmente filosa en la pila que había formado Canguro y se cortó. —¡Mi cola! —lloró cuando vio que se la había rebanado por completo. No quedó siquiera un pequeño trocito esponjoso. Olvidándose del agua, se fue corriendo y lamentándose y nunca regresó a ese lugar.

La pereza y la tacañería de Koala le costaron su hermosa y tupida cola. Hasta el día de hoy, todos los koalas nacen sin cola para recordarles que deben trabajar mucho y aprender a compartir.

Comparar el texto

DE TEXTO A TEXTO

Comparar géneros Repasa *En busca del canguro arborícola* y *¿Por qué Koala no tiene cola?* Con un compañero, anota los detalles de cada selección que describen al canguro arborícola en un mapa de T. Compara y contrasta los detalles y las imágenes que cada selección presenta sobre el canguro arborícola. Luego, comenta cómo el género de cada texto (un texto informativo contra un mito) influye en la manera en que se representa al canguro arborícola.

EL TEXTO Y TÚ

Escribir una carta ¿Qué crees que es lo más interesante o admirable del trabajo que están haciendo Lisa y su equipo? Escribe una carta a un miembro de la expedición en la que expreses tus sentimientos sobre las actividades de los científicos. Apoya tus opiniones con evidencia del texto y citas.

EL TEXTO Y EL MUNDO

Hacer un cartel Con un compañero, investiga más sobre el canguro arborícola u otro animal en peligro de extinción. Usa fuentes impresas o electrónicas que sean confiables para saber más sobre el animal, por qué está en peligro de extinción y qué se está haciendo para ayudar a protegerlo. Haz un cartel de concienciación en el que presentes los puntos clave de tu investigación. Comparte el cartel con la clase.

Aprende en línea

ESTÁNDARES COMUNES

RI.5.1 quote accurately when explaining what the text says explicitly and when drawing inferences; **RI.5.7** draw on information from print and digital sources to locate answers or solve problems; **RI.5.9** integrate information from several texts on the same topic; **W.5.7** conduct short research projects that use several sources to build knowledge through investigation

Gramática

¿Qué es un verbo? Un **verbo** es una palabra que expresa una acción o un estado. A veces, está formado por un verbo principal y un verbo auxiliar. El verbo principal indica la acción o el estado. El verbo auxiliar va antes del verbo principal e indica la conjugación. Los **tiempos verbales** pueden expresar varios tiempos, secuencias, estados y condiciones.

Tiempos verbales usados para presentar información

Los rastreadores ladran hacia el árbol. Los rastreadores ladraron hacia el árbol. Los rastreadores ladrarán hacia el árbol.

Tiempo Se usan tres tiempos verbales de *ladrar* para mostrar una acción en el pasado *(ladraron)*, en el presente *(ladran)* y en el futuro *(ladrarán)*.

Los rastreadores saben que tomaron la decisión correcta.

Secuencia Los tiempos verbales muestran el orden de los sucesos. Los rastreadores saben ahora que tomaron la decisión correcta anteriormente.

Los científicos examinarán al canguro arborícola si los rastreadores lo atrapan.

Condición El tiempo verbal muestra que una acción o un estado depende de que se cumpla una condición. Los científicos examinarán al animal en el futuro, pero solo si los rastreadores lo atrapan en el presente.

Los rastreadores estaban felices por su éxito.

Estado El tiempo de los verbos copulativos indica cuándo el sujeto está en un estado particular. Los rastreadores estaban en un estado de felicidad en el pasado.

Inténtalo **Trabaja con un compañero. Identifica el verbo principal de cada oración. Luego, indica si el verbo expresa tiempo, secuencia, estado o condición.**

1 Después de leer el artículo sobre el canguro arborícola, miré el video.

2 Aprenderé aún más si busco ese libro en la biblioteca.

3 El libro incluye muchas ilustraciones y explicaciones.

4 Seré un experto en estos animales fascinantes.

Puedes lograr una escritura más clara si eliges verbos que presenten los detalles y la información de manera vívida y precisa.

Oración con un verbo impreciso	Oración con un verbo preciso

El canguro arborícola subió al árbol.	El canguro arborícola trepó al árbol.

El científico miró las ramas del árbol.	El científico inspeccionó las ramas del árbol.

 ## Relacionar la gramática con la escritura

Mientras revisas tu composición sobre un proceso, reemplaza los verbos imprecisos por otros más precisos para mostrar a los lectores lo que quieres expresar. Los verbos precisos ayudarán a aclarar las acciones y los sucesos sobre los que escribes.

ESTÁNDARES COMUNES **W.5.2a** introduce a topic, provide an observation and focus, group related information/include formatting, illustrations, and multimedia; **W.5.2c** link ideas within and across categories of information using words, phrases, and clauses; **W.5.2d** use precise language and domain-specific vocabulary; **W.5.4** produce writing in which development and organization are appropriate to task, purpose, and audience

Escritura informativa

✓ **Organización** En una **composición sobre un proceso,** describes una serie de sucesos o pasos. Debes comenzar por presentar el tema. Luego, explica cada suceso en el orden en que ocurre o debería ocurrir. Usa palabras de transición, como *primero, a continuación, luego* y *por último* para que el orden de los sucesos sea más claro para los lectores.

Barry escribió una composición sobre un proceso para explicar cómo planear un proyecto para la feria de ciencias. Luego, reordenó los sucesos y añadió palabras de transición para relacionar sus ideas. Usa la siguiente Lista de control de la escritura al revisar tu trabajo.

Lista de control de la escritura

✓ **Ideas**
¿Describí los pasos de un proceso?

✓ **Organización**
¿Expliqué los sucesos en orden y usé transiciones para relacionar las ideas?

✓ **Fluidez de las oraciones**
¿Usé los verbos correctamente?

✓ **Elección de palabras**
¿Usé sustantivos específicos y verbos precisos?

✓ **Voz**
¿Expresé mis ideas de manera clara e interesante?

✓ **Convenciones**
¿Usé la ortografía, la gramática y la puntuación correctas?

Borrador revisado

Los siguientes pasos tienen que ver con planear tu experimento y reunir los materiales. Incluye una hipótesis, o lo que piensas que descubrirás.

Segundo,
Haz una lista de los materiales que necesitarás.

Escribe un plan sobre cómo harás tu experimento.

Primero,
Por último, piensa si hay algún requisito especial.

202

Cómo planear un proyecto para la feria de ciencias

por Barry Williams

Participar en una feria de ciencias es un trabajo importante para la mayoría de los estudiantes de quinto grado. Deben prepararse muy bien para sus experimentos. ¿Qué se necesita para lograr un proyecto ganador en la feria de ciencias?

Piensa en tu tema de ciencias favorito y escribe dos o tres experimentos que se relacionen con él. Por ejemplo, quizá te gustaría estudiar la luz de la Luna y saber si afecta a las plantas. Una vez que hayas escrito tus experimentos, elige el que te guste más.

Los siguientes pasos tienen que ver con la planificación de tu experimento y con reunir los materiales. Primero, escribe un plan sobre cómo harás tu experimento. Incluye una hipótesis, o lo que piensas que descubrirás. Segundo, haz una lista de los materiales que necesitarás. Por último, piensa si hay algún requisito especial. ¿Necesitarás un lugar especial u otros estudiantes que te ayuden? Incluye toda esta información en tu plan y pídele a tu maestro que lo apruebe.

Después de que tu plan esté aprobado, es el momento de experimentar. Trabaja con cuidado y toma muchas notas sobre lo que suceda. Aun con todo el plan, existe la posibilidad de que debas enfrentar desafíos, pero no te preocupes. ¡Gracias a alguno de esos desafíos podrías hacer un gran descubrimiento científico!

Leer como escritor

¿Qué pasos reordenó Barry? ¿Qué transiciones usó para aclarar la secuencia? ¿Cómo puedes hacer claro el proceso en tu propia composición para los lectores?

En mi trabajo final, reordené los pasos del proceso y añadí transiciones para que la secuencia de sucesos sea más clara. Además, lo revisé para comprobar si había usado los verbos correctamente.

VOCABULARIO CLAVE

juego

esforzarse

imaginar

girar

echarse al hombro

desesperado

arremeter

contener

zancada

saltar

Librito de vocabulario

Tarjetas de contexto

L.5.6 acquire and use general academic and domain-specific words and phrases

Vocabulario en contexto

1 juego

Para muchos niños del siglo XIX, el viaje al oeste era un juego; pero para los adultos era una tarea seria.

2 esforzarse

Los mineros de la fiebre del oro se esforzaban para extraer y tamizar el oro del suelo árido.

3 imaginar

Muchos pioneros imaginaban una nueva vida en grandes ranchos ganaderos.

4 girar

Las yuntas de bueyes giraban las carretas y formaban un círculo para protegerse.

Aprende en línea

▶ Estudia cada Tarjeta de contexto.

▶ Usa el diccionario para encontrar sinónimos de cada palabra del Vocabulario.

5 echarse al hombro

Los pioneros quizá se echaban al hombro las crías para transportarlas.

6 desesperado

Desesperada y asustada por la tormenta, esta manada de búfalos salió en estampida.

7 arremeter

Estas cabras, como las de las granjas, disfrutan mientras una arremete, o se abalanza, contra la otra.

8 contener

La tarea de este perro de granja es contener a las ovejas que se alejan del grupo.

9 zancada

Cuando los pioneros caminaban al lado de sus carretas debían mantener el ritmo dando zancadas.

10 saltar

Esta mascota saltó sobre el hombre para darle la bienvenida y saludarlo.

FRED GIPSON
FIEL AMIGO

Leer y comprender

☑ DESTREZA CLAVE

Comprender a los personajes Mientras lees *Fiel amigo*, identifica en qué se parecen y en qué se diferencian el narrador, Travis, y su hermano, Arliss. Busca evidencia del texto que te ayude a analizar sus **acciones** y sus **características**. Al comparar los dos personajes, aprenderás más acerca de quiénes son y por qué actúan de esa manera. Anota los detalles en un organizador gráfico como el siguiente.

Travis	Arliss

☑ ESTRATEGIA CLAVE

Visualizar Cuando **visualizas**, usas detalles del texto para formar imágenes en tu mente. Mientras lees *Fiel amigo,* usa imágenes, sonidos y otros detalles del texto para visualizar cada escena. Visualizar las experiencias de Travis te ayudará a comprender mejor sus acciones.

Responsabilidad

Tal vez hayas oído que algunas personas tienen "sentido de la responsabilidad". Este sentido no tiene nada que ver con el oído, el olfato, el gusto, el tacto o la vista, sino que significa que la persona es confiable: hace lo que debe hacerse, aunque las tareas sean arduas o desagradables.

Travis, el narrador de *Fiel amigo*, tiene un gran sentido de la responsabilidad. Cuando su padre no está, se ocupa de todas las tareas necesarias para que la granja de la familia funcione. Mientras lees el cuento, verás que también se siente responsable de mantener a su hermano a salvo.

Lección 7

TEXTO PRINCIPAL

FRED GIPSON
FIEL AMIGO

☑ DESTREZA CLAVE

Comprender a los personajes
Usa detalles del texto para comparar las acciones y características de Travis con las de su hermano.

☑ GÉNERO

La **ficción histórica** es un relato ambientado en el pasado. Contiene personajes, lugares y sucesos que existieron u ocurrieron, o que podrían haber existido u ocurrido. Mientras lees, busca:

▶ personajes realistas,
▶ algunos sucesos inventados y
▶ detalles que demuestren que la historia ocurrió en el pasado.

ESTÁNDARES COMUNES | **RL.5.3** compare and contrast characters, settings, or events, drawing on details; **RL.5.10** read and comprehend literature

CONOCE AL AUTOR
Fred Gipson

Fred Gipson nació en 1908 en la región Hill Country de Texas, que se convirtió en el escenario de muchos de sus cuentos. Consideraba que *Fiel amigo* era su mejor libro. *Fiel amigo* recibió en 1957 el Premio Newbery y fue llevado al cine. Aunque Gipson murió en 1973, sus libros siguen siendo clásicos populares.

CONOCE AL ILUSTRADOR
Marc Elliot

Como a tantos otros niños, a Marc Elliot le encantaba dibujar dinosaurios, con la diferencia de que Marc estaba decidido a dibujarlos de tamaño real, en la sala de su casa, sobre cartulinas pegadas con cinta adhesiva. En la actualidad, Marc intenta que sus ilustraciones quepan entre las dos tapas de un libro. Vive en una granja con sus ovejas, dos burros y dos gatos locos de pelo largo.

Fiel amigo

por Fred Gipson
selección ilustrada por Marc Elliot

PREGUNTA ESENCIAL

¿De qué forma las situaciones peligrosas pueden acercar a las personas?

Esta historia tiene lugar a fines de 1860. Travis vive con su familia en la frontera de Texas. Cuando su padre sale de la casa para llevar el ganado al mercado de Kansas, Travis debe asumir sus responsabilidades. Todo transcurre tranquilamente hasta que aparece un perro callejero de pelaje claro. El hermano menor de Travis, el pequeño Arliss, le tiene cariño al perro, pero Travis cree que el sarnoso animal no es más que un "pillo roba-carne". Un buen día, algo hace que Travis cambie para siempre sus sentimientos hacia el perro.

Levantar el hacha era una tarea ardua. El sudor me cubría, y me dolían los músculos de la espalda. El hacha se hacía tan pesada que casi no podía moverla. Se me hacía cada vez más difícil respirar.

Una hora antes del atardecer, yo estaba hecho polvo. Creía que no daba más. Papá seguramente habría aguantado hasta pasado el atardecer, pero yo no sabía cómo hacer para continuar. Me eché al hombro el hacha y comencé a caminar hacia la cabaña, tratando de inventar alguna excusa que darle a Mamá. No quería que ella supiera que yo estaba completamente agotado. En ese momento, oí el grito del pequeño Arliss.

En realidad, el pequeño Arliss era gritón por naturaleza. Gritaba cuando estaba contento y gritaba cuando estaba enojado. Y también, muchas veces, gritaba sólo para hacer barullo. En general, les prestábamos tan poca atención a sus gritos como al ruido de un pavo salvaje.

Pero esta vez era diferente. En el momento en que oí su grito, sentí que el corazón se me paró de golpe. Esta vez sabía que el pequeño Arliss estaba en verdadero peligro.

Las huellas me condujeron hacia la cabaña. Un minuto antes estaba tan molido que no habría podido correr. Pero ahora iba a toda velocidad entre los grandes árboles junto al arroyo, recorriendo el área como un lobo asustado.

El segundo grito del pequeño Arliss fue más fuerte y estridente, y parecía más desesperado que el primero. Mezclado con el grito se oía un quejido apremiante, y supe de inmediato que no era Arliss quien lo emitía. Era un sonido que yo había oído antes, y estaba seguro de que lo conocía, pero en ese momento no podía identificarlo.

Luego, oí un sonido que habría reconocido en cualquier lugar. Venía de un costado. Era el gruñido ronco de un oso al ataque. Solo lo había oído una vez en mi vida. Hacía algún tiempo, Mamá había herido de un disparo a un oso que había matado a un cerdo, y Papá tuvo que rematarlo con un cuchillo para evitar que la atrapara.

ANALIZAR EL TEXTO

Dialecto ¿Por qué el autor incluye lenguaje menos formal como *hacer barullo, de golpe* y *estaba molido*? ¿Qué le aporta el dialecto del personaje al cuento?

Yo tenía el corazón en la boca y no podía respirar. Me esforcé para sacarles energía a mis piernas y correr más velozmente por la ruta. No sabía en qué lío se había metido el pequeño Arliss, pero estaba seguro de que estaba relacionado con un oso furioso, y eso bastaba.

La manera en que caía el sol de la tarde sobre los árboles hacía que las huellas se confundieran con los rayos de luz y las sombras. Corrí tan rápidamente entre esos parches de luz y de sombra, que el cambio de luz por poco me cegó. Luego, de repente, llegué a un lugar abierto donde podía ver hacia adelante. Y lo que vi me produjo un escalofrío que me llegó hasta la médula.

Allí estaba el pequeño Arliss, otra vez en ese manantial. Yacía a medio camino entre el agua y el suelo, sujetando la pata trasera de un osezno negro no más grande que un mapache. El osezno estaba en la ribera, gimiendo y llorando y arañando las rocas con sus otras tres patas, tratando de escapar. Pero el pequeño Arliss lo sujetaba con todas sus fuerzas, asustado y gritando como loco. Estaba demasiado asustado para soltarlo.

No tengo idea de cómo llegó el osezno a merodear tan cerca del pequeño Arliss como para que pudiera agarrarlo. Y por qué el osezno no se volvió hacia él y lo mordió; no entendía nada. A menos que él estuviese como el pequeño Arliss, demasiado asustado para pensar.

Pero todo aquello ya no importaba. Lo que importaba era la mamá del osezno. Ella había oído los gemidos de su bebé y venía a rescatarlo. Se acercaba tan rápido que se oía cómo las ramas se quebraban y crujían bajo sus patas. Vi cómo su cuerpo negro y feroz se acrecentaba pendiente abajo del otro lado del arroyo Birdsong. Rugía enfurecida y estaba lista para matar.

Y lo peor era ¡que yo sabía que no llegaría allí a tiempo!

Y que Mamá tampoco podría hacerlo. Ella también había oído a Arliss y venía corriendo desde la cabaña, pendiente abajo hacia el manantial, gritando y pidiéndole a Arliss que soltara al osezno. Pero el pequeño Arliss no lo hacía. Todo lo que hacía era colgarse de la pata trasera del osezno y producir un chillido escalofriante tras otro con el poco aliento que le quedaba.

Ahora la osa cruzaba la parte poco profunda del arroyo. A medida que avanzaba, el chapoteo de sus patas elevaba láminas de agua bajo la luz del sol. Arremetía con su pelaje y sus largos colmillos afilados, haciendo retumbar su bramido ronco en todo el cañón. Y sin importar cuán rápido Mamá o yo corriéramos, ¡la osa llegaría primero!

Creo que casi me quedé ciego imaginando lo que le sucedería al pequeño Arliss. Sé que abrí la boca para gritar pero no me salió ni un solo sonido.

Entonces, justo cuando la osa arremetía en la ribera del arroyo en dirección al pequeño Arliss y el osezno, un relámpago rubio salió a toda velocidad de entre los arbustos.

Era el perro amigo. Bufaba como un toro enfurecido. No era ni un tercio del tamaño ni del peso de la osa, pero cuando saltó sobre ella desde un costado, la hizo tropezar y caer. Rodaron por el suelo en una maraña bramante de cuerpos retorcidos y patas revueltas y colmillos afilados.

Al pasar junto a ellos, vi a la osa alzarse sobre sus dos patas traseras como una persona, y arañar al perro que estaba colgado de su pescuezo. No quise seguir mirando. Sin detener la velocidad de mis zancadas, corrí hacia el pequeño Arliss y logré que soltara al osezno. Lo sujeté de la muñeca, lo saqué del agua y lo arrojé hacia donde se hallaba Mamá, como si fuese una bolsa de maíz a medio llenar. Le grité a Mamá.

—¡Sujétalo! ¡Sujétalo y corre! —Luego, levanté el hacha y la giré, decidido a abrirle la cabeza a la osa con el primer hachazo.

ANALIZAR EL TEXTO

Elección de palabras del autor El autor usa palabras como *arremetía, bufaba, bramante* y *afilados* para dar detalles sensoriales. ¿Cómo te ayudan estas palabras a visualizar lo que está sucediendo?

Pero nunca la golpeé. No tuve que hacerlo. Fiel amigo no había permitido que la osa se acercara lo suficiente. Él no podía controlarla; ella era demasiado grande y fuerte. Estaba allí sobre sus patas traseras, encorvada, y se balanceaba bramando hacia él para atacarlo con una de sus grandes garras delanteras. Lo abofeteaba sin cesar. Lo golpeaba de tal manera, que no parecía posible que él se recuperase antes de que ella volviera al ataque, pero siempre lograba hacerlo. Él caía al suelo rodando, dando alaridos por el dolor del golpe; pero de algún modo siempre se levantaba. Y arremetía nuevamente, listo para seguir peleando.

Me quedé allí de pie con el hacha levantada, observándolos por un largo rato. Entonces oí que Mamá me llamaba desde la casa:

—Aléjate de allí, Travis. ¡Rápido, hijo! ¡Corre!

Me asusté. Hasta ese momento había creído tener el valor de enfrentar a la osa. Pero de pronto estaba asustadísimo otra vez. Corrí hacia la cabaña.

Al igual que yo, Fiel amigo también comenzó a correr. Por supuesto, yo no lo vi; pero Mamá me contó que el diminuto animal vio que todos estábamos fuera de peligro y abandonó la lucha con la osa, para salir corriendo a toda velocidad hacia la casa. La osa lo siguió unos metros, pero la velocidad con la que corría Fiel amigo era tal que a Mamá le pareció que la osa corría hacia atrás.

Si Fiel amigo estaba asustado o herido cuando entró en la casa, no lo demostró. Al menos no lo demostró de la misma manera que nosotros. El pequeño Arliss había dejado de gritar, pero temblaba como una hoja y se aferraba a Mamá con todas sus fuerzas. Y Mamá estaba sentada en el suelo, abrazándolo fuertemente y llorando sin cesar. Yo también estuve a punto de echarme a llorar.

Sin embargo, Fiel amigo sólo saltó sobre nosotros para lamernos la cara y ladrar tan fuerte que el ruido casi nos dejó sordos.

Por la manera en que se comportaba, alguien podría haber pensado que la pelea con la osa no había sido más que un juego con mucho escándalo en el que participamos por pura diversión.

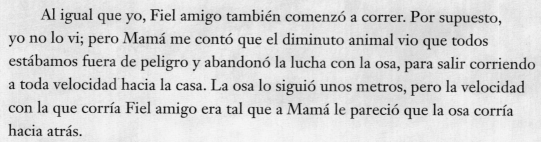

ANALIZAR EL TEXTO

Comprender a los personajes ¿Cómo reacciona Travis cuando la osa ataca a Arliss? ¿Qué te indica esta reacción acerca de sus sentimientos hacia su hermano?

Hasta que el pequeño Arliss nos metió en ese lío con la osa, creo que lo había mirado como la mayoría de los niños miran a sus hermanos menores. Lo quería, es cierto, pero no le tenía mucha paciencia. Siempre estaba jugando con agua y metiéndose delante del hacha, dando alaridos con todas sus fuerzas y tirándome piedras cuando se enfadaba. Me resultaba difícil de soportar.

Pero ese día cuando lo vi en el manantial, tan desprotegido frente a esa osa enojada, cambié de opinión. Supe que lo amaba tanto como a Mamá y Papá, y en cierto modo, quizá un poco más.

Por eso es comprensible que haya llegado a amar al perro que lo salvó.

Después de lo sucedido, nada habría sido suficiente para agradecerle a Fiel amigo lo que había hecho por nosotros.

Ahora analiza

Cómo analizar el texto

Usa estas páginas para aprender sobre Comprender a los personajes, Elección de palabras del autor y Dialecto. Luego, vuelve a leer *Fiel amigo* para aplicar lo que has aprendido.

Comprender a los personajes

El cuento *Fiel amigo* está contado desde el punto de vista de su **personaje principal**, Travis. Los lectores no solo saben lo que hace y dice Travis, sino también lo que piensa y siente.

En la selección, Travis y su hermano pequeño, Arliss, enfrentan el mismo conflicto. Los lectores aprenden acerca de Arliss por sus acciones y por lo que Travis cuenta sobre él. Al comparar a los dos personajes se revela más acerca de la personalidad de cada uno y la relación entre ellos.

Busca detalles que te den información acerca de Travis y Arliss. Piensa en sus reacciones distintas ante las situaciones. ¿Qué aprendes sobre Travis a partir de su reacción ante los sucesos? ¿Qué aprendes sobre Arliss?

Travis	Arliss

ESTÁNDARES COMUNES

RL.5.3 compare and contrast characters, settings, or events, drawing on details; **RL.5.10** read and comprehend literature; **RF.5.4a** read on-level text with purpose and understanding; **L.5.3b** compare and contrast language varieties in stories, dramas, or poems

Elección de palabras del autor

El **lenguaje sensorial** es el lenguaje que ayuda a los lectores a ver, oír y sentir lo que sucede en un cuento. Recuerda la escena de *Fiel amigo* en la que Travis se da cuenta de que una osa va al ataque del pequeño Arliss. El autor usa frases como "las ramas se quebraban y crujían" y "bramido ronco" para construir la intensidad del momento y hacer que los lectores sientan que están en la escena con Travis.

Dialecto

Un **dialecto** deriva de un idioma y se asocia con un lugar o grupo de personas determinado, lo que aporta realismo a la ficción histórica como *Fiel amigo*. En la página 210, Travis usa las expresiones "estaba hecho polvo" y "no daba más" para describir su cansancio después de cortar madera. Esas expresiones son adecuadas para su personaje y el entorno de la historia. También ayudan a establecer la voz de Travis cuando comienza a narrar el cuento.

Es tu turno

REPASAR LA PREGUNTA ESENCIAL

Turnarse y comentar Repasa la selección y prepárate para comentar esta pregunta: *¿De qué forma las situaciones peligrosas pueden acercar a las personas?* Túrnate con tus compañeros en un grupo pequeño para compartir sus pensamientos. Amplíen los comentarios de cada uno.

Comentar en la clase

Para continuar comentando *Fiel amigo,* usa evidencia del texto y explica tus respuestas a estas preguntas:

1. ¿De qué forma el entorno afecta lo que sucede en el cuento?

2. ¿Es Travis una buena elección como narrador de este cuento? Explica tu respuesta.

3. ¿Qué conclusiones acerca de la vida en la frontera puedes sacar a partir de este cuento?

COMENTAR EL DESARROLLO DE UN PERSONAJE

Comentar con un compañero ¿Cómo cambia lo que siente Travis hacia su hermano durante el cuento? Con un compañero, comenten cómo afecta a Travis el incidente con la osa. Luego, evalúen si este cambio de perspectiva es creíble según sus ideas acerca de cómo reaccionan y se sienten las personas reales en esas situaciones. Compartan sus observaciones con la clase.

ESCRIBE SOBRE LO QUE LEÍSTE

Respuesta Para determinar el tema o mensaje de un cuento corto, piensa en cómo reacciona el personaje principal ante el conflicto. Por ejemplo, ¿cómo reacciona Travis cuando su hermano está en peligro? Escribe un párrafo en el que expliques cómo las acciones de Travis revelan un mensaje general acerca de la vida o de las personas. Apoya tus ideas con citas textuales y otra evidencia del texto.

Sugerencia para la escritura

Asegúrate de usar comillas para encerrar las frases u oraciones que tomes directamente del texto. Incluye solo los detalles que apoyen tu idea principal.

ESTÁNDARES COMUNES

RL.5.1 quote accurately when explaining what the text says explicitly and when drawing inferences; **RL.5.2** determine theme from details/summarize; **W.5.9a** apply grade 5 Reading standards to literature; **W.5.10** write routinely over extended time frames and shorter time frames; **SL.5.1a** come to discussions prepared/explicitly draw on preparation and other information about the topic; **SL.5.1c** pose and respond to questions, make comments that contribute to the discussion, and elaborate on others' remarks

Lección 7

TEXTO PERSUASIVO

✓ GÉNERO

Un **texto persuasivo,** como este del Teatro del lector, pretende convencer al lector de pensar y actuar de una manera determinada.

✓ ENFOQUE EN EL TEXTO

Las **técnicas persuasivas,** como los tonos de autoridad que usan los expertos entrevistados en esta selección, se usan para convencer a los lectores de pensar o actuar de cierto modo.

ESTÁNDARES COMUNES

RI.5.10 read and comprehend informational text

Aprende en línea

Teatro del lector

¿Es una buena película?

por Cynthia Benjamin

Personajes

Presentadora de televisión

Paloma Aguilar, experta en animales

Segundo Añez, historiador

PRESENTADORA. Bienvenidos a *¿Es una buena película?,* el programa de reseñas cinematográficas que les pregunta a los expertos si una película es lo suficientemente verosímil como para ser buena. Hoy haremos la reseña de la versión cinematográfica de *Fiel amigo* y tenemos con nosotros a dos expertos. Uno de ellos es el historiador Segundo Añez, que se dedica a escribir sobre la vida en la frontera de Texas durante el siglo diecinueve. La otra es la experta en animales Paloma Aguilar.

Comenzará nuestra experta en animales. ¿Por qué *Fiel amigo* es una buena película?

Paloma Aguilar. *Fiel amigo* es una buena película por su fiel descripción de los animales. Si el oso chillara como un ratón o si el perro, Fiel amigo, se alejara corriendo de sus dueños, entonces no creerías en la historia.

Por ejemplo, ¡me encantó la escena en la que Fiel amigo salta dentro de la cabaña y lame la cara de Arliss! Sabemos que los perros suelen lamer a sus dueños en la cara o en las manos, por lo que tiene sentido que Fiel amigo lama al niño después de salvarlo.

También me pareció muy realista la manera en que Fiel amigo arremete contra la osa en un intento desesperado de salvar a Arliss. Los perros son animales leales. En efecto, ¡los perros y las personas han vivido juntos durante más de diez mil años! Las osas protegen a sus oseznos ferozmente. No me resulta difícil imaginar a una osa atacando a alguien si creyera que su osezno está en peligro. Son detalles como estos los que hacen que la película sea creíble y emocionante.

Segundo Añez. ¡Aguarda un instante! Esa pelea entre Fiel amigo y la osa fue emocionante, no lo niego. Sin embargo, lo que hace realmente magnífica a esta película es su exactitud histórica. Si Travis hubiera detenido sus zancadas para girar y llamar al 911 desde su teléfono celular al ver a la osa, la historia no sería creíble.

Pero no lleva consigo un celular. Se ha echado al hombro un hacha. Espero que hayan notado el hacha. Es un ejemplo excelente de una herramienta importante en la década de 1860. Vivir en la frontera no era ningún juego en un patio de recreo, y los pioneros dependían de sus herramientas para sobrevivir.

Ahora bien, esa escena en la que Fiel amigo lame a Arliss, después de lograr detener el ataque de la osa, puede ser muy exacta en cuanto al comportamiento canino respecta, pero lo más importante es que la cabaña se ve muy realista: hasta se notan las muescas donde encajan los maderos. Si las paredes de la cabaña estuvieran empapeladas, sería necesario esforzarse mucho para aceptar la escena como verosímil. Por eso la exactitud histórica es más importante.

Presentadora. Ya casi se nos acaba el tiempo. Resumamos. *Fiel amigo* es una buena película porque es…

Paloma Aguilar. Fiel desde un punto de vista científico.

Segundo Añez. Fiel desde un punto de vista histórico.

Presentadora. Bueno, quizás nunca se pongan de acuerdo. Estimados televidentes, ¡supongo que tendrán que decidir ustedes mismos por qué es una buena película!

Comparar el texto

Analizar puntos de vista En *¿Es una buena película?,* Segundo Añez presenta un argumento claro de *Fiel amigo* y da algunos ejemplos para demostrarlo. Identifica su punto de vista. Luego, haz una lista con ideas y detalles del texto que apoyen ese punto de vista. Incluye las que él menciona sobre la película, así como las que descubras por ti mismo en el texto. Usa la lista para escribir una oración o dos acerca de cómo las ideas y los detalles del texto se unen para proporcionar un argumento sólido.

EL TEXTO Y TÚ

Escribir acerca de un animal Piensa en una experiencia que hayas tenido o te gustaría tener con un animal. Escribe un párrafo narrativo acerca de esa experiencia. Incluye detalles que comuniquen tus pensamientos y tus sentimientos. Haz un dibujo para acompañar tu párrafo y escribe una leyenda para tu dibujo.

Ver siempre la vida silvestre desde lejos

EL TEXTO Y EL MUNDO

Comparar dialectos Los autores de *Fiel amigo* y *Elecciones escolares* (Lección 3) usan tipos de dialectos para que los personajes de sus historias sean realistas. Con un compañero, crea un mapa de T en el que enumeres ejemplos de dialecto de cada cuento. Comparen y contrasten las palabras y frases particulares de cada dialecto. Comenten si piensan que el dialecto ayuda a definir a los personajes que lo usan y por qué.

Aprende en línea

ESTÁNDARES COMUNES **RI.5.8** explain how an author uses reasons and evidence to support points; **W.5.4** produce writing in which development and organization are appropriate to task, purpose, and audience; **W.5.10** write routinely over extended time frames and shorter time frames; **L.5.3b** compare and contrast language varieties in stories, dramas, or poems

Gramática

¿Qué es un objeto directo? Un **objeto directo** es la palabra del predicado que recibe la acción del verbo. Puede ser un sustantivo o un pronombre. Un **objeto directo compuesto** está formado por dos o más palabras que reciben la acción del mismo verbo.

Verbos y objetos	Lo que recibe la acción
verbo de acción objeto directo El niño balanceaba el hacha.	*Hacha* recibe la acción del verbo *balanceaba.*
verbo de acción objeto directo compuesto Cortaba troncos grandes y ramas pequeñas.	*Troncos* y *ramas* reciben la acción del verbo *cortaba.*

Un **objeto indirecto** suele indicar *quién* o *qué* recibe la acción del verbo. El objeto indirecto puede ser un sustantivo o un pronombre.

verbo de acción   objeto directo   objeto indirecto
El niño dio una golosina a su hermano.

Hermano indica quién recibió la golosina.

 **El verbo de acción está escrito en negrita. Halla el objeto directo. Luego, halla el objeto indirecto si lo hay.**

1 Mamá **escribió** una carta a papá.

2 Ella **describía** la gran pelea.

3 Nuestro perro **protegió** a mi hermano y a mí.

4 **Brindamos** a nuestro perro grandes halagos.

Puedes mejorar la fluidez de tu escritura combinando oraciones en las que los objetos directos reciben la acción del mismo verbo. Primero, identifica el sujeto, el verbo y el objeto directo de cada oración. Luego, combina las oraciones usando *y* u *o* para unir los objetos directos.

Oraciones simples

El valiente perro enfrentó a un oso.

El valiente perro enfrentó a un puma.

Oración con objeto directo compuesto

El valiente perro enfrentó a un oso y a un puma.

 ## Relacionar la gramática con la escritura

Mientras revisas tu ensayo de comparar y contrastar, observa si puedes combinar objetos directos en una sola oración. Esto le dará mayor fluidez a tu escritura.

W.5.2a introduce a topic, provide an observation and focus, group related information/include formatting, illustrations, and multimedia; **W.5.2b** develop the topic with facts, definitions, details, quotations, or other information and examples; **W.5.2e** provide a concluding statement or section; **W.5.5** develop and strengthen writing by planning, revising, editing, rewriting, or trying a new approach

Escritura informativa

✓ **Elección de palabras** El autor de *Fiel amigo* usa la acción y descripciones vívidas para relatar un gran cuento. Puedes analizar las descripciones y los sucesos de un cuento para comparar y contrastar algunas de sus partes en tu texto.

Estefanía escribió un **ensayo de comparar y contrastar** para explicar en qué se parecen y en qué se diferencian Fiel amigo y la osa. Luego, añadió citas textuales y detalles precisos del texto para apoyar sus ideas.

Usa la siguiente lista de control de la escritura cuando revises tu texto.

Lista de control de la escritura

✓ **Ideas**
¿Desarrollé mi tema con citas textuales y ejemplos?

✓ **Organización**
¿Expliqué mis comparaciones e incluí una conclusión?

✓ **Fluidez de las oraciones**
¿Varié la estructura de mis oraciones?

✓ **Elección de palabras**
¿Usé palabras y detalles precisos del texto?

✓ **Voz**
¿Es mi escritura clara e informativa?

✓ **Convenciones**
¿Usé las reglas de ortografía y gramática correctamente?

Borrador revisado

La escena más emocionante de *Fiel amigo* es la que describe cómo Fiel amigo enfrenta a la mamá osa para proteger a Arliss. Según el autor, ambos animales estaban listos para pelear.

"rugía enfurecida y estaba lista para matar".
La osa protegía al osezno y ⌃ Fiel amigo protegía

y "bufaba como un toro enfurecido"
al pequeño Arliss. Cuando Fiel amigo vio que el ⌃

pequeño Arliss estaba en peligro, ~~reaccionó~~.
⌃

corrió hacia la osa y la hizo tropezar y caer

Fiel amigo y la osa

por Estefanía Almeida

La escena más emocionante de *Fiel amigo* es la que describe cómo Fiel amigo enfrenta a la mamá osa para proteger a Arliss. Según el autor, ambos animales estaban listos para pelear. La osa protegía al osezno y "rugía enfurecida y estaba lista para matar". Fiel amigo protegía al pequeño Arliss y "bufaba como un toro enfurecido". Cuando Fiel amigo vio que el pequeño Arliss estaba en peligro, corrió hacia la osa y la hizo tropezar y caer. La osa no cedió. Continuó luchando hasta el final, cuando Fiel amigo se alejó corriendo más rápido que ella y regresó a la casa de la familia.

La diferencia principal entre los dos animales es el tamaño. La osa es mucho más grande y fuerte que Fiel amigo. Sin embargo, esta diferencia de tamaño no asusta a Fiel amigo. Actúa de acuerdo con sus instintos protectores y enfrenta a un animal tres veces más grande que él. La osa también es valiente. Ve que el osezno está en peligro y está dispuesta a hacer lo que sea necesario para protegerlo. Cuando Fiel amigo ve que Arliss y el resto de la familia están fuera de peligro, deja de pelear. Aunque la osa lo persigue por un momento, finalmente deja de hacerlo y probablemente regresará a casa con el osezno. Ambos animales hacen lo que es necesario para proteger a los que quieren.

Leer como escritor

¿Qué detalles hicieron que las diferencias y similitudes entre Fiel amigo y la osa sean claras? ¿En qué parte de tu texto puedes hacer que las similitudes y las diferencias sean más claras?

En mi ensayo final, usé citas textuales y detalles precisos del texto para apoyar mis ideas.

231

✓ **VOCABULARIO CLAVE**

conservar

restablecer

regular

vegetación

en peligro de extinción

responsabilidad

atraer

adaptar

único

guardián

Librito de vocabulario

Tarjetas de contexto

L.5.6 acquire and use general academic and domain-specific words and phrases

232

Vocabulario en **contexto**

1 conservar

Un objetivo primordial de nuestro sistema de parques nacionales es salvaguardar, o conservar, los hábitats naturales.

2 restablecer

Para restablecer los hábitats dañados, los guardianes los devuelven a su estado original.

3 regular

Los directores regulan, o controlan, el acceso a un área. Así, menos personas causan daño.

4 vegetación

Para sobrevivir, muchos animales se alimentan de la vegetación, es decir, las plantas de un hábitat.

Aprende en línea

▶ Estudia cada Tarjeta de contexto.

▶ Usa el diccionario de sinónimos para encontrar una palabra alternativa para cada palabra del Vocabulario.

5 en peligro de extinción

Los hábitats dañados ponen a los animales que están en peligro de extinción en riesgo de desaparecer.

6 responsabilidad

Los seres humanos tienen el deber, o responsabilidad, de preservar y proteger los hábitats silvestres.

7 atraer

Las aves se ven atraídas a los hábitats donde pueden esconder su nido de los depredadores.

8 adaptar

Las branquias son características de los peces adaptadas especialmente para que respiren en el agua.

9 único

Muchos hábitats albergan plantas y animales únicos en su especie que no viven en ninguna otra parte del mundo.

10 guardián

En el futuro, algunos de estos estudiantes podrían convertirse en guardianes de los hábitats silvestres.

Leer y comprender

Aprende en línea

✓ DESTREZA CLAVE

Propósito de la autora Cada autor tiene un motivo, o un **propósito,** específico para escribir. La autora de *Everglades para siempre* escribe sobre la región de los Everglades. Mientras lees la selección, piensa si el propósito de la autora es entretener, informar, describir o persuadir. Usa el siguiente organizador gráfico para anotar hechos y otros detalles que te ayuden a determinar el propósito de la autora.

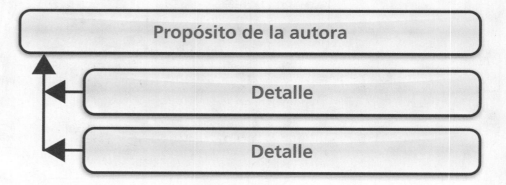

Propósito de la autora

Detalle

Detalle

✓ ESTRATEGIA CLAVE

Analizar/Evaluar Mientras lees *Everglades para siempre,* **analiza** los hechos y otra evidencia del texto que presenta la autora para apoyar sus ideas. **Evalúa** la evidencia con preguntas como: *¿Este hecho apoya realmente las ideas de la autora? ¿Me convence su argumento? ¿Por qué?*

ESTÁNDARES COMUNES **RI.5.3** explain the relationships between individuals/events/ideas/concepts in a text; **RI.5.8** explain how an author uses reasons and evidence to support points

234

Conservación

El término *conservación* se puede aplicar a cualquier actividad que ayude a proteger la flora, la fauna y los recursos naturales, como el agua y el suelo. La conservación incluye tanto lo que las personas pueden hacer diariamente, por ejemplo caminar en lugar de viajar en carro o bajar la temperatura del termostato, como proyectos a gran escala dirigidos por expertos, por ejemplo, la reincorporación de una especie animal a un hábitat en particular.

En *Everglades para siempre,* la autora acompaña a un grupo de estudiantes durante una excursión en el sur de la Florida para aprender sobre la conservación de los Everglades. La autora comparte los descubrimientos de los estudiantes y, de esa forma, muestra a los lectores cómo pueden ayudar y por qué su ayuda es necesaria.

TEXTO PRINCIPAL

✓ DESTREZA CLAVE

Propósito de la autora Determina el propósito de la autora y busca detalles e información en el texto que la ayudan a lograrlo.

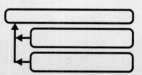

✓ GÉNERO

La **no ficción narrativa** describe personas, cosas, sucesos y lugares que son reales. Mientras lees, busca:

▶ hechos que narren una historia y

▶ elementos como fotografías y pies de foto.

ESTÁNDARES COMUNES **RI.5.3** explain the relationships between individuals/events/ideas/concepts in a text; **RI.5.8** explain how an author uses reasons and evidence to support points; **RI.5.10** read and comprehend informational texts

CONOCE A LA AUTORA

Trish Marx

Trish Marx viaja para conocer a las personas y los lugares sobre los que escribe. Así, obtiene información de primera mano para sus libros de no ficción. En el caso de *Everglades para siempre: La recuperación del gran pantano de Estados Unidos,* pasó mucho tiempo estudiando y realizando excursiones con la clase de quinto grado de la Escuela Primaria Avocado, en Homestead, Florida, a cargo de la maestra Jacquelyn Stone.

CONOCE A LA FOTÓGRAFA

Cindy Karp

Cindy Karp ha trabajado con Trish Marx en varios libros para niños. También realiza periodismo fotográfico.

Sus fotos han aparecido en revistas y periódicos nacionales. Karp reside en Miami, Florida, y ha pasado muchos días explorando los Everglades.

 Aprende en línea

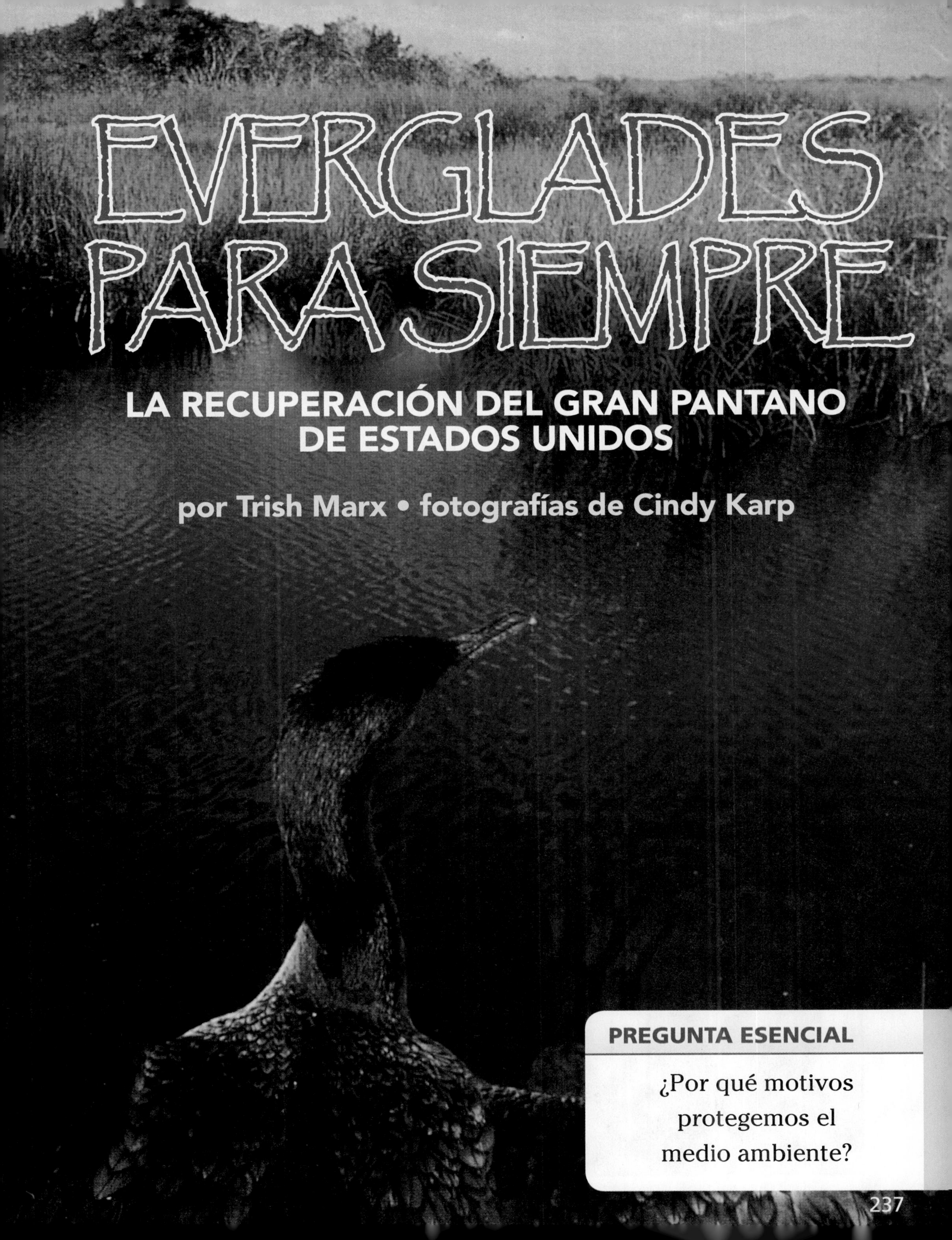

EVERGLADES PARA SIEMPRE

LA RECUPERACIÓN DEL GRAN PANTANO DE ESTADOS UNIDOS

por Trish Marx • fotografías de Cindy Karp

PREGUNTA ESENCIAL

¿Por qué motivos protegemos el medio ambiente?

En Homestead, Florida, los estudiantes de quinto grado de la maestra Stone estaban aprendiendo sobre los Everglades, un extenso pantano natural situado en el extremo sur de la Florida. Desde el año 2000, el Plan Completo para la Restauración de los Everglades ha ayudado a preservar este pantano y su sistema hídrico natural. Ahora, todos los estudiantes de la maestra Stone visitan los Everglades para conocer este lugar sorprendente y aprender a preservarlo. El mapa de la derecha muestra la ubicación del Parque Nacional de los Everglades en Florida y las áreas visitadas por la clase de la maestra Stone.

El día de la excursión, el autobús se dirigió hacia el oeste desde la escuela Avocado. Los estudiantes pudieron admirar los cambios del paisaje: primero las viviendas y los centros comerciales y luego las praderas cubiertas de hierba que se extendían por millas hasta el horizonte. Pronto llegaron al Centro Turístico Royal Palm, que forma parte del Parque Nacional de los Everglades.

Sur de la Florida

Lago Okeechobee

Miami

Pinelands ■   Homestead ●

Sendero Anhinga ■

Golfo de México

Bahía de Florida

OCÉANO ATLÁNTICO

0   25   50 mi
0   25   50 km

Key West ●

Leyenda

Área de agricultura Everglades

Área de conservación de agua

Reserva nacional Big Cypress

Parque nacional de los Everglades

■ Visitado por la clase

Contemplando los juncos en el sendero Anhinga

La maestra Stone había concertado una cita en el centro turístico con el guardabosques Jim. Desde allí, él los condujo hacia la entrada del sendero Anhinga, que es un paseo alrededor de un cenagal. Los niveles de agua estaban bajos porque el viaje se realizó durante la estación seca, que dura desde diciembre hasta abril. Pero en el primer tramo del sendero, hay una parte profunda de la ciénaga que nunca se seca. En los bordes, grandes aves acuáticas llamadas anhingas secaban sus alas al sol. Las anhingas extienden sus alas para su termorregulación, es decir, para regular su temperatura corporal, y lo hacen absorbiendo la energía solar para mantener el calor. Un pigargo, suerte de halcón pescador, esperaba en un árbol la aparición de los peces en el agua. A lo lejos, una garceta se hallaba entre los juncos, y una bandada de cigüeñas de bosque en peligro de extinción volaba en lo alto.

La gran garza azul se alimenta de peces

—Ahora van a ver una gran cantidad de animales reunidos alrededor de las aguas más profundas —dijo Jim, el guardabosques. Los peces y los animales acuáticos más pequeños habían migrado a estas zonas de aguas profundas en busca de alimento. Aves zancudas, lagartos, pigargos y cormoranes (grandes aves buceadoras de ojos verdes) los habían seguido para alimentarse de ellos. Los lagartos también utilizan la cola, el hocico y las patas para cavar hoyos profundos, que se llenan de agua. Estos hoyos son lugares que los lagartos utilizan para refrescarse mientras esperan para alimentarse de los animales pequeños que son atraídos hasta esos hoyos con agua. Durante la temporada húmeda, que dura desde mayo hasta noviembre, el agua cubre la mayor parte de la tierra. En esa temporada, los animales se dispersan porque el agua, donde se encuentra su alimento, también lo hace.

Los Everglades tienen temporadas secas y húmedas, pero también tienen áreas más secas y más húmedas debido a la altura del suelo sobre el nivel del mar. Solo unas pocas pulgadas de elevación influyen en la humedad o sequedad del suelo durante el año. Las diferencias de humedad ayudan a crear hábitats únicos, cada uno con un conjunto específico de plantas y animales.

Árboles de mangle

240

Uno de los hábitats más bajos de los Everglades es el manglar, llamado así debido a los árboles de mangle que cubren las islas y bahías que se abren hacia el océano. El agua dulce de lluvia fluye hacia esas áreas y se mezcla con el agua salada del océano, lo que vuelve salobre el agua de los manglares. Los árboles de mangle poseen raíces y hojas especialmente adaptadas que les permiten vivir en el agua salada y turbia. Los manglares son el lugar donde crecen los camarones, los macabíes y otros animales marinos que necesitan un lugar seguro para desarrollarse antes de adentrarse en el océano. Si el agua salobre de los manglares cambiara, estos animales no podrían sobrevivir. Dos de los objetivos del Plan de Restauración son: permitir que el agua de los Everglades fluya más naturalmente hacia el océano y regular la cantidad de agua dulce que fluye en cada estación. Esto ayudaría a sobrevivir a los animales de los manglares, entre ellos los pelícanos, las tortugas marinas, y los cocodrilos americanos y los manatíes, que están en peligro de extinción.

ANALIZAR EL TEXTO

Vocabulario específico de un campo ¿Qué vocabulario específico usa la autora en estas dos páginas? ¿Cómo te ayudan esas palabras a profundizar tu conocimiento del tema?

La clase estaba muy lejos del océano como para poder ver un manglar, pero mientras caminaban por el sendero Anhinga, los estudiantes pudieron ver varios hábitats de los Everglades. El cenagal, lleno de agua semiestancada, se extendía en la distancia. Una pradera de juncos cubría las partes poco profundas del cenagal y, a lo lejos, se elevaban sobre la superficie del agua unas islas en forma de cúpulas redondeadas de árboles de hoja ancha.

Cuando los estudiantes llegaron al final del sendero Anhinga, el guardabosques Jim les mostró un árbol llamado "jiñocuabo".

—También se lo llama el árbol del turista —dijo— porque la corteza del árbol se descama al igual que la piel de los turistas cuando se queman por el sol.

Luego, guió a los estudiantes nuevamente hacia el autobús para dar un pequeño paseo por un pinar llamado "Pinelands". La clase realizó una caminata a través del pinar, que es uno de los hábitats más secos de los Everglades. La luz del sol se filtraba entre los árboles. Era mucho más silencioso que el sendero Anhinga. El suelo de Pinelands está cubierto de palmas reales, ardisias, flores de verbena azul, y otra vegetación que ayuda a absorber los sonidos del mundo exterior.

—Aquí hallarán hoyos de solución —dijo la maestra Stone a los estudiantes.

Buscaron grandes hoyos en el bosque formados en la piedra caliza por el ácido tánico, una sustancia química que se forma cuando el agua de lluvia se mezcla con las pinazas y otras hojas del bosque. Los animales pequeños viven, se alimentan y cuidan a sus crías en estos hoyos de solución. Los estudiantes también observaron un pequeño caracol amarillo que, acurrucado debajo de la corteza de un árbol, comía unos brotes llamados líquenes. Vieron un gavilán de hombros rojos volando en círculos en el cielo y esperaron a que una araña de seda de oro atrapara a su próxima presa en su tela cercana al suelo.

Caminata en Pinelands

"*Quizá aun en esta hora final... la región de los Everglades, vasta, magnífica, sutil y única, no se perderá por completo.*"
Marjory Stoneman Douglas

A medida que atravesaban el pinar, los estudiantes hablaron con la maestra Stone y el guardabosques Jim acerca del círculo de la vida: los indígenas *miccosukee* creen que toda la vida animal, vegetal y humana está conectada entre sí. Los estudiantes lo habían comprobado hoy en los hábitats que visitaron. También se dieron cuenta de lo terrible que sería si los hábitats de esta región de los Everglades no estuviesen protegidos de los efectos de la agricultura y del desarrollo, que aún los ponen en peligro. ¿Qué pasaría con todas estas especies únicas de plantas y animales que habían visto? Jim dijo que ellos podían ayudar a conservar agua, por ejemplo al cepillarse los dientes o lavarse la cara, ya que la mayor parte del agua que se consume en el sur de la Florida proviene de los Everglades. Si se conserva el agua de manera responsable, en los próximos treinta años, el Plan de Restauración de los Everglades podría restablecer un equilibrio saludable para que todos los seres vivos (las plantas, los animales y las personas) puedan vivir juntos en el único *Pa-hay-okee,* "Río cubierto de hierba", del mundo.

Había sido un largo día para la clase, pero aún quedaba una región de los Everglades por visitar. La maestra Stone y el guardabosques Jim condujeron a los estudiantes a un área abierta oculta al final del sendero.

Una bandada de íbices blancos

—Esto es un claro —dijo la maestra Stone—. Se trata de una pequeña región de la pradera de juncos que no permanece húmeda todo el año.

Durante la temporada húmeda, el claro se llenaría de agua y peces. Pero el suelo, que es más elevado que el de las praderas de juncos más extensas, estaba seco y sólido.

—Pueden caminar por un momento hasta donde deseen y apreciar el claro —dijo la maestra Stone.

Los estudiantes se dispersaron. Algunos simularon ser aves, que volaban a baja altura. Otros analizaron los juncos, simulando ser exploradores que descubrían el claro. Otros comentaron cómo el suelo sólido en el que caminaban se convertiría en un lago lo suficientemente profundo como para que nadasen los peces durante la temporada húmeda. Y algunos solo se recostaron para observar el cielo y el círculo de árboles que los rodeaba.

Cuando los estudiantes regresaron, se sentaron en círculo cerca de la maestra Stone.

—Cierren los ojos —les dijo— y escuchen. —¿Pueden oír el ruido de los automóviles? —susurró. —¿Pueden oír sirenas? ¿Pueden oír voces de personas? ¿Qué oyen?

Silencio.

—No hallarán un silencio como este en ninguna otra parte del mundo —dijo suavemente la maestra Stone—. Este claro está protegido por un círculo de árboles y pantanos y vida silvestre. Está lejos del ruido del mundo exterior. Está lleno de *silencio*. Cuando se hallen en una pradera de juncos como esta, deténganse a oír el silencio.

ANALIZAR EL TEXTO

Explicar ideas científicas ¿Por qué crees que la autora incluyó la descripción del claro? ¿Qué te ayudó a comprender sobre las praderas de juncos de los Everglades? ¿En qué se parece esta área a los hábitats del manglar y el pinar? ¿En qué se diferencia?

El sol caía sobre los Everglades mientras la clase volvía hacia el autobús. Las aves volaban sobre la pradera de juncos. Era un momento tranquilo del día en el que todos se preparaban para pasar la noche. Los estudiantes sabían que, durante un tiempo, los Everglades lucirían igual y serían casi los mismos. Pero también conocían los peligros que enfrentaban los Everglades, y que cambiarían si las personas no los protegían y cuidaban.

Restablecer los Everglades llevará mucho tiempo, o quizá nunca se termine por completo. Pero los estudiantes sabían que podrían ayudar cuando crecieran. Habían aprendido que ellos también eran parte de los Everglades, conectados en el mismo círculo de la vida con el insecto más pequeño y el reptil más grande. Sabían que algún día, en un futuro no muy lejano, la responsabilidad por los Everglades recaería sobre ellos. Se convertirían en los guardianes y protectores de los únicos Everglades del mundo, y ayudarían a que este lugar silvestre y maravilloso exista *para siempre*.

ANALIZAR EL TEXTO

Propósito de la autora ¿Por qué la autora habrá escrito sobre la excursión de una clase a los Everglades? ¿Por qué crees que incluyó tantos detalles vívidos sobre el pantano?

Ahora analiza

Cómo analizar el texto

Usa estas páginas para aprender acerca de Propósito de la autora, Explicar ideas científicas y Vocabulario específico de un campo. Luego, vuelve a leer *Everglades para siempre* para aplicar lo que has aprendido.

Propósito de la autora

Los autores de no ficción narrativa, como *Everglades para siempre*, tienen diversas razones para escribir. Quizá quieran compartir información, describir un suceso o una persona, o persuadir a los lectores para que concuerden con ellos sobre un tema. Incluyen en sus textos detalles como hechos, ejemplos y descripciones que los ayudarán a cumplir su propósito.

En *Everglades para siempre*, el **propósito de la autora** es persuadir. La autora quiere convencer a los lectores de la importancia de proteger los Everglades. Presenta su argumento y los puntos principales en forma de una narrativa sobre una excursión escolar. Esta estructura le permite dar razones y presentar evidencia de una manera interesante para los lectores.

Hojea la selección. ¿Cuáles son los hechos, los ejemplos y la evidencia del texto que ayudan a convencerte de que se deben preservar los Everglades?

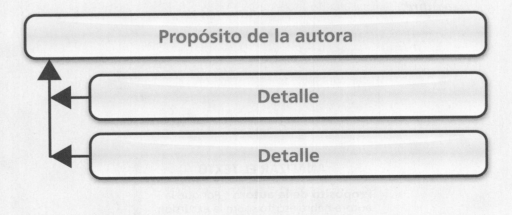

Propósito de la autora

Detalle

Detalle

RI.5.3 explain the relationships between individuals/events/ideas/concepts in a text; **RI.5.4** determine the meaning of general academic and domain-specific words and phrases; **RI.5.8** explain how an author uses reasons and evidence to support points; **RI.5.10** read and comprehend informational texts; **RF.5.4a** read on-level text with purpose and understanding

Aprende en línea

Explicar ideas científicas

En *Everglades para siempre,* la autora explica varias ideas científicas importantes. Por ejemplo, habla de la migración de los animales dentro del pantano, de los diferentes hábitats y de la necesidad de conservar el agua. Los lectores pueden entender mejor el argumento que presenta la autora si piensan en la relación que existe entre estos diferentes aspectos del tema principal.

Vocabulario específico de un campo

En el texto, la autora incluye **vocabulario específico de un campo,** que son palabras relacionadas directamente con el tema de la conservación de los Everglades: *en peligro de extinción, pantanos, hábitat, termorregulación* y *cenagal.* Cuando los autores de libros de texto y textos informativos usan vocabulario específico, pueden explicar cosas con precisión y demostrar su conocimiento del tema. Los términos específicos generalmente están definidos en el texto. Cuando no lo están, los lectores pueden usar claves del contexto para descifrar sus significados.

Es tu turno

REPASAR LA PREGUNTA ESENCIAL

Turnarse y comentar

Repasa la selección y prepárate para comentar esta pregunta: *¿Por qué motivos protegemos el medio ambiente?* Busca información en el texto y también usa tus conocimientos previos. Luego, comparte tus ideas con un grupo pequeño.

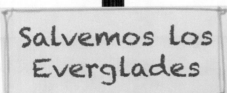

Salvemos los Everglades

Comentar en la clase

Para continuar comentando *Everglades para siempre*, usa evidencia del texto para responder a estas preguntas:

1. ¿Cuáles son algunos de los hábitats de los Everglades?

2. ¿Cómo te ayuda la selección a comprender las conexiones entre los seres humanos, las plantas, los animales y los recursos naturales?

3. ¿Cómo puedes ayudar a proteger el medio ambiente?

AGREGA ELEMENTOS GRÁFICOS

Escribir pies de foto Con un compañero, usa recursos en línea o impresos para hallar elementos gráficos adicionales para la selección. Busca fotografías de animales que vivan en los Everglades, mapas del pantano o tablas sobre los recursos del área. Escribe un pie de foto breve para cada elemento. Explica la forma en que el elemento gráfico apoya una idea importante del texto.

Respuesta La autora de *Everglades para siempre: La recuperación del gran pantano de Estados Unidos* cree que es importante preservar los Everglades. ¿Qué razones y evidencia incluye en el texto para apoyar su argumento? Escribe un párrafo que explique si estás de acuerdo o en desacuerdo con el argumento de la autora. Usa hechos, ejemplos y otra evidencia del texto para apoyar tu opinión.

Sugerencia para la escritura

Usa lenguaje preciso y vocabulario específico de un campo cuando presentes detalles para apoyar tu opinión.

ESTÁNDARES COMUNES **RI.5.8** explain how an author uses reasons and evidence to support points; **W.5.2d** use precise language and domain-specific vocabulary; **W.5.9b** apply grade 5 Reading standards to informational texts; **W.5.10** write routinely over extended time frames and shorter time frames; **SL.5.1a** come to discussions prepared/explicitly draw on preparation and other information about the topic; **SL.5.1c** pose and respond to questions, make comments that contribute to the discussion, and elaborate on others' remarks

Lección 8

TEXTO INFORMATIVO

✓ GÉNERO

Los **textos informativos,** como el de este sitio web, proporcionan datos y ejemplos sobre un tema.

✓ ENFOQUE EN EL TEXTO

Fuentes gráficas Un texto informativo puede incluir una gráfica, que es un diagrama que muestra de qué manera están relacionados los distintos datos y números entre sí y con el texto.

ESTÁNDARES COMUNES **RI.5.10** read and comprehend informational text

 Aprende en línea

Parques nacionales del Oeste

Parque Nacional Big Bend: Texas

El Parque Nacional Big Bend se extiende a lo largo del río Grande, también llamado río Bravo, que forma la frontera entre México y Estados Unidos. El parque está abierto todo el año. <u>más</u>

Fauna y vegetación

El Parque Nacional Big Bend alberga más de 1,200 especies de plantas, entre ellas 60 clases de cactus y más de 4,000 especies de animales e insectos. Esta diversidad se debe a la gran cantidad de hábitats naturales del parque, desde el desierto de Chihuahua hasta los montes Chisos. <u>más</u>

ACTIVIDADES

Excursiones por el Parque Nacional Big Bend

Las 150 millas de senderos del Parque Nacional Big Bend han atraído a los excursionistas durante años. Muchos eligen el accesible Window View Trail. Otros prefieren el desafío de escalar hasta la cima del monte Emony, que mide 7,832 pies. más

Indicaciones para los visitantes

Miles de excursionistas visitan el parque Big Bend cada año. Los guardabosques del parque regulan las excursiones y piden que los visitantes sigan estos consejos:

- Su seguridad es su propia responsabilidad. No realice escaladas sin la debida experiencia y el equipo adecuado.
- Recoja sus desechos.
- No realice escaladas en un radio de 50 pies alrededor de cualquiera de las pinturas rupestres de los indígenas norteamericanos.
- No dañe la naturaleza. ¡Conservar el medio ambiente es importante!

Un excursionista en el Parque nacional Big Bend

MEDIO AMBIENTE

Parque Nacional Yellowstone: Wyoming, Montana e Idaho

El Parque Nacional Yellowstone es el primer parque nacional de Estados Unidos, y el más antiguo. Se estableció en 1872. Yellowstone alberga al menos 150 géiseres. El géiser más famoso es *Old Faithful*. Esta maravilla natural lanza chorros de agua caliente que alcanzan los 200 pies de altura. más

Un lobo gris corriendo

Fauna

Yellowstone alberga decenas de especies animales. Actualmente, los lobos forman parte de esas especies, pero en 1994 , los seres humanos habían cazado a todos los lobos grises nativos del parque.

En la década de 1990, los científicos decidieron restablecer en el parque esta especie en peligro de extinción. En 1995 y 1996, capturaron treinta y un lobos grises en Canadá y los llevaron a Yellowstone. Al principio, los lobos vivían en tres grandes rediles. Con el paso del tiempo, fueron liberados en su hábitat natural.

El programa de restablecimiento de la población de lobos se realizó sobre la base de otros programas similares. Pero, de los programas que han sido adaptados, este es uno de los que ha tenido más éxito. En 2006, 136 lobos grises vivían en Yellowstone en trece áreas distintas del parque.

Analiza la gráfica de abajo. ¿En qué año fue más alta la población de lobos? ¿En qué año fue más baja? ¿Cuántos lobos había en cada uno de esos años?

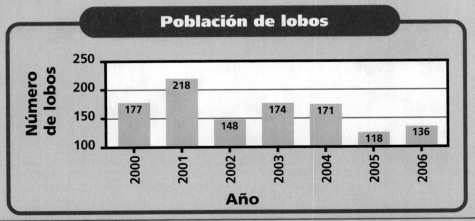

Población de lobos

Año	Número de lobos
2000	177
2001	218
2002	148
2003	174
2004	171
2005	118
2006	136

Comparar el texto

DE TEXTO A TEXTO

Comparar y contrastar textos Con un compañero, repasa *Everglades para siempre* y *En busca del canguro arborícola* (Lección 6). Toma nota de lo que aprendas sobre la conservación de la vida silvestre y la interacción de las personas con la naturaleza. Ten en cuenta cómo la estructura del texto o la organización general de cada texto afecta tu comprensión del tema. Comenta y compara las dos selecciones.

EL TEXTO Y TÚ

Escribir una carta informal Escribe una carta a tus compañeros para convencerlos de planear una excursión a los Everglades. Usa datos y detalles de *Everglades para siempre* para exponer tus argumentos.

EL TEXTO Y EL MUNDO

Identificar el punto de vista Visita el sitio web presentado en las páginas 254 a 256. ¿Qué punto de vista presenta este sitio web? Piensa de qué manera ese punto de vista influye en tu interés por los parques nacionales. Luego busca en Internet un sitio similar sobre reservas de vida silvestre, como Yellowstone. Comenta con tus compañeros tus pensamientos sobre la información y el punto de vista del sitio web.

ESTÁNDARES COMUNES **RI.5.5** compare and contrast the overall structure in two or more texts; **RI.5.7** draw on information from print and digital sources to locate answers or solve problems; **W.5.4** produce writing in which development and organization are appropriate to task, purpose, and audience; **W.5.10** write routinely over extended time frames and shorter time frames

L.5.1a explain the function of conjunctions, prepositions, and interjections; **L.5.3a** expand, combine, and reduce sentences

Gramática

Aprende en línea

¿Qué es una conjunción? Una **conjunción** es una palabra que une otras palabras en una oración. Las palabras *y*, *pero* y *o* son **conjunciones coordinantes.** Pueden unir dos palabras, dos grupos de palabras o dos oraciones. La oración que se forma cuando se unen dos oraciones con una conjunción coordinante es una **oración compuesta.** Las palabras como *si*, *porque*, *aunque*, *como* y *cuando* son **conjunciones subordinantes.** Estas conjunciones unen una oración con una cláusula dependiente y forman una **oración compleja.**

Conjunción coordinante en una oración compuesta
La garceta estaba en los juncos y el águila pescadora se zambulló en la laguna.

Conjunción subordinante en una oración compleja
Cuando el águila pescadora se zambulló, la garceta levantó vuelo.

Inténtalo **Trabaja con un compañero. Identifica la conjunción de cada oración e indica si es una conjunción coordinante o una conjunción subordinante. Luego, explica el propósito de la conjunción en cada oración.**

1. La mayoría de las plantas no pueden vivir en agua salada, pero los mangles crecen bien en ella.

2. Si crecen los mangles, los camarones y otros animales marinos pueden tener a sus crías.

3. Cuando el agua del pantano se vuelve demasiado salada, los animales no pueden sobrevivir allí.

4. El agua dulce es muy importante y solo la brinda la lluvia.

Los buenos escritores evitan las oraciones seguidas. Una manera de corregir una oración seguida es agregar una conjunción coordinante para convertir la oración seguida en una oración compuesta. Otra manera es agregar una conjunción subordinante para convertirla en una oración compleja.

Oraciones seguidas

Los excursionistas se adentraron en el pinar el mundo se llenó de silencio.

Oración compuesta	Oración compleja
Los excursionistas se adentraron en el pinar y el mundo se llenó de silencio.	Cuando los excursionistas se adentraron en el pinar, el mundo se llenó de silencio.

 Relacionar la gramática con la escritura

Mientras revisas tu ensayo de causa y efecto, busca oraciones seguidas. Separa las oraciones seguidas en diferentes oraciones o usa conjunciones para formar una oración compuesta o una compleja.

W.5.2a introduce a topic, provide an observation and focus, group related information/including formatting, illustrations, and multimedia; **W.5.2b** develop the topic with facts, definitions, details, quotations, or other information and examples; **W.5.2c** link ideas within and across categories of information using words, phrases, and clauses; **W.5.2d** use precise language and domain-specific vocabulary

ESTÁNDARES COMUNES

Escritura informativa

mi
Escritura genial

Aprende en línea

✓ **Ideas**   La autora de *Everglades para siempre* usa datos y detalles específicos para informar a los lectores sobre el hábitat de los Everglades. Mientras revisas tu **ensayo de causa y efecto**, asegúrate de que tus detalles de apoyo sean específicos.

Colin escribió el borrador de un ensayo sobre lo que ocurriría si los lagartos desaparecieran de los Everglades. Más tarde, hizo más específicos los detalles de apoyo del texto para que los puntos clave de su ensayo fueran más fáciles de comprender.

Lista de control de la escritura

✓ **Ideas**
¿Apoyé mis ideas con detalles específicos?

Organización
¿Agrupé la información relacionada de forma lógica y establecí claramente las relaciones entre causas y efectos?

Fluidez de las oraciones
¿Usé cláusulas eficazmente para relacionar ideas?

Elección de palabras
¿Usé palabras precisas?

Voz
¿Es mi escritura clara e informativa?

Convenciones
¿Usé las reglas de ortografía, gramática y puntuación correctamente?

Borrador revisado

Los lagartos ayudan a crear el hábitat de
otros seres vivos en los Everglades
~~otros.~~ Cavan hoyos profundos que se llenan
        ∧ , que es parte agua salada y parte agua dulce,
con agua. El agua salobre es el hogar de
                    ∧
        de los que se alimentan otros animales
macabíes jóvenes y camarones.
                    ∧

Protege los Everglades

por Colin Diep

¿Qué ocurriría si los lagartos abandonaran los Everglades? En un ecosistema, cada criatura cumple un papel importante en la vida de los otros habitantes del ecosistema. Si se elimina o daña un ser vivo, siempre se verán afectados otros animales y plantas.

Los lagartos ayudan a crear el hábitat de otros seres vivos en los Everglades. Cavan hoyos profundos que se llenan con agua. El agua salobre, que es parte agua salada y parte agua dulce, es el hogar de macabíes jóvenes y camarones de los que se alimentan otros animales. Durante la estación seca, muchas plantas y muchos animales se refugian en los hoyos húmedos creados por los lagartos para sobrevivir.

Si los lagartos desaparecieran, las plantas y los animales que dependen de sus hoyos durante la estación seca no sobrevivirían. Las aves que se alimentan de esas plantas y animales tendrían que buscar alimento en otra parte, o tampoco sobrevivirían. Al proteger a los lagartos, podemos contribuir a proteger toda la vida de los Everglades.

Leer como escritor

¿Cómo ayudan los detalles específicos a explicar las causas y los efectos con mayor claridad? ¿En qué parte de tu ensayo de causa y efecto puedes reforzar las palabras y los detalles?

En mi ensayo final, hice que mis detalles de apoyo fueran más específicos. También relacioné mis ideas con claridad.

Vocabulario en contexto

fundamental

derruido

élite

conmoción

envolver

exasperación

sujetado

chillido

húmedo

darse cuenta

Librito de vocabulario

Tarjetas de contexto

L.5.6 acquire and use general academic and domain-specific words and phrases

262

1 fundamental

Los equipos de rescate son fundamentales para proporcionar ayuda cuando un huracán golpea con fuerza.

2 derruido

Este edificio quedó derruido por un tornado. Sus ocupantes buscan sus pertenencias entre las ruinas.

3 élite

Se entregan medallas al coraje a un grupo de élite de los mejores y más habilidosos salvavidas.

4 conmoción

Los perros de rescate están entrenados para mantenerse tranquilos a pesar del caos y la conmoción.

Aprende en línea

▶ Estudia cada Tarjeta de contexto.

▶ Separa en sílabas cada palabra del Vocabulario. Usa tu glosario para revisar tus respuestas.

5 envolver

Los socorristas deben envolver con frazadas a los esquiadores heridos para mantenerlos calientes.

6 exasperación

Durante un incendio, las personas que se acercan demasiado pueden ser motivo de exasperación para los bomberos.

7 sujetado

En los rescates de montaña, una persona está sujetada a otra con arneses de seguridad.

8 chillido

El chillido de un niño puede llevar a los socorristas hasta la víctima que llora asustada.

9 húmedo

El traje protector que visten los bomberos puede hacerlos sentir húmedos.

10 darse cuenta

Me di cuenta de que las familias de los socorristas se sienten orgullosas porque ellos salvan vidas.

GUERREROS
DE LA TORMENTA

Leer y comprender

Aprende
en línea

☑ DESTREZA CLAVE

Conclusiones y generalizaciones Cuando se usa evidencia del texto para descubrir algo de un cuento que el autor no menciona expresamente, se está sacando una **conclusión.** Una **generalización**, un enunciado general que es verdadero en la mayoría de los casos, es un tipo de conclusión. Mientras lees *Guerreros de la tormenta*, observa los detalles que presenta el autor sobre el equipo de rescate y las personas a bordo del barco llamado *E.S. Newman*. Las acciones y las palabras de esas personas pueden ayudarte a sacar conclusiones y hacer generalizaciones sobre los personajes. Usa un organizador gráfico como este para escribir una conclusión y los detalles que usaste para sacar la conclusión. Los detalles pueden incluir citas del texto.

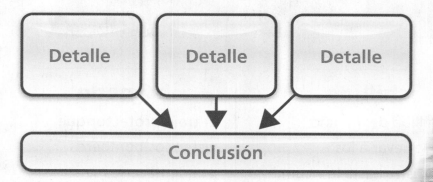

Detalle   Detalle   Detalle

Conclusión

☑ ESTRATEGIA CLAVE

Inferir/Predecir Mientras lees *Guerreros de la tormenta*, haz **inferencias** basándote en los detalles y las acciones de los personajes e intenta **predecir** el final del cuento.

ESTÁNDARES
COMUNES

RL.1.1 quote accurately when explaining what the text says explicitly and when drawing inferences

264

UN VISTAZO AL TEMA PRINCIPAL

El coraje

Prácticamente todas las personas tienen una opinión formada sobre el tema del coraje. Muchos piensan que el coraje es un buen rasgo de personalidad, pero ¿qué significa tener coraje?

Existen muchas clases de personas diferentes y muchas situaciones únicas que podrían requerir coraje. Por lo tanto, es lógico que haya muchas formas diferentes de tener coraje. En *Guerreros de la tormenta*, aprendes lo que un niño piensa sobre el coraje mientras ayuda a rescatar a personas atrapadas en un barco naufragado. Leer esta selección te ayudará a ampliar tu definición de coraje.

Lección 9

TEXTO PRINCIPAL

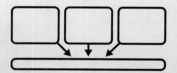

 DESTREZA CLAVE

Conclusiones y generalizaciones

Usa los detalles para explicar las ideas que no menciona el autor.

 GÉNERO

La **ficción histórica** es un relato cuyos personajes y sucesos están ambientados en un período real de la historia. Mientras lees, busca:

▶ un entorno que corresponda a un período y lugar reales en el pasado,

▶ personajes y sucesos realistas, y

▶ algunos sucesos y detalles inventados.

 ESTÁNDARES COMUNES

RL.5.6 describe how a narrator's or speaker's point of view influences how events are described; **RL.5.10** read and comprehend literature

CONOCE A LA AUTORA
Elisa Carbone

Durante su investigación para *Guerreros de la tormenta*, Elisa Carbone viajó a las islas de Outer Banks, en Carolina del Norte, para experimentar ella misma una tormenta. Dice: "Permanecía afuera, en la playa, todo el tiempo que pudiera soportarlo, sintiendo la fuerza del viento y absorbiendo todas las sensaciones. Luego, [...] lo ponía todo por escrito".

CONOCE AL ILUSTRADOR
James Ransome

La escuela a la que James Ransome asistió de niño no ofrecía ninguna clase de arte, así que estudió libros sobre cómo dibujar. Posteriormente, en la escuela secundaria y en la universidad, tuvo la oportunidad de estudiar pintura, dibujo y cine. Hoy día es un ilustrador galardonado, con más de veinticinco libros para niños en su haber.

GUERREROS DE LA TORMENTA

por Elisa Carbone
selección ilustrada por James Ransome

PREGUNTA ESENCIAL

¿Cómo puede un acto de coraje revelar la verdadera naturaleza de una persona?

Estamos en el año 1896 en Pea Island, en la región costera de Carolina del Norte. Nathan sueña con convertirse en lanchero de la tripulación de élite afroamericana de rescate de Pea Island. Aunque su padre, un pescador, no quiere que Nathan arriesgue su vida para rescatar a las personas de un naufragio, Nathan lee libros de medicina y aprende en ellos técnicas fundamentales de salvamento. Entonces, un huracán azota la zona costera. El E.S. Newman encalla durante la tormenta. Es su oportunidad de ayudar a los lancheros. Durante la fuerte tormenta, Nathan comienza a darse cuenta de que el conocimiento es tan importante como la valentía.

Tropecé y recuperé el equilibrio a un costado del carrito playero. Me enfrenté al viento y al mar. Allí estaba el barco hundido, a casi treinta metros de nosotros. El casco oscuro y las velas blancas y rotas se enfrentaban al mar rabioso, que sacudía el costado, la cabina y el estribor del barco, casi destruido por el fuerte oleaje. Mientras estaba allí con la boca abierta, tratando de recobrar el aliento, el viento soplaba contra mis mejillas y me secaba la lengua.

Los marineros, a bordo del barco, dieron un grito de alegría. Nos habían visto y tenían esperanzas de ser rescatados pronto. Esperaba oír la orden "Acción" para comenzar con el rescate utilizando el andarivel de salvamento, pero no oí nada. Tardé un momento en descubrir lo que el guarda Etheridge seguramente ya había visto: nuestro equipo no serviría. No había forma de cavar un hoyo para el ancla de arena bajo las agitadas olas, ni tampoco un lugar donde colocar el arpón.

Fue entonces cuando oí la voz del Sr. Meekins entre el ruido del viento y las olas:

—Esas olas no impedirán que nade hacia ellos: son olas pasajeras, y no más altas que una persona —dijo.

¿Nadar? ¿Nadar en ese mar furioso?

Me quedé inmóvil observando al Sr. Etheridge, que sacaba una cuerda de tiro muy larga del carrito playero y ayudaba al Sr. Meekins a atarla alrededor de su cintura. Él y el Sr. Pugh estaban sujetados y una vara, unida a su propia cuerda, estaba atada al cuerpo de Meekins. El viento me empujaba y sacudía mis orejas. Lo que esos hombres hacían era increíble. La violencia se arremolinaba a nuestro alrededor, en una mezcla mortal de viento y mar. Y estos dos lancheros se estaban lanzando *hacia* ella.

—¡A las cuerdas! —gritó el Sr. Etheridge—. Si uno de ellos se hunde, debemos tirar de ambos para regresarlos aquí.

El Sr. Meekins y el Sr. Pugh eran figuras oscuras luchando entre la blanca espuma, combatiendo el oleaje. Las poderosas olas se estrellaban contra su cuerpo. Ellos bajaban la cabeza y seguían adelante.

Yo los observaba con una sensación desagradable en el estómago y poco a poco me di cuenta: nunca sería capaz de hacer lo que esos hombres estaban haciendo. Las palabras de su lema daban vueltas en mi cabeza: "Debes salir, pero no tienes que volver". En ese momento supe, sin duda alguna, que no tenía el coraje necesario para arriesgar mi vida de esa manera. Mi sueño y todos los meses de esperanza se desvanecieron tan rápidamente como la espuma de las olas. William, Floyd y papá tenían razón: yo nunca sería un lanchero.

Pero no era el momento de pensar en lo que había perdido: los hombres estaban soltando las cuerdas y yo era un pescador dispuesto a ayudar. Tomé una de las cuerdas. Giré la cara para que el viento no me golpeara, pero aun así mis ojos se llenaban de lágrimas. A ciegas alargué la cuerda, una mano sobre la otra y, entrecerrando los ojos, me dirigí hacia el barco. Habían bajado una escalera y los marineros se apoyaban en el costado, esperando. El Sr. Meekins y el Sr. Pugh ya casi habían llegado.

Oí otro grito de alegría de los hombres en el barco. Cuando miré, el Sr. Meekins estaba balanceando la vara guía y la cuerda. Dejó que volara y aterrizara en la cubierta. Los marineros ataron la cuerda al barco para que ayudara a mantener la estabilidad de los lancheros mientras iban y venían desde el barco hasta la costa.

Al poco tiempo, estábamos tirando de la cuerda hacia nosotros. Los lancheros debían de estar llevando a uno de los marineros en medio de ellos. Con los ojos entrecerrados, me dirigí hacia la niebla. ¿Dónde estaba el marinero que había sido rescatado? El Sr. Meekins y el Sr. Pugh estaban regresando, pero no había nadie más con ellos. El Sr. Meekins llevaba algo apenas más grande que un arpón.

ANALIZAR EL TEXTO

Conclusiones y generalizaciones El narrador dice que los hombres en el barco dieron un grito de alegría. ¿Por qué crees que hicieron eso?

¿Qué podía haber en ese barco que fuera más importante salvar que las vidas de los hombres a bordo? Sacudí la cabeza y tiré de la cuerda. Los lancheros iban medio caminando y medio nadando, siempre empujando hacia adelante. Las olas golpeaban sobre sus espaldas como si quisieran arrojarlos fuera del mar.

A medida que los lancheros se acercaban, oí algo así como el chillido de un gato en un callejón. El Sr. Meekins entregó su paquete y gritó:

—¡Cúbrelo con una manta seca antes de que se ponga azul!

El paquete pasaba de mano en mano, hasta que llegó hasta mí, y me encontré con los ojos de un niño asustado.

Papá me rodeó con sus brazos.

—¡El carro! —gritó entre el ruido de las olas y el viento. En el carro, que no era más que un camión descubierto, había mantas debajo de impermeables.

Nos arrodillamos junto al carro, que nos brindó algo de protección frente a la tormenta. El niño estaba colgado de mi cuello. Estaba empapado y temblaba mucho. Traté de apartarlo un poco para quitarle la ropa húmeda, pero se aferraba a mí con más firmeza. Ahora lloraba casi en silencio.

—¿Mamá? —susurró.

Miré a papá de manera suplicante. ¿Y si su madre se había caído por la borda y se había ahogado? Papá se puso las manos sobre los ojos y miró en dirección al barco.

—Traen a una mujer con ellos —dijo.

—Es tu mamá —le dije al niño. Parecía de tres o cuatro años, su piel era de un blanco pálido y su cabello era castaño y abundante. —Déjame ayudarte a calentarte antes de que ella llegue.

Habíamos envuelto al niño en una manta seca cuando su madre corrió hacia él.

—¡Thomas! —gritó, y lo tomó entre sus brazos húmedos con tanta pasión que el niño volvió a mojarse.

La mujer, que dijo llamarse Sra. Gardiner, aseguró que se mantendría lo suficientemente caliente con su vestido mojado si se cubría con mantas e impermeables. Tan pronto como se acomodó con Thomas, oímos un grito:

—¡Ey, este hombre está herido!

ANALIZAR EL TEXTO

Punto de vista ¿Cómo cambiaría la descripción de los sucesos de la historia si estuviese contada desde la perspectiva del Sr. Meekins, en tercera persona limitada?

273

Corrí para ver. El lanchero había traído a un joven marinero. La sangre brotaba de su cabeza y le manchaba el salvavidas. Tenía los labios de un color azul oscuro. Dio dos pasos y, luego, cayó sobre su rostro en el agua poco profunda. El Sr. Bowser lo levantó de las axilas y lo arrastró hasta el carro.

—George, toma mi lugar para tirar de las cuerdas —le gritó a papá—. Ven, Nathan, ayúdame.

El marinero parecía solo unos años mayor que yo, su cabello rubio estaba sucio y tenía un tajo colorado del tamaño de un frijol largo en la cabeza.

—Primero detén la sangre y luego la hipotermia —dije, recordando las palabras de los libros de medicina, que me dieron seguridad por ser tan claros.

El Sr. Bowser lanzó un gruñido mientras subíamos al marinero al carro.

—Realmente has estudiado, Nathan —dijo.

El Sr. Bowser me envió a buscar el botiquín. Luego, coloqué una compresa sobre la herida del marinero mientras el Sr. Bowser comenzaba a quitarle la ropa húmeda. En ese momento, el Sr. Bowser se fijó en la Sra. Gardiner por primera vez.

—Señora, debemos… —aclaró la voz—. Este muchacho está hipotérmico, y su ropa húmeda debería…

La Sra. Gardiner lo miró con exasperación.

—¡Oh, por Dios! —exclamó. Y se apresuró a acercarse para sacarle las botas y ayudar al Sr. Bowser a quitarle el resto de la ropa y a envolver su cuerpo con una manta seca.

—¿Hay más heridos a bordo? —preguntó el Sr. Bowser mientras vendaba la cabeza del muchacho.

—No, solamente Arthur —contestó ella—. Se dio un buen golpe cuando el barco encalló.

Arthur gruñó y abrió los ojos.

—Tengo frío —protestó.

De pronto se produjo una conmoción en las cuerdas. —¡Vamos! —gritó el Sr. Etheridge—. ¡Tiren de las cuerdas!

—¡Han perdido el equilibrio! —grité.

El Sr. Bowser me tomó del brazo. —Hazte cargo. Estoy seguro de que sabes qué hacer. —Y corrió a ayudar con las cuerdas.

Mis manos estaban húmedas y temblorosas, pero, una vez más, las palabras de los libros llegaron para calmarme: "Frota las piernas y los brazos con aceite de linaza hasta que el calor vuelva…". Busqué en el botiquín, encontré el aceite de linaza y vertí un poco sobre la palma de mi mano.

—Esto ayudará a calentarlo, señor —le dije en voz bien alta, para que me oyera a pesar del ruido del viento.

Arthur meneó su cabeza vendada y me observó, nervioso, mientras frotaba el aceite en sus pies y pantorrillas, y luego en sus manos y brazos. Le dirigió una mirada burlona a la Sra. Gardiner. —¿No es muy joven para ser doctor? —le preguntó.

Ella le dio una palmadita en el hombro y le retiró el cabello de la frente. —Parece que sabe lo que hace, querido —contestó ella.

—Estoy entrando en calor —dijo él.

Levanté la linterna para mirar el rostro de Arthur y observé que sus labios ya no estaban azulados.

ANALIZAR EL TEXTO

Caracterización Al comienzo, Nathan estaba preocupado de que no pudiera ayudar en el rescate. ¿Qué evidencia presenta el autor para mostrar que Nathan puede ayudar después de todo?

En ese momento, apareció un hombre blanco y alto. Vestía chaqueta de capitán y su larga cabellera volaba al viento. Se acercó al carro y atrajo hacia sí a la Sra. Gardiner, presionando su mejilla contra la de ella. Debió de haberle preguntado por Thomas, porque ella lo señaló. Estaba vendado y dormía en el carro.

—¡Han salvado a toda la tripulación! —gritó.

Miró hacia donde Arthur y yo estábamos, a los marineros rescatados y a los lancheros que se reunían alrededor del carro, preparándose para el largo viaje de regreso a la estación bajo la tormenta.

—Amigos —dijo, con voz temblorosa— les debemos la vida.

Ahora analiza

Cómo analizar el texto

Usa estas páginas para aprender acerca de Conclusiones y generalizaciones, Punto de vista y Caracterización. Luego, vuelve a leer *Guerreros de la tormenta* para aplicar lo que has aprendido.

Conclusiones y generalizaciones

Las acciones y las palabras de los personajes pueden ayudarte a sacar conclusiones y a hacer generalizaciones sobre un texto para entenderlo mejor. Una **conclusión** es una opinión a la que se llega pensando en los detalles de un texto. Una **generalización** es un enunciado general que es verdadero en la mayoría de los casos.

Los autores no siempre exponen la información de forma directa para que, así, los lectores saquen conclusiones o hagan generalizaciones. Puedes usar los diálogos, los detalles y los sucesos para hacer **inferencias** y, de esa forma, entender lo que no se menciona directamente en el cuento. Cuando vuelvas a leer la selección, usa el texto para sacar conclusiones y hacer generalizaciones sobre las experiencias de los personajes. Recuerda usar citas y evidencia del texto para apoyar tus ideas.

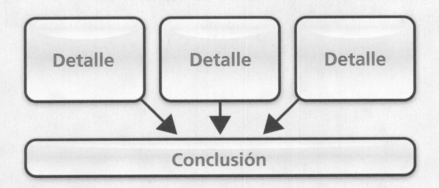

ESTÁNDARES COMUNES **RL.5.1** quote accurately when explaining what the text says explicitly and when drawing inferences; **RL.5.6** describe how a narrator's or speaker's point of view influences how events are described; ; **RF.5.4a** read on-level text with purpose and understanding

Punto de vista

Cuando un autor escribe desde el **punto de vista** de la **primera persona**, un personaje narra el cuento de la forma en que él o ella lo vive. El punto de vista de la primera persona incluye palabras como *yo, nosotros, mí* y *mío*. Cuando se usa el **punto de vista** de la **tercera persona** limitada, hay un narrador que cuenta lo que un personaje observa, siente y sabe. Un narrador en tercera persona está fuera del cuento y usa palabras como *él, ella, su* y *sus* para hablar sobre los personajes.

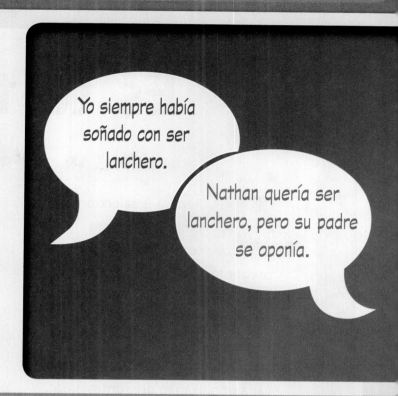

Yo siempre había soñado con ser lanchero.

Nathan quería ser lanchero, pero su padre se oponía.

Caracterización

Para definir los rasgos de personalidad de un personaje, un autor describe las acciones, las palabras y los pensamientos del personaje. Esta técnica se llama **caracterización**. En un cuento escrito en primera persona, el narrador es uno de los personajes del cuento. La forma de hablar del narrador, al igual que lo que piensa sobre los sucesos y los otros personajes del cuento, sirven para caracterizarlo.

Es tu turno

REPASAR LA PREGUNTA ESENCIAL

Turnarse y comentar Repasa la selección como preparación para comentar la siguiente pregunta: *¿Cómo puede un acto de coraje revelar la verdadera naturaleza de una persona?* Túrnense con un compañero para repasar y explicar las ideas clave de cada uno. Hagan preguntas para aclarar los puntos que no entiendan.

Comentar en la clase

Continúa la discusión de *Guerreros de la tormenta* usando evidencia del texto para explicar tus respuestas a las siguientes preguntas:

1. ¿Qué motivos tiene Nathan para admirar a los lancheros? ¿Son motivos válidos? ¿Por qué?

2. ¿Qué aprende Nathan sobre la naturaleza del coraje?

3. ¿Cómo podría cambiar la vida de Nathan gracias a lo que aprende sobre sí mismo durante el cuento?

¿QUIÉN ES EL PERSONAJE?

Comenta sobre Nathan Repasa el cuento para buscar evidencia de los rasgos de personalidad de Nathan. Busca ejemplos de su inteligencia, coraje, amabilidad e ingenio. Anota el número de página de cada ejemplo o pasaje que encuentres. Luego, comparte la información con un compañero. Trabajen juntos para identificar qué evidencia del texto ejemplifica de mejor manera cada rasgo.

ESCRIBE SOBRE LO QUE LEÍSTE

Respuesta *Guerreros de la tormenta* está escrito desde el punto de vista del personaje principal, Nathan. ¿Cómo influye su punto de vista en las descripciones del cuento? Piensa en las cosas que serían diferentes si uno de los lancheros o marineros contara el cuento. Escribe un párrafo en el que expliques cómo el punto de vista de Nathan moldea el cuento e influye en la forma en que ves los sucesos y a los otros personajes. Usa citas y evidencia del texto para apoyar tus ideas.

Sugerencia para la escritura

Usa conjunciones para combinar oraciones y ayudar a tus lectores a comprender cómo se relacionan tus ideas.

Aprende en línea

ESTÁNDARES COMUNES **RL.5.6** describe how a narrator's or speaker's point of view influences how events are described; **W.5.9a** apply grade 5 Reading standards to literature; **W.5.10** write routinely over extended time frames and shorter time frames; **SL.5.1a** come to discussions prepared/explicitly draw on preparation and other information about the topic; **SL.5.1c** pose and respond to questions, make comments that contribute to the discussion, and elaborate on others' remarks

Los héroes
olvidados
de Pea Island

Los héroes olvidados de Pea Island

por Cecelia Munzenmaier

GÉNERO

Un **texto informativo**, como este artículo de revista, proporciona datos y ejemplos sobre un tema.

ENFOQUE EN EL TEXTO

Las **fuentes primarias** son fotografías, documentos y citas originales que pertenecen a la época del tema. El autor de esta selección incluye fotografías de Pea Island, los lancheros y su equipo de rescate para apoyar el texto.

La fotografía que Katie Burkhart vio en un museo de Beaufort, Carolina del Norte, era pequeña, pero le llamó la atención. Siete hombres uniformados posaban frente a la Estación n.º 17 del Servicio de rescate de Estados Unidos. Una leyenda explicaba que eran los lancheros de Pea Island. Bajo el mando del jefe Richard Etheridge, estos hombres habían rescatado a nueve personas del *E.S. Newman* en 1896.

La joven Burkhart, de 14 años de edad, quiso saber más. Investigó sobre los lancheros de Pea Island para un proyecto de historia de octavo grado. Su informe, titulado "Legado olvidado: los guerreros afroamericanos de la tormenta", fue galardonado con el Premio nacional al mérito de la Asociación de historiadores locales y estatales de Estados Unidos. También contribuyó a que estos héroes olvidados obtuvieran el reconocimiento que se merecían desde hacía mucho tiempo.

RI.5.10 read and comprehend informational texts

ESTÁNDARES COMUNES

En busca de una historia perdida

Burkhart averiguó que Etheridge y sus lancheros, un grupo de élite famoso por su destreza y valentía, eran la única tripulación del servicio de rescate constituida en su totalidad por afroamericanos.

Fue entonces cuando Burkhart se dio cuenta de que el coraje de estos lancheros nunca había sido reconocido oficialmente.

—Sentí inmediatamente que debía hacer algo al respecto —afirma Burkhart.

La estudiante de octavo grado escribió una carta al senador Jesse Helms y al presidente Bill Clinton, preguntando por qué la tripulación no había recibido una medalla. Como consecuencia, Burkhart se enteró de que el oficial de la Guardia costera Steve Rochon y los estudiantes graduados David Zoby y David Wright también estaban intentando reparar esta injusticia.

"Una y otra vez, la tripulación regresaba del mar embravecido".

Los lancheros de Pea Island, aprox. 1890

Reivindicar un legado

Los investigadores reunieron la información sobre la historia del rescate. El propio testimonio de Etheridge describía la intensa conmoción causada por el huracán que destruyó al *E.S. Newman*. "El bramido de la tormenta daba miedo, la marea causada por la tempestad barría la playa y a menudo la tripulación se paralizaba debido a la fuerza arrolladora de la corriente", escribió en el diario de la estación. Parecía imposible poder brindarles algún tipo de ayuda, pero aun así tenían que intentarlo.

Con la cintura sujetada por una cuerda, dos lancheros nadaron hacia el barco que naufragaba. Después de rescatar a un miembro de la tripulación, otros dos lancheros oyeron los chillidos del hijo pequeño del capitán y lo rescataron. Durante seis horas, los lancheros ignoraron sus propias necesidades y no mostraron ninguna señal que indicara exasperación por la falta de alimento o por sus ropas húmedas. Cuando rescataban a las personas, en la estación las envolvían con mantas secas y calientes.

La investigación resultó de una importancia fundamental para que la tripulación obtuviera un merecido reconocimiento. Cien años y un día después del rescate del *E.S. Newman*, se otorgó la medalla de oro a la tripulación de rescate de Pea Island. Katie Burkhart y numerosos descendientes de los lancheros escucharon con orgullo la mención que describía de qué manera "una y otra vez, la tripulación de la Estación Pea Island regresaba del mar embravecido, acarreando literalmente a las nueve personas, salvándolas así de una muerte segura, para llevarlas a la seguridad de la costa".

Pea Island, 1917

Equipo de rescate de playa

284

Comparar el texto

Comparar textos sobre héroes Comenta con un compañero cómo se representa a los héroes en *Guerreros de la tormenta* y *Los héroes olvidados de Pea Island*. Después de comentar sus ideas, haz una lista de las características de los héroes. Para cada característica, cita un detalle o ejemplo de cualquiera de los textos para apoyar esa generalización sobre los héroes.

EL TEXTO Y TÚ

Diseñar una medalla Los miembros de la tripulación de Pea Island fueron premiados con la Medalla de Oro de Guardavidas por su heroísmo. Diseña una medalla para un héroe de nuestros días a quien admires. Incluye una imagen y un mensaje. Escribe un discurso breve, en el que cuentes por qué esa persona merece la medalla, y presenta tu información a un compañero.

EL TEXTO Y EL MUNDO

Investigar sobre huracanes Los rescatistas de Pea Island tuvieron que luchar contra un huracán para salvar a los pasajeros y a la tripulación del *E.S. Newman*. Trabaja con un compañero para determinar preguntas de investigación sobre los huracanes o sobre otra clase de desastres naturales. Luego, elige una de las preguntas y realiza una investigación en fuentes impresas y digitales para responderla.

ESTÁNDARES COMUNES RI.5.1 quote accurately when explaining what a text says explicitly and when drawing inferences; RI.5.7 draw on information from print and digital sources to locate answers or solve problems; RI.5.9 integrate information from several texts on the same topic; W.5.7 conduct short research projects that use several sources to build knowledge through investigation

Gramática

¿Qué es una oración compleja? Una **oración compleja** está formada por dos cláusulas, unidas por una **conjunción subordinante,** como *porque*. La parte de la oración que contiene la conjunción agrega información sobre la otra parte y no puede existir por sí misma.

¿Qué es una conjunción compuesta? Las **conjunciones compuestas** funcionan de a pares. Algunos ejemplos son *tanto/como* y *ni/ni*. Las conjunciones compuestas pueden usarse para unir palabras o frases paralelas, por ejemplo, dos sustantivos, dos verbos o dos adjetivos.

Oraciones complejas y conjunciones compuestas

puede existir por sí misma   no puede existir por sí misma

Los miembros de la tripulación estaban en peligro porque el barco había naufragado.

no puede existir por sí misma   puede existir por sí misma

Aunque las olas eran grandes, dos lancheros nadaron hasta el barco.

sustantivo   sustantivo

Tanto el coraje como el conocimiento son importantes en una situación de emergencia.

Inténtalo   **Copia cada una de estas oraciones en una hoja aparte. Encierra en un círculo la conjunción subordinante. Subraya las conjunciones compuestas y las palabras o frases que unen.**

1. Los lancheros no podían ni cavar un pozo para el ancla de arena ni preparar el arpón.

2. Como el niño rescatado estaba asustado, Nathan cuidó de él.

3. El niño entró en calor cuando lo envolvieron con una manta seca.

4. Tanto Nathan como la Sra. Gardiner querían ayudar al marinero herido.

Los buenos escritores establecen relaciones claras entre las ideas. Si se combinan oraciones cortas para formar una oración compleja, se puede mostrar cómo se relacionan las ideas o qué idea es más importante. Usa una coma después de la primera parte de una oración compleja si esta parte empieza con una conjunción subordinante. Las conjunciones compuestas también pueden usarse para combinar oraciones relacionadas.

Oraciones simples

La capa de nieve era peligrosamente gruesa.

El gobernador declaró el estado de emergencia.

Conjunción subordinante

Como la capa de nieve era peligrosamente gruesa, el gobernador declaró el estado de emergencia.

Conjunciones compuestas

Ni el pueblo ni el gobernador estaban preparados para una capa de nieve tan peligrosamente gruesa.

 ## Relacionar la gramática con la escritura

Mientras revisas tu informe de investigación la semana próxima, busca oraciones que tengan ideas relacionadas. Intenta unir las oraciones relacionadas con conjunciones subordinantes o compuestas.

W.5.5 develop and strengthen writing by planning, revising, editing, rewriting, or trying a new approach; **W.5.7** conduct short research projects that use several sources to build knowledge through investigation; **W.5.8** recall information from experiences or gather information from print and digital sources/summarize and paraphrase information and provide a list of sources

Escritura informativa

Taller de lectoescritura: Preparación para la escritura

☑ **Ideas** Para planificar cómo escribir un **informe de investigación**, busca fuentes impresas y digitales confiables que respondan las preguntas sobre tu tema. Anota los datos y las fuentes de los datos en tarjetas de notas. Luego, organiza tus notas en un esquema, con detalles que apoyen cada idea principal. Cada tema principal de tu esquema se convertirá en un párrafo en el informe. Josie investigó el hundimiento del *Andrea Doria*. Para hacer su esquema, agrupó sus notas en cuatro temas principales.

Lista de control del proceso de escritura

▶ **Preparación para la escritura**

☑ ¿Elegí un tema que me interese a mí y también a mi audiencia?

☑ ¿Hice preguntas para enfocar mi investigación?

☑ ¿Recopilé datos de diversas fuentes confiables?

☑ ¿Organicé los datos en un esquema que tenga temas principales y subtemas?

Hacer un borrador

Revisar

Corregir

Publicar y compartir

Explorar un tema

¿Qué le ocurrió al <u>Andrea Doria</u>?

— El capitán no bajó la velocidad en la niebla

— La proa del <u>Stockholm</u> se incrustó en el casco.

Ballard, Robert y Rick Archbold. <u>Ghost Liners: Exploring the World's Greatest Lost Ships</u>. Boston, MA: Little, Brown and Company, 1998.

¿Cómo fue el rescate de los pasajeros?

— El <u>Stockholm</u> rescató cientos de pasajeros y tripulantes del <u>Andrea Doria.</u>

— Se usaron botes salvavidas. <u>The Andrea Doria The Greatest Rescue of All Time</u> 11 de junio de 1998. ThinkQuest. 4 de febrero de 2012. http://library.thinkquest.org

288

I. El accidente

   A. 25 de julio de 1956, cerca de la costa de Massachusetts

   B. El *Andrea Doria* y el *Stockholm* chocan.

II. Detalles del choque

   A. Noche de niebla

   B. Ambos barcos navegaban por radar.

   C. La proa del *Stockholm* golpeó un costado del *Andrea Doria*.

III. Llega la ayuda

   A. Varios barcos se acercaron a ayudar.

   B. El *Ile de France* rescató pasajeros.

   C. El *Stockholm* estaba dañado, pero no se hundía. También ayudó en el rescate.

IV. Un rescate histórico

   A. El *Andrea Doria* tardó 11 horas en hundirse.

   B. De todos los pasajeros, no se logró rescatar a 46 personas.

Leer como escritor

¿Está bien organizado el esquema de Josie? ¿Por qué crees eso? ¿Qué partes de tu esquema puedes organizar mejor o completar?

En mi esquema, organicé los datos en temas principales y subtemas. Anoté los subtemas en un orden lógico para apoyar mis ideas principales.

Pumas

Ronroneo insuperable

☑ VOCABULARIO CLAVE

parecerse

detectar

agudo

diferente

inadvertido

madurar

determinado

disponible

feroz

satisfacción

Librito de vocabulario

Tarjetas de contexto

Grandes felinos

ESTÁNDARES COMUNES

L.5.6 acquire and use general academic and domain-specific words and phrases

Vocabulario en contexto

1 parecerse

Algunos gatos se parecen a los pumas, pero los pumas son mucho más grandes.

2 detectar

Una excelente vista y un buen sentido del olfato ayudan a los leones a detectar a su presa.

3 agudo

Todos los felinos tienen un olfato agudo que los ayuda a ubicar a sus presas.

4 diferente

Los tigres tienen rayas de colores diferentes. Estas pueden variar de negro y anaranjado a negro y blanco.

Aprende en línea

▶ Estudia cada Tarjeta de contexto.

▶ Usa el diccionario para determinar la categoría gramatical de cada palabra del Vocabulario.

5 **inadvertido**

Este gatito se esconde bajo la alfombra y pasa inadvertido porque nadie lo ve.

6 **madurar**

Cuando los pumas cachorros maduran y se convierten en adultos, sus ojos cambian de azul a amarillo verdoso.

7 **determinado**

Un gato doméstico puede preferir un alimento determinado y no comer ningún otro.

8 **disponible**

Los felinos grandes viven solamente en los lugares donde hay mucho alimento disponible.

9 **feroz**

El rugido salvaje y feroz de un tigre indica que el animal está enojado.

10 **satisfacción**

Al igual que los felinos salvajes, los gatos domésticos ronronean con satisfacción cuando están contentos.

Leer y comprender

☑ DESTREZA CLAVE

Ideas principales y detalles Mientras lees *Pumas*, busca las ideas principales, o los puntos más importantes, que expone el autor sobre los pumas y sus hábitats. Cada idea principal está respaldada por **detalles**, tales como datos, ejemplos y descripciones. Puedes usar estas ideas principales y detalles importantes para **resumir** parte de un texto o un texto entero. Para llevar un registro de las ideas principales de cada parte de la selección, usa un organizador gráfico como el siguiente.

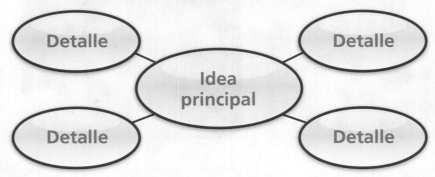

☑ ESTRATEGIA CLAVE

Verificar/Aclarar Mientras lees *Pumas*, recuerda **verificar**, u observar, cuán bien comprendes el texto. Si hay algo que no entiendes, haz una pausa para **aclararlo**.

 ESTÁNDARES COMUNES **RI.5.2** determine two or more main ideas and explain how they are supported by details/summarize; **RI.5.3** explain the relationships between individuals/events/ideas/concepts in a text

UN VISTAZO AL TEMA PRINCIPAL

Comportamiento animal

¿Alguna vez has visto a un perro dar vueltas en círculos antes de acostarse en el suelo a dormir? ¿Has notado cómo las ardillas arrojan nueces desde los árboles para poder abrirlas? Comportamientos como estos nos enseñan sobre la inteligencia y adaptabilidad de los animales. Observar el comportamiento de los animales salvajes nos ayuda a encontrar maneras de proteger tanto a los animales como a sus hábitats.

En *Pumas*, la autora comparte muchos detalles sobre el comportamiento de estos felinos salvajes. Aunque no es fácil estudiar a los pumas, los científicos han intentado aprender lo más posible sobre ellos. En ciertas regiones, los pumas son una parte importante del ecosistema y tienen un papel crucial en la cadena de la vida.

Lección 10

TEXTO PRINCIPAL

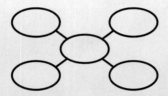

Our WILD WORLD **Pumas**

✓ DESTREZA CLAVE

Ideas principales y detalles
Identifica las ideas principales de un tema y los detalles que las apoyan.

✓ GÉNERO

Un **texto informativo** presenta hechos y detalles sobre un tema. Mientras lees, busca:

► información que esté organizada de manera clara,
► vocabulario específico de un campo que ayude a la comprensión y
► fotografías y pies de foto que realcen el texto.

ESTÁNDARES COMUNES **RI.5.2** determine two or more main ideas and explain how they are supported by details/ summarize; **RI.5.4** determine the meaning of general academic and domain-specific words and phrases; **RI.5.10** read and comprehend informational texts

Aprende en línea

CONOCE A LA AUTORA

PATRICIA CORRIGAN

Patricia Corrigan comenzó a escribir para el periódico de su ciudad cuando aún asistía a la escuela secundaria. Desde entonces, escribe para el *St. Louis Post-Dispatch* y ha publicado numerosos artículos periodísticos, libros de no ficción para adultos y libros sobre la naturaleza para niños. Le encanta viajar y ha hecho viajes a Argentina y a Egipto.

PUMAS

POR PATRICIA CORRIGAN

PREGUNTA ESENCIAL

¿Qué puede aprender un científico al observar el comportamiento de un animal?

Casi nunca vemos u oímos a los pumas. De hecho, ¡suelen pasar toda su vida inadvertidos por los seres humanos!

Pero sabemos que estos animales, de la familia de los felinos, viven en once estados del oeste de Estados Unidos, desde el extremo sur de Alaska hasta donde la frontera de California se une con México y, hacia el este, hasta la frontera con Texas. Sus primos, las panteras de Florida, viven en Florida. En Canadá, los pumas se encuentran en Columbia Británica y en ciertas regiones de Alberta. También habitan en México, América Central y América del Sur.

Su nombre varía según los diferentes lugares del mundo. Se los llama leones de montaña, gatos rey, puma concolor, panteras, tigres rojos, leones colorados y leones americanos. En México, al puma se lo denomina "león". Algunas veces, se lo conoce con apodos tales como "el fantasma de la jungla" o "el diablo de la montaña".

Afortunadamente, los pumas pueden vivir en diferentes hábitats. Con el tiempo se han adaptado, o han evolucionado, para vivir en lugares como los picos nevados, las junglas con vegetación tupida, los pinares helados, las llanuras cubiertas de hierba y los pantanos turbios. Por ejemplo, los pumas que viven en las montañas del norte suelen ser de mayor tamaño y su pelaje es más grueso que el de los pumas de otras regiones. Aprendieron a trepar a los árboles. Y también pueden nadar si es necesario, aunque prefieren mantenerse secos, ¡como sus parientes, los gatos domésticos!

Un puma promedio mide desde 3.3 a 5.3 pies de longitud y alrededor de 2 pies de altura al nivel del hombro. El macho adulto pesa hasta 225 libras y la hembra es generalmente más pequeña. La cola de un puma puede medir hasta 32 pulgadas, casi dos tercios de la longitud del cuerpo del animal.

ANALIZAR EL TEXTO

Ideas principales y detalles ¿Cuál es el tema de esta selección? ¿Cómo lo sabes? Elige un párrafo en una de estas dos páginas y plantea su idea principal. Explica cómo la apoyan los detalles.

Los pumas no cazan desde los árboles, pero pueden ver mejor desde una rama alta.

Los pumas tienen buen equilibrio y pueden saltar fácilmente sobre árboles caídos y rocas sin reducir la velocidad.

El puma es una de las muchas especies de felinos. Al igual que los gatos monteses y los linces, son animales de tamaño mediano. Los tigres, los leones y los leopardos son más grandes y más pesados.

Los pumas son delgados y musculosos, y tienen poca grasa en el cuerpo. En general, la grasa es un excelente aislante y mantiene la temperatura corporal del animal. Como tienen poca grasa, cuentan con otras defensas naturales para el frío, como su pelaje, que los mantiene abrigados.

El pelo de la capa más cercana a la piel, llamada pelaje interno, es corto y similar a la lana. La capa superior, llamada pelaje protector, está formada por pelos más largos, que son huecos y atrapan el aire para evitar que el frío llegue hasta la piel del animal.

A diferencia de los seres humanos, los pumas no tienen glándulas sudoríparas. Por eso, aquellos que viven en climas cálidos se refrescan del mismo modo que los perros: jadean para expulsar el calor de su cuerpo.

ANALIZAR EL TEXTO

Vocabulario específico de un campo La autora define varias palabras en las páginas 298 y 299. ¿Cómo usa estas palabras para consolidar el texto? ¿Resulta creíble como escritora de ciencias? ¿Por qué?

El pelaje de los pumas es de color pardo rojizo o leonado. También puede ser de color gris, ocre, marrón rojizo o marrón amarillento. Todos los pumas adultos tienen manchas oscuras a los costados del hocico, o morro, donde están los bigotes. Algunas personas dicen que se parece al bigote de las personas. Si los pumas fuesen menos reservados, los científicos podrían distinguir a un animal en particular por los patrones oscuros del hocico, pero no se ve a estos animales con frecuencia.

Su barbilla es blanca, como también lo es el área debajo de la nariz rosada. La punta de la cola es negra. La parte inferior de la mayoría de los pumas es de color claro, a veces casi blanco. A primera vista, los pumas adultos se parecen a las leonas.

Su color les permite mimetizarse con el entorno. Les sirve de camuflaje y los ayuda a esconderse de su presa, o los animales que cazan para alimentarse.

Los pumas tienen una excelente vista. De hecho, ese es su sentido más desarrollado. Los investigadores consideran que pueden ver a su presa moverse a gran distancia. Los ojos amarillos del puma tienen pupilas grandes y redondas para aprovechar toda la luz disponible, lo que les permite ver durante la noche casi tan nítidamente como durante el día.

Un agudo sentido del oído es muy importante para los pumas. Incluso son capaces de mover sus orejas pequeñas y redondas para oír sonidos provenientes de diferentes direcciones. También poseen un agudo sentido del olfato, que es muy útil cuando persiguen a una presa. Sin embargo, este sentido no está tan bien desarrollado como los de la vista y el oído.

Al igual que los otros felinos, los pumas tienen bigotes. Estos pelos sensibles también se denominan vibrisas. Crecen a ambos lados de la nariz y la boca del animal, por encima de los ojos y, a veces, en el mentón.

Los bigotes tienen diferentes longitudes, pero la mayoría de los pelos del hocico son tan largos que pueden llegar desde el costado del rostro hasta el borde de la oreja. El puma utiliza los bigotes para reunir información mediante el tacto. Con ellos, un puma puede determinar la altura de la hierba, el ancho del espacio existente debajo de una roca o si un arbusto será fácil o difícil de atravesar.

Los pumas producen una gran cantidad de sonidos o vocalizaciones. Su maullido, que es una señal de satisfacción, es mucho más fuerte que el de un gato doméstico. También suelen ronronear cuando están contentos. Cuando se sienten amenazados, los pumas primero sisean y luego gruñen. A diferencia de los leones, los pumas no rugen.

Como los gatos, los pumas se acicalan. Esto les permite mantener limpio su pelaje. Utilizan sus lenguas ásperas para quitarse los pelos sueltos y para desenredarlo. Los pumas hembra acicalan a sus cachorros constantemente, y se ha visto a los hermanos pequeños acicalarse entre ellos.

Las madres levantan a sus crías por la piel de la nuca para llevarlas, una por una, a una nueva guarida.

Cuando un puma ve un enemigo cerca, puede intentar lucir feroz mostrando sus dientes y gruñendo para asustarlo y hacer que huya.

Los pumas tienen mandíbulas muy fuertes. Y cuentan con tres tipos de dientes, 24 en total. Las muelas carniceras se hallan tanto en la parte superior como inferior de la mandíbula. Son largas y afiladas, y las usan para cortar y desgarrar. Los caninos son dientes gruesos y afilados, y se utilizan para pinchar. Los incisivos son pequeños y rectos, y los utilizan para cortar y masticar. Pero los pumas no mastican bien su alimento. Por lo general, engullen grandes trozos.

La mayoría de los pumas adultos son solitarios, es decir, viven solos. Protegen su territorio de los intrusos, incluso de otros pumas. Un puma necesita mucho espacio. En promedio, un macho adulto necesita unas 200 millas cuadradas, y una hembra adulta, un poco menos de la mitad de ese espacio. Pueden caminar hasta 30 millas por día en busca de alimento o para vigilar su territorio.

Los machos y las hembras se parecen mucho, pero la hembra cuida de las crías.

Los cachorros recién nacidos tienen un pelaje suave y esponjoso con pintas marrones. Este color les permite camuflarse.

Las manchas desaparecen cuando los cachorros alcanzan los ocho meses de vida. Los cachorros también tienen colas enrolladas, que se van enderezando a medida que crecen.

Nacen con ojos azules, que se mantienen cerrados durante las primeras dos semanas aproximadamente. El color de los ojos pronto se vuelve amarillo.

Los cachorros dependen totalmente del alimento que les da su madre. Ellas los amamantan hasta los tres meses. Inmediatamente después del nacimiento, y con frecuencia en las semanas siguientes, la hembra lame a los cachorros para acicalar su pelaje. Eso les permite estar a salvo de los enemigos, que podrían hallar la guarida al detectar el olor de los cachorros recién nacidos.

Si una hembra puma cree que sus cachorros están en peligro en un lugar determinado, suele buscar una nueva guarida para trasladarlos. Una mamá puma hará todo lo que sea necesario para mantener a sus cachorros alejados de los depredadores, o enemigos, como los lobos.

Cuando la madre se aleja para cazar, los cachorros permanecen ocultos y en silencio dentro de la guarida. Cuando tienen alrededor de dos meses, sus dientes han crecido y maman menos. Su madre comienza a llevarles comida cada dos o tres días. Ella no hace ningún esfuerzo especial por atrapar una presa pequeña para sus cachorros, quienes, al principio, solo desean jugar con el alimento, sin importar cuál sea. Una de las primeras lecciones que su madre les enseña es a comer este nuevo alimento.

Por ejemplo, les muestra cómo morder, cómo separar la carne del hueso y cómo masticar. Además, les enseña que sus lenguas ásperas son útiles para limpiar los restos de carne que quedan en los huesos. Después de seis meses, los cachorros ya saben comer estos alimentos y comienzan a alejarse de la guarida para explorar.

ANALIZAR EL TEXTO

Explicar ideas científicas ¿Qué ideas compartió la autora sobre el desarrollo de los cachorros de puma en estas dos páginas? ¿Cómo se relacionan con lo que aprendiste sobre la vida de los pumas adultos?

Este pequeño puma aún tiene algunas manchas de cachorro. Practica cómo acechar a su presa.

Los cachorros permanecen con su madre dieciocho meses aproximadamente. En ese tiempo, ella les enseña muchas cosas para que puedan sobrevivir en su hábitat. Cuando los cachorros maduran, la mamá puma los lleva de caza. Así aprenden cómo encontrar y seguir sigilosamente a la presa. Esto se denomina acecho.

Además, aprenden a lanzarse sobre la presa para capturarla. También les enseña a ocultar su presa y protegerla de otros animales. Con mucha práctica, ellos aprenden a cazar por sí solos.

Más tarde, los pequeños pumas salen por su cuenta en busca de un territorio y de una pareja. Si encuentran un buen hábitat, lleno de presas y con fuentes de agua, los pumas pueden vivir entre ocho y diez años.

La vista de un puma puede ser cinco veces más aguda que la de un ser humano.

Ahora analiza

Cómo analizar el texto

Usa estas páginas para aprender acerca de Ideas principales y detalles, Explicar ideas científicas y Vocabulario específico de un campo. Luego, vuelve a leer *Pumas* para aplicar lo que has aprendido.

Ideas principales y detalles

Los textos informativos, como *Pumas*, contienen muchas ideas principales y detalles de apoyo. Una **idea principal** es un punto muy importante que se presenta en el texto o en una sección del texto. A veces, una idea principal se enuncia directamente. Si no se expresa directamente, el lector debe mirar la información en esa parte del texto para inferir, o deducir, la idea principal.

Los **detalles de apoyo** son datos clave, ejemplos, descripciones y otra evidencia del texto que se usan para desarrollar las ideas principales. Por ejemplo, la idea principal del tercer párrafo de la página 298 es que los pumas tienen distintas capas de pelo. Los detalles de apoyo nombran y explican el propósito de cada capa. Mientras vuelves a leer *Pumas*, identifica ideas principales y detalles, y úsalas para resumir el texto.

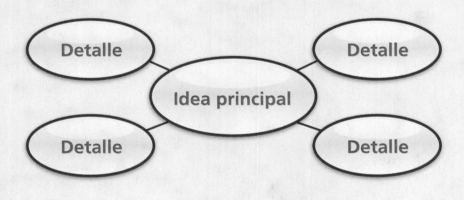

RI.5.2 determine two or more main ideas and explain how they are supported by details/summarize; RI.5.3 explain the relationships between individuals/events/ideas/concepts in a text; RI.5.4 determine the meaning of general academic and domain-specific words and phrases; RF.5.4a read on-level text with purpose and understanding

Explicar ideas científicas

El propósito de la mayoría de los textos informativos es informar, o compartir con los lectores conocimientos sobre un tema. Cuando ese tema está relacionado con las ciencias, el autor explica cuidadosamente ideas científicas para ayudar a los lectores a obtener una comprensión sólida. Por ejemplo, la autora de *Pumas* usa detalles claros y descriptivos para explicar las ideas del comportamiento y el desarrollo del puma.

Vocabulario específico de un campo

Los autores de textos informativos suelen usar **vocabulario específico de un campo.** Son palabras propias de la asignatura sobre la que escriben; por ejemplo, estudios sociales, arte o ciencias. Usar vocabulario específico de un campo permite a los autores explicar sus ideas con precisión. También demuestra los conocimientos o la familiaridad del autor con el tema y le da credibilidad a su texto.

incisivos

caninos

Es tu turno

 *mi* **Escritura genial**

REPASAR LA PREGUNTA ESENCIAL

Turnarse y comentar Repasa la selección y prepárate para comentar esta pregunta: *¿Qué puede aprender un científico al observar el comportamiento de un animal?* Mientras comentas la pregunta, túrnate con tu compañero para repasar los puntos clave de cada uno.

 Comentar en la clase

Para continuar comentando *Pumas,* explica tus respuestas a estas preguntas usando evidencia del texto:

1 ¿Qué crees que siente la autora por los pumas? ¿Por qué?

2 ¿Qué aprendiste sobre los pumas en esta selección que te haya sorprendido?

3 ¿Qué cualidades necesitan tener los científicos que observan animales?

¿QUÉ SIGNIFICA?

Buscar en el diccionario La autora de *Pumas* usa mucho vocabulario específico de un campo. Estas palabras, como *presa, vibrisas, hocico, vocalizaciones, incisivos, carniceros* y *caninos*, se relacionan directamente con el tema de los pumas. Elige cinco palabras de vocabulario específico del texto. Búscalas en un diccionario impreso o digital. Escribe una nueva oración con cada palabra. Luego muestra tus oraciones a un compañero.

ESCRIBE SOBRE LO QUE LEÍSTE

Respuesta La última sección del texto es sobre las madres y sus cachorros. ¿Estás de acuerdo con que una de las ideas principales de esta sección puede enunciarse así: "los pumas hembra saben lo que hacen"? Escribe un párrafo que explique tu opinión sobre las ideas principales de esta sección del texto. Muestra cómo los detalles del texto respaldan las ideas principales. Usa citas específicas para desarrollar tu párrafo.

Sugerencia para la escritura

Enuncia tu opinión al principio del párrafo. Asegúrate de incluir una conclusión que reafirme esta opinión y haga que los lectores la recuerden.

ESTÁNDARES COMUNES **RI.5.2** determine two or more main ideas and explain how they are supported by details/summarize; **RI.5.4** determine the meaning of general academic and domain-specific words and phrases; **W.5.9b** apply grade 5 Reading standards to informational texts; **W.5.10** write routinely over extended time frames and shorter time frames; **SL.5.1a** come to discussions prepared/explicitly draw on preparation and other information about the topic; **L.5.4c** consult reference materials, both print and digital, to determine or clarify meaning; **L.5.6** acquire and use general academic and domain-specific words and phrases

POESÍA

Ronroneo insuperable

☑ GÉNERO

La **poesía** usa el sonido y el ritmo de las palabras para sugerir imágenes y expresar sentimientos de diferentes maneras.

☑ ENFOQUE EN EL TEXTO

Aliteración Los poetas a menudo repiten sonidos consonánticos para crear imágenes vívidas que apelen a los sentidos.

ESTÁNDARES COMUNES **RL.5.10** read and comprehend literature

Ronroneo insuperable

¿Alguna vez te has preguntado cómo emplea un gato sus agudos sentidos de la vista y del oído para detectar a los ratones? ¿Alguna vez has deseado ser un gato que toma siestas con completa satisfacción? Desde los tigres feroces hasta los tímidos gatitos atigrados, los felinos han fascinado desde siempre a las personas. Las razones pueden ser diferentes de una persona a otra y de una cultura a otra.

Pocos animales han inspirado tanto a los poetas como lo han hecho los felinos. Mientras lees los poemas siguientes, fíjate cómo los poetas han intentado captar la manera en que se mueven los felinos, su naturaleza misteriosa y sus entretenidas travesuras.

El tigre

por Valerie Worth

Traga tanto el tigre
que se tragó
un negro sol,

En su jaula fría
se jacta jubiloso
del calor

Llamativas llamas
negras
relucen en su piel

Sus pupilas
desprenden destellos
de negro fulgor.

Aprende en línea

Un gato es...
por J. Patrick Lewis

De noche, guardián de esquinas
De día, un dormilón
Guerrero sobre almohadillas
Sobre el regazo, un señor

De los maullidos, maestro
De ratones, comilón
Entre las sombras muy diestro
En casa un buen cazador

Ornitólogo bandido
De uñas bien afiladas
El detective más pillo
Sobre patas afelpadas

Un artista al ovillar
Un hilandero travieso
Con lengua para lijar
Y bigotes muy inquietos

Vigilante del camino
El gran duque del sillón
Un compañero querido

El felino presentado en "Un gato es..." no es un animal salvaje, sino doméstico: ha crecido y ha madurado en una casa. Las imágenes de este poema describen todas las cosas diferentes a las que puede parecerse un gato.

Gato enfadado:
el vientre hundido
pelo erizado.

—Karai Senryū

Escribe un poema con aliteración

Escribe un poema con aliteraciones. Puedes usar "El tigre", de la página 310, como modelo. Elige el tema de tu poema. Piensa en todos los detalles que puedes usar en la descripción. Incluye imágenes para revelar detalles que suelen pasar inadvertidos para la mayoría de las personas. Usa palabras con consonantes que se repitan para crear cada imagen. La aliteración puede centrar la atención del lector en imágenes originales y hacer apasionante la lectura.

Comparar el texto

DE TEXTO A TEXTO

Analizar los enfoques de los escritores La autora de *Pumas* y los poetas de *Ronroneo insuperable* escriben sobre las características y el comportamiento de los felinos. Compara y contrasta las representaciones de los felinos en *Pumas* y en uno de los poemas de *Ronroneo insuperable*. Usa evidencia de ambas selecciones para apoyar tus opiniones. Presta especial atención a las maneras en que los escritores usan los detalles sensoriales, el lenguaje figurado y los sonidos.

EL TEXTO Y TÚ

Responder al poema Una técnica usada por muchos poetas es la rima. Lee en silencio el poema "Un gato es..." varias veces. ¿Qué rimas oyes y dónde? ¿Cómo influyen estas rimas en la manera en que lees el poema? ¿Crees que las rimas realzan las imágenes del poema? ¿Cómo podrías usar esa técnica cuando escribes tus propios poemas? Comenta estas preguntas con un compañero.

EL TEXTO Y EL MUNDO

Comparar y contrastar textos Tanto *En busca del canguro arborícola* (Lección 6) como *Pumas* contienen información sobre animales salvajes. ¿En qué se parecen o en qué se diferencian la manera en que se presentan los conceptos, la información y otros detalles en *En busca del canguro arborícola* y *Pumas*? Incluye referencias específicas a ambos textos para apoyar tu respuesta. ¿Qué aprendiste sobre los animales en la naturaleza que no sabías antes?

Gramática

Aprende en línea

Diálogo y citas textuales En una narración, usa el **guión de diálogo** para indicar las palabras exactas de cada personaje y los comentarios del narrador. Escribe la primera palabra del personaje con mayúscula inicial. Cierra lo que dice el narrador con un punto final o con un guión seguido de un punto o una coma si el diálogo continúa después de su comentario. En un ensayo o un informe de investigación, usa las **comillas** para encerrar las citas textuales incluidas en el texto. Escribe la primera palabra de la cita con mayúscula inicial. Si antes de la cita hay un verbo de habla, coloca dos puntos después del verbo. Si el verbo de habla está después de la cita, coloca una coma después de la cita. El punto o la coma va fuera de las comillas.

Interjecciones Para mostrar una emoción fuerte o hacer más vívida la voz de un personaje, incluye una interjección como *Ay* o *Vaya*. Las interjecciones se escriben entre signos de exclamación o seguidas de una coma.

Diálogo, citas textuales e interjecciones
—Son las huellas de puma —dijo Ravindra—. Las reconozco.
—¡Uy, hay una huella de puma! —gritó Bethany.
En el cuento, Paul dijo: "Había solo un gato doméstico".

Inténtalo **Comenta con un compañero cómo corregirían la puntuación de estas oraciones. Luego, identifica cada interjección y explica su función en la oración.**

1 estás segura de que es una huella de puma preguntó Sam

2 Caramba tomaré una fotografía de la huella dijo Nell.

3 Ah tenemos que contarles a todos exclamó Andre.

4 Sus palabras fueron: siempre que leas consulta el diccionario.

Para que los lectores sepan cuáles son las palabras exactas de una persona, debes usar los signos de puntuación correctos. Usa un guión de diálogo para indicar las palabras exactas de cada personaje y los comentarios del narrador. Recuerda que las citas textuales van entre comillas y que las interjecciones pueden escribirse entre signos de exclamación o seguidas de una coma.

Incorrecto	Correcto
Vi un puma, dijo Tom.	—Vi un puma —dijo Tom.
—¿Dónde está? preguntó Lin—.	—¿Dónde está? —preguntó Lin.
Pete dijo— "Mi tío suele decir, los pumas se parecen a los gatos".	—Mi tío suele decir: "Los pumas se parecen a los gatos" —dijo Pete.
—Vaya, no, era un puma, gritó Tom.	—¡Vaya! ¡No, era un puma! —gritó Tom.

 ## Relacionar la gramática con la escritura

Mientras corriges tu informe de investigación, asegúrate de que hayas escrito las citas textuales correctamente. Comprueba que no haya errores en el uso de las mayúsculas y los signos de puntuación. Corrige todos los errores que encuentres.

ESTÁNDARES COMUNES

W.5.2a introduce a topic, provide an observation and focus, group related information/include formatting, illustrations, and multimedia; **W.5.2b** develop the topic with facts, definitions, details, quotations, or other information and examples; **W.5.2c** link ideas within and across categories of information using words, phrases, and clauses; **W.5.2d** use precise language and domain-specific vocabulary

Escritura informativa

Taller de lectoescritura: Revisar

✓ **Fluidez de la oración** En un **informe de investigación**, los buenos escritores evitan copiar oraciones o frases de sus fuentes. Cuando revises tu informe, usa sinónimos (palabras diferentes con significados similares) con el fin de parafrasear las citas de tus fuentes.

Josie hizo el borrador de su informe sobre el hundimiento del *Andrea Doria*. Luego parafraseó oraciones que había copiado accidentalmente. También hizo otras correcciones para mejorar su texto.

Lista de control del proceso de escritura

Preparación para la escritura

Hacer un borrador

▶ **Revisar**

- ✓ ¿Mi primer párrafo presenta las ideas principales de una forma interesante?

- ✓ ¿Escribí al menos un párrafo para cada tema principal?

- ✓ ¿Desarrollé mi tema con hechos, detalles y ejemplos?

- ✓ ¿Usé transiciones para unir ideas?

- ✓ ¿Usé citas y vocabulario específico de un campo con sus definiciones?

- ✓ ¿Mi conclusión resume mis ideas principales?

- ✓ ¿Incluí una lista precisa de fuentes?

Borrador revisado

Era una noche de niebla y los dos barcos usaban su radar para navegar.

~~El Andrea Doria estaba rodeado por un banco de niebla. Cuando el radar mostró que había otro barco (el Stockholm) cerca, continuó su~~ El radar del Andrea Doria mostraba que el Stockholm estaba cerca, pero la tripulación decidió no virar. ~~curso.~~ Finalmente, los barcos se acercaron lo suficiente como para verse a través de la niebla, y los capitanes se dieron cuenta de que estaban La proa, o la parte frontal, del Stockholm "se incrustó en el costado del Andrea Doria". demasiado cerca para evitar un choque. ~~La proa del Stockholm abrió una grieta en el costado del Andrea Doria.~~

316

Un rescate exitoso

por Josie Teicher

Era la noche del 25 de julio de 1956. Un terrible accidente estaba por ocurrir. Un barco italiano, el *Andrea Doria*, y un barco sueco, el *Stockholm*, se dirigían uno hacia el otro.

Era una noche de niebla y los dos barcos usaban su radar para navegar. El radar del *Andrea Doria* mostraba que el *Stockholm* estaba cerca, pero la tripulación decidió no virar. Finalmente, los barcos se acercaron lo suficiente como para verse a través de la niebla, y los capitanes se dieron cuenta de que estaban demasiado cerca para evitar un choque. La proa, o la parte frontal, del *Stockholm* "se incrustó en el costado del *Andrea Doria*".

El *Andrea Doria* envió una señal de SOS, que es un pedido de ayuda por radio. El *Ile* de France llegó sólo tres horas después del choque. Pudo rescatar cientos de pasajeros del *Andrea Doria*. Incluso el *Stockholm* logró rescatar personas porque, aunque estaba dañado, no se hundía.

En parte porque el *Andrea Doria* tardó tanto en hundirse, solo cuarenta y seis personas de las 1,706 a bordo no se salvaron. Este rescate en el mar fue uno de los más exitosos de la historia.

Leer como escritor

¿De qué otras maneras podría haber parafraseado Josie las oraciones que copió? ¿Cómo puedes parafrasear oraciones copiadas en tu informe?

En mi redacción final, incluí hechos, definiciones, detalles y una cita. También me aseguré de evitar plagio, y para esto parafraseé las oraciones que había copiado de las fuentes de mi investigación.

Lee el artículo "El rey del *ragtime*". Mientras lees, haz pausas y usa evidencia del texto para responder a las preguntas.

El rey del *ragtime*

Scott Joplin nació en Texas en 1868. La Guerra Civil acababa de terminar y eran épocas difíciles para muchas familias. Para mantener a la suya, el padre de Scott trabajaba en el ferrocarril y la madre limpiaba casas y lavaba ropa. Cuando Scott era joven, su familia se mudó a Texarkana, una ciudad en la frontera entre Texas y Arkansas.

Para la familia de Scott Joplin, la música era importante. Su padre tocaba el violín y su madre cantaba y tocaba el banyo. A todos los hijos les encantaba cantar y tocaban al menos un instrumento.

Desde niño, Scott mostró tener un don para la música y se convirtió en experto en el banyo a muy temprana edad. Cuando tenía siete años, vio por primera vez un piano en la casa de un vecino que tocaba ese instrumento. Scott estaba fascinado con los sonidos que producía el piano, especialmente cuando el vecino tocaba varias notas a la vez. A partir de ese momento, Scott pasaba el mayor tiempo posible en el piano. Scott acompañaba a su madre cada vez que ella limpiaba una casa donde había un piano que él pudiera tocar.

> **1** ¿De qué manera la información sobre la capacidad de Scott Joplin para aprender tanto el banjo como el piano a tan temprana edad respalda la idea del autor de que tenía un talento para la música?

Aunque la familia Joplin era pobre, la madre de Scott ahorró dinero para comprarle un piano. Era viejo y estaba roto. Muchas de las teclas se trababan y los pedales chirriaban, pero Scott pensaba que era el regalo más maravilloso del mundo. Tocaba todo el tiempo para su familia y sus amigos de Texarkana. Poco a poco, se corrió la voz sobre este joven músico.

Un día, un desconocido tocó a la puerta de la casa de los Joplin. El hombre explicó que se llamaba Julius Weiss y que era profesor de música. Dijo que le gustaría conocer al joven músico del que tanto había oído hablar. Scott tocó para Julius Weiss, y este se ofreció a enseñarle gratis. Weiss dijo que siendo un niño pobre en Alemania, le habían dado una beca para estudiar música. Quería ayudar a Scott de la misma manera en que lo habían ayudado a él.

ESTÁNDARES COMUNES

LACC.5.RI.1.3 explain the relationships between individuals/events/ideas/concepts in a text; **LACC.5.RI.2.4** determine the meaning of general academic and domain-specific words and phrases; **LACC.5.RI.2.6** analyze multiple accounts of the same event or topic; **LACC.5.RI.3.8** explain how an author uses reasons and evidence to support points

Durante varios años, Weiss enseñó música a Scott. Le enseñó las escalas musicales y la armonía que se usaba en la música de estilo europeo. Scott aprendió a tocar las obras de los compositores europeos famosos, como Mozart y Beethoven. Mientras aprendía, intentaba modificar las piezas musicales para adaptarlas a su propio estilo. Pero Weiss se enfadaba y lo reprendía por intentar cambiar la música. Lo alentaba, en cambio, a componer su propia música. Weiss también le contaba historias que eran los argumentos de famosas óperas europeas. A Scott le encantaban las historias. Preguntaba por qué todas estaban escritas en otros idiomas, como alemán, francés e italiano. Weiss explicaba que muy pocas óperas se habían escrito en inglés.

 Según lo que has leído en este artículo, ¿cómo describirías la relación entre Scott Joplin y Julius Weiss?

A fines de la década de 1880, cuando Scott era joven, se fue de casa y comenzó a viajar por el valle del río Mississippi y por el Medio Oeste. Se presentaba ante el público y cantaba y tocaba el piano, a veces solo y otras veces con grupos musicales. Al viajar, escuchaba las canciones que cantaban los afroamericanos mientras trabajaban. Esas melodías simples se conocían como "rags". Scott comenzó a mezclar las historias y los ritmos de estos *rags* con la armonía y las escalas que Weiss le había enseñado. Ese estilo de música llegó a conocerse como el "ragtime". Una característica especial del *ragtime* es su ritmo: en lugar de tener un compás fijo, los compases caen en lugares inesperados.

Durante el resto de su vida, Scott Joplin se dedicó a escribir música. De las sesenta piezas que compuso, cuarenta y una fueron rags para piano. Sus rags más famosos son "El rag de la hoja de arce" *(Maple Leaf Rag)* y "El artista" *(The Entertainer)*. Poco antes de morir, se propuso escribir una ópera estadounidense. Terminó escribiendo dos: *Un invitado de honor (A Guest of Honor)* y *Treemonisha*. Ninguna tuvo éxito mientras Scott vivía.

Scott Joplin murió en 1917 a los cuarenta y ocho años. Como muchos compositores famosos, no obtuvo el reconocimiento merecido sino hasta después de su muerte. Nunca supo que el mundo recordaría su música durante mucho tiempo. Tanto su canción "El artista" *(The Entertainer)* como su ópera *Treemonisha* ganaron premios importantes. En 1976, casi sesenta años después de su muerte, el famoso comité del Pulitzer le concedió a Scott Joplin un premio por su contribución a la música estadounidense.

Lee el artículo "Comprender el *ragtime*". Mientras lees, haz pausas y responde a las preguntas.

Comprender el *ragtime*

Tal vez alguna vez hayas aplaudido o marchado al ritmo de una canción o una música. Cuando aplaudes o marchas al ritmo de la mayoría de las canciones, lo haces con un ritmo constante que se repite una y otra vez. Por ejemplo, los soldados caminan al ritmo de una marcha: *izquierda derecha, izquierda derecha, izquierda derecha*. Cuando aplaudes al ritmo de una melodía, aplaudes con cada compás. Los compases siguen un patrón predecible.

El *ragtime*, sin embargo, es un tipo de música distinto a cualquier otro. En lugar de tener un ritmo regular, las melodías de *ragtime* son sincopadas. Los compases tienen un patrón impredecible. La melodía sincopada se toca junto con una base rítmica que tiene un ritmo regular. Esta combinación produce un ritmo vívido e interesante. Cuando se creó el *ragtime*, algunas personas describieron el ritmo sincopado como "rasgado" *(ragged* en inglés). Así fue como esta música comenzó a llamarse *ragtime* o *rag*.

 ¿Qué significa la palabra *sincopado* en referencia a la música?

Por mucho, el instrumento más importante para el ragtime es el piano. Un pianista de ragtime toca una melodía sincopada con una mano mientras que con la otra mano toca el patrón de la base con un ritmo constante. Ambas manos tocan algo de armonía también. ¡Se necesita talento para tocar *ragtime*!

En los primeros años, los rags se improvisaban. Con el paso del tiempo, los músicos de *ragtime* comenzaron a componer sus propios *rags*. Los editores de *rag* comenzaron a publicar impresos de las composiciones, llamados partituras, que ayudaron a aumentar la popularidad del *ragtime* en la escena musical estadounidense. Las partituras también brindaron los documentos fuente principales que nos ayudan a rastrear la historia del *ragtime*.

"Harlem Rag", de Tom Turpin, se publicó en 1897 y "El rag de la hoja de arce" *(Maple Leaf Rag)*, de Scott Joplin, se publicó poco después, en 1899. Joplin, un importante compositor y pianista, recibió finalmente el sobrenombre "Rey del Ragtime".

 ¿De qué manera los artículos "El rey del *ragtime*" y "Comprender el *ragtime*" ayudan a entender la creación de la música *ragtime*?

unidad 3

Vocabulario en contexto

✓ VOCABULARIO CLAVE

abordar

inspeccionar

manejo

estrecho

afianzar

apremiante

distraerse

representante

punto de vista

hacerse añicos

Librito de vocabulario	Tarjetas de contexto

 ESTÁNDARES COMUNES **L.5.4c** consult reference materials, both print and digital, to determine or clarify meaning

322

---

1 abordar

En la década de 1770, se requería coraje para **abordar** un navío, o salir a navegar, en un viaje por el océano.

2 inspeccionar

Estos soldados **inspeccionaban** el puerto, buscando señales de la marina de guerra enemiga.

3 manejo

El capitán se aseguraba de que se hicieran todos los trabajos. Era el responsable del **manejo** del barco.

4 estrecho

Las tormentas hacían sacudir a los viajeros dentro de sus cuartos **estrechos** y atestados.

Aprende en línea

▶ Estudia cada Tarjeta de contexto.

▶ Usa el diccionario para verificar el significado de cada palabra del Vocabulario.

5 afianzar

Estos marineros se afianzaban, o se aseguraban, cuando azotaban las tormentas.

6 apremiante

Las naves satisfacían una necesidad apremiante cuando entregaban cargas urgentes.

7 distraerse

La marinera se distrajo observando el atardecer. Dejó de trabajar para mirar las nubes.

8 representante

Ben Franklin y otros representantes de Estados Unidos navegaron a Francia en misiones diplomáticas.

9 punto de vista

Desde el punto de vista de los británicos, su marina de guerra era la mejor. Los estadounidenses tenían otra opinión.

10 hacerse añicos

En los naufragios, se ven objetos que se hicieron añicos y quedaron en el fondo del mar.

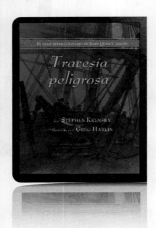

Leer y comprender

✓ DESTREZA CLAVE

Causa y efecto Muchos textos están formados por una serie de **causas** y **efectos** que crean la estructura general del cuento. Mientras lees *Travesía peligrosa*, busca uno o más sucesos que hacen que ocurra otro acontecimiento. Anota esas causas y sus efectos en un organizador gráfico como este.

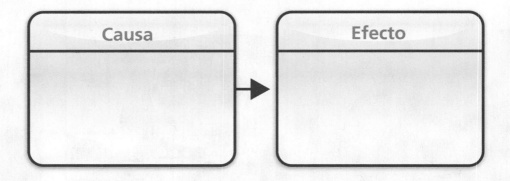

Causa	Efecto

✓ ESTRATEGIA CLAVE

Visualizar Usa evidencia del texto para **visualizar,** o crear una imagen mental, de cada suceso a medida que ocurre. Visualizar te ayudará a comprender cómo se relacionan los sucesos en el texto.

El primer gobierno estadounidense

Después de ganar la Guerra de Independencia en 1783, los colonos debían formar su nuevo gobierno. Debían redactar una constitución que diera a los estados individuales la cantidad adecuada de poder: ni demasiado ni muy poco. Además, debían asegurarse de que los derechos de los ciudadanos estuvieran protegidos.

John Adams desempeñó un papel importante en la creación de la Constitución. Estableció un gobierno central fuerte al tiempo que aseguró los derechos de los estados y protegió a los ciudadanos. Luego, se desempeñó como el primer vicepresidente y el segundo presidente de la nueva nación. Sin embargo, como aprenderás al leer *Travesía peligrosa*, su trabajo comenzó mucho antes del fin de la Guerra de Independencia. Sin sus esfuerzos, la guerra podría haber tenido un resultado diferente.

Lección 11

TEXTO PRINCIPAL

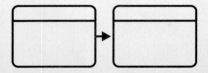

☑ DESTREZA CLAVE

Causa y efecto Indica cómo están relacionados los sucesos y cómo un suceso causa otro.

☑ GÉNERO

La **ficción histórica** es un relato de ficción ambientado en el pasado. Incluye personajes, lugares y sucesos que realmente existieron u ocurrieron, o que podrían haber existido u ocurrido. Mientras lees, busca:

▶ un entorno que corresponda a una época y un lugar reales del pasado,

▶ figuras históricas reales y

▶ detalles que muestren que el relato tuvo lugar en el pasado.

 ESTÁNDARES COMUNES **RL.5.5** explain how chapters, scenes, or stanzas fit together to provide the overall structure; **RL.5.7** analyze how visual and multimedia elements contribute to the meaning, tone, or beauty of a text; **RL.5.10** read and comprehend literature

CONOCE AL AUTOR
Stephen Krensky

Stephen Krensky escribe textos de ficción y de no ficción, libros con ilustraciones y novelas. Explica que escribe distintas clases de libros porque "simplemente tengo muchas ideas de diferentes tamaños. Poder escribir tantos tipos de libros me ha ayudado a mantener el entusiasmo por cada libro que escribo".

CONOCE AL ILUSTRADOR
Greg Harlin

Greg Harlin usa acuarelas para crear cuadros históricos y científicos muy verosímiles. Su trabajo artístico ha sido publicado en muchas revistas, incluidas *National Geographic* y *Kids Discover*. Vive con su hija y dos gatos, uno negro y otro blanco.

 Aprende en línea

El viaje revolucionario de John Quincy Adams

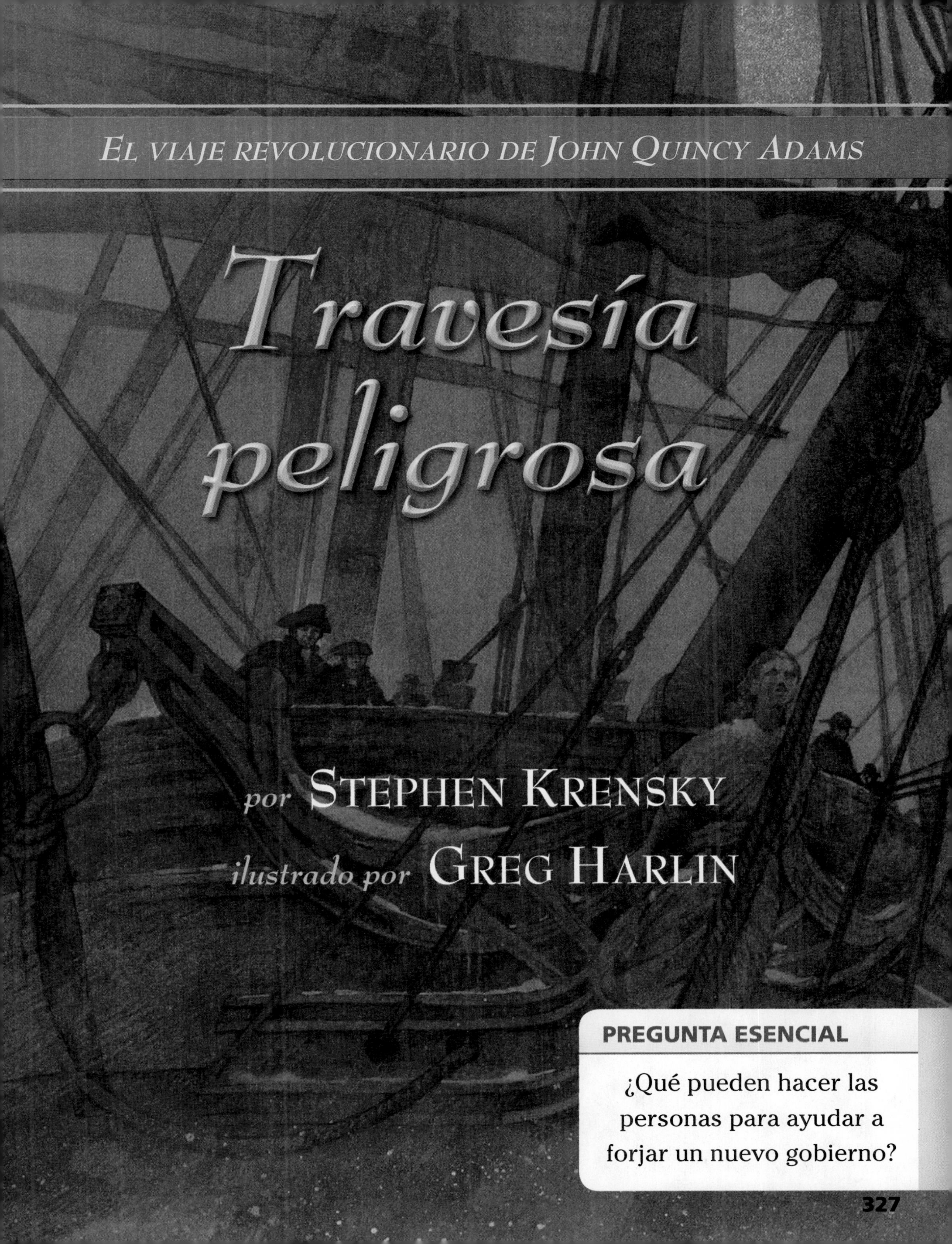

Travesía peligrosa

por Stephen Krensky

ilustrado por Greg Harlin

PREGUNTA ESENCIAL

¿Qué pueden hacer las personas para ayudar a forjar un nuevo gobierno?

El joven Johnny Adams apenas podía creer su buena suerte. Un frío día de febrero de 1778 estaba frente a la orilla del océano, a pocas millas de su casa. El viento soplaba ferozmente a su alrededor y la nieve tempestuosa le quemaba las mejillas como si fueran ortigas.

Pero a Johnny no le importaba. A los diez años, nunca había estado a más de un día de viaje de su casa. Sin embargo aquí estaba, a punto de viajar a Francia con su padre. ¿Qué le importaban sus mejillas en comparación con eso? Todavía podía oír las palabras que un primo mayor le había dicho como advertencia.

—Sr. Adams, usted está a punto de abordar el barco bajo predicciones amenazadoras. El cielo se ve desalentador, las nubes dan vueltas, los vientos huracanados silban, las olas del mar rugen en la playa. —Johnny no podría haberse sentido más feliz.

Pronto, la barcaza arribó para llevarlos al barco, que los esperaba lejos de la costa. Aunque estaban saliendo de Massachusetts apurados y en secreto, no partían de manera improvisada. Su equipaje incluía dos ovejas gordas, dos cerdos, un tonel de manzanas, cinco fanegas de maíz, algo de chocolate, azúcar, huevos, papel, plumas, tinta, un colchón doble, un edredón y una almohada.

Había sitio para todo, y pronto padre e hijo viajaban sentados sobre un fardo de heno, bamboleándose de arriba abajo como corchos en una botella.

Era peligroso cruzar el océano en pleno invierno, pero el tiempo era apremiante. La guerra con Inglaterra, que llevaba casi tres años, no iba bien. El ejército rebelde apenas había conseguido arrastrarse hasta sus cuarteles de invierno. Muchos soldados colonos no tenían mosquetes ni pólvora. También carecían de ropa, mantas y zapatos.

Los nuevos estadounidenses necesitaban desesperadamente el apoyo de otros países, en especial de Francia, el mayor rival de Inglaterra. Otros representantes ya se encontraban en París, pero su progreso era incierto. Se esperaba que el calmo e inteligente John Adams pudiera hacer más. El Capitán Samuel Tucker dio la bienvenida a bordo a Johnny y a su padre antes del anochecer.

La fragata de 24 cañones del Capitán Tucker, la *Boston*, tenía una cubierta de más de cien pies de longitud. Tres mástiles altísimos hacían guardia allá arriba, cubiertos con velas interminables.

Más abajo, la vista era menos grandiosa. Los corredores eran estrechos, y en todo el lugar se percibía aquella horrible mezcla de olor a mar y marineros. Johnny y su padre encontraron su pequeño camarote limpio, por lo menos y, con mantas y almohadas, se sentieron un poco más como en casa.

Una vez que la *Boston* zarpó, Johnny notó un cambio. Las olas parecían más grandes. También ellos se sentían más grandes. Un sentimiento extraño lo invadió. Su cabeza y su estómago daban vueltas. Pronto se recostó, contento de que no se escucharan sus quejidos entre el ruido de los mástiles y el viento huracanado.

Aunque John Adams también se sentía mareado, se distrajo escribiendo en su diario. *"El mareo parece ser efecto de la agitación... El humo del carbón, el olor a agua podrida estancada, el hedor del barco donde duermen los marineros o cualquier otro olor ofensivo"*, no bastarían para producirlo.

No cabía duda de que era bueno saberlo, pero a Johnny no lo hacía sentirse mejor. Al día siguiente, un mar más tranquilo mejoró el humor de todos. Johnny y su padre volvieron a cubierta, contentos de respirar aire fresco.

—¡Un barco en el horizonte! —gritó el vigía.

ANALIZAR EL TEXTO

Fuentes primarias El diario de John Adams se denomina *fuente primaria* porque es un relato de primera mano de la vida durante un momento de la historia. ¿Por qué piensas que el autor incluye citas del diario en el relato?

El Capitán Tucker observó con su catalejo el punto distante. En realidad había tres barcos y parecían fragatas británicas. No le hacía feliz la desventaja de tres a uno. Pero sus oficiales protestaron.

—No huiremos de nuestro enemigo antes de que lo veamos —dijeron—. No huiremos del peligro antes de saber que estamos en él.

Además, pensaban que podría tratarse de buques mercantes con valiosas mercancías.

Ante el entusiasmo, el capitán ordenó acercar la *Boston*.

Sin embargo, pronto se comprobó que sus temores no eran en vano. Efectivamente, se trataba de fragatas. Y, desde su punto de vista, las desventajas eran justas.

Las tres los perseguían. Dos se quedaron atrás rápidamente, pero la tercera mantuvo el ritmo. Los siguió durante dos días más. Los marineros de guardia dijeron que la fragata estaba acortando la distancia, pero Johnny no podía asegurarlo: sus ojos no eran tan precisos como los de ellos.

"Nuestra pólvora y municiones están cargados en las armas y todo está listo para que comience la acción", escribió su padre en el diario.

Casi tres años antes, Johnny y su madre habían ido a un montículo para observar la Batalla de Bunker Hill a 8 millas de distancia. Aquello había sido casi de fantasía, apenas poco más que destellos de luces y gritos distantes.

Aquí estaría en el lugar mismo de la acción. Los cañones dispararían y las espadas brillarían, uno de los barcos sería abordado y los tripulantes lucharían con cuchillos, pistolas y cualquier otra cosa que estuviera al alcance.

Un oficial interrumpió los pensamientos de Johnny. Él y su padre se refugiarían abajo. Y, como si fuera poco, se avecinaba una tormenta.

ANALIZAR EL TEXTO

Elementos visuales Vuelve a mirar las ilustraciones de las páginas 327 a 333. ¿De qué maneras esas ilustraciones añaden significado al relato y comunican el tono?

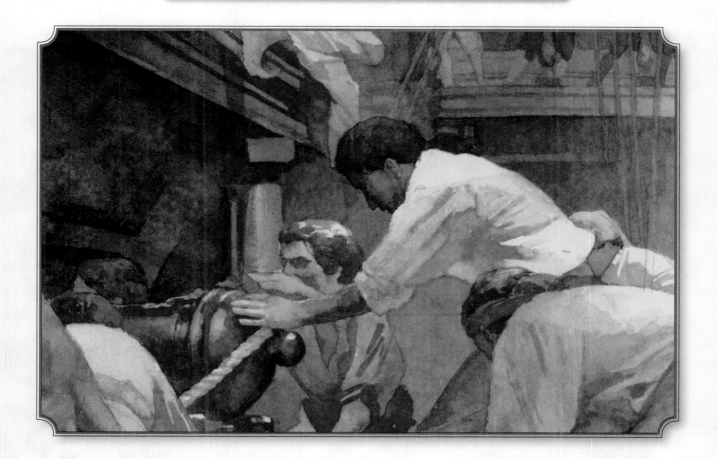

Fueron directamente a su camarote. De pronto, el barco comenzó a moverse, balanceándose hacia adelante y hacia atrás. No podían sentarse ni pararse sin tambalearse. *"Fue con mucha dicultad que mi pequeño hijo y yo pudimos agarrarnos a la cama con ambas manos y nos afianzamos a las tablas, tablones y vigas con nuestros pies"*, recordó John Adams.

De repente hubo un destello. ¡C-R-R-AAAC! El barco se estremeció por el golpe. Johnny y su padre intercambiaron miradas de preocupación. ¿Era el disparo de un cañón? ¿Los habían sorprendido los británicos? ¿Continuaría el bombardeo hasta que se rindieran? ¿O la *Boston* lucharía hasta hundirse entre las olas?

En realidad, no eran cañones.

—¡Ha caído un rayo en el barco!—les dijo un oficial. El mástil principal se hizo añicos y cuatro miembros de la tripulación resultaron heridos.

La tormenta continuó durante tres días y tres noches más. Arcones y cascos rodaban como paja y nadie podía permanecer seco ni caminar firmemente en cubierta. "El viento que soplaba contra la corriente… producía un mar revoltoso", observó Adams. "Las vastas montañas de agua que golpeaban contra el barco amenazaban con enterrarnos a todos de una sola vez en las profundidades".

A pesar de todo, Johnny estaba orgulloso de que su padre permaneciera tranquilo. Era un hombre práctico y no ganaba nada creando un escándalo.

Finalmente el cielo se despejó, pero los pálidos rayos de sol cayeron sobre un barco destruido. Las velas estaban rotas y los mástiles astillados. Aun peor, la *Boston* había sido desviada de su curso cientos de millas. Mientras el capitán inspeccionaba los daños recibió solamente una buena noticia.

Al menos la fragata británica se había ido.

Mientras los marineros comenzaban con las reparaciones, Johnny tomó clases de francés con el médico del barco y aprendió los nombres de las velas. Entonces le dijo a su padre:

—Me siento satisfecho conmigo mismo cuando invierto parte de mi tiempo en una tarea útil.

ANALIZAR EL TEXTO

Causa y efecto ¿Qué fue lo que provocó que Johnny pensara que el sonido que escuchó era el disparo de un cañón? ¿Qué causó el sonido?

Un día, un marinero recogió una especie de medusa con una cubeta. Johnny miró con asombro. ¿Realmente provenía del mar?

—Cuidado —le advirtió el marinero—. Si te toca con sus tentáculos retorcidos, te picará como cien abejas.

El padre de Johnny y el capitán a menudo hablaban de su misión y del manejo del barco. Incluso a la distancia, Johnny reconocía la impaciencia de su padre. Hablaba de un barco en el mar "como una especie de prisión". Estaba particularmente cansado del panorama. "No vemos nada más que el cielo, las nubes y el océano. Y el océano, las nubes y el cielo".

Después de cuatro semanas en el océano, la *Boston* divisó otro barco, un buque mercante británico cargado con cosas valiosas. Era un premio que valía la pena ganar. Los pasajeros fueron obligados a bajar mientras la *Boston* extendía sus velas.

Pero mientras Johnny y el resto permanecían quietos, John Adams volvió a cubierta. Oyeron un fuerte estruendo y, luego, una bala de cañón pasó por encima de su cabeza. ¡El otro barco les había disparado! El Capitán Tucker ordenó que la *Boston* cambiara su rumbo para que el buque mercante pudiera ver la fuerza de sus armas. Adams se preguntaba si el capitán del buque enemigo elegiría hundirse o rendirse.

La rendición llegó pronto. La tripulación del buque fue tomada prisionera y el barco quedó al mando de los marineros de la *Boston*. Pero aunque consiguieron la victoria, el Capitán Tucker estaba enojado con el padre de Johnny por haber arriesgado su vida al volver a cubierta.

—Estimado señor, ¿cómo llegó aquí? —le preguntó. ¿Se había olvidado Adams de su misión? ¿No era más importante para la Revolución que llegara a salvo a Francia?

John Adams se mantuvo firme.

—Debo hacer lo que me corresponde en la lucha —explicó simplemente.

Johnny no estaba sorprendido. Hasta ahora, su padre había estado defendiendo su país con ideas y palabras. Pero no se acobardaría ante ningún conflicto si la causa era justa.

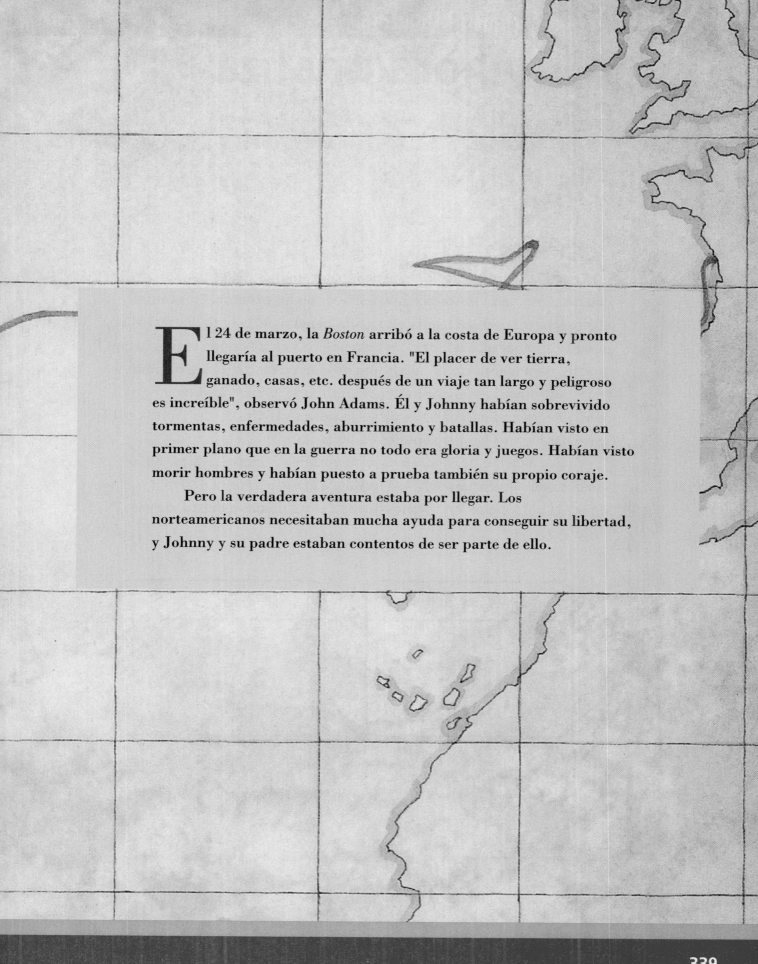

El 24 de marzo, la *Boston* arribó a la costa de Europa y pronto llegaría al puerto en Francia. "El placer de ver tierra, ganado, casas, etc. después de un viaje tan largo y peligroso es increíble", observó John Adams. Él y Johnny habían sobrevivido tormentas, enfermedades, aburrimiento y batallas. Habían visto en primer plano que en la guerra no todo era gloria y juegos. Habían visto morir hombres y habían puesto a prueba también su propio coraje.

Pero la verdadera aventura estaba por llegar. Los norteamericanos necesitaban mucha ayuda para conseguir su libertad, y Johnny y su padre estaban contentos de ser parte de ello.

Ahora analiza

Cómo analizar el texto

Usa estas páginas para aprender acerca de Causa y efecto, Elementos visuales y Fuentes primarias. Luego, vuelve a leer *Travesía peligrosa* para aplicar lo que has aprendido.

Causa y efecto

En la ficción histórica *Travesía peligrosa*, algunos de los sucesos son **causas.** Originan sucesos posteriores, que son los **efectos.** Esas causas y efectos contribuyen a crear la estructura general del cuento. Varias causas pueden originar un solo efecto o bien una sola causa puede tener muchos efectos. Para identificar las relaciones de causa y efecto, busca palabras y frases distintivas, como *porque, como resultado, debido a* y *por consiguiente*. Cuando no haya palabras distintivas, usa otra evidencia del texto para inferir las relaciones entre los sucesos.

Vuelve a leer la página 329. En esta parte del cuento, se explican los sucesos que hacen que John Adams viaje a Francia. ¿Por qué tuvo que viajar? ¿Cuál esperan los colonos que sea el resultado, o efecto, de esa visita a Francia?

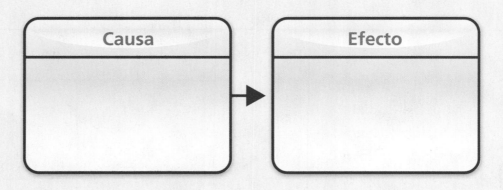

Causa	Efecto

RL.5.5 explain how chapters, scenes, or stanzas fit together to provide the overall structure; **RL.5.7** analyze how visual and multimedia elements contribute to the meaning, tone, or beauty of a text; **RL.5.10** read and comprehend literature

 ESTÁNDARES COMUNES

 Aprende en línea

Elementos visuales

Las **ilustraciones** son **elementos visuales** que añaden significado al texto de un cuento. Presentan a los lectores imágenes concretas de los personajes, entornos y sucesos. Algunas refuerzan ideas importantes mientras que otras comunican el tono, o una actitud particular respecto del tema. En la página 333, por ejemplo, la ilustración de los marineros que trabajan arduamente para prepararse para la batalla sugiere un tono de respeto por su coraje y destreza.

Fuentes primarias

Una **fuente primaria** es una fotografía, cita, entrevista u otra información original. *Travesía peligrosa* incluye citas directas del diario de John Adams. Al usar las citas, el autor hace que su interpretación de este suceso histórico sea creíble. Los lectores saben que este cuento se basa en investigación y hechos. Mientras relees la selección, determina qué añade a tu apreciación del cuento leer los pensamientos y observaciones propios de Adams.

Es tu turno

REPASAR LA PREGUNTA ESENCIAL

Repasa la selección y prepárate para comentar esta pregunta: *¿Qué pueden hacer las personas para ayudar a forjar un nuevo gobierno?* Mientras comentas tus ideas en un grupo pequeño, haz pausas para hacer preguntas o ampliar los comentarios de tus compañeros.

Comentar en la clase

Para continuar comentando *Travesía peligrosa*, usa evidencia del texto para responder a estas preguntas:

1 ¿Qué revela el comportamiento de John Adams sobre su carácter?

2 ¿Por qué John Adams quiere realizar un viaje peligroso por mar a Francia?

3 ¿Qué nueva información sobre la Guerra de Independencia obtuviste al leer este cuento?

ANALIZAR A LOS PERSONAJES

Mesa redonda ¿Qué clase de hombre piensas que será Johnny cuando sea grande? ¿Será parecido a su padre o diferente? Identifica detalles del texto que anuncian cómo será Johnny. Luego, comenta tus conclusiones en un grupo pequeño, usando citas directas y otra evidencia del texto como apoyo.

ESCRIBE SOBRE LO QUE LEÍSTE

Respuesta Piensa en las relaciones de causa y efecto que identificaste en el cuento. Escribe un párrafo en el que expliques qué causas y efectos te ayudaron a ver cómo el entorno, el contexto histórico y los personajes influyen en la acción del cuento. Usa citas directas y otros detalles específicos del texto para apoyar tus ideas.

Sugerencia para la escritura

Elige la mejor organización para tu párrafo. Unifícalo con una oración principal sólida al comienzo y una reformulación de la idea principal al final.

ESTÁNDARES COMUNES **RL.5.1** quote accurately when explaining what the text says explicitly and when drawing inferences; **RL.5.3** compare and contrast characters, settings, or events, drawing on details; **W.5.4** produce writing in which development and organization are appropriate to task, purpose, and audience; **W.5.9.a** apply grade 5 Reading standards to literature; **W.5.10** write routinely over extended time frames and shorter time frames; **SL.5.1a** come to discussions prepared/explicitly draw on preparation and other information about the topic; **SL.5.1c** pose and respond to questions, make comments that contribute to the discussion, and elaborate on others' remarks

Lección 11

TEXTO INFORMATIVO

✓ GÉNERO

Un **texto informativo** proporciona hechos y detalles acerca de un determinado período, tema, personaje o suceso histórico.

✓ ENFOQUE EN EL TEXTO

Documentos políticos
Los textos informativos sobre la historia de Estados Unidos pueden incluir imágenes o hechos sobre documentos políticos importantes, como la Constitución o la Carta de Derechos.

Revolución Y Derechos

por Ann Jackson

Antes de la Guerra de Independencia

En 1754, Gran Bretaña y Francia entraron en guerra por un territorio que ahora es el valle del río Ohio de América del Norte. Ambos países afirmaban que esa área les pertenecía. Las fuerzas francesas y británicas, que incluían a los colonos y a los iroqueses, pelearon durante muchos años. La guerra finalmente terminó en 1763, cuando Francia cedió a Gran Bretaña su territorio al este del río Mississippi.

RI.5.10 read and comprehend informational texts

Junto con la victoria de Gran Bretaña llegaron los problemas. Uno de los más importantes fue idear cómo pagar los gastos de la guerra que habían peleado contra los franceses. Para ayudar a pagarla, en 1765, el gobierno británico aprobó una ley impositiva llamada Ley del Timbre. Este impuesto cobraba a los colonos una suma por timbres especiales en periódicos, panfletos, documentos legales, tarjetas y otros documentos oficiales. En 1767, se aprobaron nuevos impuestos sobre otros bienes para que Gran Bretaña pudiera recaudar más dinero de los colonos.

Los colonos estaban enojados. No participaban en la elección del gobierno británico; sentían que no tenían ninguna representación ni opinión sobre su destino. Pensaban que era injusto que el gobierno británico aprobara leyes para ellos. Muchos colonos protestaron en contra de los impuestos y rehusaron comprar productos británicos. En 1773, un grupo de colonos demostraron su desagrado arrojando cientos de cajas de té de barcos ingleses en el puerto de Boston. Este suceso se conoció como el Motín del Té de Boston.

Una nueva nación

De septiembre a octubre de 1774, los líderes de los colonos se reunieron en Filadelfia, Pennsylvania, en lo que llamaron el Primer Congreso Continental. Los líderes, entre los que se incluían John Adams, George Washington y Patrick Henry, discutieron cómo tratar con el gobierno británico. No todos querían correr el riesgo de separarse de Gran Bretaña. Sin embargo, Adams y algunos de los otros líderes creían firmemente que la independencia era la única opción.

El 19 de abril de 1775, 700 soldados británicos marcharon sobre Lexington, Massachusetts. Se encontraron con un grupo de milicianos y otros colonos armados. Se produjo un disparo durante el enfrentamiento y tras una batalla breve, varios colonos murieron o fueron heridos. Ese fue el comienzo de la Guerra de Independencia.

Los líderes se reunieron nuevamente en el Segundo Congreso Continental en mayo de 1775. Decidieron formar el Ejército Continental. John Adams propuso que George Washington dirigiera el ejército durante el resto de la guerra.

Casi un año después, en la primavera de 1776, el Congreso decidió que las colonias debían convertirse en estados libres e independientes. Thomas Jefferson, un líder de Virginia, escribió un documento en el que explicaba por qué las colonias debían liberarse de Gran Bretaña. Ese documento era la Declaración de Independencia. Pasarían varios años hasta que la independencia de Estados Unidos fuera oficial. En septiembre de 1783, los líderes norteamericanos y británicos firmaron un acuerdo llamado Tratado de París. Ese tratado de paz puso fin a la guerra. Además, estableció a Estados Unidos de América como una nación libre e independiente.

Un nuevo gobierno

La joven nación de Estados Unidos necesitaba un nuevo gobierno nacional. El primer intento de los miembros del Congreso Continental fue esbozar un documento llamado Artículos de la Confederación. Sin embargo, los líderes temían crear otro gobierno poderoso que pudiera eliminar los derechos de las personas y establecer leyes que no se quisieran. Como resultado, los Artículos fueron débiles. Se necesitaba un nuevo plan de gobierno.

En mayo de 1787, los líderes se reunieron nuevamente en Filadelfia en lo que se conoce hoy como la Convención Constitucional. El 17 de septiembre de 1787 los líderes firmaron la Constitución de Estados Unidos. No obstante, no podía convertirse en una ley oficial hasta que al menos nueve de los trece estados la ratificaran, o aprobaran.

La Constitución establecía que las personas administraban el gobierno. Formó tres ramas independientes (ejecutiva, legislativa y judicial) con diferentes poderes que se equilibraban entre sí. Sin embargo, incluyó pocos derechos individuales. Después del trato recibido del gobierno británico, algunos líderes, llamados antifederalistas, temían que la Constitución no protegiera lo suficiente los derechos individuales. Los federalistas, aquellos a favor de la Constitución, temían no contar con los votos necesarios para ratificar la nueva ley. Los federalistas acordaron añadir cambios a la Constitución, llamados enmiendas, que protegieran los derechos individuales. Al hacerlo, la opinión de un número suficiente de antifederalistas cambió y, en 1778, se ratificó la Constitución.

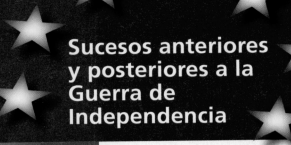

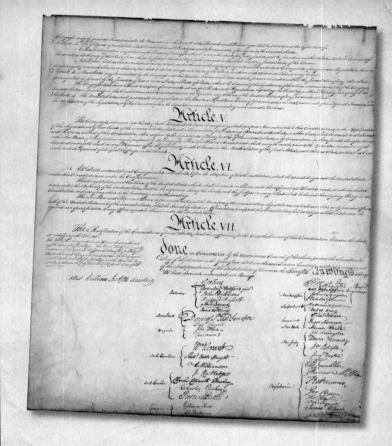

1760

1763 Fin de la Guerra Franco-india.

1765 El gobierno británico aprueba la Ley del Timbre para recaudar dinero y pagar los gastos de la guerra.

1765

1770

1773 Los colonos arrojan el té en el puerto para protestar contra los nuevos impuestos.

1775 Comienzo de la Guerra de Independencia.

1775

1776 Los líderes norteamericanos declaran la independencia.

1780

1783 Fin de la Guerra de Independencia.

1785

1787 Los líderes firman la Constitución de Estados Unidos.

1788 Los estados ratifican la Constitución de Estados Unidos.

1790

1791 Se añade la Carta de Derechos a la Constitución de Estados Unidos.

Las primeras diez enmiendas que se agregaron a la Constitución en 1791 se conocieron como la Carta de Derechos. Estos derechos son libertades garantizadas a los habitantes de Estados Unidos. Entre ellos se incluyen la libertad religiosa, de expresión y de prensa; el derecho a tener y portar armas; y el derecho a no ser sometido a registros injustificados. Además, le otorgan el poder a los estados o al pueblo en los casos en que el gobierno federal no tenga poder.

Se añadieron otras enmiendas desde la creación de la Constitución y la Carta de Derechos originales. Añadir una enmienda es una decisión importante. Se debe debatir y reflexionar mucho, y debe ser aprobada por la mayoría de los estados durante las elecciones nacionales. El propósito de estos derechos individuales es hacer que nuestro país sea mejor y más fuerte para las personas que viven en él.

Comparar el texto

DE TEXTO A TEXTO

Analizar textos sobre los comienzos de la política estadounidense Con un compañero, comenta estas preguntas sobre *Travesía peligrosa* y *Revolución y derechos*. Luego, anota tus respuestas y compártelas con la clase. *¿De qué manera la información sobre John Adams en* Revolución y derechos *te ayuda a comprender su carácter y destrezas políticas? ¿Qué te ayudan a comprender ambas selecciones sobre los motivos de la creación del gobierno de Estados Unidos y la Carta de Derechos?*

EL TEXTO Y TÚ

Escribir un resumen Imagina que eres un escritor de una revista literaria. Escribe un resumen de *Travesía peligrosa*. Usa detalles sobre los conflictos y sucesos emocionantes del cuento para persuadir a tus lectores de leerlo. Explica cómo el entorno de la Guerra de Independencia añade dramatismo, influye en los personajes y crea el tema del relato.

EL TEXTO Y EL MUNDO

Hacer conexiones Usa las dos selecciones de la Lección 11 y trabaja con un compañero para crear una línea cronológica de los sucesos importantes desde 1778 (la fecha del viaje de John Adams a Francia) hasta 1791, cuando se añadió la Carta de Derechos a la Constitución.

Creación de un nuevo
GOBIERNO
1778

Aprende
en línea

ESTÁNDARES
COMUNES

RL.5.2 determine theme from details/summarize; **RI.5.3** explain the relationships between individuals/events/ideas/concepts in a text; **RI.5.9** integrate information from several texts on the same topic; **W.5.10** write routinely over extended time frames and shorter time frames; **SL.5.1a** come to discussion prepared/explicitly draw on preparation and other information about the topic

Gramática

Clases de pronombres Un **pronombre** es una palabra que toma
el lugar de un sustantivo. Un **pronombre de sujeto** toma el lugar
del sustantivo que es el sujeto de la oración. Un **pronombre de
complemento** toma el lugar del sustantivo que es el objeto directo
o indirecto de un verbo de acción. El pronombre va antes del verbo.

Pronombres de sujeto		Pronombres de complemento	
yo	nosotros, nosotras	me	nos
tú		te	
él, ella, usted	ellos, ellas, ustedes	lo, la, le, se	los, las, les, se

El **antecedente** de un pronombre es el o los sustantivos a los
que el pronombre reemplaza. El pronombre debe concordar en
persona, número y género con su antecedente.

antecedente   pronombre de sujeto

Johnny estaba en el océano. Pronto, él llegaría a Francia.

Inténtalo **Trabaja con un compañero. Busca los pronombres
en estas oraciones. Indica si son pronombres de
sujeto o pronombres de complemento. Luego, identifica
los antecedentes.**

1 El capitán vio tres fragatas británicas. Él advirtió que sus hombres
estaban en desventaja.

2 Una fragata salió en su persecución. Los marineros la observaban
atentamente.

3 Johnny recordó una batalla. Él y su madre la habían presenciado.

4 La madre de Johnny permaneció en su casa. Johnny no la vería
durante mucho tiempo.

5 El padre de Johnny hablaría con los líderes franceses. Él representaba
a las colonias estadounidenses.

Para evitar la repetición de un mismo sustantivo en tu escritura, puedes omitirlo o reemplazarlo por un pronombre. ¡Hazlo con cuidado! Tampoco repitas el pronombre cuando no sea necesario. Asegúrate de que el lector sepa a qué sustantivo te refieres. Recuerda que el pronombre debe concordar con su antecedente en persona, número y género.

Repetición de sustantivos

En el siglo XVIII, los viajeros tenían que cruzar en barco un oceáno lleno de peligros. Los viajeros sufrían muchas adversidades al cruzar el océano. De hecho, los viajeros a veces padecían el océano, en vez de disfrutarlo. No había alimentos frescos para los viajeros. En los cruceros de la actualidad, los viajeros viajan con mucho lujo.

Mejoras con pronombres

En el siglo XVIII, los viajeros tenían que cruzar en barco un océano lleno de peligros. Sufrían muchas adversidades al cruzarlo y, de hecho, lo padecían en vez de disfrutarlo. No había alimentos frescos para ellos. En los cruceros de la actualidad, los viajeros viajan con mucho lujo.

 ## Relacionar la gramática con la escritura

Mientras revisas tu párrafo de opinión, presta atención a la repetición de sustantivos. Omítelos o reemplázalos por un pronombre, según corresponda. Asegúrate de que se entienda con claridad a qué sustantivo hace referencia el pronombre.

W.5.1a introduce a topic, state an opinion, and create an organizational structure; **W.5.1b** provide logically ordered reasons supported by facts and details; **W.5.1c** link opinion and reasons using words, phrases, and clauses; **W.5.1d** provide a strong concluding statement or section; **W.5.4** produce writing in which development and organization are appropriate to task, purpose, and audience

Escritura de opinión

✔ **Voz**   En un **ensayo de opinión** presentas tu propia posición sobre un tema. Para que tu escritura sea convincente, debes incluir razones que expliquen y apoyen tus sentimientos en relación con ese tema. Mientras escribes, piensa en tu público, o las personas que leerán tu ensayo.

Sonya escribió un ensayo de opinión donde explica por qué cree que los deportes de equipo contribuyen a desarrollar destrezas de liderazgo. Después revisó el borrador y agregó verbos precisos y adjetivos intensos para que su voz fuera más firme y su opinión más clara. También agregó preguntas para atraer a su público.

Usa la siguiente Lista de control de la escritura para revisar tu texto.

Lista de control de la escritura

✔ **Ideas**
¿Expresé mi opinión y escribí una conclusión sólida?

✔ **Organización**
¿Agrupé las razones y el apoyo de manera lógica?

✔ **Fluidez de las oraciones**
¿Usé transiciones y cláusulas para unir las ideas?

✔ **Elección de palabras**
¿Usé palabras que atraen al público?

✔ **Voz**
¿Mi redacción suena natural?

✔ **Convenciones**
¿Usé las reglas de ortografía, gramática y puntuación correctamente?

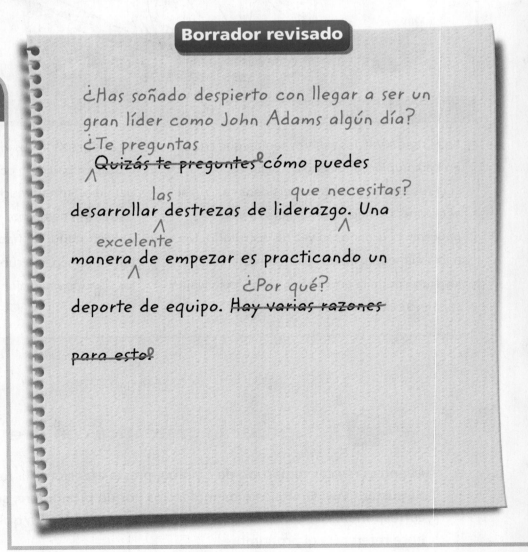

Borrador revisado

¿Has soñado despierto con llegar a ser un gran líder como John Adams algún día? ~~¿Te preguntas~~

Quizás te preguntes cómo puedes

desarrollar ~~las~~ destrezas de liderazgo ~~que necesitas?~~. Una

~~excelente~~ manera de empezar es practicando un

deporte de equipo. ~~Hay varias razones~~ ¿Por qué?

~~para esto?~~

Por qué los niños deberían practicar un deporte de equipo

por Sonya Sánchez

¿Has soñado despierto con llegar a ser un gran líder como John Adams algún día? ¿Te preguntas cómo puedes desarrollar las destrezas de liderazgo que necesitas? Una manera excelente de empezar es practicando un deporte de equipo. ¿Por qué? Es la manera perfecta de aprender sobre el liderazgo, la colaboración y las recompensas que brinda el trabajo arduo.

Primero, descubrirás tus propias fortalezas y cómo usarlas de la mejor manera. También descubrirás cómo identificar tus debilidades y pedir ayuda a los demás. Eso es información importante para cualquier líder. Segundo, aprenderás a respetar las reglas del juego. Los líderes del gobierno son expertos en respetar las reglas del juego. Tienen que cumplir con todas las leyes y las reglas que se relacionan con su trabajo. Por último, cuando juegas en un equipo, aprendes a ayudar a los demás y a confiar en su ayuda también.

El que gana un partido de básquetbol es todo un equipo. Del mismo modo, se necesitan cooperación y trabajo en equipo para dirigir un gobierno de manera exitosa. Así que si eres un estudiante de quinto grado que quiere algún día ocupar la Casa Blanca, elige un deporte que te guste y únete ahora a un equipo.

Leer como escritor

¿Qué palabras agregó Sonya para que su voz fuera más firme y su opinión más clara? ¿Qué palabras podrías agregar o borrar para que tu voz sea más firme?

En mi trabajo final, agregué palabras que dan más fuerza a mi voz y más convicción a mi opinión. También usé correctamente los pronombres y atraje a mi público con preguntas.

353

Vocabulario en contexto

✓ VOCABULARIO CLAVE

rebelde
resistirse
beneficio
revocar
indisciplinado
entorno
temporal
ventaja
previamente
prohibir

Librito de vocabulario

Tarjetas de contexto

L.5.4c consult reference materials, both print and digital, to find pronunciation and determine or clarify meaning

---

1 rebelde

En abril de 1775, ¿quiénes dispararon primero: patriotas **rebeldes** o soldados británicos?

2 resistirse

Los colonos **se resistieron** a la Ley del Timbre de 1765 porque los impuestos que imponía eran injustos.

3 beneficio

Sam Adams sostenía que sería una ayuda, o **beneficio**, ser independiente.

4 revocar

En 1766, el Parlamento ordenó **revocar** la odiada Ley del Timbre. La ley se suprimió.

Aprende en línea

▶ Estudia cada Tarjeta de contexto.

▶ Usa el diccionario para determinar el significado de cada palabra del Vocabulario.

5 indisciplinado

Un significativo grupo de patriotas indisciplinados se negó a obedecer las leyes británicas.

6 entorno

Durante la Masacre de Boston de 1770, murieron cinco colonos que estaban en el entorno de los disturbios.

7 temporal

Para el Motín del té de Boston, los patriotas usaron un disfraz temporal que luego se quitaron.

8 ventaja

La ventaja, o cualidad superior, de la armada británica era que tenía más soldados y más armas.

9 previamente

Muchos hombres, que previamente habían sido granjeros, se convirtieron en soldados patriotas.

10 prohibir

La Declaración de Independencia buscaba prohibir, o impedir, la tiranía política.

Leer y comprender

☑ DESTREZA CLAVE

Hecho y opinión Mientras lees *¿Puedes hacer que se comporten, rey Jorge?*, busca **hechos** y **opiniones.** Para determinar cuál es cuál, pregúntate si se puede comprobar que la información es verdadera o falsa. Si es así, es un hecho. Si no se puede comprobar, es una opinión: algo que una persona cree o siente. Los autores pueden usar razones y evidencia del texto para apoyar sus opiniones. Anota los hechos y las opiniones del texto en un organizador gráfico como el siguiente.

Hechos	Opiniones

☑ ESTRATEGIA CLAVE

Preguntar Para mejorar tu comprensión, haz pausas de vez en cuando para hacerte **preguntas** acerca de las personas y los sucesos descriptos en la selección. Preguntar te ayuda a descubrir cómo se relacionan las personas y los sucesos entre sí y qué necesitas volver a leer para aclarar tus dudas. Busca evidencia del texto que te sirva para responder tus preguntas mientras lees.

RI.5.3 explain the relationships between individuals/events/ideas/concepts in a text; **RI.5.8** explain how an author uses reasons and evidence to support points

ESTÁNDARES COMUNES

356

La independencia

Como resultado de la Guerra de Independencia de Estados Unidos, que se produjo entre 1775 y 1781, las trece colonias norteamericanas se independizaron de Gran Bretaña e instauraron su propio gobierno. Estos hechos están en todos nuestros libros de historia, y es difícil imaginar que las cosas podrían haber sido diferentes. Sin embargo, la decisión de los colonos de luchar por su independencia no fue simple ni obvia en ese momento.

Mientras lees *¿Puedes hacer que se comporten, rey Jorge?*, aprenderás que hubo muchos factores que provocaron el estallido de la Guerra de Independencia. También aprenderás lo radical que era la idea de la independencia, especialmente para el rey, que iba a perder una gran parte de su imperio.

TEXTO PRINCIPAL

¿Puedes hacer que se comporten, rey Jorge?
por Jean Fritz
ilustrado por Tomie dePaola

✓ DESTREZA CLAVE

Hecho y opinión Decide cuáles son los enunciados del texto que se puede demostrar que son verdaderos o falsos y cuáles expresan sentimientos o creencias.

✓ GÉNERO

La **no ficción narrativa** proporciona información sobre personas, lugares y sucesos que son reales. Mientras lees, busca:

► sucesos en orden cronológico e

► información objetiva que cuente una historia.

 ESTÁNDARES COMUNES **RI.5.8** explain how an author uses reasons and evidence to support points; **RI.5.10** read and comprehend informational texts; **L.5.5a** interpret figurative language in context

CONOCE A LA AUTORA

Jean Fritz

Jean Fritz afirma que necesita investigar mucho para aprender sobre los temas de sus libros de no ficción. Le encanta encontrar detalles insólitos y datos divertidos sobre las personas. En sus libros nunca inventa lo que dicen las personas. Todos los diálogos que incluye provienen de relatos hallados en cartas, revistas y diarios reales.

CONOCE AL ILUSTRADOR

Tomie dePaola

Tomie dePaola dibuja desde que tiene uso de razón. Cuando era niño, sus padres le permitían trabajar en un lugar especial en el ático. Ahora tiene su propio estudio donde pinta e ilustra libros populares para niños, como *26 Fairmount Avenue*. ¡Por año recibe más de 100,000 cartas de sus admiradores!

 **Aprende en línea**

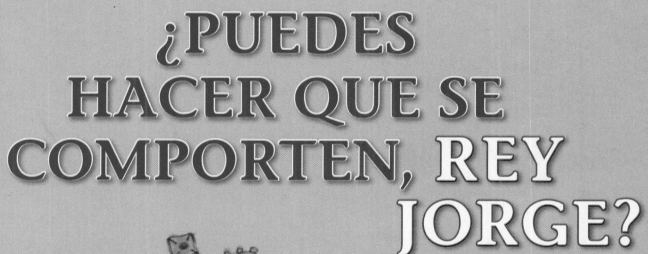

¿PUEDES HACER QUE SE COMPORTEN, REY JORGE?

por Jean Fritz

ilustrado por Tomie dePaola

PREGUNTA ESENCIAL

¿Cómo pueden las diferencias de opinión causar una revolución?

Antes de la Guerra de Independencia, casi todas las personas que había llegado de Inglaterra para establecerse en Norteamérica eran leales al rey Jorge III. Sin embargo, a algunos de estos colonos no les gustaba que el rey les hiciera pagar impuestos al gobierno inglés y tampoco les gustaba no tener ni voz ni voto en las decisiones que tomaba. Este fue el comienzo de los desacuerdos que condujeron a la Guerra de Independencia.

Cuando Jorge subió al trono, el gobierno había gastado mucho dinero. Inglaterra había participado en una guerra larga y costosa y, cuando esa guerra terminó, la pregunta era cómo iban a pagar los gastos. Finalmente, un funcionario del gobierno sugirió que la única manera de recaudar dinero era aplicando impuestos a los norteamericanos.

—¡Qué buena idea! —exclamó el rey Jorge. Después de todo, la parte francesa e india de la guerra se había combatido en suelo estadounidense para el beneficio de los norteamericanos; entonces, ¿por qué no deberían ayudar a pagar? Parecían no ser importantes el hecho de que los norteamericanos también hubieran invertido dinero y perdido hombres en la guerra y de que siempre hubieran manejado su propio dinero hasta ese momento. Eran súbditos ingleses, ¿no es cierto? ¿Acaso los súbditos ingleses no deben obedecer al gobierno inglés? Entonces, en 1765, se creó el impuesto al timbre en ciertos artículos impresos en Norteamérica.

cuentas a pagar

Al rey Jorge le sorprendió que los norteamericanos no estuvieran de acuerdo. Ellos sostenían que él no tenía *derecho* a cobrar impuestos, solo porque ellos no tenían ni voz ni voto y no tenían ningún representante en el gobierno inglés. Es más, los norteamericanos se opusieron a pagar. Si acordaban pagar un impuesto, decían, no sabrían lo que vendría después. ¿Un impuesto a las ventanas? ¿O a las chimeneas?

El rey Jorge creía que un rey debía ser inflexible, pero el gobierno tenía el voto y, al final, votó por revocar los nuevos impuestos. De todos modos, el rey Jorge estaba satisfecho con una cosa: el gobierno se mantuvo inflexible con respecto al *derecho* de Inglaterra a cobrar impuestos a las colonias. Y en 1767, el gobierno volvió a intentarlo. Esta vez el impuesto era sobre el plomo, el té, la pintura y una serie de artículos que Inglaterra vendía a Norteamérica. Parte de ese dinero se usaría para financiar un ejército inglés que mantuviera el orden en Norteamérica, mientras que otra parte se usaría para pagar a los gobernadores y jueces que previamente habían estado bajo el control de las colonias. El rey Jorge se preguntaba si alguien podría oponerse a eso.

Los norteamericanos también sostuvieron que, si les hubieran pedido (en lugar de obligarlos) que recaudaran dinero para Inglaterra, lo habrían hecho, al igual que lo hicieron en varias ocasiones anteriores.

En la época del rey Jorge, el rey era un "monarca constitucional". Había perdido todos los poderes que había tenido y debía respetar el voto del gobierno. Por otro lado, a diferencia de los reyes actuales, desempeñaba un papel activo e importante en el gobierno.

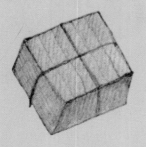

Muchos norteamericanos desaprobaron el Motín del Té en Boston. Estaban dispuestos a pagar por el té perdido, pero, como el rey los castigó tan duramente, se unieron aún más en su contra.

Los norteamericanos odiaron tanto todo este asunto, especialmente a los soldados ingleses instalados en su entorno, que incluso cuando se rechazaron los otros impuestos y solo quedó el impuesto del té, no lo apoyaron. Cuando el té llegó a Boston, lo arrojaron al puerto.

Cuando oyó la noticia, el rey Jorge se sintió, como nunca antes, un padre; un padre de familia con hijos muy desobedientes. Y, por supuesto, debía castigarlos. Entonces, cerró el puerto de Boston y le quitó a Massachusetts el derecho a gobernarse.

Inflexible, inflexible, inflexible. De ahora en adelante sería inflexible. Después de las batallas de Lexington y Bunker Hill, el rey Jorge dijo que se sentía fuerte como un león y que en poco tiempo, la gente vería que los norteamericanos se arrepentirían, como mansos corderos.

Sin embargo, el 4 de julio de 1776, los norteamericanos declararon su independencia. Lógicamente, el rey Jorge estaba molesto, aunque no preocupado. Se preguntaba cómo podrían los hijos, aunque fueran rebeldes, tener éxito contra un padre inflexible, y cómo unas pocas colonias podrían resistir ante un imperio poderoso. ¡Solo tendría que enviar unos regimientos más y vería a los norteamericanos entrar en razón! A Jorge III nunca se le ocurrió que podía estar equivocado.

—No deseo nada más que lo bueno, por lo que todo aquel que no esté de acuerdo conmigo es un traidor y un sinvergüenza —dijo una vez.

Por un momento, el rey Jorge tuvo motivos para sentirse confiado. Las tropas inglesas tomaron Nueva York y, cuando oyó esto, dijo que con una batalla más se acabaría todo aquello. Cuando le dijeron que sus tropas habían marchado hacia Philadelphia, corrió hacia el cuarto de la reina y exclamó: —¡Los he derrotado! ¡Derroté a todos los norteamericanos!

Pero no los había derrotado. La lucha continuó y, mientras tanto, Jorge III tenía que seguir con sus tareas de rey. Puso su sello en los papeles oficiales, otorgó medallas y títulos, memorizó el nombre de todos los barcos de la marina, probó la comida enviada a las tropas, verificó los gastos y durante horas enteras, escuchó hablar a la gente.

> **ANALIZAR EL TEXTO**
>
> **Símiles** Un símil es una comparación que incluye la palabra *como* o las frases *se parece a* o *es parecido a*. En esta página, puedes encontrar un símil en el dicho "fuerte como un león". Identifica otro símil en la página y explica qué comparación se hace.

Ser rey, especialmente un rey bueno, a veces era aburrido. No podía ni siquiera dejar caer un guante sin que medio palacio se agachara a recogerlo y discutiera sobre quién tendría el honor de devolverlo.

—No importa el honor. No importa, no importa. Solo dénme el guante. ¿Qué? ¿Qué? ¿Qué? Sí, todos lo recogieron, sí, sí, sí, todos, todos, todos, todos lo recogieron —dijo una vez.

(El rey Jorge tenía la costumbre de hablar rápido y repetirlo todo y así sus palabras sonaban sin ton ni son).

Pero, como rey, tenía algunas ventajas. Por ejemplo, era el hombre por el que más rezaban en el imperio. Lógicamente, era placentero pensar en el tránsito pesado de oraciones que se hacían en su nombre todos los domingos por la mañana, en todas las iglesias del país y todas las catedrales de las ciudades en todos los rincones del reino. (Pero no en Norteamérica. Allí, los predicadores dejaron de rezar por él cuando comenzó el castigo). El rey también era el hombre por el que más brindaban. Ninguna fiesta (excepto en Norteamérica) comenzaba sin que todos los presentes elevaran sus copas y desearan al rey una larga vida (y el rey lo deseaba también). Y tenía la mejor fiesta de cumpleaños. Todos los 4 de junio, todos sus súbditos (excepto en Norteamérica, por supuesto) celebraban su cumpleaños con desfiles y banquetes y discursos y disparos y fuegos artificiales.

Todas esas oraciones, brindis y fuegos artificiales no eran para despreciar. Pero a veces Jorge quería olvidarse de que era rey. Afortunadamente, tenía pasatiempos. Hacía botones de metal (adoraba el torno de metal). Escribía artículos sobre agricultura y firmaba como "Ralph Richardson", que era el nombre de uno de sus pastores. Jugaba al *backgammon* con los oficiales de la casa real y coleccionaba modelos de barcos, monedas, relojes de pared y relojes pulsera (tenía un reloj de cuatro lados que incluso mostraba las corrientes). Tocaba la flauta y el clavicordio, cazaba y estudiaba las estrellas en su observatorio privado. Y, para diversión de la reina, mantenía un zoológico que consistía en un elefante y una cebra.

Pero, al final, tenía que volver a ser rey y volver al problema de Norteamérica. Eso pensaba de Norteamérica: que era un problema. El rey Jorge realmente no creía que la Guerra de Independencia fuera una *guerra* hasta la caída de 1777, cuando 5,000 soldados ingleses se rindieron ante los norteamericanos en Saratoga.

ANALIZAR EL TEXTO

Hecho y opinión ¿La primera oración de la página 364 es un hecho o una opinión de la autora? ¿Qué razones incluye la autora para apoyar ese enunciado?

En 1788, cuando el rey tenía 50 años, cayó enfermo con un mal que, desde entonces, se diagnostica como porfiria. Uno de los síntomas es que afecta la mente, pero la gente pensó que el rey había enloquecido. Se recuperó del primer ataque, pero recayó años más tarde. Durante sus últimos 10 años de vida, tuvo una apariencia desaliñada, vestía una bata de baño morada, estaba canoso y tenía una barba desarreglada. Murió en 1820 a los 82 años.

El rey se preguntaba cómo había podido suceder semejante cosa. ¿No le había dicho, incluso un ex gobernador de Massachusetts, que los norteamericanos se rendirían? ¿Que solo un pequeño número de norteamericanos estaba en su contra? Y ahora, ¿cómo podría él, un rey que amaba la paz, encontrarse a sí mismo en una guerra honesta y bondadosa con sus propias colonias? Trataba de consolarse a sí mismo. Era un buen rey, se decía. Los reyes buenos merecen ganar. Entonces, eso debía ser un contratiempo temporal. Todo lo que tenía que hacer era mostrarle al mundo que no estaba ni un poco preocupado. Por eso, esa noche, después de enterarse de la derrota, el rey Jorge fue a una fiesta de la corte y se pasó la velada contando chistes estúpidos y riéndose tanto que el primer ministro, Lord North, tuvo que apartarlo y tratar de calmarlo.

La guerra se extendió. Francia, impresionada con la victoria en Saratoga, se unió a la guerra a favor de Norteamérica. Ahora había gente en Inglaterra que quería que terminara la guerra, pero Jorge, no. No, no, no. Nunca, nunca. Ninguna independencia. Ninguna paz sin honor. Si un grupo de colonias inglesas se escapaba, ¿qué sucedería con las otras? ¿Qué quedaría del imperio?

Pero no importaba la manera en que se mostrara en público: puertas adentro, Jorge estaba deprimido. El mundo no estaba ordenado, en su lugar, de la manera que a él le gustaba. No solo Norteamérica le estaba dando problemas, también Inglaterra tenía dificultades. Incluso había disturbios. Y la propia familia de Jorge se estaba portando mal. Dos de sus hermanos estaban involucrados en escándalos y su hijo, el príncipe de Gales, tenía un espíritu tan indisciplinado que siempre llegaba una hora tarde a las comidas cuando *sabía* que el rey quería que todos fueran *puntuales*.

ANALIZAR EL TEXTO

Tono La autora usa un tono humorístico para describir los pensamientos y las acciones del rey Jorge. ¿Por qué crees que lo hace?

El 25 de noviembre de 1781, llegó a Londres la noticia de que el ejército inglés, bajo la dirección del general Cornwallis, se había rendido en Yorktown ante el general Washington. Cuando Lord North oyó esto, dejó sus armas y dijo:

—¡Todo ha terminado!

Pero el rey afirmó que no todo había terminado. Todavía tenían barcos (los nombró). Todavía tenían oficiales (había estudiado sus nombres también). Todavía tenían tropas y armas y pólvora.

El rey Jorge contrajo los labios y escribió una carta al Secretario de Estado de Norteamérica. Esta derrota, decía, no cambiaría ni un ápice sus planes. Sin embargo, el rey Jorge estaba tan desilusionado que, cuando escribió la fecha en la carta, olvidó anotar la hora y los minutos.

Dos días más tarde, el rey se dirigió al gobierno.

—Les prohíbo pensar en la paz —dijo con firmeza.

Pero el gobierno sí pensaba en la paz y, finalmente, votaron a favor.

¿Y ahora qué? El rey Jorge no podía pelear la guerra solo. No podía cortarles la cabeza a todos aquellos que habían votado por la paz. Los reyes ya no hacían eso. Podía abdicar, dejar el trono. Por un tiempo lo pensó seriamente. Incluso escribió un borrador sobre el anuncio de su abdicación, pero lo dejó en su escritorio. Estaba tan *acostumbrado* a ser rey. Cuando llegó el momento de firmar la paz, lo hizo. Y en cuanto terminó, montó su caballo y salió galopando furiosamente del palacio. Cuando llegó el momento de anunciar en público la separación de los dos países y la independencia de Norteamérica, tragó saliva y lo anunció. Después le preguntó a un amigo si había hablado lo suficientemente fuerte.

Mientras vivió, el rey Jorge tuvo pesadillas sobre la pérdida de las colonias norteamericanas. Dijo que realmente no había sido su culpa. No había hecho nada mal. *Él* solamente había querido enseñarles a los norteamericanos una lección.

Ahora analiza

Cómo analizar el texto

Usa estas páginas para aprender acerca de Hecho y opinión, Tono y Símiles. Luego, vuelve a leer *¿Puedes hacer que se comporten, rey Jorge?* para aplicar lo que has aprendido.

Hecho y opinión

Después de leer *¿Puedes hacer que se comporten, rey Jorge?*, ya conoces algunos **hechos** más sobre la Guerra de Independencia. Los **hechos** son enunciados cuya información se puede comprobar si es verdadera o falsa. El enunciado "Gran Bretaña perdió las colonias norteamericanas durante el reinado del rey Jorge III" es un hecho. Puedes buscarlo en una fuente de referencia.

En la selección también se incluyen las opiniones de algunas personas que participaron en la guerra. Las **opiniones** son enunciados que expresan pensamientos, sentimientos o creencias. Suelen incluir adjetivos o palabras que expresan juicio. La información del enunciado "El rey Jorge III fue el peor gobernante de la historia de Gran Bretaña" no se puede comprobar para saber si es verdadera o falsa: es una opinión. Busca razones y evidencia del texto que apoyen la opinión de la autora. ¿Estás de acuerdo con su opinión?

Cuando lees un cuento de no ficción narrativa, debes distinguir entre los hechos y las opiniones. Usa un organizador gráfico como el siguiente para anotar ejemplos del texto de cada uno de ellos.

Hechos	Opiniones

RI.5.8 explain how an author uses reasons and evidence to support points; **RI.5.10** read and comprehend informational texts; **L.5.5a** interpret figurative language in context

 ESTÁNDARES COMUNES

370

Tono

El **tono** es la actitud del escritor con respecto a su tema. Esta selección tiene un tono humorístico. La autora considera absurdos algunos de los pensamientos y acciones del rey y elige palabras y detalles que expresan esa actitud. En la página 365, por ejemplo, escribe que cuando el rey Jorge estaba cansado de ser rey, se dedicaba a sus pasatiempos, como hacer botones de metal. Ese detalle muestra al rey como una persona poco seria con respecto a sus responsabilidades.

Símiles

Los dichos como "corre como un rayo" y "es terca como una mula" son **símiles.** Comparan dos cosas diferentes con la palabra *como*. Los símiles crean imágenes vívidas en la mente de los lectores. En la página 363, por ejemplo, el rey Jorge dice que se siente "fuerte como un león". Los lectores imaginan a un león poderoso y comprenden inmediatamente lo que el rey quiere decir.

Es tu turno

 mi Escritura genial

REPASAR LA PREGUNTA ESENCIAL

Turnarse y comentar Repasa la selección y prepárate para comentar esta pregunta: *¿Cómo pueden las diferencias de opinión causar una revolución?* Túrnate con tus compañeros en un grupo pequeño para expresar tus ideas y hacer preguntas para aclarar los puntos que resulten confusos.

 Comentar en la clase

Para continuar comentando *¿Puedes hacer que se comporten, rey Jorge?*, usa evidencia del texto para explicar tus respuestas a estas preguntas:

1. ¿Cuál es el propósito de la información que está en la barra lateral dorada del texto?

2. ¿Qué impresión tienes del rey Jorge a partir de la selección?

3. ¿De qué manera la historia podría haber sido diferente si el rey Jorge hubiera sido otro tipo de monarca?

COMENTAR LAS IDEAS PRINCIPALES

Hacer un esquema La autora Jean Fritz desarrolla varias ideas principales en la selección. Trabaja con un compañero para identificar las ideas principales en cada parte del texto. Anótalas en un esquema. Recuerda que la idea principal es de lo que trata principalmente un párrafo o una sección del texto. Comenta los detalles que apoyan cada idea. Luego, plantea la idea principal general de la selección.

> Esquema de las ideas principales
> 1. El gobierno británico hizo enojar a los colonos al crear el impuesto al timbre.
> 2.

Respuesta La autora de *¿Puedes hacer que se comporten, rey Jorge?* incluye muchas de las opiniones del rey y también hechos relacionados con la Guerra de Independencia. Escribe un párrafo para explicar por qué crees que los pensamientos y los sentimientos del rey Jorge son importantes para entender el tema principal. ¿De qué manera las opiniones del rey afectaron los sucesos en Norteamérica? Usa evidencia del texto, e incluso citas, para apoyar tus ideas.

Sugerencia para la escritura

Antes de escribir tu párrafo, identifica las razones que incluirás y los detalles que apoyan cada una. Preséntalas en un orden lógico.

ESTÁNDARES COMUNES **RI.5.1** quote accurately when explaining what the text says explicitly and when drawing inferences; **RI.5.2** determine two or more main ideas and explain how they are supported by details/summarize; **W.5.1b** provide logically ordered reasons supported by facts and details; **W.5.9b** apply grade 5 Reading standards to informational texts; **SL.5.1a** come to discussions prepared/explicitly draw on preparation and other information about the topic; **SL.5.1c** pose and respond to questions, make comments that contribute to the discussion, and elaborate on others' remarks

Lección 12

NO FICCIÓN NARRATIVA

¡La hora del té

☑ GÉNERO

La **no ficción narrativa** es un relato de sucesos verdaderos narrado en el estilo de un cuento.

☑ ENFOQUE EN EL TEXTO

Versiones diversas
Los autores a veces incluyen varias versiones de los mismos sucesos para que los lectores comprendan mejor lo que ocurrió. Conocer un suceso desde perspectivas diferentes permite que los lectores aprecien todo el panorama.

ESTÁNDARES COMUNES **RI.5.6** analyze multiple accounts of the same event or topic; **RI.5.10** read and understand informational text

¡La hora del té!

por Lawrence Tolbert

¿Por qué tirar el té?

El 29 de noviembre de 1773, se publicó un volante en todo Boston. Decía lo siguiente:

> *¡Amigos! ¡Hermanos! ¡Compatriotas! La peor de las plagas, el detestable té, enviado por la Compañía Británica de las Indias Orientales, ha llegado a nuestro puerto…*

El volante instaba a los colonos de Massachusett a unirse y protestar contra la importación de ese té. Semanas más tarde, la noche del 16 de diciembre de 1773, las aguas del puerto de Boston se transformaron en una gigantesca tetera, cuando comenzó la revuelta en contra del rey Jorge y el gobierno británico. En solo pocas horas, los colonos arrojaron miles de libras de té por la borda. Este famoso suceso se conocería más tarde como el Motín del Té de Boston.

El Motín del Té de Boston ocurrió el 16 de diciembre de 1773.

Aprende en línea

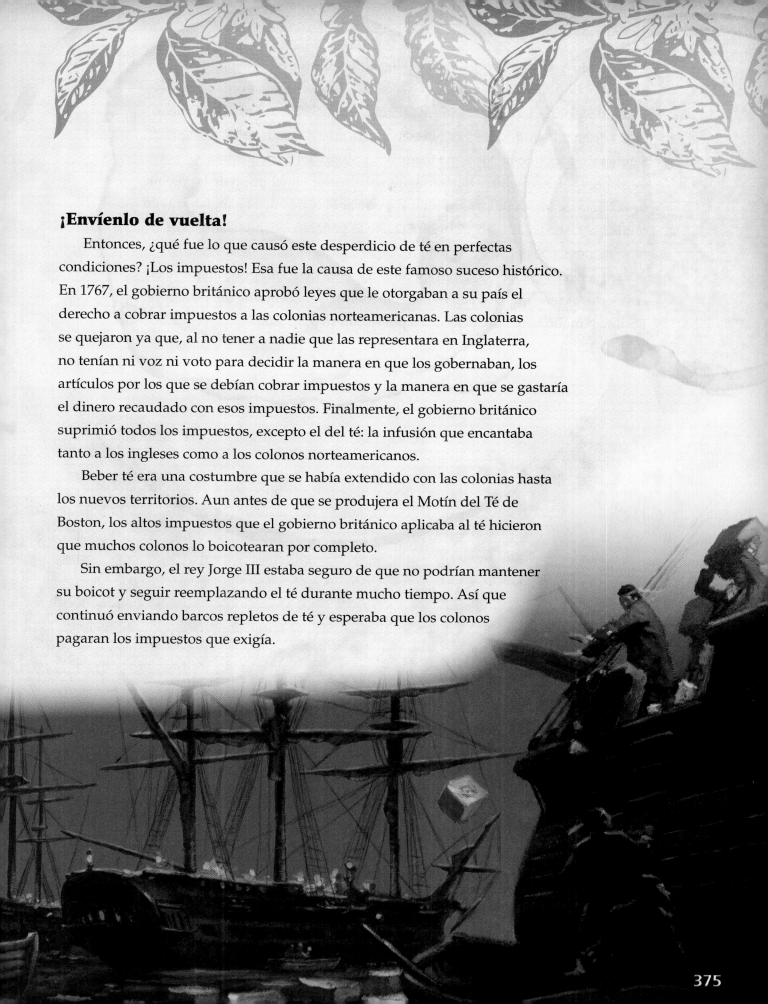

¡Envíenlo de vuelta!

Entonces, ¿qué fue lo que causó este desperdicio de té en perfectas condiciones? ¡Los impuestos! Esa fue la causa de este famoso suceso histórico. En 1767, el gobierno británico aprobó leyes que le otorgaban a su país el derecho a cobrar impuestos a las colonias norteamericanas. Las colonias se quejaron ya que, al no tener a nadie que las representara en Inglaterra, no tenían ni voz ni voto para decidir la manera en que los gobernaban, los artículos por los que se debían cobrar impuestos y la manera en que se gastaría el dinero recaudado con esos impuestos. Finalmente, el gobierno británico suprimió todos los impuestos, excepto el del té: la infusión que encantaba tanto a los ingleses como a los colonos norteamericanos.

Beber té era una costumbre que se había extendido con las colonias hasta los nuevos territorios. Aun antes de que se produjera el Motín del Té de Boston, los altos impuestos que el gobierno británico aplicaba al té hicieron que muchos colonos lo boicotearan por completo.

Sin embargo, el rey Jorge III estaba seguro de que no podrían mantener su boicot y seguir reemplazando el té durante mucho tiempo. Así que continuó enviando barcos repletos de té y esperaba que los colonos pagaran los impuestos que exigía.

Cuando tres barcos cargados de té llegaron a Boston a principios de diciembre de 1773, los colonos, que ya estaban hartos, se negaron a pagar el impuesto y pidieron que el té se enviara de vuelta. Se convocaron asambleas para "diseñar medidas que permitieran deshacerse de esa molestia", según Samuel Cooper, uno de los participantes del Motín del Té de Boston.

A pesar de los pedidos reiterados, el gobernador Hutchinson de la colonia de la bahía de Massachusetts se rehusó a enviar el té de vuelta a Inglaterra. En cambio, insistió en que se descargara el té y se pagaran los impuestos antes de la medianoche del 16 de diciembre. De lo contrario, haría descargar el té por la fuerza con barcos de guerra y cañones. Para demostrar que lo que decía era cierto, ordenó que dos barcos hicieran guardia en la entrada del puerto de Boston. Ningún barco podía salir del puerto sin su permiso.

Se convocaron asambleas para decidir qué se debía hacer con el té que estaba a bordo de tres barcos en el puerto.

Muchos bostonianos que no tenían pelos en la lengua sentían que la negativa del gobernador de devolver el té a Inglaterra les dejaba pocas opciones.

El 16 de diciembre de 1773, Samuel Adams, un líder conocido por organizar protestas contra el gobierno británico, anunció a los participantes de una asamblea especial: "Esta asamblea ya no puede hacer nada más para salvar al país". ¿Sus palabras eran una señal de que había llegado la hora de actuar?

Un grupo de hombres de la asamblea dio un grito de guerra. Algunos grupos de hombres marcharon disfrazados hacia el muelle Griffin. Cientos de curiosos los siguieron para ver cómo se desarrollaban los acontecimientos.

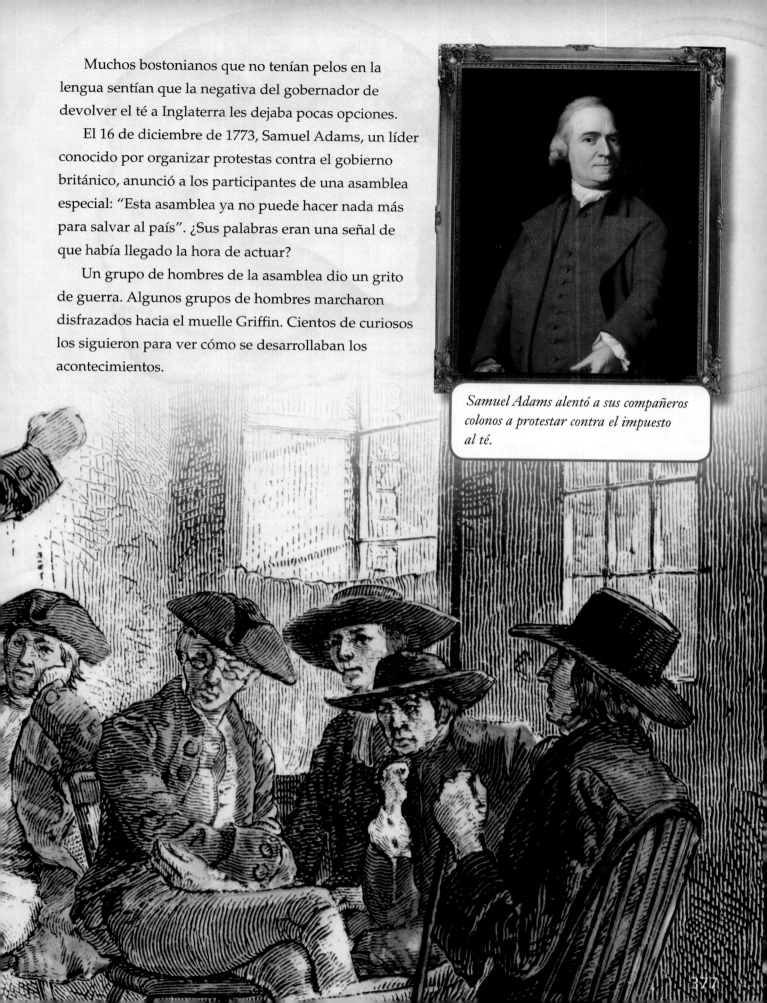

Samuel Adams alentó a sus compañeros colonos a protestar contra el impuesto al té.

La noche fatídica

Joshua Wyeth, de 16 años de edad, fue uno de tantos que marcharon hacia el muelle. Joshua describió su experiencia a un periodista muchos años después. Esta es una paráfrasis de lo que contó:

Me avisaron unas pocas horas antes lo que pensaban hacer. Para evitar que nos descubrieran, acordamos ir vestidos con harapos…, como los indios. Ni siquiera nuestros amigos más cercanos, que estaban entre los espectadores, sabían que éramos nosotros.

A la hora convenida, nos encontramos en un antiguo edificio en un extremo del muelle. Llegamos uno tras otro, como por casualidad, para no levantar sospechas…

Abordamos el barco amarrado en el muelle, y nuestro líder ordenó al capitán y a la tripulación que abrieran las escotillas y que nos entregaran las poleas y las cuerdas, mientras les aseguraba que no teníamos intenciones de herirlos… Después, algunos de los miembros de nuestro grupo saltaron dentro de la bodega y amarraron las cajas a las poleas. Una vez que estuvieron en la cubierta, algunos abrieron las cajas con hachas mientras otros las levantaban sobre la baranda y arrojaban el contenido por la borda. Los que ya no tenían nada que hacer en ese barco abordaron los otros, donde se repitió la misma ceremonia.

Estábamos felices, en silencio, ante la idea de preparar una taza de té tan grande para los peces, pero [pronunciamos] solo las palabras que eran absolutamente necesarias… Nunca trabajé tanto en mi vida.

> Los relatos sobre el número de colonos que participaron en las "ceremonias" varían.

Sigilosa y velozmente, se arrojaron las cajas de té al puerto.

George Hewes, un zapatero de Boston, también participó. Más de cincuenta años después del suceso, Hewes recordó esa noche:

Ya era de noche e inmediatamente me puse el disfraz de indio. Tenía un hacha pequeña… y un garrote… [D]espués de pintarme la cara y las manos con polvo de carbón en una herrería, me dirigí al muelle Griffin, donde estaban los barcos que contenían el té.

Cuando salí a la calle disfrazado, me encontré con muchas otras personas que estaban disfrazadas, equipadas y pintadas como yo. Nos unimos y marchamos en orden hacia nuestro destino.

Cuando llegamos al muelle, tres personas de nuestro grupo asumieron la autoridad de dirigir nuestras operaciones, y los obedecimos inmediatamente. Nos dividieron en tres grupos para abordar al mismo tiempo los tres barcos que contenían el té. El hombre que comandaba la división a la que yo estaba asignado era Leonard Pitt. Los nombres de los otros comandantes nunca los supe.

Una vez a bordo de los barcos, los colonos exigieron a los capitanes de los barcos que entregaran las llaves de las escotillas, o compartimentos, donde estaba guardado el té. Trasladaron las cajas de té hasta la cubierta y las rompieron con hachas de guerra. Luego, arrojaron el contenido por la borda. Las hojas de té se desparramaron por toda el agua. Hewes recuerda:

En aproximadamente tres horas desde el momento en que subimos a bordo, rompimos y arrojamos por la borda todas las cajas de té que encontramos en el barco, mientras los que estaban en los otros barcos se deshacían del té de la misma manera al mismo tiempo. Estábamos rodeados de barcos británicos armados, pero ninguno intentó detenernos.

Al día siguiente, todavía podían verse hojas de té flotando en el puerto. Los colonos que se trasladaban en botes golpearon el té con los remos hasta asegurarse de que ya no se pudiera beber.

Con las manos en la masa

Varias versiones describen que unos pocos ciudadanos intentaron discretamente salvar algunas hojas de té para su propio uso. Con la esperanza de que nadie los viera, se llenaron los bolsillos con las preciadas hojas. Sin embargo, fueron descubiertos y sus bolsillos, vaciados. Con unos cuantos puntapiés como castigo, estos ciudadanos fueron enviados de vuelta a sus casas.

El rey Jorge III gobernaba Gran Bretaña cuando se produjo el Motín del Té de Boston.

Hacerle frente al rey

A pesar de las libras de té que se destruyeron en la noche del 16 de diciembre de 1773, los colonos disfrazados no dañaron ni a los barcos ni a las personas que estaban a bordo. En líneas generales, fue una protesta pacífica destinada a enviar un mensaje firme al rey Jorge y al gobierno británico.

Así es cómo Hewes recuerda la conclusión del suceso:

Luego, nos retiramos silenciosamente a nuestros lugares de residencia, sin conversar entre nosotros y sin tomar ninguna medida para descubrir quiénes eran nuestros socios. Tampoco recuerdo que supiéramos el nombre de un solo individuo que participaba en ese suceso, excepto Leonard Pitt… Parecía que comprendíamos que cada uno debía ofrecer sus servicios, guardar su propio secreto y arriesgarse a las consecuencias por sí mismo.

Los días y las noches que siguieron a este suceso fueron más tranquilos en Boston. Aunque fuera brevemente, los colonos se habían manifestado contra el gobierno británico. Finalmente, el rey Jorge ordenó que se castigara a los súbditos desobedientes. Y así, despertó en los colonos el deseo de una revolución.

Durante muchos días después de la protesta histórica, las calles de Boston estuvieron tranquilas y en orden.

Comparar el texto

Analizar diversos relatos En un grupo pequeño, comenta las siguientes preguntas sobre los textos de la Lección 12 y apoya tus ideas con evidencia del texto de las dos selecciones. *¿Desde qué perspectiva cada autor describe los sucesos del Motín del Té de Boston? ¿Cómo afecta cada relato la comprensión de los lectores sobre los sucesos? ¿Qué aprendes de leer los dos textos juntos?*

EL TEXTO Y TÚ

Escribir una carta Imagina que el rey Jorge III te ha preguntado qué debe hacer con los colonos desobedientes. Escríbele una carta para aconsejarle cómo crees que debe hacer para tranquilizar a los colonos y mantener a las colonias bajo dominio británico.

EL TEXTO Y EL MUNDO

Investigar los impuestos Al igual que los colonos, hoy en día los estadounidenses pagan impuestos. El dinero que se recauda a partir de los impuestos tiene un propósito especial. Usa Internet o fuentes impresas para investigar un impuesto nacional y un impuesto estatal. Investiga qué personas u organismos del gobierno se encargan de cobrar esos impuestos y qué se hace con ellos. Comparte la información con un compañero.

 ESTÁNDARES COMUNES **RI.5.6** analyze multiple accounts of the same event or topic; **RI.5.7** draw on information from print and digital sources to locate answers or solve problems; **W.5.4** produce writing in which development and organization are appropriate to task, purpose, and audience; **W.5.10** write routinely over extended time frames and shorter time frames

Gramática

Aprende en línea

¿Qué son los tiempos verbales simples? Los verbos en **presente** describen algo que sucede ahora o algo que sucede frecuentemente. Los verbos en **pretérito perfecto simple** y **pretérito imperfecto** describen algo que sucedió o sucedía en el pasado. Los verbos en **futuro** describen algo que sucederá en el futuro. Las terminaciones de los verbos cambian según el tiempo en que se realiza la acción y según las personas que la realizan.

Oración	Tiempo verbal
Los estadounidenses valoran la libertad.	presente
Hubo una época en la que Inglaterra gobernaba a Estados Unidos.	pretérito imperfecto
Pero un día Estados Unidos logró su independencia.	pretérito perfecto simple
El 4 de Julio celebraremos nuestra independencia y libertad.	futuro

Inténtalo **Copia estas oraciones en una hoja aparte. Encierra en un círculo el verbo de cada oración. Rotúlalo como presente, pretérito perfecto simple, pretérito imperfecto o futuro.**

1 Inglaterra necesitaba dinero para cubrir el costo de la guerra.

2 El rey Jorge III aprobó la orden de cobrar nuevos impuestos a los colonos norteamericanos.

3 Los reyes y las reinas exigen obediencia aún hoy.

4 Casi siempre, las personas protestan por los impuestos injustos.

5 Las protestas de los colonos se recordarán con orgullo por muchos años.

Si cambias los tiempos verbales dentro de la secuencia de sucesos que estás describiendo, confundirás a tus lectores. Elige el tiempo correcto y úsalo en todo el texto para indicar a los lectores si los sucesos ocurren ahora, si ya ocurrieron o si ocurrirán en el futuro.

Incoherencia de tiempos verbales

Cuando mi familia y yo visitamos Boston el verano pasado, vemos la casa de Paul Revere.

Recorrimos la casa y luego recorremos la antigua nave de guerra *USS Constitution*.

¡Nos divertiremos mucho!

Coherencia de tiempos verbales

Cuando mi familia y yo visitamos Boston el verano pasado, vimos la casa de Paul Revere. Recorrimos la casa y luego recorrimos el antiguo barco de Guerra *USS Constitution*. ¡Nos divertimos mucho!

 ## Relacionar la gramática con la escritura

Mientras revisas tu composición de problema y solución, comprueba que no haya incoherencias en los tiempos verbales y, si las hay, corrígelas. Usar siempre el mismo tiempo verbal hará que tu párrafo sea más fácil de entender.

W.5.1a introduce a topic, state an opinion, and create an organizational structure; **W.5.1b** provide logically ordered reasons supported by facts and details; **W.5.1c** link opinion and reasons using words, phrases, and clauses; **W.5.1d** provide a concluding statement or section; **W.5.5** develop and strengthen writing by planning, revising, editing, rewriting, or trying a new approach

Escritura de opinión

☑ Organización Cuando escribes una **composición de problema y solución,** describes un problema y la forma de resolverlo. Primero, comenta el problema y, después, propón tu solución. Debes asumir una posición firme y dar las razones por las que crees que tu solución funcionará. Incluye datos y ejemplos que apoyen tu propuesta.

Noah escribió una composición de problema y solución acerca de lo que debe hacer su comunidad para que el parque local sea más seguro para los vecinos. Luego, añadió palabras de transición para relacionar sus ideas entre sí con mayor claridad y cambió de lugar una oración del primer párrafo que era confusa.

Usa la siguiente Lista de control de la escritura mientras revisas tu composición.

Lista de control de la escritura

☑ Ideas
¿Expliqué claramente el problema y su solución?

☑ Organización
¿Incluí mis razones y el apoyo en un orden lógico?

☑ Fluidez de las oraciones
¿Usé palabras de transición para relacionar mis ideas?

☑ Elección de palabras
¿Elegí palabras que plantearan claramente el problema y la solución?

☑ Voz ¿Presenté un argumento convincente?

☑ Convenciones
¿Usé correctamente las reglas de ortografía, gramática y puntuación?

Borrador revisado

Con mi familia solíamos ir siempre al
Pero nosotros ya no vamos
parque Greenville. ~~Yo ya no voy más ahí.~~
∧

Los juegos de recreo ya no son seguros.
mover al 2do ¶

Debemos lograr que el parque sea un

lugar lindo para que volvamos a visitarlo.

Hay muchos columpios oxidados y las
Además,
estructuras para trepar están rotas. El

arenero para los más pequeños está lleno

de hojas y juguetes rotos dispersos.

386

¡Salven el parque Greenville!

por Noah Friedman

Con mi familia solíamos ir siempre al parque Greenville. Pero ya no vamos más ahí. Los juegos de recreo ya no son seguros. Hay muchos columpios oxidados y las estructuras para trepar están rotas. Además, el arenero para los más pequeños está lleno de hojas y juguetes rotos dispersos. Tampoco hay lugar para que las personas lleven a sus perros a pasear y a respirar aire puro.

Debemos lograr que el parque sea un lugar lindo para que volvamos a visitarlo. Sé que renovar el parque puede ser costoso. Y también sé que no es posible cobrar impuestos a la comunidad para recaudar dinero para el parque. En lugar de eso, propongo recaudar fondos mediante un esfuerzo voluntario, en el que mis vecinos y yo cumplamos con nuestro deber cívico de cuidar a nuestra comunidad.

Hay muchas mejoras que podríamos hacer con un poco de dinero y tiempo extra. Primero, podríamos pintar los columpios y reparar o reemplazar los equipos viejos y rotos. También podemos limpiar la basura y colocar basureros nuevos.

Finalmente, podríamos colocar una valla para crear un área cercada donde los perros puedan correr sin que deambulen por las zonas de juego. El parque Greenville está ubicado en el centro de tres vecindarios. ¡Con estas mejoras se beneficiarán cientos de personas!

Leer como escritor

¿Qué palabras de transición añadió Noah para que la organización de sus conceptos fuera más clara? ¿Qué palabras de transición podrías usar tú para facilitar el seguimiento de los conceptos de tu composición de problema y solución?

En mi trabajo final, añadí palabras de transición que facilitan el seguimiento de mis conceptos. También usé los verbos en tiempo pasado, presente y futuro correctamente.

Vocabulario en contexto

✓ VOCABULARIO CLAVE

guerra
estrategia
enemigo
legendario
formal
manar
meter
magnífico
retirarse
apresurar

Librito de vocabulario

Tarjetas de contexto

 ESTÁNDARES COMUNES

L.5.6 acquire and use general academic and domain-specific words and phrases

---

1 guerra

En la guerra, el objetivo de los patriotas norteamericanos fue derrocar al gobierno británico.

2 estrategia

El general George Washington ideó una estrategia, o plan, para el ejército colonial.

3 enemigo

Escondidos detrás de rocas y árboles, los patriotas disparaban contra sus enemigos, o adversarios, británicos.

4 legendario

Este niño imagina que es Paul Revere durante su legendaria, o famosa, cabalgata de media noche.

 Aprende en línea

▶ Estudia cada Tarjeta de contexto.

▶ Usa el contexto de las oraciones para aclarar el significado de cada palabra del Vocabulario.

---

5 formal

A Crispus Attucks le dispararon sin advertencias formales durante la Masacre de Boston.

---

6 manar

Mientras el agua manaba de la brecha en su nave dañada, John Paul Jones juró continuar luchando.

---

7 meter

Molly LaJarra fue una heroína de los patriotas, incluso antes de meter una baqueta en un cañón.

---

8 magnífico

"Denme la libertad, o denme la muerte" fue la grandiosa, magnífica, expresión del patriota Patrick Henry.

---

9 retirarse

Las tropas patriotas, entrenadas por el general Steuben, obligaron a los oponentes a retirarse, o salirse, de la batalla.

---

10 apresurar

Al ver la señal, Paul Revere apresuró la marcha y cabalgó rápidamente para dar la alarma.

Leer y comprender

☑ DESTREZA CLAVE

Conclusiones y generalizaciones Mientras lees *Se llamaba Molly LaJarra*, busca detalles sobre las personas que participaron de la batalla. Las descripciones físicas y de sus acciones te pueden ayudar a sacar conclusiones y hacer generalizaciones acerca de las personas que participaron en la Guerra de Independencia. Puedes usar un organizador gráfico como el siguiente para anotar una conclusión sobre las acciones de Molly Hays. Luego cita la evidencia del texto que usaste para sacar tu conclusión.

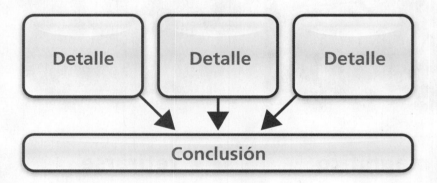

| Detalle | Detalle | Detalle |

Conclusión

☑ ESTRATEGIA CLAVE

Analizar/Evaluar Usa tu organizador gráfico para **analizar** los detalles de *Se llamaba Molly LaJarra*. Hazte preguntas sobre los argumentos de la autora y **evalúa** si esos argumentos están basados en razones y evidencias.

 ESTÁNDARES COMUNES

RI.5.1 quote accurately when explaining what the text says explicitly and when drawing inferences; **RI.5.8** explain how an author uses reasons and evidence to support points

390

UN VISTAZO AL TEMA PRINCIPAL

La vida en el campo de batalla

Durante la Guerra de Independencia, muchos hombres se unieron al ejército. Las esposas y los hijos de algunos de ellos los acompañaron y vivieron en campamentos del ejército. La vida en el campo de batalla era muy difícil. Las mujeres y los niños padecían las mismas condiciones que los soldados a los que intentaban ayudar.

En *Se llamaba Molly LaJarra*, aprenderás sobre una mujer que viajó con su esposo y ayudó a los soldados durante una batalla. Sus acciones ayudaron a salvar muchas vidas. Al leer esta selección, podrás comprender mejor lo que vivieron las personas en el campo de batalla durante la Guerra de Independencia.

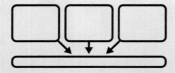
SE LLAMABA
Molly LaJarra
por Anne Rockwell ✶ ilustrado por Cynthia von Buhler

☑ DESTREZA CLAVE

Conclusiones y generalizaciones Usa los detalles para explicar las ideas que no son explícitas o que son verdaderas en términos generales.

☑ GÉNERO

La **no ficción narrativa** trata sobre personas, cosas, sucesos y lugares reales. Mientras lees, busca:

▶ información sobre hechos que narren una historia,
▶ ilustraciones que ayuden a transmitir ideas del texto y
▶ sucesos en orden cronológico.

ESTÁNDARES COMUNES
RI.5.1 quote accurately when explaining what the text says explicitly and when drawing inferences; **RI.5.4** determine the meaning of general academic and domain-specific words and phrases; **RI.5.10** read and comprehend informational texts

Aprende en línea

CONOCE A LA AUTORA

Anne Rockwell

Anne Rockwell siempre quiso crear arte, pero un accidente le impidió dibujar, así que desarrolló su talento como escritora. Se esfuerza en escribir un tipo de no ficción emocionante que atrape al lector. Entre sus biografías de figuras estadounidenses se incluyen *Only Passing Through: The Story of Sojourner Truth* (Sólo de paso: La historia de Sojournet Truth) y *Big George*, acerca de George Washington.

CONOCE A LA ILUSTRADORA

Cynthia von Buhler

Además de ser ilustradora de libros para niños, Cynthia Von Buhler es una gran artista plástica que ha ganado premios, y también es actriz y música. Vive con sus muchas mascotas en un castillo de Long Island, Nueva York. También ha escrito e ilustrado su propio libro, *The Cat Who Wouldn't Come Inside* (El gato que no quería entrar).

Se llamaba

Molly LaJarra

por Anne Rockwell
ilustraciones de
Cynthia von Buhler

PREGUNTA ESENCIAL

¿Cómo pueden los actos
individuales de coraje
moldear la historia?

En 1777, un barbero llamado William Hays cerró su tienda y se unió al Ejército Continental de George Washington en la guerra contra Inglaterra. Fue a Valley Forge, en Pennsylvania, donde un general prusiano, llamado Barón von Steuben, estaba entrenando a las tropas patriotas con las normas formales de batalla que los ejércitos usaban en aquellos días. Como muchas mujeres de su época, la esposa de Hays, Mary, apodada Molly, fue con él. Algunas personas creen que ella fue la legendaria heroína Molly LaJarra.

El general George Washington fue comandante en jefe del Ejército Continental. Él y otros oficiales, más un ejército desaliñado de 12,000 hombres y muchachos, estaban acampando en Valley Forge justo antes de la Navidad de 1777. La nieve cubría el suelo y las tropas de Washington carecían de todo lo que necesitaban para pelear. Washington pidió comida y provisiones al Segundo Congreso Continental, pero nada llegó.

Hacía tanto frío que los soldados tenían que pararse en la nieve sobre sus sombreros para que no se les congelaran los pies. Tenían agujeros en los zapatos por caminar tantas millas sobre suelo pedregoso e irregular. No tenían mantas, ni ropa abrigada, ni suficiente comida y su campamento era un desastre mugriento. Muchos de ellos estaban muy enfermos y, todos los días, más y más soldados desertaban. Otros morían.

Molly y otras mujeres que habían seguido a sus esposos, padres y hermanos a Valley Forge hacían lo que podían para ayudar. Cocinaban y limpiaban, lavaban y arreglaban la ropa y cuidaban a los enfermos. Pero hicieran lo que hicieran, muchos soldados morían cada día.

Las cosas comenzaron a mejorar cuando el Segundo Congreso Continental finalmente envió suministros. El general Washington comenzó a planear ir a la batalla nuevamente.

A fines de junio, un explorador trajo noticias. En Monmouth Courthouse, cerca de la costa de Nueva Jersey, se encontraba reunido un gran número de soldados británicos, al mando de Henry Clinton. La lucha para la que todos se habían estado preparando llegaría muy pronto.

Washington ordenó al general Charles Lee que dirigiese una vanguardia de 5,000 soldados para atacar a los británicos. Enviaría una retaguardia de más hombres después de comenzada la lucha.

William Hays se encontraba en la vanguardia de Lee, marchando para combatir. Como siempre, Molly lo siguió.

ANALIZAR EL TEXTO

Conclusiones y generalizaciones
En base a la evidencia del texto, ¿qué conclusiones puedes sacar sobre cómo era la vida de los soldados de Washington?

El invierno en Valley Forge había sido muy frío, pero el mes de junio de 1778 en Nueva Jersey fue el más caluroso que alguien pudiera recordar.

Justo después del amanecer, los soldados norteamericanos dispararon sobre los británicos cerca del Monmouth Courthouse. Molly se dio cuenta de que iba a hacer mucho calor. El calor y la humedad se veían como una masa brillante que subía del suelo, por lo que decidió cuál sería su trabajo ese día.

Descubrió un lugar verde y cubierto de musgo de donde manaba un chorro de agua. Tras correr y llenar una jarra con agua fría, se apresuró a regresar al campo de batalla, esquivando los disparos de cañones y mosquetes, llevando la jarra para los soldados norteamericanos que necesitaran beber.

Los norteamericanos conocían muy bien esos días de verano húmedos y calurosos. Sabían que tenían que mantenerse frescos de cualquier manera posible. Por eso, ignorando lo que el Barón von Steuben les había enseñado sobre verse aliñados y actuar como militares en todo momento, se quitaron los abrigos, cinturones, pelucas, sombreros, botas, zapatos y medias y dejaron todo sobre el pasto.

El humo, el ruido y el olor a pólvora impregnaban el aire, pero a Molly no le importaba. Durante toda la mañana, fue y vino del campo de batalla, llevando agua a los hombres que se desplomaban por el calor. Una y otra vez oía el grito urgente:

"MOLLY! ¡LA JARRA!"

Sin embargo, más soldados británicos, bajo las órdenes de Lord Cornwallis, marcharon hacia Monmouth Courthouse formando una línea escarlata como un río de sangre. La visión era magnífica y aterradora. Sin embargo, sus finos uniformes no eran lo más adecuado para usar bajo el sol abrasador.

Cada uno llevaba un sombrero negro alto de piel, una casaca roja de lana gruesa y abrigada, un cinturón negro, ancho y brillante que sostenía una espada afilada, un chaleco blanco y pantalones de lana que hacían juego con unas botas negras, bien lustradas, de caña alta. Cada uno marchaba con la mirada firme hacia delante, un mosquete al hombro y una mochila cargada de pesadas balas de plomo. Se movían al compás de la música conmovedora de la guerra: el estruendo de los tambores, la melodía de los pífanos y el sonido de las trompetas.

Los soldados comenzaron a desplomarse a medida que el sol subía. Estos ingleses nunca habían sentido tanto calor en su hogar, del otro lado del océano. Hacía como cien grados Fahrenheit en Nueva Jersey ese día. Muchos se sentían mareados y caían al piso, pero sus compañeros siguieron marchando. Nunca se detuvieron ni rompieron el compás, aun cuando más de un hombre había colapsado. Cincuenta y seis soldados británicos murieron de insolación ese día.

Sin embargo, eso no los detuvo. Toda la mañana, más y más casacas rojas marcharon sobre el campo. Muchos soldados norteamericanos entraron en pánico ante tantos británicos. El general Lee no podía mantener el orden y sus soldados se olvidaron de pelear de la manera disciplinada en que el Barón von Steuben les había enseñado. En lugar de eso, corrían aterrados en cualquier dirección y se escondían en zanjas, arriba de manzanos y debajo de setos.

El general Lee estaba seguro de que habría una masacre de sus tropas antes del mediodía, por lo que dio órdenes de retirarse.

Molly vio que algunos de los hombres, incluido William, desobedecían la orden y continuaban luchando. El sol estaba más fuerte. Mientras cualquier miembro del Ejército Continental necesitara agua para beber, Molly Hays no se iría a ninguna parte.

En uno de sus viajes a la fuente de agua, tropezó con el cuerpo de un soldado norteamericano. Creyó que estaba muerto, hasta que lo escuchó gemir.

Los británicos avanzaban rápidamente, con las armas apuntando a sus enemigos. Molly sabía que podía correr a un lugar seguro, pero el hombre herido no podía ni caminar. Se encontraba tendido justo sobre la línea de fuego y, sin dudas, lo matarían si permanecía allí.

Era un hombre bastante grande, pero Molly no perdió tiempo en pensar cómo haría lo que tenía que hacer, sino que levantó al hombre, lo cargó sobre su hombro y corrió hacia unos arbustos, lejos de los disparos. Una vez allí lo tendió sobre el pasto, a la sombra.

Molly regresó a la fuente y pasó junto al cañón que William estaba disparando, justo a tiempo para ver cómo era herido por una bala de un mosquete inglés. William cayó al piso. Ella examinó la herida de su marido y vio que no moriría, pero que no podría seguir disparando el cañón.

Y alguien tenía que hacerlo.

Molly tomó la larga baqueta, la metió dentro del túnel del cañón y disparó. Y siguió disparando.

ANALIZAR EL TEXTO

Vocabulario específico de un campo En la página 398, la autora usa palabras específicas, como *casaca*, *mosquete*, *mochila*, *balas* y *plomo*. ¿Qué pistas te ayudan a determinar el significado de estas palabras?

Una bala de un mosquete inglés se acercó zumbando directo hacia Molly, quien separó rápidamente las piernas para dejar que la bala pasase entre medio de ellas. No resultó herida, pero su falda y enagua se rasgaron y se acortaron bastante.

Ella se dijo que podría haber sido peor y, de manera decidida, volvió a disparar el cañón.

Pronto, el general Washington galopó hacia el campo montando a Nelson, su magnífico caballo, que nunca se asustaba de los ruidos de las pistolas o cañones sin importar cuán cerca retumbaran. Washington llevaba la bandera de comandante en jefe, trece estrellas en un círculo sobre un fondo azul. La bandera flameaba y se agitaba por encima del humo de la batalla. No era tan brillante como las casacas escarlata que los soldados británicos usaban pero, para cualquiera que se hubiera quedado a pelear, era una vista alentadora y gloriosa.

Durante el resto de aquel día caluroso y húmedo, el Ejército Continental luchó de la manera en que el Barón von Steuben le había enseñado. George Washington lo vio.

Mientras galopaba por el campo de batalla, impartiendo órdenes y animando a sus hombres, se asombró al ver a una mujer. La veía borrosa y envuelta en humo. Su rostro estaba manchado por la pólvora y el sudor, pero George Washington la vio inspirar profundamente, luego correr y empujar la larga baqueta dentro de la pistola enorme con toda la fuerza que pudo. El cañón retumbó. La explosión sacudió el piso, pero a la mujer no le importó: solo se preparó para disparar de nuevo.

Cuando se ocultó el sol, los enfrentamientos se detuvieron. Ninguna de las partes podía continuar en la oscuridad. Los soldados británicos y norteamericanos bajaron las armas y se ocuparon de los muertos y heridos. Luego, se sentaron a comer y descansar, y se prepararon para otro día en el campo de batalla.

Esa misma noche, el general Washington les preguntó a algunos de sus oficiales sobre la mujer a la que había visto disparar el cañón y escuchó lo que le decían sobre cómo había llevado agua a los soldados en medio de los disparos durante toda aquella mañana.

Washington ordenó que trajeran a la mujer ante él y le dijo que había sido tan valiente en batalla como cualquier otro hombre. Por esta razón, decidió que se había ganado el rango de sargento en el Ejército Continental.

Mientras escuchaba lo que el alto y fuerte general le decía, Molly Hays se sintió tan orgullosa como nunca en su vida.

Ningún hombre, entre los que escucharon al general Washington hablarle esa noche, dudaba de que Molly se lo había ganado. Mientras corría la noticia por toda la tropa, ningún soldado se burló al pensar que una mujer podía ser sargento en *su* ejército, aunque nunca antes hubiera sucedido semejante cosa.

Esa noche, la sargento Molly Hays se recostó sobre el pasto al borde del campo, al lado de William y el resto de los soldados del Ejército Continental. Mucho después de que las estrellas colmaran el cielo, el general George Washington extendió su capa sobre el pasto, ató a Nelson a un árbol y se recostó junto a sus cansados soldados.

Mientras estaba recostado, mirando las estrellas y planeando su estrategia para el siguiente día de batalla, podía verse el fuego sobre las montañas al otro lado del campo donde los británicos acampaban. Las voces de muchos hombres se oyeron durante toda la noche. Los centinelas marchaban, manteniendo su vigilancia interminable. Se hizo muy tarde antes de que todo estuviese tranquilo, excepto por el coro de ranas que cantaban en la ciénaga cercana.

ANALIZAR EL TEXTO

Estructura del texto La autora usa la estructura de la secuencia de sucesos para contar la historia de Molly LaJarra. ¿Cómo te ayuda esta estructura a comprender las relaciones entre los sucesos de la vida de Molly?

Molly y los otros soldados norteamericanos se levantaron antes de que saliera el sol. Habían dormido un poco y estaban listos para luchar otra vez. Muchos creían que podían ganar.

Sin embargo, no pelearon con los británicos ese día. Ningún soldado con casaca roja marchó al campo. Se habían ido.

Sir Henry Clinton y Lord Cornwallis habían ordenado la retirada. No querían que sus hombres pelearan con ese viejo y astuto zorro nuevamente esa mañana. Tenían miedo de perder. Los combatientes del Ejército Continental de Washington no luchaban como granjeros, como los líderes británicos creían que lo harían; luchaban como soldados, y uno de ellos era una mujer.

Ahora analiza

Cómo analizar el texto

Usa estas páginas para aprender acerca de Conclusiones y generalizaciones, Vocabulario específico de un campo y Estructura del texto. Luego, vuelve a leer *Se llamaba Molly LaJarra* para aplicar lo que has aprendido.

Conclusiones y generalizaciones

Analizar los datos y los detalles de un texto puede ayudarte a sacar **conclusiones** y hacer **generalizaciones**. Al hacerlo, podrás descubrir cosas que el autor no dice expresamente. Una conclusión es un juicio basado en los detalles del texto. Una generalización es un enunciado amplio que casi siempre es verdadero y que se apoya en detalles del texto.

Cuando sacas conclusiones o haces generalizaciones, debes apoyar tus ideas con información. Parte de esta información pueden ser cosas que ya sabes. Las citas y la evidencia del texto también pueden ser un buen apoyo para tus ideas. Puedes usar un organizador gráfico como el de abajo para reunir información sobre *Se llamaba Molly LaJarra* y para sacar conclusiones o hacer generalizaciones.

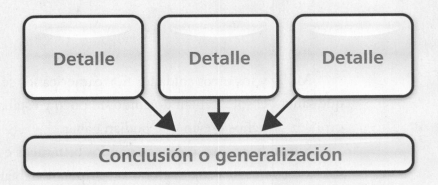

| Detalle | Detalle | Detalle |

Conclusión o generalización

 ESTÁNDARES COMUNES **RI.5.1** quote accurately when explaining what the text says explicitly and when drawing inferences; **RI.5.3** explain the relationships between individuals/events/ideas/concepts in a text; **RI.5.4** determine the meaning of general academic and domain-specific words and phrases; **RI.5.10** read and comprehend informational texts; **RF.5.4a** read on-level text with purpose and understanding; **L.5.6** acquire and use general academic and domain-specific words and phrases

 **Aprende en línea**

Vocabulario específico de un campo

Los autores eligen con cuidado las palabras que usarán para que su escritura resulte más interesante y clara. El **vocabulario específico de un campo,** como los términos históricos, hace que el relato sea más real y demuestra el conocimiento del autor sobre el tema. En *Se llamaba Molly LaJarra*, las palabras que se refieren al armamento del campo de batalla, los uniformes y los procedimientos (junto con las claves de contexto y las ilustraciones) te ayudan a comprender y visualizar el entorno histórico en el que se desarrolla el relato.

Estructura del texto

Todos los textos tienen un comienzo, un desarrollo y un final. Muchos textos también tienen otras **estructuras** de organización que pueden mostrar la relación entre sucesos o ideas. Por ejemplo, el relato *Se llamaba Molly LaJarra* está escrito con una estructura de secuencia de sucesos. Las palabras de secuencia, como *primero, a continuación* y *por último,* son claves que muestran que el texto tiene una estructura organizada según la secuencia de sucesos.

primero *a continuación* **POR ÚLTIMO** *Antes* durante *después* toda la mañana cuando mientras

Es tu turno

 mi Escritura genial

REPASAR LA PREGUNTA ESENCIAL

Turnarse y comentar Repasa la selección con un compañero y prepárate para comentar esta pregunta: *¿Cómo pueden los actos individuales de coraje moldear la historia?* Mientras comentas la pregunta, túrnate con tu compañero para repasar y explicar las ideas clave de cada uno.

 Comentar en la clase

Para continuar comentando *Se llamaba Molly LaJarra*, usa evidencia del texto para responder estas preguntas:

1 ¿En qué podría haber cambiado la batalla si Molly Hays no hubiera participado?

2 ¿Esta selección cambió tus ideas sobre el papel de las mujeres durante la Guerra de Independencia? Explica tu respuesta.

3 ¿Qué es más importante: el rango o las acciones de un soldado?

LA DECISIÓN DE WASHINGTON

Comentar Además de mostrar su agradecimiento, ¿qué mensaje transmitió el general George Washington a sus soldados al otorgarle el rango de sargento a Molly Hays? ¿Crees que fue una decisión acertada? Comenta estas preguntas en un grupo pequeño. Usa citas del texto y lo que ya sabes sobre la Guerra de Independencia para apoyar tus ideas.

ESCRIBE SOBRE LO QUE LEÍSTE

Respuesta Molly LaJarra acompañó a su marido cuando decidió unirse al Barón von Steuben en Valley Forge. Piensa en cómo contribuyó Molly a la Revolución norteamericana al ayudar a los soldados. Escribe dos párrafos en los que describas las acciones de Molly LaJarra y cómo estas acciones demostraron su valentía y ayudaron a moldear la historia. Incluye citas y otra evidencia del texto para apoyar tus opiniones.

 Sugerencia para la escritura

Puedes usar símiles para lograr que tu escritura resulte más interesante y para transmitir tus ideas de manera natural. Recuerda que un símil es una comparación que incluye la palabra *como*. Antes de finalizar tu redacción, verifica que los símiles que usaste comparen dos cosas diferentes.

ESTÁNDARES COMUNES **RI.5.1** quote accurately when explaining what the text says explicitly and when drawing inferences; **RI.5.2** determine two or more main ideas and explain how they are supported by details/summarize; **RI.5.3** explain the relationships between individuals/events/ideas/concepts in a text; **W.5.9b** apply grade 5 Reading standards to informational texts; **W.5.10** write routinely over extended time frames and shorter time frames

OBRA DE TEATRO

Una espía para la libertad

por Ann Weil

Personajes

Ann Darragh (Narradora)

Lydia Darragh

General Howe

Soldado inglés n.º 1

Soldado inglés n.º 2

Thomas Craig

☑ GÉNERO

Una **obra de teatro** cuenta una historia a través de las palabras y las acciones de sus personajes.

☑ ENFOQUE EN EL TEXTO

Las **acotaciones** de una obra teatral identifican un tiempo o un lugar, describen un entorno o indican algo sobre los sentimientos o las acciones de los personajes.

RL.5.10 read and comprehend literature

Aprende en línea

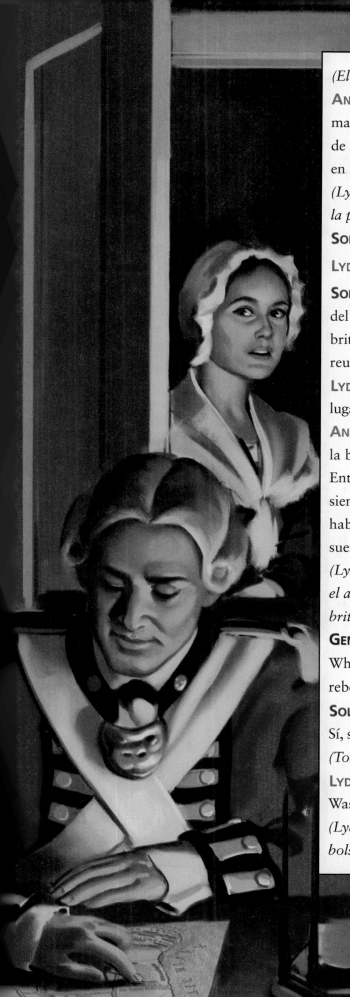

(El comedor de la casa de los Darragh en Filadelfia, 1777).

ANN DARRAGH (NARRADORA). Esta historia trata sobre mi madre, Lydia Darragh, una heroína legendaria de la Guerra de Independencia. Era un ama de casa que vivía en Filadelfia en 1777. También fue espía de los patriotas.

(Lydia está sentada a la mesa, doblando servilletas. Golpean la puerta. Entra un oficial británico).

SOLDADO INGLÉS N.º1. ¿Sra. Darragh?

LYDIA DARRAGH. ¿Sí?

SOLDADO INGLÉS N.º1. Este es un anuncio formal en nombre del magnífico rey Jorge Tercero de Inglaterra. El ejército británico se adueña de su casa para usarla como lugar de reuniones.

LYDIA DARRAGH. ¡Pero tengo niños pequeños y ningún otro lugar adonde ir!

ANN DARRAGH (NARRADORA). Esas palabras salieron de la boca de mi madre. Las lágrimas manaban de sus ojos. Entonces, el general Howe la autorizó a quedarse en la casa, siempre y cuando permitiera que los británicos usaran una habitación. Terminó siendo un error para él, pero fue una suerte para los patriotas.

(Lydia entra a hurtadillas en la habitación y se esconde en el armario de la ropa blanca. Luego, entran los oficiales británicos y se sientan a la mesa).

GENERAL HOWE. Atacaremos a los norteamericanos en Whitemarsh dentro de dos días. Eso debería poner fin a esta rebelión.

SOLDADO INGLÉS N.º1 y SOLDADO INGLÉS N.º2. *(Al unísono).* Sí, señor.

(Todos los británicos se van).

LYDIA DARRAGH. *(Saliendo del armario).* ¡El general Washington debe enterarse de esto!

(Lydia se sienta a la mesa y escribe una nota. La pone en el bolsillo y se va).

ANN DARRAGH (NARRADORA). Mi madre salió de la ciudad para advertir a las tropas norteamericanas. En el camino, se topó con Thomas Craig, un amigo de mi hermano. Thomas era soldado de la milicia.

(Una calle de Filadelfia. Lydia entra por la izquierda, caminando rápidamente. Thomas camina lentamente, sin darse cuenta de que Lydia se acerca).

LYDIA DARRAGH. ¡Thomas! ¡Thomas Craig! ¿Eres tú?

THOMAS CRAIG. ¡Hola, Sra. Darragh! ¿Cómo está su familia?

(Lydia se apresura y entrega a Thomas el pedazo de papel. A medida que Thomas lee, sus ojos se agrandan cada vez más).

THOMAS CRAIG. ¡Gracias por esta noticia, Sra. Darragh! Debo advertir al general Washington acerca de la estrategia británica.

(Sale corriendo del escenario).

ANN DARRAGH (NARRADORA). Gracias a la información que proporcionó mi madre, los norteamericanos tuvieron tiempo de prepararse. Lograron que las fuerzas británicas se retiraran tras su derrota en la Batalla de Whitemarsh.

(Reunión de los oficiales británicos en la casa de los Darragh. Lydia escucha desde el armario de la ropa blanca).

SOLDADO INGLÉS N.°1. *(Enfadado, confundido).* Nuestros enemigos conocían nuestros planes, ¿cómo es posible?

SOLDADO INGLÉS N.°2. *(Mira a su alrededor y se encoge de hombros).* Las paredes deben de oír.

ANN DARRAGH (NARRADORA). Las paredes no oían, pero un ama de casa patriota sí lo hacía. Su rápida acción contribuyó a que los norteamericanos salieran victoriosos.

Comparar el texto

Aprende en línea

L.5.1c use verb tense to convey times, sequences, states, and conditions; **L.5.2e** spell grade-appropriate words, consulting references as needed

Gramática

¿Qué es un verbo regular? ¿Qué es un verbo irregular? Los **verbos regulares** siguen un patrón de conjugación en el cual las terminaciones *-ar*, *-er* e *-ir* se reemplazan por otras según la persona que realiza la acción y según el tiempo en que se desarrolla la acción. Los **verbos irregulares** no siguen el patrón de conjugación de los verbos regulares y presentan cambios en su raíz, en su terminación o en ambas en al menos uno de los tiempos verbales. Debes memorizar las formas irregulares y su ortografía.

Verbos regulares e irregulares	
Verbos regulares	El Ejército Continental acampó en Valley Forge. El general Lee temía la masacre de sus soldados. Las tropas norteamericanas combatieron con valentía.
Verbos irregulares	Los estadounidenses recuerdan a George Washington. Él fue comandante en jefe del Ejército Continental. Muchos soldados murieron durante la batalla.

 **Trabaja con un compañero. Identifica cada verbo subrayado como regular o irregular.**

1 Molly <u>estuvo</u> en Valley Forge.

2 Ella les <u>llevó</u> agua a los soldados durante la batalla.

3 Una bala de mosquete <u>hirió</u> a uno de los soldados norteamericanos.

4 Molly se <u>hizo</u> famosa por su destreza con el cañón.

Cuando escribas, usa verbos vívidos para comunicar las acciones con precisión. Los verbos vívidos hacen que tu escritura sea más interesante y fácil de entender.

Verbo impreciso	Verbo vívido
Molly volvió al campo de batalla con su jarra de agua.	Molly corrió al campo de batalla con su jarra de agua.

 ## Relacionar la gramática con la escritura

Mientras revisas tu carta persuasiva, busca verbos imprecisos que puedas reemplazar con verbos vívidos. Usa verbos vívidos para crear imágenes claras con tu escritura. Asegúrate de usar las formas correctas de los verbos regulares e irregulares.

ESTÁNDARES COMUNES

W.5.1a introduce a topic, state an opinion, and create an organizational structure; **W.5.1b** provide logically ordered reasons supported by facts and details; **W.5.1d** provide a concluding statement or section; **W.5.5** develop and strengthen writing by planning, revising, editing, rewriting, or trying a new approach

Escritura de opinión

☑ **Ideas** Cuando escribas una **carta persuasiva**, establece claramente un tema y tu opinión. El primer párrafo debe explicar lo que quieres que el lector piense o haga. Apoya tu opinión con razones presentadas en un orden lógico. Da hechos, detalles y ejemplos que apoyen tus razones. No olvides poner la fecha, un saludo, un cierre y tu firma.

Ed escribió una carta persuasiva al director de su escuela para pedirle que honre a otra estudiante que había ayudado a recaudar dinero para construir un pozo en otro país. Mientras revisaba, Ed agregó detalles para reforzar el apoyo de sus razones.

Lista de control de la escritura

☑ **Ideas**
¿Empecé por expresar mi tema y mi opinion claramente?¿Incluí una conclusión?

☑ **Organización**
¿Di las razones en un orden lógico y las apoyé con detalles?

☑ **Fluidez de las oraciones**
¿Usé oraciones completas?

☑ **Elección de palabras**
¿Elegí cuidadosamente palabras que fueran contundentes y convincentes?

☑ **Voz**
¿Expresé mi interés en el tema?

☑ **Convenciones**
¿Usé correctamente las reglas de ortografía gramática y puntuación?

Borrador revisado

como reconocimiento a los estudiantes de la Escuela Oak Ridge

Cada año tenemos una noche de premios.

Este año deberiamos entregar un premio especial

a Molly Green. Molly estuvo al frente de la

campaña de nuestra escuela para recaudar

dinero para construir un pozo en otro país.

y participaron más de 200 niños

Organizó una caminata-maratón.

Hilltop, 15 de enero de 20XX

Estimado Sr. Ramírez:

Cada año tenemos una noche de premios como reconocimiento a los estudiantes de la Escuela Oak Ridge. Este año deberíamos entregar un premio especial a Molly Green. Molly estuvo al frente de la campaña de nuestra escuela para recaudar dinero para construir un pozo en otro país. Organizó una caminata-maratón y participaron más de doscientos niños. ¡Recaudamos más de $2,000! Gracias al interés y arduo trabajo de Molly, ahora una aldea tiene agua potable.

A través del liderazgo de Molly, los estudiantes de Oak Ridge vieron que los niños pueden realizar cambios. Mis compañeros de clase y yo ya estamos hablando de otros proyectos que podríamos emprender para ayudar a la gente. Molly Green es una heroína y merece que se la reconozca.

Atentamente,

Ed Fung

Leer como escritor

¿Qué detalles agregó Ed para fortalecer su argumento? ¿Qué detalles podrías usar tú para apoyar tu propio argumento?

En mi trabajo final, agregué detalles que apoyan mis razones. También usé correctamente los verbos regulares y los verbos irregulares.

Vocabulario
en contexto

VOCABULARIO CLAVE

provisiones
destreza
aspecto
aprendiz
influyente
contribución
persuadir
autoridad
esclavizado
provisional

Librito de vocabulario

BATALLAS **marinas**

Tarjetas de contexto

L.5.6 acquire and use general academic and domain-specific words and phrases

ESTÁNDARES COMUNES

1 provisiones

Los estibadores coloniales descargaban alimentos, o provisiones, de los barcos recién llegados al puerto.

2 destreza

Con destreza, o manos hábiles, este orfebre hace hermosos cuencos.

3 aspecto

Hacer bastidores y tejer fibras son aspectos, o partes, de la cestería.

4 aprendiz

Enseñaron a un aprendiz de herrero a hacer herraduras y clavos.

Aprende en línea

▶ Estudia cada Tarjeta de contexto.

▶ Usa un diccionario de sinónimos para encontrar un sinónimo de cada palabra del Vocabulario.

5 influyente

La impresión de libros y periódicos fue influyente en los sucesos anteriores a la revolución.

6 contribución

Cosechar era una de las muchas contribuciones importantes que los niños hacían a la granja familiar.

7 persuadir

Se usaba un cartel sobre la puerta para persuadir a los clientes de que entraran en la tienda.

8 autoridad

Los jueces eran las autoridades máximas, o altos funcionarios, para resolver disputas legales.

9 esclavizado

Las personas que habían sido esclavizadas eran a menudo sirvientes en las casas de los ricos.

10 provisional

Estos mercaderes se estrechan la mano para sellar un acuerdo provisional. Un contrato lo hará permanente.

Leer y comprender

☑ DESTREZA CLAVE

Secuencia de sucesos Los sucesos en *James Forten* se describen en orden cronológico, o temporal. Mientras lees la selección, observa cómo esta **secuencia de sucesos** está señalada por el uso de fechas, referencias a la edad de James y palabras como *después*, *pronto* y *más tarde*. Usa un organizador gráfico como este para llevar el registro de los sucesos a medida que aparecen en el texto.

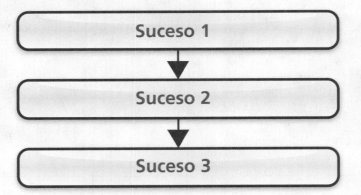

☑ ESTRATEGIA CLAVE

Resumir Mientras lees *James Forten*, haz pausas de vez en cuando para **resumir**, o volver a contar las ideas principales del texto con tus propias palabras. Hacer un resumen puede ayudarte a entender y recordar lo que lees.

 ESTÁNDARES COMUNES

RI.5.2 determine two or more main ideas and explain how they are supported by details/summarize; **RI.5.3** explain the relationships between individuals/events/ideas/concepts in a text

UN VISTAZO AL TEMA PRINCIPAL
La historia afroamericana

Al comienzo de la Guerra de Independencia, aproximadamente veinte por ciento de los colonos norteamericanos tenían ascendencia africana. Muchos estaban esclavizados; algunos eran libres. Los esclavos a veces trabajaban en plantaciones de algodón y tabaco. En las ciudades, trabajaban como servicio doméstico en las casas. Los afroamericanos libres trabajaban como artesanos o, si tenían una educación, se convertían en hombres de negocios.

En *James Forten*, leerás sobre el coraje de un afroamericano libre que luchó por su país en la Guerra de Independencia. Luego, como comerciante exitoso, trabajó para asegurar las libertades básicas a todos los estadounidenses.

Lección 14

TEXTO PRINCIPAL

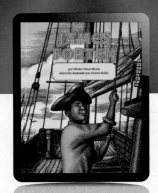

✓ DESTREZA CLAVE

Secuencia de sucesos Identifica el orden de los sucesos que usa el autor.

✓ GÉNERO

Una **biografía** cuenta sucesos de la vida de una persona pero está escrita por otra persona. Mientras lees, busca:

▶ sucesos en orden cronológico e

▶ información sobre los logros de la persona y por qué es importante.

Aprende en línea

CONOCE AL AUTOR

Walter Dean Myers

Walter Dean Myers comienza cada libro nuevo realizando un esquema del contenido porque "así me siento obligado a reflexionar", afirma. Luego intenta escribir diez páginas por día hasta terminar su primer borrador. Después lo revisa. Myers ha escrito más de ochenta libros para niños y jóvenes, y ha ganado numerosos premios, incluidos el *Coretta Scott King Award* y el *Newbery Honor*.

CONOCE AL ILUSTRADOR

Steven Noble

Para crear sus ilustraciones, caracterizadas por sus detalles realistas, Steven Noble utiliza distintas técnicas, como el esgrafiado, la xilografía, el dibujo con tinta y pluma y el grabado. Vive en California.

JAMES FORTEN

por Walter Dean Myers
selección ilustrada por Steven Noble

PREGUNTA ESENCIAL

¿Qué sucesos o sentimientos llevarían a alguien a luchar por la libertad?

421

James Forten nació en Philadelphia en 1766 y crió en la época de la Guerra de Independencia. Tuvo que vencer grandes obstáculos para llegar a ser uno de los afroamericanos más importantes de su época.

Thomas Forten era un africano libre que trabajaba para Robert Bridges confeccionando velas para barcos en Philadelphia. La confección de velas era una tarea lucrativa, pero difícil. Coser la gruesa tela era terrible para las manos. Había que encerar y manejar el pesado hilo con destreza. Si una persona intentaba romper el hilo con las manos, se cortaba la piel como con un cuchillo. Pero a Forten le gustaba el empleo. Pagaban bastante bien y el trabajo era constante.

Forten ayudaba en todos los aspectos de la confección de velas y ayudaba a instalar las velas en los barcos de los que se encargaba la empresa. Con los ingresos de su trabajo había adquirido la libertad de su esposa. Aquel martes, temprano en la mañana, esperaban otro bebé. Ese bebé era James Forten.

La vida del pequeño James Forten no fue muy distinta a la de los demás niños pobres de Philadelphia. Jugaba a las canicas y a la gallinita ciega, y hacía carreras por las calles. Cuando tuvo la edad suficiente, iba a los muelles para ver los barcos.

A veces, James iba a la tienda donde trabajaba su padre y hacía pequeñas tareas. A Bridges le caía bien y lo dejaba trabajar todo lo que pudiera, pero también alentó a Thomas Forten a asegurarse de que su hijo aprendiera a leer y escribir.

Los Forten enviaron a su hijo a una escuelita creada por un cuáquero, Anthony Benezet, para niños de ascendencia africana. Él creía que la única forma de que los descendientes de africanos pudieran llegar a ocupar un lugar importante en las colonias era mediante la educación.

Thomas Forten estaba trabajando en un barco cuando sufrió una caída y murió. James Forten tenía solo siete años. Su madre estaba desolada, pero insistió en que su hijo siguiera asistiendo a la escuela. Estudió dos años más y luego aceptó un empleo en una pequeña tienda.

Lo que James quería era hacerse a la mar. Tenía catorce años en 1781, cuando su madre finalmente accedió. En las colonias se luchaba por la libertad, y James Forten también lucharía por ella.

Él conocía las dificultades que había entre los británicos y los colonos norteamericanos. Había visto primero a los soldados británicos y luego a los soldados norteamericanos marchar por las calles de Philadelphia. Entre los soldados norteamericanos había hombres de color.

Un niño afroamericano en la Philadelphia de principios del siglo dieciocho debía tener cuidado. Circulaban rumores de que secuestraban a los africanos libres y los vendían como esclavos. Él había visto a los cautivos en los barcos. Se parecían a él: la misma piel oscura, la misma nariz ancha, pero había una tristeza en ellos que le llegó al corazón y lo atemorizó. Había visto africanos encadenados conducidos por las calles, de camino hacia el Sur. Nunca olvidó la imagen de su pueblo esclavizado, ni aceptó como algo natural que los afroamericanos fueran esclavos.

Pero los soldados afroamericanos que Forten vio eran algo especial. Marchando con un mosquete al hombro, parecían más altos y más negros que cualquier hombre que hubiera visto. Y también había marineros africanos. Él conocía a algunos de esos hombres. Habían sido pescadores y estibadores antes del conflicto con Gran Bretaña; ahora trabajaban en barcos corsarios y en la marina.

ANALIZAR EL TEXTO

Explicar sucesos históricos ¿Por qué son especiales los soldados afroamericanos que James ve marchando en el bando norteamericano? ¿Qué ocurría durante esa época que hace que el puesto que ocupaban en el ejército fuera inusual?

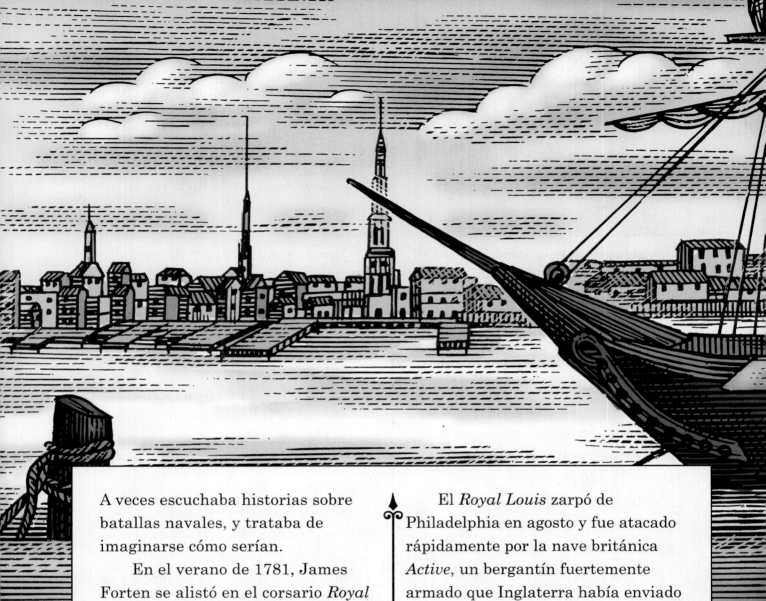

A veces escuchaba historias sobre batallas navales, y trataba de imaginarse cómo serían.

En el verano de 1781, James Forten se alistó en el corsario *Royal Louis*, al mando de Stephen Decatur, padre. Las colonias tenían pocos barcos propios para luchar contra la poderosa armada británica y otorgaban "patentes de corso" a particulares. Estas permitían a los barcos, bajo la bandera de Estados Unidos, atacar a los barcos británicos y obtener ganancias con la venta de cualquier nave capturada.

El *Royal Louis* zarpó de Philadelphia en agosto y fue atacado rápidamente por la nave británica *Active*, un bergantín fuertemente armado que Inglaterra había enviado para proteger a sus barcos mercantes.

Los cañones del *Royal Louis* se cargaban con pólvora apisonada por un ayudante de artillería. Entonces, la bala se colocaba en el cañón contra la pólvora. Luego se encendía la pólvora. La pólvora se guardaba bajo cubierta en caso de que hubiera un ataque de barcos enemigos.

Así lucía el puerto de Philadelphia en la época en que el *Royal Louis* venció al *Active*.

La tarea de Forten era subir la pólvora desde abajo hasta los cañones en cubierta. Subía y bajaba corriendo por las escaleras con la pólvora mientras los cañonazos del barco británico silbaban sobre su cabeza. Había grandes agujeros en las velas y los hombres gritaban cuando los alcanzaba la metralla que astillaba los lados del barco. El olor a pólvora impregnaba el aire y el capitán Decatur giró el barco para que los cañones del costado apuntaran hacia el *Active*. Los marineros caían por doquier alrededor de Forten; algunos morían mientras otros pedían más pólvora.

Forten corrió una vez más bajo cubierta, sabiendo que si una bala de cañón daba con los barriles de pólvora o si alguno de los maderos en llamas caía en la bodega, moriría instantáneamente por la explosión.

Subió de vuelta con tanta pólvora como pudo cargar.

Después de lo que debió parecer una eternidad en la que los dos barcos se atacaron como gatos furiosos, el *Active* arrió la bandera. ¡Se había rendido!

Decatur trajo el barco de vuelta a Philadelphia, con los cañones aún dirigidos contra el alicaído *Active*.

El gentío que había en el muelle vitoreó frenéticamente al reconocer la bandera norteamericana del *Royal Louis*. A bordo del barco victorioso, James Forten sufría emociones contradictorias al ver a tantos de sus compañeros heridos, algunos de ellos de muerte.

El *Royal Louis* entregó los prisioneros a las autoridades militares. El 27 de septiembre vendieron el *Active*, y las ganancias se dividieron entre los dueños del *Royal Louis* y la tripulación.

A los marineros más gravemente heridos los enviaron a ser curados. Los demás, una vez curadas sus heridas, pronto se dedicaron a reparar el barco. Seguramente, Forten debía estar entusiasmado. Una vez que el temor de la batalla había pasado y se habían llevado a los heridos, era fácil pensar en el peligroso encuentro como una aventura. Y habían triunfado.

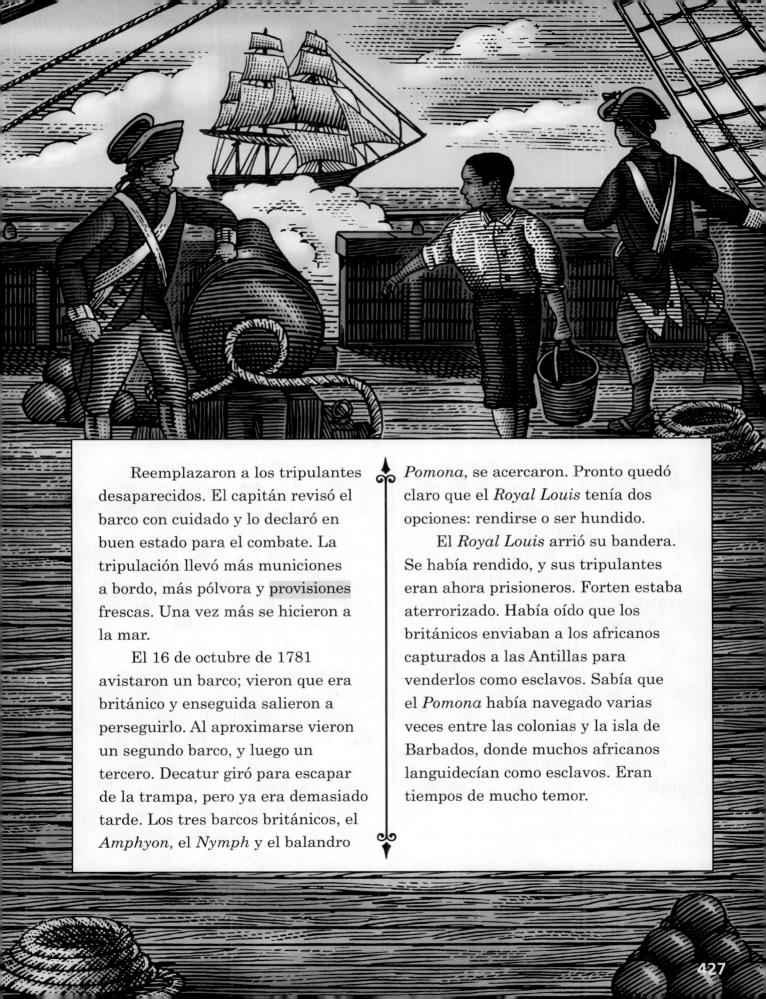

Reemplazaron a los tripulantes desaparecidos. El capitán revisó el barco con cuidado y lo declaró en buen estado para el combate. La tripulación llevó más municiones a bordo, más pólvora y provisiones frescas. Una vez más se hicieron a la mar.

El 16 de octubre de 1781 avistaron un barco; vieron que era británico y enseguida salieron a perseguirlo. Al aproximarse vieron un segundo barco, y luego un tercero. Decatur giró para escapar de la trampa, pero ya era demasiado tarde. Los tres barcos británicos, el *Amphyon*, el *Nymph* y el balandro *Pomona*, se acercaron. Pronto quedó claro que el *Royal Louis* tenía dos opciones: rendirse o ser hundido.

El *Royal Louis* arrió su bandera. Se había rendido, y sus tripulantes eran ahora prisioneros. Forten estaba aterrorizado. Había oído que los británicos enviaban a los africanos capturados a las Antillas para venderlos como esclavos. Sabía que el *Pomona* había navegado varias veces entre las colonias y la isla de Barbados, donde muchos africanos languidecían como esclavos. Eran tiempos de mucho temor.

El famoso barco-prisión británico *Jersey*, que estaba anclado en Long Island, Nueva York.

Llevaron a James a bordo del *Amphyon* con otros compañeros de tripulación. A bordo del barco británico, el capitán Beasley revisó a los prisioneros. Había varios muchachos entre los tripulantes norteamericanos, y él los separó de los hombres mayores.

El hijo del capitán Beasley miró a los muchachos capturados. Muchos de ellos eran menores que él. Aunque seguían siendo prisioneros, a los muchachos se les dio mayor libertad que a los hombres, y el hijo de Beasley vio a los norteamericanos jugando a las canicas. Se sumó al juego, y así se hizo amigo de Forten.

El resultado de esa amistad provisional fue que el capitán Beasley no envió a Forten, como podría haberlo hecho, en un barco dirigido a las Antillas y a la esclavitud. En cambio, lo trataron como un prisionero de guerra común y lo enviaron al barco de prisioneros *Jersey*.

Sombrío e imponente, el *Jersey* era un barco de sesenta cañones anclado en Long Island, en Nueva York. Era muy viejo para usar en la guerra y se había utilizado primero como barco-hospital y luego como barco-prisión. Habían sellado las portillas y habían cortado cuadrados de veinte pulgadas a los lados del barco. A lo largo de estos cuadrados colocaron barras de hierro.

El capitán del *Jersey* recibió a los prisioneros despectivamente. Los revisaron a todos bajo la atenta mirada de los marinos británicos. Los heridos y los enfermos no recibían tratamiento. Se oían tristes lamentos de otros prisioneros bajo la cubierta. Unos cuantos prisioneros pálidos y enfermizos, repletos de llagas, estaban apiñados junto a un barril de agua. Entonces se escuchó el grito que algunos oirían durante meses, otros durante años.

—¡Abajo los rebeldes, abajo!

Eran rebeldes contra el rey, para ser odiados, o quizás colgados. Los llamaban traidores, no soldados patriotas. A James lo empujaron para que entrara en fila en la cubierta. Los hombres en la fila andaban arrastrando los pies hacia el barril de agua, donde cada uno llenaba una cantimplora con una pinta de agua. Entonces los empujaban de mala manera bajo cubierta.

La bodega del barco estaba oscura. La poca luz que entraba provenía de los pequeños cuadrados a lo largo del casco. El aire era frío y húmedo. Algunos de los prisioneros se quejaban. Otros operaban bombas de agua para retirar el agua del fondo del barco.

Era difícil conciliar el sueño, y James no estaba seguro de que no lo venderían como esclavo. Recordaba que le había caído en gracia al hijo de Beasley, y el muchacho se había ofrecido a persuadir a su padre para que llevara a James a Inglaterra. Eso habría sido mejor que la bodega del *Jersey*.

Por la mañana, lo primero que hacía la tripulación era revisar cuántos prisioneros habían muerto esa noche. Muchos prisioneros padecían la fiebre amarilla. Para ellos, la muerte solo sería cuestión de tiempo.

Forten más tarde aseguró que el juego de canicas con el hijo de Beasley lo había salvado de una vida de esclavitud en las Antillas. Pero el 1 de noviembre, dos semanas después de la captura del *Royal Louis*, llegaron noticias a Nueva York de que el general de brigada Charles Cornwallis se había rendido ante George Washington. Washington había protestado enérgicamente por la práctica británica de enviar prisioneros a las Antillas. Probablemente fue la noticia de la victoria, más que un juego de canicas, la que salvó al joven marinero.

ANALIZAR EL TEXTO

Secuencia de sucesos ¿Por qué James Forten terminó en el barco con el hijo del capitán Beasley?

Esta acuarela de un artista desconocido fue pintada
probablemente en la época en que vivió Forten.

James Forten no fue un héroe. No derrotó por su cuenta a los británicos ni hundió un solo barco. Pero luchó, como tantos africanos, por la libertad de Estados Unidos, y luchó bien. Fue solo uno de lo miles de africanos que ayudaron a crear el país conocido como Estados Unidos de América.

En Philadelphia, tras la guerra, James Forten se hizo aprendiz del hombre para quien había trabajado su padre, Robert Bridges. Como su padre, James era un trabajador incansable. Con el tiempo, se encargaría del negocio de Robert Bridges, y en 1798 ya era su propietario. En su mejor época, el negocio dio empleo a cuarenta trabajadores, negros y blancos. Forten se convirtió en uno de los hombres más ricos de Philadelphia. Se casó y formó una familia, a la que transmitió los valores del trabajo que había aprendido de su padre. Forten hizo varias contribuciones importantes al negocio de la confección de velas, entre ellos un método para manejar las enormes velas en el taller que permitía repararlas con mayor rapidez y ahorrar tiempo valioso a los propietarios de los barcos. En los años siguientes usaría su gran riqueza para apoyar a grupos antiesclavistas y el derecho de la mujer al voto, en una época en que más del 90 por ciento de los africanos en Estados Unidos aún eran esclavos.

James Forten se convirtió en uno de los abolicionistas africanos más influyentes. Pasó gran parte de su vida abogando por la libertad de su pueblo en el país que su gente había ayudado a crear.

ANALIZAR EL TEXTO

Ideas principales y detalles ¿Cuáles son las ideas principales del texto? ¿Cómo lo sabes? ¿Cuál parece ser la idea principal general del texto?

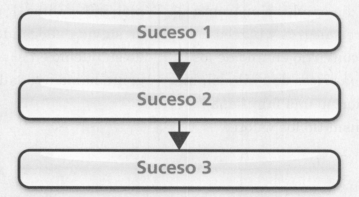

COMPRENSIÓN

Ahora analiza

Cómo analizar el texto

Usa estas páginas para aprender acerca de Secuencia de sucesos, Explicar sucesos históricos e Ideas principales y detalles. Luego, vuelve a leer *James Forten* para aplicar lo que has aprendido.

Secuencia de sucesos

Los autores de biografías como *James Forten* generalmente organizan su texto con una **secuencia de sucesos** para narrar la vida de una persona. La secuencia de sucesos hace referencia al orden en que ocurren los sucesos. Este patrón de organización, o **estructura del texto,** ayuda a los lectores a comprender las cosas que ocurrieron en la vida de la persona y cuándo ocurrieron.

Los autores pueden incluir fechas o mencionar la edad de la persona para mostrar el orden cronológico de los sucesos y cómo están relacionados. Por ejemplo, el autor dice que James Forten "solo tenía siete años" cuando su padre murió. Las palabras y frases como *después* y *luego* también indican orden cronológico.

Usa un organizador gráfico como el siguiente para registrar los sucesos a medida que aparecen en el texto.

Suceso 1
↓
Suceso 2
↓
Suceso 3

ESTÁNDARES COMUNES

RI.5.1 quote accurately when explaining what the text says explicitly and when drawing inferences; **RI.5.2** determine two or more main ideas and explain how they are supported by details/summarize; **RI.5.3** explain the relationships between individuals/events/ concepts in a text; **RI.5.10** read and comprehend informational texts

Explicar sucesos históricos

James Forten vivió en una época apasionante de la historia. Para contar su historia completa, el autor debe incluir detalles de los **sucesos históricos** que influyeron en su vida. Vuelve a leer la página 429. En esa página, los lectores aprenden sobre la derrota del general de brigada Charles Cornwallis a manos de George Washington. Este suceso es importante porque puso fin a la guerra. También evitó que vendieran a James como esclavo.

Ideas principales y detalles

La **idea principal** de cada parte de una biografía contribuye con el punto general que el autor quiere expresar sobre el tema. La elección de **detalles** que hace el autor ayuda a apoyar cada idea principal. Por ejemplo, en la página 426, la descripción de la batalla entre los dos barcos apoya la idea principal de que James Forten era valiente y diligente. Aunque corría un gran peligro, no dejó de hacer su trabajo: suministrar pólvora.

Es tu turno

mi **Escritura genial**

REPASAR LA PREGUNTA ESENCIAL

Turnarse y comentar

Repasa la selección y prepárate para comentar esta pregunta: *¿Qué sucesos o sentimientos llevarían a alguien a luchar por la libertad?* Mientras comentas tus ideas con un compañero, anota los puntos clave. Presenta un resumen de la discusión a la clase.

 Comentar en la clase

Para continuar comentando *James Forten*, explica tus respuestas a estas preguntas usando evidencia del texto:

1 ¿Cómo influyeron los padres de James Forten en su vida?

2 ¿Cómo resumirías las experiencias de Forten en la guerra?

3 ¿Qué tiene James Forten que lo convierte en un buen tema para una biografía?

ANALIZAR EL PROPÓSITO DEL AUTOR

Comentar en una mesa redonda Los autores de biografías eligen cuidadosamente los detalles que ayudarán a los lectores a "ver" a la persona sobre la que escriben. En grupos pequeños, vuelvan a leer la última página de *James Forten*. ¿Por qué creen que el autor incluyó información sobre la vida de James Forten después de la guerra? En grupo, expliquen cómo estos detalles influyen en la visión que tienen de Forten.

434

ESCRIBE SOBRE LO QUE LEÍSTE

Respuesta James Forten pasó de trabajar en una tienda pequeña a eludir disparos en un barco norteamericano que luchaba contra un barco británico. ¿Qué sucesos lo llevaron por ese camino? Escribe un párrafo en el que expliques cómo Forten pasó a servir a su país durante la Guerra de Independencia. Apoya tu explicación con citas e información específica del texto.

Sugerencia para la escritura

Antes de comenzar a escribir, anota los sucesos que quieres incluir en tu párrafo. Asegúrate de que estén en un orden secuencial.

ESTÁNDARES COMUNES **RI.5.1** quote accurately when explaining what the text says explicitly and when drawing inferences; **RI.5.3** explain the relationships between individuals/events/ideas/concepts in a text; **W.5.9b** apply grade 5 Reading standards to informational texts; **SL.5.1a** come to discussions prepared/explicitly draw on preparation and other information about the topic; **SL.5.1d** review key ideas expressed and draw conclusions in light of information from the discussions

TEXTO INFORMATIVO

✓ GÉNERO

Un **texto informativo**, como este artículo de revista, proporciona información basada en hechos reales sobre un tema o un suceso.

✓ ENFOQUE EN EL TEXTO

Las **fuentes primarias,** como esta entrevista, proporcionan información adicional sobre el tema principal y sobre la época en que sucedió.

RI.5.10 read and comprehend informational texts

Aprende en línea

Charles Price recrea la Guerra de Independencia
por Marcus Duren

El 19 de abril de cada año, Charles Price, de Lexington, Massachusetts, es uno de los setenta y siete *minutemen* (hombres preparados para luchar "con un minuto de aviso") de la actual milicia de Lexington que se reúnen para recrear los sucesos que tuvieron lugar durante la Batalla de Lexington, en 1775. El primer disparo de la Guerra de Independencia ocurrió durante esta influyente batalla.

Los milicianos actuales de Lexington prestan el mismo juramento que los milicianos originales. Cada uno representa a una persona real de la historia. Price representa a Prince Estabrook, el único afroamericano que participó en la batalla. Le preguntamos sobre los distintos aspectos de la recreación histórica.

¿Cómo consiguió información sobre Prince Estabrook?

Fue bastante difícil. En general, no se llevaban registros de los esclavos. Hay algunos documentos antiguos, pero algunos de ellos están en muy malas condiciones.

¿Cómo llegó Prince Estabrook a ser miembro de la milicia?

Se me ocurren solo dos explicaciones. Una, es muy probable que su amo lo haya enviado en su lugar. La otra razón es que quizás Estabrook pensó que si luchaba, conseguiría su libertad.

¡La recreación es tan realista! ¿Cómo se aseguran de que nadie se lastime?

Enfatizamos: ¡seguridad, seguridad, seguridad! Realizamos muchos ensayos previos.

Charles Price como
Prince Estabrook

Recrear el escenario de una batalla requiere práctica y destreza. Todo es históricamente correcto, desde los uniformes hasta las provisiones.

437

¿Hay niños en la recreación?

Tenemos niños que salen a encargarse de los soldados heridos. Mi hija participó durante aproximadamente diez años.

¿Qué más deberían saber los estudiantes acerca de los milicianos de Lexington?

Estas personas arriesgaron todo lo que tenían para salir a luchar. Si eran derrotados o capturados, podrían haber sido colgados en la horca como traidores. Creo que actualmente las personas no se dan cuenta de todo lo que estaba en juego para estas personas. Cada una de ellas fue un héroe.

Libertos, esclavos, soldados

Las personas de ascendencia africana realizaron contribuciones a la Guerra de Independencia por diferentes motivos. Un liberto normalmente obtenía un mejor salario como soldado que como agricultor o aprendiz. También era habitual que los esclavos combatieran en lugar de sus amos, quienes decidían no luchar.

Tanto el ejército británico como el ejército patriota necesitaban soldados con urgencia. Las autoridades de ambos bandos a veces intentaban persuadir a los esclavos para que se enrolaran, ofreciéndoles liberar al pueblo esclavizado al finalizar la guerra. Sin embargo, los esclavos sabían que esta oferta provisional podía revertirse si el bando por el cual combatían era derrotado.

Comparar el texto

DE TEXTO A TEXTO

Comentar biografías Tanto *James Forten* como *Se llamaba Molly LaJarra* (Lección 13) cuentan sobre la vida de personas reales. Con un compañero, compara y contrasta las dos selecciones. Comenten los siguientes elementos en cada una: tipos de detalles que incluye cada autor, imágenes que presentan sobre su tema, la organización de la estructura de cada texto. Compartan la comparación con otra pareja de compañeros.

EL TEXTO Y TÚ

Describir a un héroe común James Forten y Prince Estabrook fueron personas comunes que hicieron grandes contribuciones a la historia. Piensa en una persona común que conozcas y que influye en la vida de los demás. Escribe una composición breve sobre su contribución. Incluye detalles y ejemplos que aclaren tus conceptos.

EL TEXTO Y EL MUNDO

Aprender sobre recreaciones *Charles Price recrea la Guerra de Independencia* describe una recreación militar que tiene lugar cada año en Lexington, Massachusetts. Trabaja con un grupo pequeño para investigar una recreación histórica de tu región o de tu estado. Dibuja un cartel que promocione el suceso. Luego, presenta el cartel a otro grupo. Comenta con tus compañeros lo que has aprendido y haz preguntas sobre la información dada en cada presentación.

Aprende en línea

ESTÁNDARES COMUNES

RI.5.5 compare and contrast the overall structure in two or more texts; **W.5.7** conduct short research projects that use several sources to build knowledge through investigation; **SL.5.1a** come to discussions prepared/explicitly draw on preparation and other information about the topic; **SL.5.1c** pose and respond to questions, make comments that contribute to the discussion, and elaborate on others' remarks

439

Gramática

Aprende en línea

¿Qué son la coma y el punto y coma? Tanto la **coma** (,) como el **punto y coma** (;) son signos de puntuación que se usan dentro de una oración. Separan claramente las diferentes partes de una oración y ayudan a los lectores a entender el significado de la oración.

Uso de la coma	Ejemplo
Separa los elementos de una serie o lista.	Los soldados africanos tenían coraje, orgullo, fuerza y dignidad.
Separa las palabras y frases introductorias.	Hacia el año 1781, la guerra casi había terminado.
Separa las palabras *sí* y *no*.	No, no tenemos tiempo de visitar el museo de guerra hoy.
Separa el nombre cuando se habla directamente a alguien.	¿Puedes imaginar qué se siente al estar en medio de una batalla, María?
Separa una pregunta al final de una oración.	Esa fue una batalla importante, ¿no?
Uso del punto y coma	Ejemplo
Separa los elementos de una serie que contiene comas.	Hubo batallas en Lexington, Massachusetts; Fort Ticonderoga, Nueva York; y Trenton, Nueva Jersey.

Inténtalo **Vuelve a escribir cada oración en una hoja aparte con la puntuación correcta.**

1. Leer biografías es una buena forma de aprender sobre la historia ¿no lo crees?

2. Sí reabastecieron el barco con agua fresca fruta y harina de maíz.

3. Hemos visto recreaciones el 17 de mayo, en 2011 el 4 de junio, en 2011 el 5 de agosto, en 2011 y finalmente el 9 de septiembre, en 2011.

4. ¡Trae más pólvora y apúrate James!

Si se omite o se usa mal una coma o un punto y coma, se puede confundir a los lectores. Cuando revises tu escritura, asegúrate de que las diferentes partes de tus oraciones estén separadas con los signos de puntuación correctos. También asegúrate de no haber usado una coma o un punto y coma donde no corresponda.

Puntuación incorrecta	Puntuación correcta

Sí nuestro capitán, dirigió el barco cuidadosamente a través de fuertes vientos poderosas corrientes rocas afiladas y otros obstáculos.	Sí, nuestro capitán dirigió el barco cuidadosamente a través de fuertes vientos, poderosas corrientes, rocas afiladas y otros obstáculos.

 ## Relacionar la gramática con la escritura

Mientras revisas tu ensayo persuasivo la semana próxima, busca detenidamente lugares donde debas incluir una coma o un punto y coma. Corrige cualquier error que encuentres. Si usas estos signos de puntuación correctamente, tu escritura será más clara y fácil de seguir.

W.5.5 develop and strengthen writing by planning, revising, editing, rewriting, or trying a new approach; **W.5.8** recall information from experiences or gather information from print and digital sources/summarize and paraphrase information and provide a list of sources

Escritura de opinión

Taller de lectoescritura: Preparación para la escritura

✔️ **Organización** Los buenos escritores organizan sus ideas antes de escribir un **ensayo persuasivo**. Un organizador gráfico te puede ayudar a identificar y organizar tu opinión y las razones y detalles que la apoyan.

Para su ensayo persuasivo, Derek eligió escribir acerca de James Forten, así que hizo unas investigaciones y tomó notas sobre sus fuentes. Después, usó un mapa de apoyo de ideas para organizar sus razones y los detalles de apoyo. Más tarde, revisó el mapa para enunciar más claramente sus ideas y ordenarlas de manera lógica.

Usa la siguiente Lista de control como preparación para la escritura.

Lista de control del proceso de escritura

▶ **Preparación para la escritura**

✔️ ¿Enuncié una opinión de forma clara?

✔️ ¿Enumeré razones que apoyen esta opinión?

✔️ ¿Incluí hechos, detalles y ejemplos que apoyen mis conceptos?

✔️ ¿Organicé mis ideas de manera clara y lógica?

Hacer un borrador

Revisar

Corregir

Publicar y compartir

Explorar un tema

James Forten durante la Guerra de Independencia

—muchacho de la pólvora en el barco

—llevaba la pólvora a los cañones

—capturado por los británicos

Myers, Walter Dean: <u>Now Is Your Time!</u> Nueva York, NY: HarperCollins Publishers, 1992, págs. 57 a 62.

James Forten después de la guerra

— líder en Philadelphia

— consiguió a 2,500 afroamericanos para combatir a los británicos (Guerra de 1812)

— parte del movimiento abolicionista

— periódico que se oponía a la esclavitud

Ball, Maggie. <u>The Life and Times of James Forten.</u> Denver, CO: Sled Dog Press, 2007. págs. 35 a 37

Mapa de apoyo de ideas

Opinión: James Forten debería recibir reconocimiento por su papel en la historia de nuestra nación.

Razón: James Forten trabajó en un barco de guerra durante la Guerra de Independencia.

Detalle: Llevaba la pólvora para meter en los cañones.

Detalle: Pasó varios meses en un barco-prisión británico.

Razón: Después de la guerra, James Forten fue un líder importante de Philadelphia.

Detalle: Consiguió a 2,500 afroamericanos para combatir contra los británicos en la Guerra de 1812.

Detalle: Como parte del movimiento abolicionista, dio dinero a un periódico que se oponía a la esclavitud.

Leer como escritor

¿Cómo puede el mapa de apoyo de ideas de Derek ayudarlo a desarrollar párrafos bien organizados? ¿Cómo podría ayudarte un mapa de apoyo de ideas a hacer un borrador de tu ensayo persuasivo?

Tomé notas sobre James Forten y las usé para crear un mapa de apoyo de ideas. Enumeré razones para apoyar mi opinión. Después, agregué detalles para apoyar mis razones. Esto me ayudó a organizar mis ideas.

Vocabulario en contexto

Librito de vocabulario

Tarjetas de contexto

L.5.6 acquire and use general academic and domain-specific words and phrases

444

1 rural

Muchos niños coloniales vivían con sus familias en un área rural, en granjas en el campo, como esta.

2 agotador

Para estos niños, recoger leña para el fuego es agotador y aburrido.

3 carecer

Los soldados coloniales que carecían de zapatos en Valley Forge envolvían sus pies en tela.

4 personalmente

En hogares adinerados, a menudo los miembros de la familia eran atendidos personalmente por sirvientes.

Aprende en línea

▶ Estudia cada Tarjeta de contexto.

▶ Usa un diccionario para aclarar la categoría gramatical de cada palabra del Vocabulario.

5 organizar

Después de terminar sus tareas, los niños coloniales podían armar, u organizar, sus juegos.

6 burlar

Los estudiantes problemáticos debían usar una gorra de burro para que se burlaran de su mal comportamiento.

7 eficiente

Las niñas aprendían a ser eficientes cuando cosían. No malgastaban el hilo escaso.

8 armarse de valor

El policía debió armarse de valor para recuperar esta obra de arte que había sido robada.

9 imitar

Las niñas coloniales creaban representaciones con muñecas que imitaban situaciones reales.

10 estruendo

El día del cumpleaños de Washington, en 1846, el estruendo de la Campana de la Libertad hizo que esta se rajara.

Leer y comprender

Aprende en línea

☑ DESTREZA CLAVE

Comparar y contrastar La selección *Nosotros también estuvimos allí* permite a los lectores comparar y contrastar las experiencias de dos jóvenes que participaron en la Guerra de Independencia. Mientras lees, busca evidencia del texto que te ayude a pensar en las semejanzas y las diferencias entre las situaciones de los dos personajes, sus motivos y sus características. Anota las semejanzas y las diferencias entre los dos patriotas en un organizador gráfico como el siguiente.

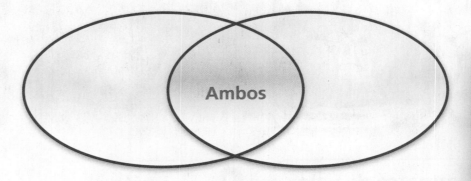

Ambos

☑ ESTRATEGIA CLAVE

Verificar/Aclarar Mientras lees la selección, haz pausas con frecuencia para **verificar** si comprendes bien lo que estás leyendo. Vuelve a leer algunas secciones del texto o haz preguntas como ayuda para **aclarar,** o entender, los detalles que no tengan sentido.

Patriotismo

El patriotismo es el amor que uno siente por su país. Durante la Guerra de Independencia, muchos colonos demostraron su patriotismo al luchar para liberar a su nueva nación del gobierno británico. Al comienzo, no existía un ejército norteamericano regular y, por eso, los colonos organizaron milicias: fuerzas armadas integradas por personas comunes en lugar de soldados profesionales. Algunas de las primeras batallas clave de la Guerra de Independencia fueron libradas por las tropas de milicianos.

Nosotros también estuvimos allí describe la manera en la que dos adolescentes norteamericanos demostraron su patriotismo: uno, alistándose en el ejército, y la otra, viajando a través del país para llamar a los miembros de la milicia a la batalla.

TEXTO PRINCIPAL

☑ DESTREZA CLAVE

Comparar y contrastar
Examina cómo el autor describe en qué se parecen y en qué se diferencian dos personajes.

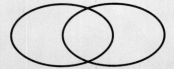

☑ GÉNERO

Una **biografía** nos cuenta sucesos de la vida de una persona y está escrita por otra persona.

Mientras lees, busca:

► información que indique por qué la persona es importante,
► sucesos de la vida de la persona en orden cronológico y
► un punto de vista en tercera persona.

ESTÁNDARES COMUNES **RI.5.3** explain the relationships between individuals/events/ideas/concepts in a text; **RI.5.10** read and comprehend informational texts

Aprende en línea

CONOCE AL AUTOR
Phillip Hoose

La idea para *Nosotros también estuvimos allí* se le ocurrió a Phillip Hoose mientras le hacía una entrevista a una joven activista social llamada Sarah Rosen para su libro *It's Our World, Too!* Ella dijo: "No nos enseñan sobre los jóvenes que trabajaron por el cambio. Cuando estudias historia, prácticamente sientes que no eres una persona real". Hoose decidió tomar acción al respecto y comenzó a escribir sobre la historia de nuestra nación a través de las historias de más de setenta jóvenes asombrosos.

Nosotros también estuvimos allí

por Phillip Hoose

PREGUNTA ESENCIAL

¿Cómo se relacionan el patriotismo y el coraje?

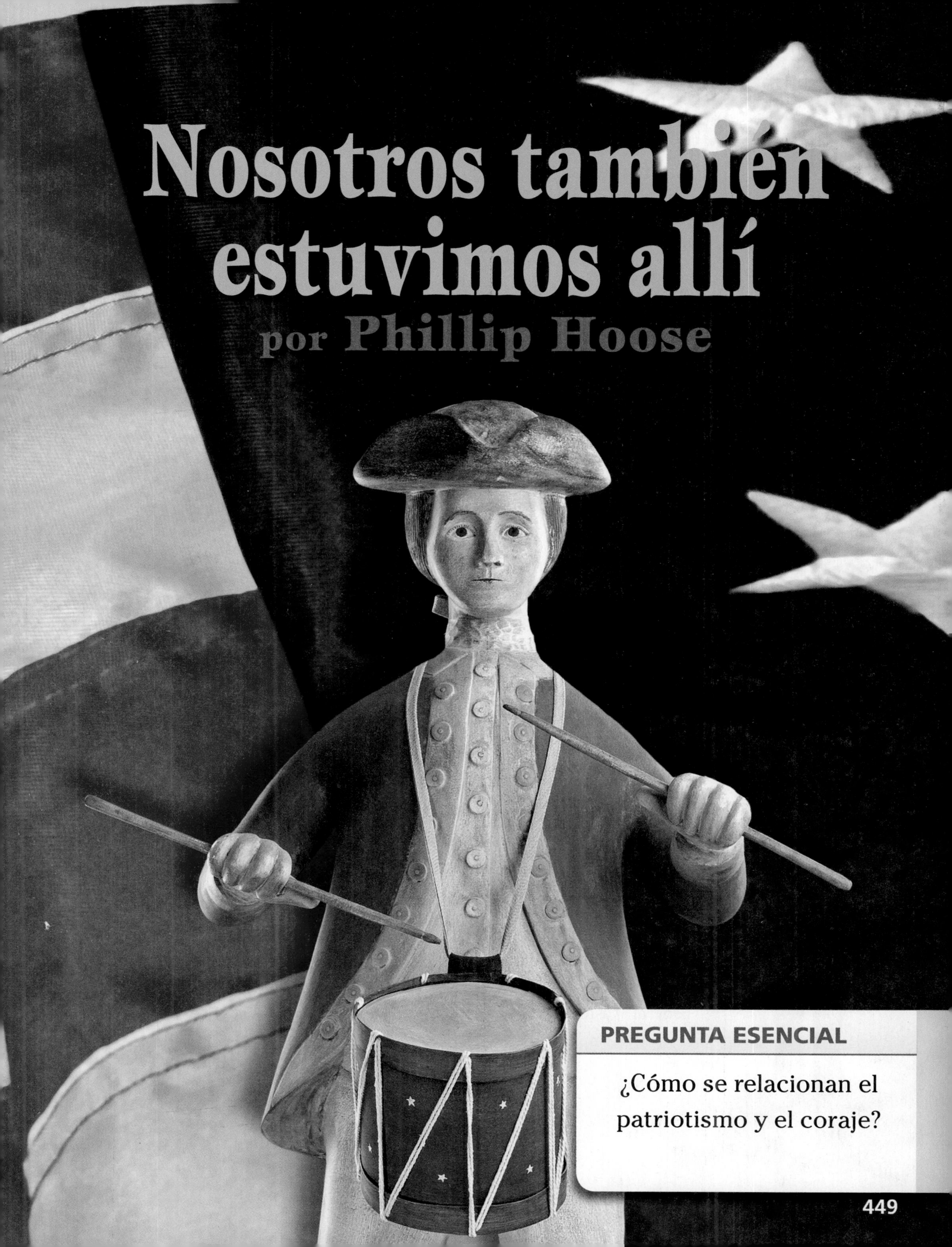

"El aroma de la guerra comenzaba a ser muy fuerte".

Joseph Plumb Martin:

"Y entonces fui un soldado".

Milford, Connecticut, 1775

Joseph Plumb Martin era un muchacho alto, fuerte y trabajador que creció en la granja de sus abuelos en Connecticut. Aunque nunca fue a la escuela, escribió uno de los mejores diarios acerca de la Guerra de Independencia.

Joseph Martin araba la tierra mientras su abuelo caminaba junto a él guiando al caballo. Era una mañana fresca de abril, un día perfecto para sembrar. De repente, el silencio se rompió por el ruido de campanas y disparos en Milford. Joseph dejó caer el arado y corrió hacia la ciudad. Su abuelo lo siguió tan rápido como pudo.

Una multitud se había reunido frente a la taberna, donde un jinete de New Haven gritaba las novedades de hacía tres días: había habido una batalla sangrienta en Concord, Massachusetts. Muchos habían muerto. Necesitaban soldados. La recompensa para aquel que se alistara en el ejército y marchara a Nueva York para unirse al general Washington sería un dólar de plata.

Joseph solo tenía catorce años, uno menos que la edad necesaria para alistarse. Hasta ese día, sus pensamientos sobre ser soldado siempre habían sido claros: "Me siento un verdadero cobarde. ¿Arriesgar mis restos donde vuelan las balas? No es lo mío. Mejor me quedo en casa, fuera de peligro", pensaba.

Pero ahora, amigos de su edad e incluso más jóvenes estaban garabateando sus nombres y tomando esos dólares mientras los adultos gritaban con entusiasmo. Joseph estaba destrozado. Odiaba quedarse en casa mientras sus amigos marchaban a la gloria y la idea de aquella moneda de plata hacía que "las semillas del valor comenzaran a brotar", pero necesitaba más tiempo para acostumbrarse a la idea. Dos meses más tarde, estaba preparado. El 25 de junio de 1776, Joseph se escabulló de la casa de sus abuelos y se fue a la ciudad, con la idea de alistarse por seis meses, el menor tiempo posible. Unos chicos que conocía lo vieron llegar y comenzaron a burlarse de él:

—Vamos, si tú te alistas, lo haré yo también —dijo uno.

—Hace mucho que hablas de esto —dijo otro.

—Vamos, este es el momento.

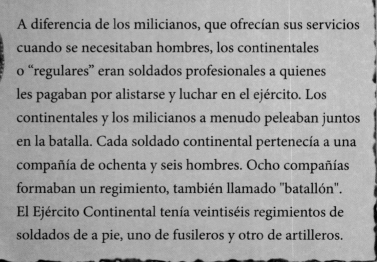

REGULARES

A diferencia de los milicianos, que ofrecían sus servicios cuando se necesitaban hombres, los continentales o "regulares" eran soldados profesionales a quienes les pagaban por alistarse y luchar en el ejército. Los continentales y los milicianos a menudo peleaban juntos en la batalla. Cada soldado continental pertenecía a una compañía de ochenta y seis hombres. Ocho compañías formaban un regimiento, también llamado "batallón". El Ejército Continental tenía veintiséis regimientos de soldados de a pie, uno de fusileros y otro de artilleros.

"Pensé para mis adentros: "Sus burlas no me empujarán a que lo haga o deje de hacerlo. Haré lo que yo decida…". Así que me senté a la mesa e inmediatamente me presentaron las órdenes de reclutamiento. Tomé la pluma, la preparé con la carga fatal e imité varias formas de escribir mi nombre, teniendo especial cuidado de no tocar el papel con la pluma, hasta que un [amigo] funesto, apoyándose sobre mi hombro, me golpeó la mano y provocó que la pluma hiciera una calamitosa raya en el papel.

—Oh —dijo él—, se ha reclutado.

"Bueno", pensé, "terminaré de una vez este asunto". Escribí mi nombre en la parte superior del contrato. Y me convertí en un soldado, al menos de nombre".

Sus abuelos no estaban contentos, pero "lo prepararon" con ropa, un mosquete y pólvora. Su abuela le dio queso y pastel que guardó en su mochila. Joseph zarpó hacia Nueva York para unirse a la compañía Connecticut. Durante más de un mes, todo lo que hicieron fue marchar en desfiles y practicar simulacros. Su mayor problema fue acostumbrarse a la comida: tocino o carne de res hervida, pan duro y nabos o papas hervidas.

ANALIZAR EL TEXTO

Estructura del texto Para contar la historia de Joseph Plumb Martin, el autor usa una estructura de secuencia de sucesos. ¿De qué manera esta estructura del texto te ayuda a comprender mejor las elecciones y acciones de Joseph?

Un hombre joven se arma de valor y firma la orden de reclutamiento que lo hará soldado del Ejército Continental.

Pero, incluso mientras hacían prácticas, cientos de buques de guerra británicos llegaban cerca de Staten Island, de los que desembarcaban 32,000 soldados de casaca roja. A fines de agosto, la compañía de Joseph recibió la orden de dirigirse a Long Island para evitar que las fuerzas británicas tomaran la Ciudad de Nueva York. Justo antes de marchar, Joseph se subió al techo de una casa y miró, entrecerrando los ojos, en dirección al campo de batalla: "Vi con claridad el humo de la artillería, pero a la distancia y con el viento en contra no podía oír sino muy débilmente su fragor. Los horrores de la batalla se presentaron en mi mente con toda su ferocidad. 'Y allí estaré pronto yo', pensé".

Tomaron un barco para cruzar el río East hasta Brooklyn y marcharon hacia un campo. Los disparos eran más y más fuertes a cada paso hasta que sonaban como un trueno. "Comenzamos a encontrar hombres heridos, otra visión que no conocía, algunos con brazos y cabezas rotas. La visión de todo eso me intimidó un poco y me hizo pensar en casa".

Y, de repente, él estaba también peleando. "Nuestros oficiales… se apresuraron hacia un arroyo, donde un gran grupo de norteamericanos y británicos estaban combatiendo. Cuando llegamos, el enemigo ya había empujado a nuestros hombres al arroyo… donde los que sabían nadar, cruzaron. Mientras que aquellos que no sabían nadar ni encontraron algo para mantenerse a flote, se hundieron".

En la orilla opuesta del arroyo Gowanus, él podía divisar una larga fila de soldados británicos, guerreros profesionales del que era el mejor ejército del mundo. De pie, rectos y altos, con sus casacas rojas, disparaban bajo órdenes a los norteamericanos en retirada. El arroyo se iba llenando de cuerpos de norteamericanos. La compañía de Joseph respondió disparando con ferocidad con el fin de proteger a aquellos que todavía seguían luchando contra el agua.

Luego marcharon a una parte de Manhattan llamada Kip's Bay y se prepararon para otra batalla. Una noche acamparon tan cerca de un buque de guerra británico que Joseph podía oír cómo los soldados de guardia se burlaban de los norteamericanos. Un domingo, temprano por la mañana, Joseph se coló en un depósito de mercancías buscando un inusitado momento de privacidad y paz. Estaba sentado en un banco, leyendo algunos papeles que había encontrado, cuando "de repente, escuché tal estruendo en el barco británico que pensé que mi cabeza iba a explotar. Di un salto de rana y me quedé tan quieto como pude, mientras comenzaba a considerar qué parte de mi cuerpo perdería primero". Pronto, todos salieron corriendo para salvar sus vidas, saltando sobre los cuerpos de sus compañeros. Como dijo Joseph, "el miedo y el desorden parecieron tomar posesión de todos y de todo ese día".

RECLUTAMIENTO DEL EJÉRCITO CONTINENTAL

Después de la ola de entusiasmo que invadió a Joseph Plumb Martin y a sus amigos en 1775, el reclutamiento del ejército se volvió más difícil cada año. Parte del problema era que los soldados continentales, con uniformes hechos jirones que ellos mismos tenían que conseguir, se enfrentaban a fuerzas armadas británicas bien equipadas. Por lo general peleaban con mosquetes que carecían de bayonetas. La comida era escasa y a los soldados no siempre se les pagaba a tiempo, si se les pagaba. Eso no era demasiado importante, ya que los soldados rasos ganaban solo siete dólares al mes. Algunos soldados desertaron, pero muchos más se quedaron por el deseo de independencia y el respeto hacia el general George Washington.

Joseph todavía estaba vivo cuando llegó octubre y, con las bajas temperaturas, la vida se tornó más incómoda: "Tener que acostarme, como lo he hecho casi todas las noches, en el piso frío y a veces húmedo, sin una manta y con nada más que ropa liviana de verano era agotador… Por la mañana, el piso estaba [casi siempre] blanco como la nieve y con escarcha. O podía llover toda la noche, como un diluvio. Todo lo que se podía hacer, en ese caso, era recostarse, tomar el mosquete en los brazos, asegurarlo entre las piernas y sobrevivir a la intemperie".

Cuando Joseph fue dado de baja del Ejército Continental, el día de Navidad de 1776, sentía que tenía más de quince años. Era un patriota probado en batalla y estaba orgulloso de haberse mantenido firme ante los británicos. Se fue a casa, a cincuenta y dos millas, con cuatro chelines de paga en su bolsillo y suficientes historias para pasar el invierno y más. Trabajó en la granja un año, se aburrió y se alistó otra vez. Cuando la guerra terminó, seis años más tarde, todavía era soldado. También era un ciudadano libre de una nueva nación.

¿QUÉ LE SUCEDIÓ A JOSEPH PLUMB MARTIN?

Se mudó a Maine en 1794 y trabajó en una granja. Se casó y tuvo cinco hijos. Le gustaba escribir, contar historias y dibujar pájaros. Cuando llegó a los setenta años, se publicó su versión de la Guerra de Independencia. Murió en Maine a los noventa años.

ANALIZAR EL TEXTO

Características del texto y de los elementos gráficos En las páginas 450 a 456, el autor usa características del texto y de los elementos gráficos como citas, encabezamientos, cuadros de texto, imágenes y pies de fotos. ¿Qué te ayudan a comprender estas características acerca de Joseph y la Guerra de Independencia?

"¡Los británicos están quemando Danbury!
¡Reunámonos en casa de Ludington!"

Sybil Ludington:

Más lejos que Paul Revere

Fredericksburg, Nueva York, 26 de abril de 1777

Casi todos han oído sobre la cabalgata a medianoche de Paul Revere. Eso se debe a que es el tema de una poesía escrita por Henry Wadsworth Longfellow, poco después de los sucesos. Pero pocas personas saben que, dos años más tarde, una niña de dieciséis años cabalgó mucho más lejos por caminos difíciles. Sola y desarmada, Sybil Ludington corrió en medio de la noche por la libertad.

Poco después de anochecer, la tarde lluviosa del 26 de abril de 1777, el coronel Henry Ludington, comandante de un regimiento de milicianos cerca del límite entre Nueva York y Connecticut, oyó un golpe en la puerta. Afuera había un mensajero, con la lluvia empapándole la capa. Habló con rapidez. Los soldados británicos acababan de incendiar el depósito en Danbury, Connecticut. La comida y las armas del Ejército Continental estaban siendo destruidas. Los soldados estaban quemando casas también. ¿Podría el coronel Ludington reunir a todos sus hombres rápidamente?

SYBIL FUE MÁS LEJOS

El 18 de abril de 1775, Paul Revere galopó de Boston a Lexington burlando las tropas enemigas para advertir a los líderes de los rebeldes norteamericanos que los británicos venían en camino. Cabalgó catorce millas por buenos terrenos durante dos horas, mientras que Sybil Ludington cabalgó toda la noche casi cuarenta millas sobre caminos de carretas y terrenos con surcos en la oscuridad del campo rural.

Era más fácil decirlo que hacerlo. Los milicianos del coronel Ludington vivían en granjas y sus hogares estaban dispersos por todo el campo. Alguien tendría que ir a buscarlos mientras el coronel se quedaba para organizar a los soldados una vez que llegaran. Pero ¿quién podría ir? ¿Quién, además de él, sabía dónde vivían todos y podía cabalgar tantas millas a caballo en la madrugada? En lo profundo de sus pensamientos escuchó la voz de su hija Sybil. Decía que quería ir.

Para Sybil Ludington era una oportunidad inesperada de ayudar en el esfuerzo de la guerra. Como la mayor de ocho hermanos, sus días estaban llenos de quehaceres y responsabilidades. Sin embargo, todas las semanas, cuando los hombres de su padre se ejercitaban en el campo, ella dejaba de trabajar para observarlos. Deseaba poder luchar. La gente decía que estaba contribuyendo a la libertad desde casa, pero ella quería hacer más. De pronto, con esta emergencia en una noche lluviosa, tuvo su oportunidad.

La ruta de la cabalgata nocturna de Sybil Ludington a través de los campos de Nueva York

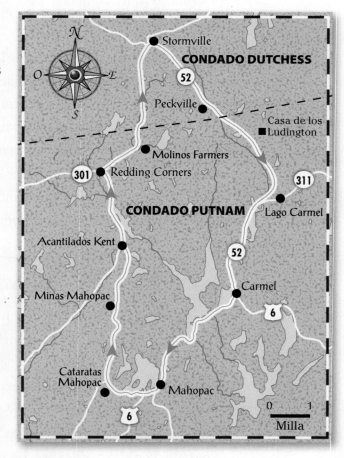

458

Su padre la miró. ¿Cómo podía dejar que se arriesgase? Todo el campo estaba lleno de hombres armados al acecho. Había esquiladores y vaqueros que robaban ganado para los británicos, soldados de ambos lados y desertores que trataban de llegar a casa amparándose en la oscuridad de la noche. Pero Sybil tenía razón: conocía a todos los soldados en la unidad de su padre y era una buena jinete. Su hermana Rebecca, que le seguía en edad, podía cuidar de los niños. Además, la mayoría ya estaban dormidos.

El coronel Ludington caminó con Sybil hacia el granero y sostuvo un farol mientras ella arrojaba una montura sobre su potrillo, Star. Juntos, padre e hija revisaron los nombres de los milicianos y dónde vivían. Luego, el coronel vio cómo Sybil desaparecía en la oscuridad.

Llovía mucho. Ella apartó los pensamientos sobre quién podía aparecer en el camino y se concentró en el mapa que tenía en la cabeza. Sin tiempo que perder, tenía que alcanzar a todos los hombres tomando la ruta más eficiente posible. Recogió una vara larga para golpear las puertas, de manera que no perdiera tiempo desmontándose y volviéndose a montar en Star. Uno a uno, tras escuchar el golpe de la vara, los granjeros soñolientos abrían las puertas y asomaban los mosquetes en la oscuridad. Sybil les daba la alarma a todos: "¡Los británicos están quemando Danbury! ¡Reunámonos en casa de Ludington!" Cuando sabía que habían entendido, salía galopando a toda velocidad y rechazaba cualquier oferta de descansar o tomar algo.

La estatua de bronce de Sybil Ludington cabalgando sobre Star está en Carmel, Nueva York.

En 1975, el servicio de correos de Estados Unidos emitió una estampilla de Sybil Ludington para conmemorar el bicentenario de Estados Unidos.

Tardó hasta el amanecer en llegar a casa. Estaba mojada y dolorida, pero mientras cabalgaba hacia la granja, podía oír los sonidos de los tambores y clarines. Muchos de los hombres de su padre ya estaban ahí, listos para marchar. Pronto, la milicia salió para unirse a otros quinientos soldados coloniales. No llegaron a luchar contra los británicos en Danbury, pero finalmente lucharon y los derrotaron en Ridgefield, Connecticut, unas semanas después.

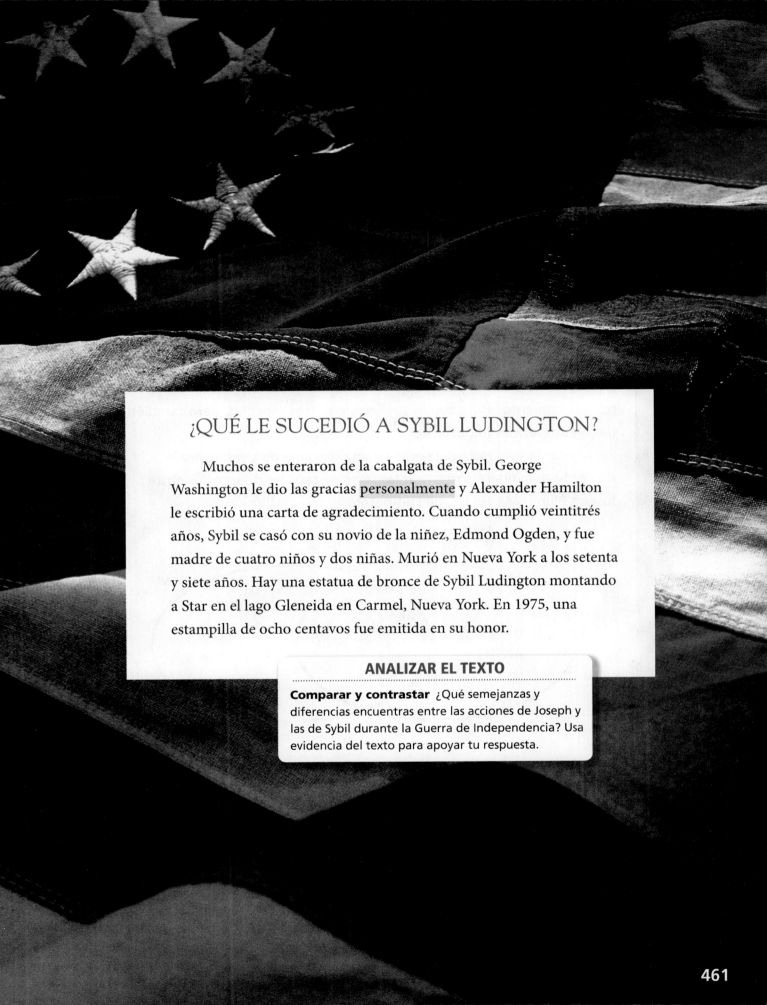

¿QUÉ LE SUCEDIÓ A SYBIL LUDINGTON?

Muchos se enteraron de la cabalgata de Sybil. George Washington le dio las gracias personalmente y Alexander Hamilton le escribió una carta de agradecimiento. Cuando cumplió veintitrés años, Sybil se casó con su novio de la niñez, Edmond Ogden, y fue madre de cuatro niños y dos niñas. Murió en Nueva York a los setenta y siete años. Hay una estatua de bronce de Sybil Ludington montando a Star en el lago Gleneida en Carmel, Nueva York. En 1975, una estampilla de ocho centavos fue emitida en su honor.

ANALIZAR EL TEXTO

Comparar y contrastar ¿Qué semejanzas y diferencias encuentras entre las acciones de Joseph y las de Sybil durante la Guerra de Independencia? Usa evidencia del texto para apoyar tu respuesta.

Ahora analiza

Cómo analizar el texto

Usa estas páginas para aprender acerca de Comparar y contrastar, Características del texto y de los elementos gráficos y Estructura del texto. Luego, vuelve a leer *Nosotros también estuvimos allí* para aplicar lo que has aprendido.

Comparar y contrastar

Cuando **comparas y contrastas** las acciones de dos o más figuras históricas, aprendes más sobre el carácter de cada uno. Las cosas que hacen y las decisiones que toman muestran quiénes son en su interior.

En *Nosotros también estuvimos allí*, Joseph Plumb Martin y Sybil Ludington se parecen porque ambos actúan a favor de su país. Sus comportamientos son además similares en otros aspectos, pero también tienen diferencias importantes.

Anotar la evidencia del texto en un diagrama de Venn como el siguiente te ayudará a registrar las semejanzas y las diferencias entre Joseph Plumb Martin y Sybil Ludington.

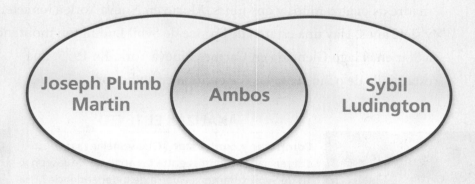

Joseph Plumb Martin | Ambos | Sybil Ludington

ESTÁNDARES COMUNES

RI.5.3 explain the relationships between individuals/events/ideas/concepts in a text; **RI.5.10** read and comprehend informational texts; **RF.5.4a** read on-level text wth purpose and understanding

Características del texto y de los elementos gráficos

Entre las **características del texto y de los elementos gráficos** se incluyen los pies de fotos, las imágenes, los mapas, los encabezamientos y los cuadros de texto. Varios de estos elementos se usan en *Nosotros también estuvimos allí* para dar a los lectores información adicional o para ayudarlos a visualizar un concepto importante. En la página 451, por ejemplo, el término *regulares* se explica por separado en un cuadro de texto. Esta característica proporciona información útil a los lectores sin interrumpir la biografía.

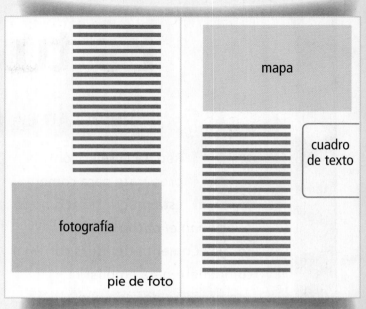

mapa

cuadro de texto

fotografía

pie de foto

Estructura del texto

La estructura del texto es la manera en la que se organiza la información. En las biografías, los autores suelen usar una **estructura del texto** de secuencia de sucesos. Cuentan la vida de una persona en orden cronológico. Las palabras y frases que indican tiempo, como *durante más de un mes, justo antes, primero, después* y *luego*, al igual que las fechas, informan al lector que se está usando una estructura del texto de secuencia de sucesos. Además, lo ayudan a comprender el texto al mostrar las relaciones entre los sucesos.

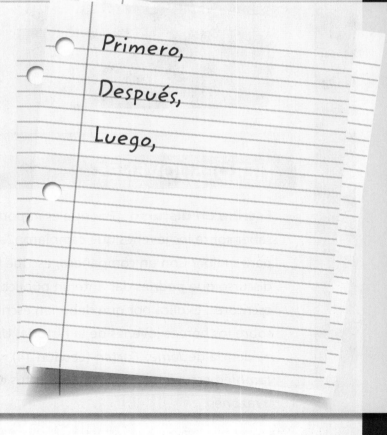

Primero,

Después,

Luego,

Es tu turno

mi
Escritura genial

Turnarse y comentar

Repasa la selección y prepárate para comentar esta pregunta: *¿Cómo se relacionan el patriotismo y el coraje?* Comenta tus ideas con un compañero para ampliar la comprensión de cada uno.

Comentar en la clase

Para continuar comentando *Nosotros también estuvimos allí*, usa evidencia del texto para responder estas preguntas:

1 ¿Por qué el autor incluye detalles que muestran la resistencia de Joseph Plumb Martin a alistarse?

2 ¿Qué revelan las acciones de Sybil Ludington sobre su carácter?

3 ¿Cómo definirías el coraje después de leer esta selección?

HÉROES JÓVENES

Escribe un discurso ¿Por qué es importante saber sobre los jóvenes que cambiaron la historia para mejor? Con un compañero, escribe un discurso que podrías dar ante un público de escritores. Explica por qué deberían escribir más sobre los héroes jóvenes de la historia. Usa citas y evidencia de *James Forten* (Lección 14) y *Nosotros también estuvimos allí* para apoyar tus opiniones y razones.

Respuesta Considera tus impresiones sobre Joseph Plumb Martin y Sybil Ludington después de leer sus biografías. ¿En qué se parecen y en qué se diferencian? ¿A quién admiras más? ¿Por qué? Escribe un párrafo en el que compares y contrastes estas figuras históricas y sus logros. Incluye evidencia del texto y citas para apoyar tus ideas.

Sugerencia para la escritura

Expresa tu opinión al comienzo de tu respuesta. Luego, asegúrate de apoyar tus razones con detalles específicos y citas del texto.

ESTÁNDARES COMUNES

RI.5.3 explain the relationships between individuals/events/ideas/concepts in a text; **W.5.1a** introduce a topic, state an opinion, and create an organizational structure; **W.5.1b** provide logically ordered reasons supported by facts and details; **W.5.9b** apply grade 5 Reading standards to informational texts; **SL.5.1c** pose and respond to questions, make comments that contribute to the discussion, and elaborate on others' remarks

Lección 15
POESÍA

POESÍA PATRIÓTICA

☑ GÉNERO

La **poesía** usa el sonido y el ritmo de las palabras de diversas maneras para sugerir imágenes y expresar sentimientos.

☑ ENFOQUE EN EL TEXTO

Imágenes literarias Los poetas crean descripciones vívidas en sus poemas al usar palabras de determinadas maneras para sugerir imágenes y expresar sentimientos.

ESTÁNDARES COMUNES **RL.5.10** read and comprehend literature

POESÍA PATRIÓTICA

El 18 de abril de 1775, la visión de luces en el campanario de una iglesia hizo que Paul Revere cabalgara, burlando la vigilancia enemiga, de Charlestown a Lexington para avisar a las personas que se prepararan porque venían los británicos. Otros patriotas, como Sybil Ludington, hicieron cabalgatas similares en otras oportunidades, pero Revere se convirtió en una gran leyenda, en parte por el siguiente poema, que reproducimos parcialmente.

La cabalgata nocturna de Paul Revere
por Henry Wadsworth Longfellow

Escuchen, niños míos, y oirán
de la cabalgata nocturna de Paul Revere,
el dieciocho de abril del setenta y cinco.
Hoy ya no hay nadie vivo que recuerde
ese famoso día de ese famoso año.

Revere dijo a su amigo: "Si por tierra o por mar
los británicos marchan desde el pueblo esta noche,
cuelga, como señal luminosa, un farol en lo alto
del campanario de la torre de la Iglesia del Norte:
Un farol si vienen por tierra y dos si vienen por mar.
Y yo estaré allí, en la otra orilla,
listo para cabalgar y dar la alarma
a cada aldea y a cada granja de Middlesex
para que la gente de esta tierra se levante en armas".

Aprende en línea

[Así] su amigo deambula por callejones y calles,
y escucha sigiloso en el silencio que lo rodea
hasta advertir el sonido de las armas y botas
cuando pasan revista frente a las puertas del
    barracón,

Y las pisadas rítmicas de los granaderos
que marchan hasta los botes que están en el
    mar…

En tanto, impaciente, sobre la otra orilla,
a grandes pasos, Paul Revere camina
esperando montarse con botas y espuelas para
    cabalgar…

Ahora acariciando los costados de su caballo,
ahora contemplando el paisaje cercano, el
    paisaje lejano,

Luego, impetuoso, golpeando el suelo,
se vuelve y ciñe cincha y montura;
pero ante todo acecha ansioso
el campanario de la torre de la Iglesia del Norte,
que se yergue en la colina sobre las tumbas,
solitario, fantasmal, sombrío e inmóvil.

Entonces vio, oh, en la altura del campanario,
un resplandor, ¡el resplandor de una luz!
Saltó a la montura y tomó las riendas
pero se detuvo a contemplar que, ante sus ojos,
¡brillaba en el campanario un segundo farol!

Los estados coloniales norteamericanos carecían en su mayor parte de buenas carreteras, sobre todo en las zonas rurales. Viajar era a menudo lento y agotador. Un caballo rápido era la manera más eficiente para viajar y el estruendo de los cascos de un caballo era tan común entonces como lo es hoy en día el rugir del motor de un auto.

Una prisa de cascos por una calle del pueblo,
una figura bajo la luz de la luna, una silueta
   en las sombras,
y desde los guijarros, un destello nacía
al pasar el vuelo intrépido y veloz del corcel.

Así, entre la luz y la sombra, el destino
de una nación cabalgó aquella noche;
y la chispa que prendió el corcel en su vuelo
puso en llamas la tierra con su herradura de
   fuego.

Paul Revere, cabalgó con justicia esa noche;
noche en la que el grito de alarma resonó en
aldeas y granjas de Middlesex.
Grito de desafío, no de temor.
En la noche oscura una voz, un llamado,
¡por siempre palabra que retumbará!

Nacida en la brisa nocturna del pasado,
para siempre en nuestra historia vivirá,
en horas tenebrosas de peligro y de
   necesidad,
la gente al despertar oirá y escuchará
el golpe de los cascos del corcel
y el mensaje de medianoche de Paul Revere.

Escribir un poema patriótico

El patriotismo es el amor que uno siente personalmente por su país.
Escribe un poema patriótico. Primero, piensa y organiza una lista de
ideas. Puedes imitar el estilo de Longfellow empezando tu poema así:
"Escuchen, niños míos, y oirán…". Luego, continúa con tus propias ideas.
Crea descripciones vívidas a través del uso de palabras que sugieran
imágenes y expresen sentimientos. Trata de usar lenguaje figurado
cuando escribas e incluye palabras del Vocabulario, como *burlar*.

Comparar el texto

Comparar textos sobre el patriotismo *Nosotros también estuvimos allí, James Forten* y *Se llamaba Molly LaJarra* tratan sobre personas que influyeron en la Guerra de Independencia. Con un compañero, compara y contrasta las estructuras del texto y las ideas principales de las selecciones. Luego, repasa los sucesos de cada selección. ¿De qué manera ver los sucesos desarrollarse de las mismas maneras que las personas de los textos te ayuda a comprender las experiencias de estas?

EL TEXTO Y TÚ

Expresar tus opiniones Piensa en cómo están retratados los héroes Joseph Plumb Martin, Sybil Ludington y Paul Revere en las selecciones de esta lección. Imagina que trabajas en un periódico. Usa ejemplos de *Nosotros también estuvimos allí* y *Poesía patriótica* para escribir un artículo sobre el patriotismo. Incluye lenguaje adecuado y detalles de apoyo.

EL TEXTO Y EL MUNDO

Aprender sobre lugares Mientras lees *Poesía patriótica*, escribe los nombres de lugares que no te sean familiares. Investiga sobre estos lugares como ayuda para aclarar la acción del poema. Luego, busca cada lugar en un mapa de Estados Unidos.

ESTÁNDARES COMUNES RI.5.3 explain the relationships between individuals/events/ideas/concepts in a text; RI.5.5 compare and contrast the overall structure in two or more texts; RI.5.9 integrate information from several texts on the same topic; W.5.10 write routinely over extended time frames and shorter time frames

ESTÁNDARES COMUNES **L.5.6** acquire and use general academic and domain-specific words and phrases; **W.5.1c** link opinion and reasons using words, phrases, and clauses

Gramática

 Aprende en línea

¿Qué son las transiciones? Las **transiciones** conectan oraciones e ideas. Algunas **palabras y frases de transición,** como *primero, después* y *por último,* indican el orden cronológico o la estructura de secuencia de sucesos y pueden usarse en la escritura narrativa. Otras aparecen con frecuencia en la escritura descriptiva o persuasiva, como *aunque, por otra parte, sin embargo* y *no obstante.* Pueden mostrar comparación o contraste, causa y efecto, u otras relaciones entre las ideas.

Palabras y frases de transición

Usa palabras y frases de transición para narrar sucesos.

Tan pronto como Sybil se enteró de la noticia, supo lo que debía hacer. Primero, le contó el plan a su padre. Cuando él se mostró de acuerdo, ella ensilló su caballo. Después, se fue a cumplir su misión. Horas más tarde, regresó a su casa. Su trabajo había concluido. Finalmente, podía descansar.

Usa palabras y frases de transición para explicar o persuadir.

Para Sybil, tenía sentido que fuera ella la que alertara a los milicianos. A diferencia de algunos de los otros voluntarios, ella sabía dónde vivían todos los soldados. También era una buena jinete. Además, estaba ansiosa por ayudar a su país. Por otra parte, era responsable e inteligente.

 **Inténtalo**

Trabaja con un compañero. Identifica las palabras y frases de transición en las oraciones. Explica si indican secuencia, causa y efecto, o comparación y contraste. Luego, usa las transiciones en oraciones nuevas.

1. Al principio, Joseph Plumb Martin no quería alistarse.

2. Sin embargo, más tarde cambió de idea.

3. Gracias a su diario, conocemos más sobre sus experiencias.

4. Además, podemos comprender mejor la Guerra de Independencia.

Las palabras y frases de transición muestran a los lectores cómo se relacionan tus ideas. Además, ayudan a que tu escritura sea más fluida. Cuando corrijas tu trabajo, asegúrate de haber usado el tipo correcto de transición y de haber colocado las transiciones donde las necesitabas.

Poco claro	Claro
Joseph Plumb Martin fue más valiente que Sybil Ludington. Estuvo en peligro constante. Debió formar parte del ejército al menos seis meses. Tuvo que soportar condiciones de vida muy duras. Sybil pudo regresar a su casa. Su trabajo había concluido.	En mi opinión, Joseph Plumb Martin fue más valiente que Sybil Ludington. Como soldado, estuvo en peligro constante. Además, debió formar parte del ejército al menos seis meses, no solo una noche. También tuvo que soportar condiciones de vida muy duras. A diferencia de Joseph, Sybil pudo regresar a su casa cuando finalizó su tarea.

 ## Relacionar la gramática con la escritura

Mientras corriges tu ensayo persuasivo esta semana, busca oraciones con ideas relacionadas. Escribe palabras y frases de transición donde puedas para hacer que las relaciones entre esas ideas sean más claras.

W.5.1a introduce a topic, state an opinion, and create an organizational structure; **W.5.1b** provide logically ordered reasons supported by facts and details; **W.5.1c** link opinion and reasons using words, phrases, and clauses; **W.5.1d** provide a concluding statement or section; **W.5.5** develop and strengthen writing by planning, revising, editing, rewriting, or trying a new approach

Escritura de opinión

Taller de lectoescritura: Revisar

✔ Elección de palabras En un **ensayo persuasivo,** planteas una opinión o posición clara sobre lo que deseas que tu audiencia piense o haga. Incluye razones poderosas para apoyar tu opinión y apoya esas razones con datos y ejemplos. Para evitar el plagio, escribe los datos con tus propias palabras.

Derek escribió un primer borrador de su ensayo persuasivo acerca de James Forten usando un mapa de apoyo de ideas. Luego, revisó su borrador y reemplazó las palabras poco efectivas o imprecisas por palabras efectivas y específicas para hacer sus ideas más claras y convincentes.

Usa la Lista de control del proceso de escritura mientras revisas tu escritura.

Lista de control del proceso de escritura

Preparación para la escritura

Hacer un borrador

▶ **Revisar**

✔ **¿Presenté mi tema principal y mi opinión claramente?**

✔ **¿Apoyé mi opinión con razones, hechos y detalles ordenados de manera lógica?**

✔ **¿Usé palabras de transición para relacionar mi opinión y mis razones?**

✔ **¿Proporcioné una conclusión convincente?**

Corregir

Publicar y compartir

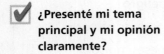
Borrador revisado

Cada alumno que estudie la Guerra de

Independencia ~~enseñará~~ *aprenderá* acerca de John Adams,

George Washington y Thomas Jefferson.

Es posible que el nombre James Forten no sea

tan ~~familiar~~ *conocido*, pero él también tuvo ~~una parte~~ *un papel*

importante en la ~~formación~~ *fundación* de nuestra nación.

James Forten era un africano libre cuyos

padres habían sido esclavos. Durante su juventud,

James ~~estuvo~~ *trabajó* transportando pólvora en un barco

de guerra norteamericano.

472

Por qué debemos recordar a James Forten

por Derek Johnson

Cada alumno que estudie la Guerra de Independencia aprenderá acerca de John Adams, George Washington y Thomas Jefferson. Es posible que el nombre James Forten no sea tan conocido, pero él también tuvo un papel importante en la fundación de nuestra nación.

James Forten era un africano libre cuyos padres habían sido esclavos. Durante su juventud, James trabajó transportando pólvora en un barco de guerra norteamericano. Su tarea era transportar la pólvora que se hallaba bajo cubierta para que se pudiera cargar en los cañones. Era una tarea muy peligrosa y él la realizaba correctamente.

Cuando el barco de James Forten fue capturado, él pasó varios meses en un barco prisión británico. James no se convirtió en un héroe de guerra, pero sirvió a su país como otros miles de hombres y mujeres. Sin personas como él, no se hubiera ganado la guerra.

Después de la Guerra de Independencia, James Forten continuó realizando contribuciones valiosas al país como exitoso empresario, activista y líder. Trabajó mucho para apoyar la idea de la libertad para todos los estadounidenses. Hoy, los estudiantes de historia merecen aprender sobre él.

Leer como escritor

¿Qué palabras usó Derek para que su escritura fuera más efectiva? ¿Qué palabras podrías reemplazar en tu escritura para que suene más convincente?

En mi trabajo final, reemplacé palabras poco efectivas e imprecisas por palabras más efectivas y específicas. También usé transiciones para relacionar mi opinión con mis razones y mis detalles de apoyo.

Lee el pasaje "David Crockett consigue una mascota". Mientras lees, haz pausas y usa evidencia del texto para responder cada pregunta.

Davy Crockett consigue una mascota

El héroe legendario David "Davy" Crockett existió en la vida real. Nació en Tennessee en 1786. Creció en la frontera, cazando y desmontando la tierra. Más tarde, se dedicó a la política y trabajó en el Congreso de Estados Unidos. Davy Crockett era famoso por su sentido del humor y sus destrezas para cazar osos. En 1815, Crockett se enfermó gravemente mientras viajaba y pronto se dio la noticia de que había muerto. Se dice que comentó acerca de los informes de su muerte: "Supe que era un disparate apenas me enteré". Después de su muerte, en 1836, las historias sobre su vida se adornaron, se exageraron y se convirtieron en cuentos fantasiosos populares como este.

Los primeros años

Hace mucho tiempo, en Tennessee, un cometa cruzó el cielo como un rayo. Las personas observaron con asombro cómo se estrellaba contra la cima de la montaña más alta. El área se iluminó como si se lanzaran fuegos artificiales. Cuando se disipó el humo, ¡apareció un bebé en la cima de esa montaña! Las personas miraron al recién nacido, Davy Crockett, y supieron que era especial.

Las notables diferencias entre Davy y otros niños pronto se hicieron obvias. Él creció tan alto como un árbol joven. Comía enormes cantidades de carne de oso y bebía galones de leche de búfala. ¡Pesaba más de 200 libras para cuando tenía seis años! A menudo, veían al muchacho de espaldas amplias llevando truenos en una mano y arrojando rayos con la otra. "¡Puedo correr más rápido y gritar más fuerte que cualquiera y derrotar a quien sea!", se jactaba.

Al crecer, Davy parecía tener cualidades tanto humanas como animales. Corría tan rápido como un guepardo; nadaba con la facilidad de un pez; era tan fuerte como un buey. Alardeaba de todos los animales con los que había peleado, entre ellos, linces y osos.

 ¿Qué te ayuda a inferir el párrafo introductorio acerca de los detalles y las descripciones de este pasaje?

RL.5.1 quote accurately when explaining what the text says explicitly and when drawing inferences; **RL.5.3** compare and contrast characters, settings, or events, drawing on details; **RL.5.5** explain how chapters, scenes, or stanzas fit together to provide the overall structure; **RL.5.6** describe how a narrator's or speaker's point of view influences how events are described

Grandes problemas

Sin embargo, a veces, alardear puede traer problemas. Y eso es exactamente lo que le sucedió a Davy. Un día, cruzaba un denso bosque de regreso a casa, cuando aparecieron nubes oscuras y el cielo se volvió negro como la noche. El viento soplaba y los truenos retumbaban. Davy había estado caminando durante mucho tiempo sin comer y estaba cansado y hambriento. Al empezar a caer una cortina de lluvia, Davy supo que tenía que encontrar algo para comer.

Davy vio dos ojos que brillaban detrás de un grupo de árboles: —¡Ajá! —dijo Davy—. ¡Aquí está mi oportunidad de tener una buena comida! —Y dirigiéndose al animal que estaba escondido detrás de los árboles, dijo: —Me llamo Davy Crockett y tengo mucha hambre. ¡Esas son malas noticias para ti, porque serás mi próxima comida!

En ese momento, un rayo iluminó el bosque y Davy vio lo que se escondía detrás del árbol. No era una criatura pequeña e indefensa como había pensado. ¡El animal al que había amenazado con comérselo era un enorme y poderoso puma! Davy cambió rápidamente de actitud: —Discúlpame —dijo—. Se trata de un error. Te confundí con alguien más.

---

 2 ¿Cómo se conecta esta sección del pasaje con la anterior para establecer el conflicto de Davy?

El puma no lo escuchó. En cambio, salió sigilosamente de detrás del árbol, gruñendo y mostrando los dientes. Se agazapó, listo para saltar.

Davy intentó ser bromista, así que se rio nerviosamente y dijo: —Quieres cantar, ¿eh? ¿Qué te parece si hacemos un dúo? —El puma seguía acercándose poco a poco. Como parecía que ser bromista no funcionaba, Davy decidió que era hora de ponerse serio. Le dijo al puma: —Ya he peleado con linces, osos y otras criaturas; creo que también puedo pelear contigo.

La batalla

Davy comenzó a gruñir y a mostrar los dientes, imitando al felino. Pronto, se veía y sonaba tan feroz como el puma. Los dos dieron vueltas uno alrededor del otro por unos momentos hasta que quedaron un poco mareados. Todo el tiempo, el puma movía la cola y las orejas, y Davy trataba de imitar sus movimientos lo mejor posible.

De repente, Davy se agazapó y se movió rápidamente hacia el puma. Comenzó a abalanzarse, pero el puma estaba listo para pelear. Estaban uno sobre el otro en el suelo mojado, luchando furiosamente y rodando encima de los charcos. Luchar con un puma no es una tarea fácil, ¡pero tampoco lo es luchar con Davy Crockett! La pelea feroz continuó mucho tiempo. A veces, parecía que Davy iba ganar y otras, el puma. Daba la impresión de que la batalla seguiría para siempre.

3 ¿En qué se parecen y en qué se diferencian Davy Crockett y el puma?

Finalmente, Davy se liberó, se puso rápidamente detrás del puma y lo tomó de la cola. Hizo dar vueltas al enorme felino en el aire como un lazo, hasta que el puma maulló de dolor y frustración.
—¡Dejaré de dar vueltas —gritó Davy— si prometes dejar de pelear y comportarte!

Bajó al puma dominado al suelo, pero no le soltó la cola.
—Vendrás a casa conmigo —le dijo Davy al puma con firmeza—. ¡Te enseñaré buenos modales! —Se dirigieron a la casa de Davy bajo la lluvia, cubiertos de lodo y hojas mojadas. Davy no soltó la cola del puma durante todo el camino de regreso a su cabaña.

Un final feliz

Después de limpiarse, Davy le dijo al puma:
—Será mejor que aprendas a ser útil por aquí. —El puma decidió que eso podría ser una buena idea, así que Davy le enseñó a su nueva mascota a ayudar con las tareas del hogar y el trabajo del jardín. ¡Podía rastrillar las hojas con sus enormes garras aún más rápido que Davy con rastrillos en ambas manos! Su larga cola era útil para barrer el polvo que se juntaba debajo de los muebles.

Con el correr de las semanas, Davy y el felino se convirtieron en los mejores compañeros. Solían caminar juntos por el campo. En las noches oscuras, el felino usaba su excelente vista para guiar a Davy hasta la casa. Hacían prácticas de canto mientras caminaban, y el felino se convirtió en un cantante tan bueno que incluso se unió a un coro. Las personas que pasaban por la cabaña de Davy solían contar que habían escuchado a Davy y a su querido amigo cantando a dúo.

4 ¿Cuál es el punto de vista del narrador y cómo afecta la manera en que se describen los sucesos del pasaje?

476

unidad 4

Vocabulario en contexto

✓ VOCABULARIO CLAVE

versar
récord
suponer
mental
lanzamiento
hojear
desarrollar
increíblemente
episodio
villano

Librito de vocabulario

Tarjetas de contexto

L.5.6 acquire/use vocabulary, including academic and domain-specific

ESTÁNDARES COMUNES

1 versar

Esta narradora de historias nos contará un cuento que versa sobre su aldea.

2 récord

Uno de estos volúmenes diminutos podría lograr el récord de ser el libro más pequeño del mundo.

3 suponer

Los mimos cuentan historias sin emplear palabras, suponiendo que los espectadores siguen sus movimientos.

4 mental

Las palabras precisas permiten al lector crear imágenes mentales de los personajes de un cuento.

Aprende en línea

▶ Estudia cada Tarjeta de contexto.

▶ Usa un diccionario o un glosario y verifica el significado de las palabras del Vocabulario.

---

5 **lanzamiento**

Este autor firma una copia de su libro después de su lanzamiento, o primera publicación.

---

6 **hojear**

En la biblioteca, esta estudiante hojeó varios libros en busca de un cuento para leer.

---

7 **desarrollar**

El artista desarrolló, o planeó, a este personaje desde un bosquejo en lápiz hasta el dibujo final en colores.

---

8 **increíblemente**

Los héroes romanos, como Hércules, suelen ser increíblemente fuertes.

---

9 **episodio**

Una historia narrada en varios episodios, o partes, a veces se denomina serie.

---

10 **villano**

En las películas antiguas, los villanos tenían sonrisas malignas, se vestían de negro y luchaban contra los héroes.

Leer y comprender

Aprende en línea

☑ **DESTREZA CLAVE**

Propósito del autor En *Dinero para comer,* los detalles sobre el personaje principal, el entorno y la trama ayudan a revelar el **propósito del autor,** o la razón por la que escribe. Mientras lees, anota las citas y los detalles del texto en un organizador gráfico como el siguiente. Luego, usa la evidencia del texto del organizador como ayuda para inferir, o descubrir, el propósito del autor.

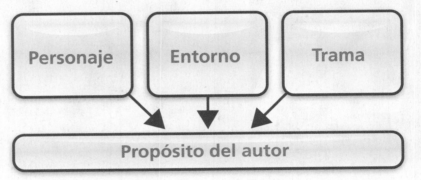

| Personaje | Entorno | Trama |

Propósito del autor

☑ **ESTRATEGIA CLAVE**

Verificar/Aclarar Mientras lees, **verifica** tu comprensión de los detalles del texto. Verificar lo que lees en busca de evidencia del texto te ayudará a **aclarar** el propósito del autor y a comprender mejor los sucesos y a los personajes.

ESTÁNDARES COMUNES

RL.5.1 quote accurately from a text when explaining what the text says explicitly as well as when drawing inferences

480

UN VISTAZO AL TEMA PRINCIPAL

Artes visuales

Si alguna vez observaste un cuadro o viste una película, entonces estás familiarizado con las artes visuales: las expresiones artísticas que pueden verse. Los libros de tiras cómicas son otro tipo de arte visual. Narran relatos a través de dibujos vívidos, diálogos concisos y acciones emocionantes.

Los personajes de las tiras cómicas incluyen tanto héroes como villanos. Estos personajes suelen tener poderes extraordinarios. En *Dinero para comer*, un niño llamado Greg crea su propia serie de libros de tiras cómicas. Los héroes de sus libros tienen aventuras en diferentes entornos. A partir de esta selección, aprenderás cuánto trabajo se necesita para crear solo una edición de un libro de tiras cómicas.

Lección 16

TEXTO PRINCIPAL

DINERO PARA COMER

By the author of the million-copy best-seller FRINDLE

✓ DESTREZA CLAVE

Propósito del autor Usa detalles del texto para inferir el punto de vista del autor y las razones que lo llevaron a escribir.

✓ GÉNERO

La **ficción realista** incluye personajes y sucesos que son como las personas y los sucesos de la vida real. Mientras lees, busca:

▸ un entorno que sea familiar para la mayoría de los lectores,

▸ un personaje principal que supere una dificultad y

▸ pensamientos y acciones de los personajes que sean creíbles.

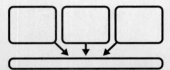
ESTÁNDARES COMUNES **RL.5.1** quote accurately when explaining the text and when drawing inferences; **RL.5.6** describe how point of view influences how events are described; **RL.5.7** analyze how visual elements contribute to the meaning, tone, or beauty of a text; **RL.5.10** read and comprehend literature.

Aprende en línea

CONOCE AL AUTOR

Andrew Clements

Andrew Clements dice: "Escribo principalmente ficción realista, novelas que se parecen mucho a la vida real". Al igual que su personaje Greg, Clements trabaja arduamente en su escritura. Para evitar distracciones, escribe en un cobertizo que tiene en el patio trasero, donde no hay teléfono, ni televisión, ¡ni Internet!

CONOCE AL ILUSTRADOR

Adam Gustavson

Adam Gustavson quería ser vaquero, pero era alérgico a los caballos. Después, quiso criar cocodrilos, pero no había cocodrilos donde vivía, en Nueva Jersey. Finalmente, se decidió por el arte. Ha ilustrado varios libros para niños y jóvenes.

Dinero para comer

por Andrew Clements
selección ilustrada por
Adam Gustavson

PREGUNTA ESENCIAL

¿De qué maneras las ilustraciones pueden realzar la experiencia del lector?

De pie en la fila de la cafetería, Greg abrió su estuche de plástico rojo para lápices. Contó una vez y volvió a contar para asegurarse bien. Después sonrió. Quedaban trece.

"¡Estupendo! Eso significa que he vendido diecisiete unidades".

Así llamaba Greg a los libritos de tiras cómicas que estaba vendiendo: unidades. Y vender diecisiete unidades antes del almuerzo era un nuevo récord de ventas.

Los libritos de tiras cómicas de Greg no eran como los que venden en las tiendas. Los libros de tiras cómicas normales eran un poco grandes. Y un poco flexibles. Pero los de Greg, no.

Los de Greg eran del tamaño de una tarjeta de crédito y se sostenían solos de pie. Tenían dieciséis páginas y Greg podía meter unos cincuenta en el estuche para lápices. Estos libritos de tiras cómicas eran pequeños y robustos. Por eso, los llamaba Robusto-Cómics.

Le encantaba ese nombre. Lo había elegido él mismo. Lo tuvo que elegir él, porque él era el autor de todos los relatos de Robusto-Cómics. Y también había hecho los dibujos. Y también era el diseñador, el impresor y el encuadernador, así como el gerente de ventas, el director de publicidad y todo el personal de ventas. Robusto-Cómics era una operación de un solo chico, y ese chico era Greg Kenton.

Greg cerró el estuche y tomó una bandeja. Eligió un sándwich de queso fundido y una taza de bastoncitos de zanahoria; después, estudió los boles de cóctel de fruta hasta que encontró uno con tres racimos de cerezas. Sacó leche con chocolate del refrigerador y, mientras se dirigía a su mesa, hizo unos cálculos mentales.

El lunes, día en que Robusto-Cómics salió a la venta, él había vendido doce unidades; el martes, quince; el miércoles, dieciocho; y hoy, jueves, ya había vendido diecisiete (antes del almuerzo). Eso era igual a... sesenta y dos unidades desde el lunes por la mañana, y cada librito valía 25 centavos de dólar. Así que el total de ventas al 12 de septiembre era de... $15.50.

¡ESTUPENDO!

Greg sabía la razón del aumento de ventas: el boca en boca. Los chicos habían hablado a otros chicos sobre el librito de tiras cómicas de Greg. La ilustración de la cubierta era impactante, los dibujos del interior eran convincentes y el relato estaba lleno de acción. El título era *Creón: El retorno del cazador* y se trataba del volumen 1, número 1: el primero de los Robusto-Cómics. Eso lo convertía en un objeto de colección.

Greg se sentó a la mesa habitual, al lado de Ted Kendall. Ted hizo un gesto con la cabeza y dijo:

—¡Hola! —, pero Greg no lo escuchó. Greg tomó el sándwich y le dio un buen mordisco. Masticó el pan caliente y el queso blando, pero no le supo a nada. Seguía pensando en las ventas.

"Quince con cincuenta en tres días y medio; no es gran cosa".

Greg se había propuesto un objetivo de ventas para la primera semana: veinticinco dólares; eso significaba que debía vender cien unidades. Parecía que no iba a lograrlo.

ANALIZAR EL TEXTO

Voz Los autores pueden usar la elección de palabras y el punto de vista para mostrar cómo es un personaje. Explica cómo usa el autor esas técnicas para mostrar la personalidad y la voz de Greg.

La idea de hacer y vender tiras cómicas había golpeado a Greg como un ¡CRAC! propinado en la cabeza por Superman en persona. Era perfecto. Los chicles y los caramelos iban contra las normas de la escuela. Los juguetes pequeños resultaban aburridos y también iban contra las normas. ¿Pero qué había de malo en vender libritos? La escuela se centraba en los libros y la lectura. Cierto, leer un libro de tiras cómicas no era exactamente lo mismo que leer un libro normal, pero, aun así, había un estante de libros de tiras cómicas en la sección infantil de la biblioteca del centro de la ciudad, además de algunas nuevas novelas gráficas.

Los libros de tiras cómicas siempre habían formado parte de la vida de Greg, sobre todo por la colección de su papá, que ocupaba tres estantes de la sala de estar y valía más de diez mil dólares. Cuando Greg pudo demostrar que sabía cuidar de ellos, le dieron permiso para leerlos y mirarlos todo lo que quisiera. Greg compró incluso algunos libros de tiras cómicas coleccionables con su dinero, sobre todo, los más recientes, que no eran muy costosos.

Fue el amor de Greg por las tiras cómicas lo que despertó su interés por el dibujo. Las tiras cómicas habían motivado a Greg a leer libros del tipo *Cómo dibujar villanos de tiras cómicas*, *Tú puedes dibujar superhéroes*, *Haz tus propias tiras cómicas* y *Dibuja los monstruos que nos encanta odiar*. En tercer grado, Greg había usado su propio dinero para comprar tinta china, plumillas, pinceles y papel de dibujo en la tienda de artículos artísticos. Y dibujar nuevos personajes de tiras cómicas era una de las cosas que más le gustaba hacer... cuando no estaba ganando dinero.

Todo el verano anterior a sexto grado, Greg estuvo trabajando para lograr el lanzamiento de los Robusto-Cómics. Desde el comienzo, había estado bastante seguro de que se le ocurriría una idea para las tiras y de que sería capaz de dibujarlas.

Pero primero tuvo que lidiar con un montón de *cómos* y *cuántos*: ¿Cómo se hace un libro de tiras cómicas? ¿Cómo decidir su tamaño? ¿Cómo lo iba a imprimir? ¿Cuánto iba a costarle cada uno? Y, por último, ¿cuánto dinero debía cobrar por cada ejemplar terminado, suponiendo que pudiera hacer alguno?

Greg fue encontrando las respuestas una por una. Un artículo de enciclopedia sobre la impresión de libros le ayudó mucho. Decía que las páginas de un libro eran el resultado de una gran hoja de papel doblada por la mitad varias veces. Cada vez que se doblaba la hoja, se duplicaba el número de páginas. Así que Greg buscó una hoja de papel de carta (tamaño estándar) y la dobló tres veces por la mitad. Esa hoja de papel se convirtió en un librito de tiras cómicas de dieciséis páginas y bastante robusto: Robusto-Cómics. Fue así de sencillo.

Bueno, no tanto. Greg halló que hacer pequeños libros
de tiras cómicas era un proceso de diez pasos.

1. Escribir un relato que se pueda contar en unas dieciséis páginas pequeñas

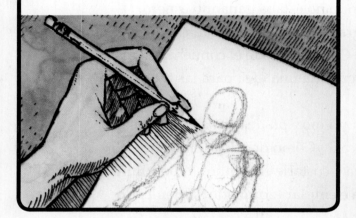

2. Hacer un boceto, dibujar, repasar con tinta y rotular las dieciséis páginas, incluidas las dos cubiertas

3. Pegar ocho de las minipáginas dibujadas en sus posiciones correctas en una hoja para hacer el "original uno": una hoja que puede copiarse una y otra vez

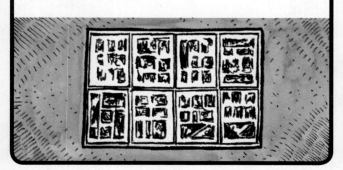

4. Pegar las otras ocho minipáginas para hacer el "original dos"

5. Con una copiadora, imprimir las imágenes del "original uno" en un lado de una hoja tamaño carta

6. Imprimir el "original dos" en el otro lado de la hoja para obtener ocho páginas en el anverso y ocho en el reverso

7. Doblar con cuidado la copia con las dieciséis minipáginas

8. Poner dos grapas a lo largo del pliegue central del librito (entre las páginas 8 y 9)

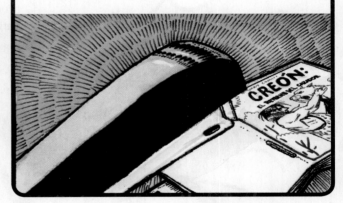

9. Recortar los tres bordes que no están engrapados para obtener un minilibro terminado

10. Repetir el procedimiento

Y cada uno de los diez pasos debía hacerse a la perfección o nadie querría gastar dinero en los libritos de tiras cómicas de Greg.

Cuando se pudieron resolver los *cómos* y los *cuántos*, llegó el momento de escribir. Pero Greg no solo había escrito un relato. Había desarrollado un plan editorial. El volumen 1 sería sobre Creón, un héroe increíblemente inteligente de la Edad de Piedra que ayudaba a su tribu a combatir antiguos peligros, como bestias prehistóricas y cavernícolas merodeadores. Greg calculó siete u ocho números de Creón.

El volumen 2 de Robusto-Cómics versaría sobre el futuro, donde un superhéroe llamado Eyón intentaría proteger una pequeña colonia de seres humanos que habitaba un planeta de casquetes polares derretidos y de criaturas mutantes (en parte, seres humanos; en parte, residuos tóxicos; en parte, aviones y camiones reciclados). Una vez más, habría siete u ocho números de Eyón.

ANALIZAR EL TEXTO

Elementos visuales ¿Qué observas sobre las ilustraciones de este cuento? ¿Qué te ayudan a comprender sobre el cuento y el personaje principal?

El volumen 3 de Robusto-Cómics sería sobre León, un tipo tecno bastante normal de la edad contemporánea que, de pronto, obtiene un poder especial cuando su reloj digital atómico se recalienta y fusiona sus circuitos con los nervios de la muñeca de León. León se da cuenta de que el reloj puede marcar el futuro o el pasado. Las seis o siete aventuras de viajes en el tiempo del volumen 3 seguirían a León al pasado, donde formaría equipo con Creón y, luego, al futuro, donde ofrecería sus servicios al sorprendente Eyón. Y, al final, los tres personajes aparecerían juntos en los últimos episodios; Creón, León y Eyón: pasado, presente y futuro.

Una vez establecido el plan editorial, escribir el primer relato de Creón, *El retorno del cazador*, fue bastante fácil para Greg. Pero hacer los dibujos le costó más de lo que había supuesto. Le llevó un largo tiempo dejar cada pequeña página tal como quería. No era como hacer garabatos o bocetos. Estos dibujos tenían que ser buenos, lo bastante buenos como para venderse.

Cuando las dos cubiertas y las catorce páginas interiores estuvieron dibujadas, pasadas a tinta y pegadas en su lugar para hacer los dos originales, Greg se enfrentó a su primera impresión.

La copiadora que usaba era de su padre y, en realidad, formaba parte de la impresora que estaba conectada a la computadora de la sala de estar. Se componía de una impresora de inyección de tinta, un escáner y una copiadora; una de esas máquinas "todo en uno". Hacía copias en blanco y negro y en color.

Greg tuvo que echar al cesto de reciclaje unas cuarenta hojas estropeadas antes de descubrir cómo copiar correctamente las ilustraciones de las dieciséis páginas en el anverso y el reverso de una hoja.

Pero, finalmente, dobló su primera hoja perfectamente impresa, le puso dos grapas y recortó los bordes de la parte superior, del frente y de la parte inferior. Y entonces, una calurosa noche de mediados de julio, en la sala de estar, Greg pudo hojear el primer volumen de Robusto-Cómics. Fue un momento de mucho orgullo.

ANALIZAR EL TEXTO

Propósito del autor ¿Por qué crees que el autor explica tan detalladamente cómo se hacen los libros de tiras cómicas? ¿Qué revelan esos detalles acerca del personaje principal?

Ahora analiza

Cómo analizar el texto

Usa estas páginas para aprender acerca de Propósito del autor, Voz y Elementos visuales. Luego, vuelve a leer *Dinero para comer* para aplicar lo que has aprendido.

● Propósito del autor

Los autores de ficción tienen diferentes propósitos, o razones, para escribir. Puede ser que quieran compartir un tema, crear tramas y personajes realistas o simplemente entretener a sus lectores. Para lograr su propósito, desarrollan personajes, sucesos, entornos y otros elementos que son adecuados para sus relatos. Al observar detenidamente los detalles en una obra de ficción, puedes entender el **propósito del autor**.

Para determinar el propósito del autor en *Dinero para comer*, examina la descripción que hace el autor del personaje principal, el entorno y los sucesos de la trama. ¿Qué impresión general crean esos elementos? ¿Qué se revela a través de los detalles y los elementos del cuento acerca de la razón del autor para escribir el relato?

Un organizador gráfico como el siguiente puede ayudarte a usar los detalles y los elementos del cuento para determinar el propósito del autor.

Personaje Entorno Trama

Propósito del autor

ESTÁNDARES COMUNES **RL.5.6** describe how a narrator's or speaker's point of view influences how events are described; **RL.5.7** analyze how visual and multimedia elements contribute to the meaning, tone, or beauty of a text; **RL.5.10** read and comprehend literature

Aprende en línea

Voz

A pesar de que Greg no es el que narra el relato en *Dinero para comer*, el narrador revela los pensamientos y sentimientos de Greg como si el mismo Greg los estuviera compartiendo. Para crear una **voz** que sea realista, el autor elige cuidadosamente las palabras del personaje principal. Greg usa lenguaje informal, como "estupendo" e "impactante", además de oraciones cortas. Esta manera realista de hablar muestra la personalidad de Greg y hace que su personaje sea convincente.

Elementos visuales

Los autores de una ficción realista pueden usar **elementos visuales**, como arte gráfico e ilustraciones. Esos elementos pueden ayudar a los lectores a "ver" más claramente lo que sucede. Además, establecen el tono o el sentimiento del relato. Vuelve a mirar las páginas 488 a 491. En esas páginas, se incluyen dibujos detallados de los pasos que se necesitan para crear un libro de tiras cómicas, así como algunas ilustraciones de los personajes de las tiras cómicas de Greg.

Es tu turno

REPASAR LA PREGUNTA ESENCIAL

Turnarse y comentar Repasa la selección y prepárate para comentar esta pregunta: *¿De qué maneras las ilustraciones pueden realzar la experiencia del lector?* Mientras comentas la pregunta, busca evidencia del texto específica para apoyar tus ideas y ampliar los comentarios de los demás.

Comentar en la clase

Para continuar comentando *Dinero para comer*, explica tus respuestas a estas preguntas:

1. ¿En qué sería diferente la lectura del cuento si no hubiera ilustraciones?

2. ¿Cómo describirías el personaje de Greg a partir de sus acciones en el cuento?

3. ¿Te gustaría leer las tiras cómicas de Greg? ¿Por qué?

HABLAR SOBRE EL TEMA

Comentar el cuento El tema de un cuento es el mensaje o la lección de vida que el autor quiere que los lectores conozcan. El tema se expresa a través de las acciones, los sentimientos y los pensamientos de los personajes. Con un compañero, identifica el tema de *Dinero para comer*. Usa evidencia del texto para comentar de qué manera las respuestas de Greg a los desafíos expresan el tema.

ESCRIBE SOBRE LO QUE LEÍSTE

Respuesta En *Dinero para comer*, Greg publica y vende sus propios libritos de tiras cómicas. ¿Crees que su serie de tiras cómicas tendrá éxito? Piensa en las cualidades de Greg, el plan que arma y la manera en que aborda las ventas. Luego, escribe un párrafo en el que expliques qué tan bien crees que le irá. Usa evidencia del texto, como citas y detalles, para apoyar tu opinión.

**Plan de negocios
Paso 1**

Sugerencia para la escritura

Usa palabras de transición para relacionar tus ideas entre sí. Las palabras y frases, como *porque, específicamente* y *como consecuencia* pueden ayudarte a mostrar la manera en la que tus razones apoyan tus opiniones.

Aprende en línea

ESTÁNDARES COMUNES **RL.5.1** quote accurately when explaining what the text says explicitly and when drawing inferences; **RL.5.2** determine theme from details/summarize; **W.5.1c** link opinion and reasons using words, phrases, and clauses; **W.5.9a** apply grade 5 Reading standards to literature; **W.5.10** write routinely over extended time frames and shorter time frames; **SL.5.1c** pose and respond to questions, make comments that contribute to the discussion, and elaborate on others' remarks

Lección 16

TEXTO INFORMATIVO

✓ GÉNERO

Un **texto informativo** proporciona datos y ejemplos sobre un tema principal.

✓ ENFOQUE EN EL TEXTO

Una **línea cronológica** señala la secuencia de los sucesos importantes ocurridos en un período de la historia u otro período de tiempo. Muestra cómo se relacionan los sucesos en la historia.

¡ZAZ! ¡PUM!

Historia de las tiras cómicas

por Linda Cave

¿Lees las tiras cómicas en el periódico? Han sido populares durante más de cien años. Cuentan historias con palabras y dibujos y, cada día, aparecen episodios nuevos. Si lees tiras cómicas, sabes que pueden ser divertidas. A veces, estas versan sobre aventuras o asuntos políticos. Algunas tiras cómicas también aparecen en libros.

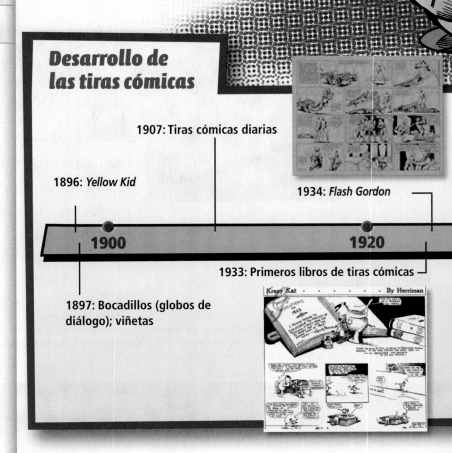

Desarrollo de las tiras cómicas

1896: *Yellow Kid*

1897: Bocadillos (globos de diálogo); viñetas

1907: Tiras cómicas diarias

1933: Primeros libros de tiras cómicas

1934: *Flash Gordon*

1900   1920

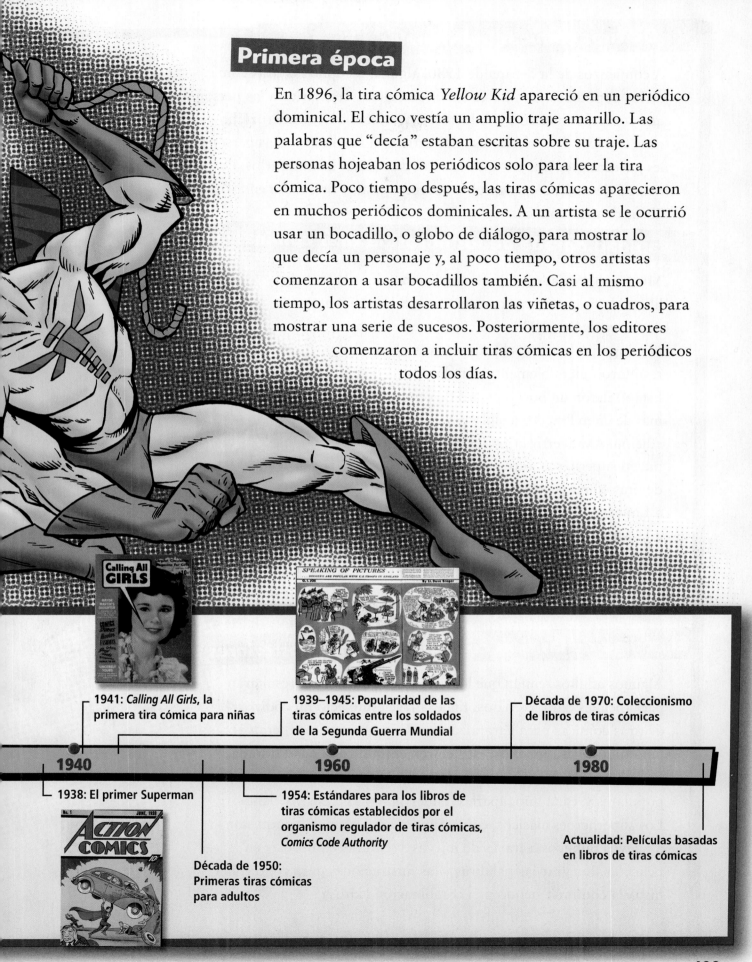

Primera época

En 1896, la tira cómica *Yellow Kid* apareció en un periódico dominical. El chico vestía un amplio traje amarillo. Las palabras que "decía" estaban escritas sobre su traje. Las personas hojeaban los periódicos solo para leer la tira cómica. Poco tiempo después, las tiras cómicas aparecieron en muchos periódicos dominicales. A un artista se le ocurrió usar un bocadillo, o globo de diálogo, para mostrar lo que decía un personaje y, al poco tiempo, otros artistas comenzaron a usar bocadillos también. Casi al mismo tiempo, los artistas desarrollaron las viñetas, o cuadros, para mostrar una serie de sucesos. Posteriormente, los editores comenzaron a incluir tiras cómicas en los periódicos todos los días.

1941: *Calling All Girls,* la primera tira cómica para niñas

1939–1945: Popularidad de las tiras cómicas entre los soldados de la Segunda Guerra Mundial

Década de 1970: Coleccionismo de libros de tiras cómicas

1940

1960

1980

1938: El primer Superman

1954: Estándares para los libros de tiras cómicas establecidos por el organismo regulador de tiras cómicas, *Comics Code Authority*

Década de 1950: Primeras tiras cómicas para adultos

Actualidad: Películas basadas en libros de tiras cómicas

De tiras cómicas individuales a libros

A comienzos de la década de 1930, alguien recopiló las tiras cómicas de los periódicos para hacer libros con ellas y regalarlos a las personas que compraban ciertos productos. Estos fueron los primeros libros de tiras cómicas. Los escritores y los artistas notaron que a las personas les gustaban los libros y que estaban dispuestas a comprarlos. Poco tiempo después, comenzaron a aparecer relatos originales en forma de libros de tiras cómicas.

La edad dorada de los libros de tiras cómicas

Muchos historiadores dicen que la edad dorada de los libros de tiras cómicas comenzó con el lanzamiento de *Superman* en 1938. Fue el primer personaje con superpoderes. Sus libros de tiras cómicas resultaron increíblemente populares. Establecieron un nuevo récord de ventas, con más de un millón de ejemplares vendidos por edición. Al advertir la popularidad del nuevo superhéroe, otros artistas de libros de tiras cómicas crearon a Batman, a Flash, a Linterna Verde, al Capitán América y a la Mujer Maravilla. Todos ellos luchaban contra villanos. Algunos usaban instrumentos asombrosos o tenían superpoderes físicos o mentales.

El código de las tiras cómicas y los años posteriores

Algunos adultos temían que los libros de tiras cómicas resultaran perjudiciales para los niños. En 1954, se estableció un código de tiras cómicas para garantizar que las tiras cómicas fueran aptas para niños. Para muchos, esto marcó el fin de una edad dorada. En la actualidad, los libros de tiras cómicas continúan siendo populares y, cada año, aparecen nuevos superhéroes y villanos. Los superhéroes clásicos, como Superman y Batman, conquistan a nuevos públicos a través de nuevas aventuras en libros y en películas. Integrar las palabras y las ilustraciones para contar una historia continúa siendo una combinación exitosa.

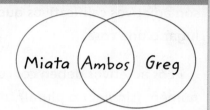

Comparar el texto

DE TEXTO A TEXTO

Comparar personajes Repasa la selección *Elecciones escolares* (Lección 3) con un compañero. Usa evidencia del texto y un diagrama de Venn y trabaja con tu compañero para comparar el personaje de Miata con el de Greg, de *Dinero para comer*. Analiza los objetivos, los rasgos de la personalidad y la ética de trabajo de ambos. Presenta el diagrama de Venn en grupos pequeños. Resume las semejanzas y diferencias importantes entre Miata y Greg.

Miata / Ambos / Greg

EL TEXTO Y TÚ

Escribir una carta de agradecimiento No tienes que ser un superhéroe para hacer cosas increíbles. Escribe una carta a alguien que conozcas que haya hecho algo fuera de lo común. En tu carta, explica por qué piensas que lo que hizo esa persona es especial.

EL TEXTO Y EL MUNDO

Desarrollar una línea cronológica Trabaja con un compañero para agregar información a la línea cronológica de *¡Zaz! ¡Pum! Historia de las tiras cómicas*. Comienza estudiando los pies de fotos y las ilustraciones de la línea cronológica de las páginas 498 y 499. Usa fuentes impresas y digitales para hallar información adicional que puedas incluir en la línea cronológica. Agrega otros tres sucesos importantes en la historia de las tiras cómicas y, luego, repasa la línea cronológica corregida. ¿Cómo cambió el público de las tiras cómicas con los años?

Aprende en línea

ESTÁNDARES COMUNES **RL.5.1** quote accurately when explaining what the text says explicitly and when drawing inferences; **RL.5.9** compare and contrast stories in the same genre on their approaches to themes and topics; **W.5.7** conduct short research projects that use several sources to build knowledge through investigation; **W.5.10** write routinely over extended time frames and shorter time frames

Gramática

Aprende
en línea

¿Qué es un adjetivo? Un **adjetivo** es una palabra que da información acerca de un sustantivo. Los adjetivos que describen una *cualidad* del sustantivo se llaman **adjetivos calificativos.** Los **adjetivos gentilicios** son adjetivos calificativos que describen el origen de una persona, un lugar o una cosa.

Los adjetivos deben concordar en género (masculino o femenino) y en número (singular o plural) con el sustantivo al que modifican.

Adjetivo calificativo	A Suzette le gustan los libros con ilustraciones dinámicas.
Adjetivo gentilicio (origen)	Le gustan mucho los libros japoneses de tiras cómicas, llamados *manga*.

Inténtalo **Trabaja con un compañero. Identifica los adjetivos calificativos en estas oraciones e indica cuáles son adjetivos gentilicios que describen el origen de una persona, un lugar o una cosa.**

1. Sus aventuras preferidas se desarrollan en ciudades asiáticas.

2. Los edificios modernos son un escenario excelente para la acción intensa.

3. Las vestimentas coreanas de épocas antiguas le parecen exóticas.

4. ¡A Phil le gustan las tiras cómicas sobre guerreros chinos!

5. Un superhéroe habilidoso sabe karate, *jiu-jitsu* y *kick boxing*.

Cuando escribas, usa adjetivos calificativos precisos para que tus lectores tengan una imagen clara de lo que quieres decir y para que tu escritura sea más interesante.

Adjetivo calificativo impreciso	Adjetivos calificativos precisos

Saqué una foto de una pirámide grande.	Saqué una foto de una enorme pirámide mexicana.

 ## Relacionar la gramática con la escritura

Mientras revisas tu carta amistosa esta semana, busca oportunidades para reemplazar adjetivos imprecisos con adjetivos precisos. Usar adjetivos calificativos precisos ayudará a que tus lectores visualicen lo que describes.

ESTÁNDARES COMUNES

Escritura narrativa

✅ **Voz** En *Dinero para comer*, Greg demuestra claramente sus sentimientos cuando piensa: "¡Estupendo! Eso significa que he vendido diecisiete unidades". Una **carta amistosa** bien escrita también demuestra tus sentimientos y suena como eres tú realmente. Usa palabras y frases informales para mostrar tu verdadero yo.

Nicole escribió el borrador de una carta a su primo sobre algo especial que ella hizo. Después, revisó su carta para mostrar sus sentimientos. Usa la siguiente lista de control de la escritura mientras revisas tu trabajo.

mi Escritura genial

Aprende en línea

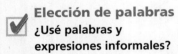
Lista de control de la escritura

Ideas
✅ ¿Todos los detalles de la carta cumplen mi propósito?

Organización
✅ ¿Usé el formato correcto para una carta amistosa?

Fluidez de las oraciones
✅ ¿Usé varios tipos de oraciones?

Elección de palabras
✅ ¿Usé palabras y expresiones informales?

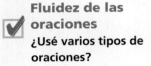
✅ **Voz**
¿Expreso mis sentimientos y mi personalidad?

Convenciones
✅ ¿Usé las reglas de ortografía, gramática y puntuación correctamente?

Borrador revisado

Querido Jerome

¡El ~~Leí el~~ libro de tiras cómicas que hiciste para mí fue formidable!

También me dio una ~~buena~~ magnífica idea para

mi proyecto escolar. Comencé a leer

sobre la vida colonial. Luego, aprendí

sobre lo que los peregrinos comían

realmente, ~~Luego,~~ hice algunos dibujos

de su comida, ~~Luego,~~ y escribí pies de fotos

graciosos para los dibujos.

Calle East Central 555

Rockford, IL 61102

25 de marzo de 20XX

Querido Jerome:

¡El libro de tiras cómicas que hiciste para mí fue formidable! También me dio una idea magnífica para mi proyecto escolar. Comencé a leer sobre la vida colonial. Luego, aprendí sobre lo que los peregrinos comían realmente, hice algunos dibujos sobre su comida y escribí pies de fotos graciosos para los dibujos. De repente, ¡me di cuenta de que este podría ser mi proyecto de Estudios Sociales! Hice un libro de tiras cómicas de 12 páginas sobre qué y cómo se cocinaba en la época colonial.

¡Mi proyecto fue un éxito total! Mi maestra quiere su propia copia del libro y el director también quiere una. Te haré una copia a ti también. La próxima vez que nos veamos, tal vez cocine algo delicioso para que puedas experimentar un poco de la vida de los peregrinos.

Espero que estés divirtiéndote en la escuela tanto como yo. Escríbeme y cuéntame cómo te está yendo.

Tu prima preferida,

Nicole

Leer como escritor

¿Qué palabras y expresiones te dicen cómo se siente Nicole? En tu carta, ¿dónde puedes demostrar más claramente tus sentimientos?

En mi carta final, cambié algunas palabras para demostrar más claramente mis sentimientos. También reemplacé el adverbio "luego" y usé adjetivos calificativos precisos.

505

☑ VOCABULARIO CLAVE

impresionado
autocontrol
sacar
destino
original
concentrarse
suspenso
admitir
cumplido
rumor

Librito de vocabulario	Tarjetas de contexto

Una idea loca

ESTÁNDARES COMUNES **L.5.6** acquire/use vocabulary, including academic and domain-specific

506

Vocabulario en **contexto**

1 impresionado

Los miembros del jurado estaban **impresionados** por el talento notable del joven escritor.

2 autocontrol

Los jugadores de ajedrez deben tener calma y **autocontrol** mientras planean su próximo movimiento.

3 sacar

"¿**Sacaste** más agua?", preguntó una de las niñas que construía un castillo magnífico para ganar el concurso.

4 destino

El objetivo de este maratonista es ser el primero en llegar a la línea de meta, su **destino**.

Aprende en línea

▶ Estudia cada Tarjeta de contexto.

▶ Usa el diccionario para buscar palabras similares a cada palabra del Vocabulario.

5 **original**

Olimpia, en Grecia, fue el primer lugar, o el sitio original, de los Juegos Olímpicos.

6 **concentrarse**

Esta jugadora de tenis tiene que concentrarse en la pelota para poder golpearla y devolverla a su rival.

7 **suspenso**

Estos aficionados están en suspenso mientras se preguntan quién ganará el gran juego.

8 **admitir**

Este concursante de un certamen de ortografía admitió que estaba muy nervioso.

9 **cumplido**

El perro recibió muchos cumplidos de su adiestradora cuando ganó el primer premio.

10 **rumor**

A veces puede difundirse un rumor, o información que no se ha comprobado, sobre quién ganó un concurso.

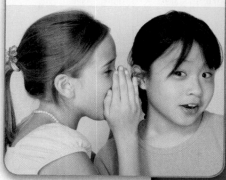

Leer y comprender

Aprende en línea

☑ DESTREZA CLAVE

Estructura del cuento Mientras lees *PLAF*, busca los elementos que componen la estructura del cuento, como el **entorno**, los **personajes** y la **trama**. Piensa en el conflicto o problema que enfrenta el narrador. ¿Qué sucesos surgen de este conflicto? ¿Cómo se resuelve finalmente el conflicto? Para seguir el desarrollo del cuento, usa un organizador gráfico como el siguiente. Asegúrate de anotar los sucesos del cuento en orden de secuencia.

Entorno	Personajes
Trama	
Conflicto: Sucesos: Desenlace:	

☑ ESTRATEGIA CLAVE

Inferir/Predecir Mientras lees *PLAF*, usa detalles y otra evidencia del texto para **inferir**, o hacer deducciones lógicas, sobre los pensamientos y sentimientos de los personajes. Usa esas inferencias y sucesos del cuento para **predecir** lo que podría pasar después.

ESTÁNDARES COMUNES

RL.5.5 explain how chapters, scenes, or stanzas fit together to provide the overall structure

Inventos creativos

En el mundo de la ficción, se puede inventar cualquier cosa. Después de todo, ¡lo único que limita lo que se puede hacer con palabras es la imaginación del escritor! A veces, a los escritores se les ocurren inventos extravagantes, como computadoras o carros eléctricos, que, más adelante, se convierten en parte de la vida cotidiana. El viaje en el tiempo aún no se ha hecho realidad, pero la idea de viajar de un período en el tiempo a otro ha fascinado a muchos escritores. En *PLAF*, verás la visión de una autora sobre una máquina del tiempo y cómo influye su uso en los personajes del cuento.

Lección 17

TEXTO PRINCIPAL

✓ DESTREZA CLAVE

Estructura del cuento Examina los detalles acerca de los personajes, el entorno y la trama.

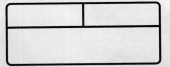

✓ GÉNERO

La **ciencia ficción** es un tipo de relato que se basa en ideas científicas y que suele suceder en el futuro. Mientras lees, busca:

► tecnología del futuro,
► sucesos poco realistas y
► personajes que pueden ser como las personas reales o no.

ESTÁNDARES COMUNES RL.5.5 explain how chapters, scenes, or stanzas fit together to provide the overall structure; **RL.5.6** describe how a narrator's or speaker's point of view influences how events are described; **RL.5.10** read and comprehend literature

Aprende en línea

CONOCE A LA AUTORA

Lensey Namioka

Lensey Namioka tenía solo nueve años de edad cuando se mudó de China a Estados Unidos. Si bien adoraba pasar tiempo leyendo cuentos, el idioma inglés le resultaba complejo. Resolver problemas de matemáticas fue mucho más fácil para ella, así que se especializó en matemáticas en la universidad y se convirtió en maestra de matemáticas. Sin embargo, nunca dejó de leer y, con el tiempo, su amor por los cuentos la llevó a convertirse en una escritora exitosa. La Sra. Namioka ha escrito libros para niños y jóvenes, así como varios artículos y cuentos cortos populares, como *PLAF*.

CONOCE AL ILUSTRADOR

Hiromitsu Yokota

Hiromitsu Yokota ha creado ilustraciones para numerosos libros, revistas y calendarios. Le gusta incluir en sus obras detalles y sentimientos de las experiencias y la vida cotidiana. Usa tecnología digital para crear sus ilustraciones porque le permite jugar con el color y la luz, mientras crea imágenes que parecen dibujadas a mano. Fue a la universidad en Tokio y obtuvo un título en bellas artes. Es miembro de la Sociedad de Ilustradores, *Society of Illustrators*.

PLAF

por Lensey Namioka
selección ilustrada por Hiromitsu Yokota

IMAGINA LAS POSIBILIDADES

¿Sabías que los escritores de ciencia ficción han atrapado el interés del público con relatos sobre viajes en el tiempo durante más de un siglo? Una de las novelas más famosas sobre viajes en el tiempo es *La máquina del tiempo*, de H. G. Wells. En esta novela, el protagonista construye una increíble máquina del tiempo y la usa para explorar e interactuar con períodos y personas de un futuro lejano. ¡Y fue escrita en 1888!

Los lectores de todo el mundo han sostenido un romance duradero con la ciencia ficción porque ella estimula su imaginación y entreteje elementos de fantasía, ciencias, aventura, misterio y drama. Varios autores populares de ciencia ficción han contado con adaptaciones de sus obras para el cine y las series de televisión que requieren la creación de escenografías elaboradas e inventos futuristas. Y, si bien trasladar al cine o a la televisión la visión que tiene un escritor sobre los viajes en el tiempo puede ser difícil y costoso, la recompensa es que los seguidores del libro pueden ver que el futuro o el pasado cobran vida de maneras nuevas.

A pesar de las innumerables representaciones del viaje en el tiempo que han aparecido en la literatura, el cine y la televisión, no hay evidencia de que viajar en el tiempo se haya hecho o se haga realidad. Que los autores de ciencia ficción puedan escribir historias tan creíbles sobre un futuro que nadie ha vivido es un testimonio de su talento. Tal vez, algún día, algunos de los inventos, entornos e ideas de esos relatos se hagan realidad. ¿Puedes imaginarlo?

PREGUNTA ESENCIAL

¿Cuál es el papel de la imaginación en el proceso de invención?

En las películas, los genios tienen el pelo rizado y blanco, ¿no es verdad? Usan anteojos gruesos y tienen nombres como Dr. Zweistein.

Peter Lu no tenía el pelo rizado ni blanco. Su pelo era lacio y tan negro como el azabache. Tampoco usaba anteojos gruesos porque su vista era normal.

La familia de Peter, como la nuestra, había emigrado de China, aunque se instalaron aquí antes que nosotros. Cuando nos mudamos a una casa que quedaba solo a dos casas del hogar de los Lu, ellos nos dieron buenos consejos sobre la forma de vida en Estados Unidos.

Peter y yo íbamos a la misma escuela y todas las mañanas caminábamos juntos hasta la parada del autobús escolar. Mis padres, al igual que la mayoría de los padres chinos, querían que me esforzara mucho en la escuela.

A pesar de todo mi esfuerzo, mis calificaciones eran muy bajas comparadas con las de Peter, que era el mejor de toda la clase. Caminábamos hasta la parada del autobús sin hablar, porque yo le tenía un poco de miedo. Además, él siempre estaba concentrado en sus pensamientos.

Peter no tenía amigos. La mayoría de los niños pensaban que era un sabelotodo porque siempre lo veían sumergido en sus libros. Nunca intentó juntarse con nosotros ni le importaba lo que los demás niños pensaran de él.

Un día, nos sorprendió a todos. Mientras yo caminaba por la calle jugando a "trato o treta", vestida como un zapallito con mis pantalones verdes, escuché una extraña y profunda voz detrás de mí que decía:

—¿Cómo estás?

Di un grito y giré. Peter tenía puesta una bata china larga y negra con dos aberturas a los costados. En su cabeza, tenía una pequeña gorra de forma redondeada y un bigote delgado y largo caía de los costados de su boca.

—Soy el Dr. Lu Manchu, el científico loco —dijo, mientras ponía sus manos en las mangas y hacía una reverencia.

Sonrió al verme clavar la mirada en su disfraz. Era una sonrisa que, de alguna forma, causaba miedo.

Algunos de los otros niños se acercaron y, al ver a Peter, se sintieron impresionados.

—¡Oye, genial! —dijo un niño.

Yo no esperaba que Peter se pusiera un disfraz para jugar a "trato o treta", como lo hacen todos los chicos. Tal vez, después de todo, él quería jugar con los otros, al menos por un rato. Después de esa noche, él dejó de ser un sabelotodo y pasó a ser el Dr. Lu Manchu. Incluso algunos maestros comenzaron a llamarlo así.

Cuando creció y "trato o treta" pasó a ser un juego de niños, Peter siguió llamándose Dr. Lu Manchu. Corría el rumor de que estaba trabajando en una máquina fantástica que tenía en el garaje de sus padres, pero nadie sabía de qué se trataba.

Una noche, cuando yo regresaba a mi casa después de haber trabajado como niñera, crucé por el jardín de los Lu. Al pasar por su garaje, vi a través de una pequeña ventana que la luz estaba encendida. Mi curiosidad fue más fuerte y espié.

Vi una cabina que se parecía a un compartimento de ducha. En el medio, había un taburete, debajo de algo que colgaba, similar a un antiguo rociador de ducha muy grande.

De pronto, una voz profunda detrás de mi dijo:

—Buenas noches, Ángela.

Peter hizo una reverencia y esbozó una sonrisa que daba miedo. No tenía puesto su disfraz ni su bigote largo y caído, pero era el Dr. Lu Manchu.

—¿Qué estás haciendo? —chillé.

Aún con su voz profunda y extraña, Peter dijo:

—¿Qué estás haciendo *tú*? Después de todo, este es mi garaje.

—Solo cruzaba por tu jardín para llegar a casa. Tus padres nunca se quejaron.

—Creí que me estabas espiando —dijo Peter—. Pensé que querías conocer mi máquina. —Hizo un sonido especial al pronunciar la palabra *máquina*.

Honestamente, él me estaba empezando a asustar.

—¿Qué máquina? —le insistí—. ¿Querrás decir ese compartimento de ducha?

Se acercó y entrecerró sus ojos hasta dejarlos profundamente rasgados: —¡Esta es mi máquina del tiempo!

Lo miré aturdida.

—¿O sea… o sea... que esta máquina te puede enviar al pasado y al futuro?

—Bueno, en realidad, solo puedo enviar cosas al futuro —admitió Peter, hablando nuevamente con su voz normal—. Por eso mi máquina se llama PLAF, que significa "Peter Lu al Futuro".

Por supuesto, Peter siempre ganaba el primer premio en la feria anual de ciencias del estado. Pero eso está muy lejos de hacer una máquina del tiempo. Sin su bigote ni su larga bata china, él era solo Peter Lu.

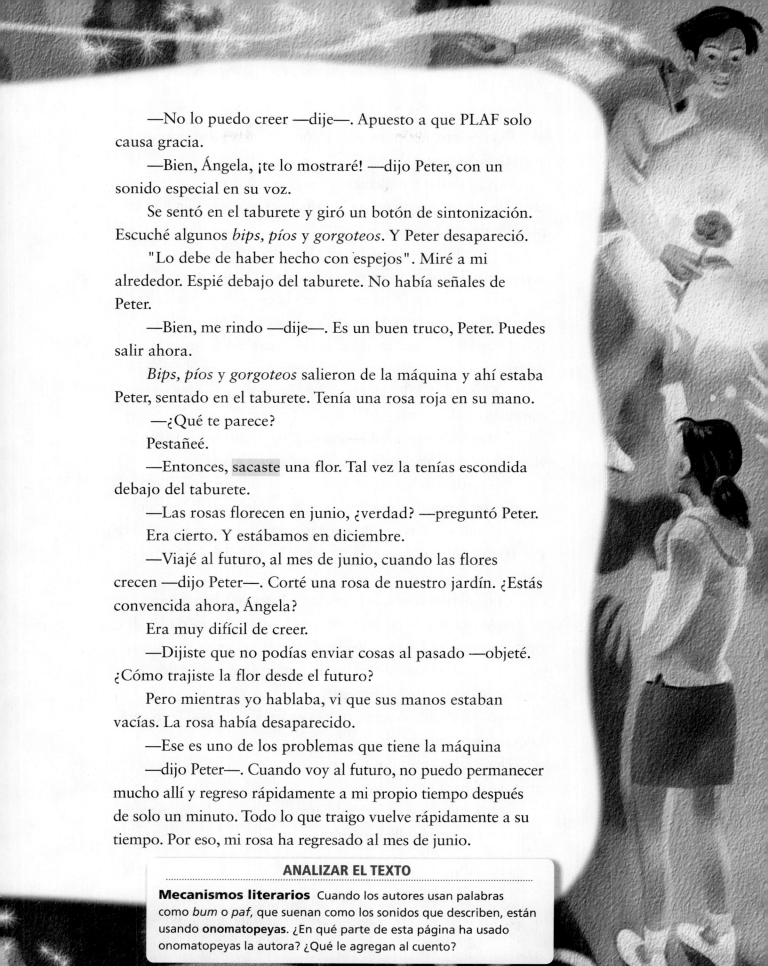

—No lo puedo creer —dije—. Apuesto a que PLAF solo causa gracia.

—Bien, Ángela, ¡te lo mostraré! —dijo Peter, con un sonido especial en su voz.

Se sentó en el taburete y giró un botón de sintonización. Escuché algunos *bips*, *píos* y *gorgoteos*. Y Peter desapareció.

"Lo debe de haber hecho con espejos". Miré a mi alrededor. Espié debajo del taburete. No había señales de Peter.

—Bien, me rindo —dije—. Es un buen truco, Peter. Puedes salir ahora.

Bips, *píos* y *gorgoteos* salieron de la máquina y ahí estaba Peter, sentado en el taburete. Tenía una rosa roja en su mano.

—¿Qué te parece?

Pestañeé.

—Entonces, sacaste una flor. Tal vez la tenías escondida debajo del taburete.

—Las rosas florecen en junio, ¿verdad? —preguntó Peter.

Era cierto. Y estábamos en diciembre.

—Viajé al futuro, al mes de junio, cuando las flores crecen —dijo Peter—. Corté una rosa de nuestro jardín. ¿Estás convencida ahora, Ángela?

Era muy difícil de creer.

—Dijiste que no podías enviar cosas al pasado —objeté. ¿Cómo trajiste la flor desde el futuro?

Pero mientras yo hablaba, vi que sus manos estaban vacías. La rosa había desaparecido.

—Ese es uno de los problemas que tiene la máquina

—dijo Peter—. Cuando voy al futuro, no puedo permanecer mucho allí y regreso rápidamente a mi propio tiempo después de solo un minuto. Todo lo que traigo vuelve rápidamente a su tiempo. Por eso, mi rosa ha regresado al mes de junio.

Finalmente, me convenció y comencé a ver distintas posibilidades:

—¡Caramba! Simplemente imagínate que si no quiero lavar los platos puedo viajar al futuro, al momento en que los platos ya estén lavados.

—Eso no será de mucha ayuda —dijo Peter—. Pronto regresarás al momento en el que los platos siguen sucios.

—Es una pena. Debe existir algo bueno que se pueda hacer con tu máquina —dije. Entonces se me ocurrió otra idea—: ¡Oye! Puedes traerme un dulce de chocolate del futuro y lo podré comer dos veces: una vez ahora y otra vez en el futuro.

—Sí, pero el dulce de chocolate no se va a quedar en tu estómago —dijo Peter—. Volverá al futuro.

—¡Eso es mejor aún! —dije—. ¡Puedo disfrutar de comer el dulce de chocolate una y otra vez sin engordar!

Era tarde y debía regresar a mi casa antes de que mis padres comenzaran a preocuparse. Antes de irme, Peter dijo:

—Ángela, todavía hay muchas cosas por hacer con PLAF. Por favor, no le cuentes a nadie sobre la máquina hasta que funcione bien.

Unos días después, le pregunté a Peter por la máquina.

—Ahora puedo permanecer en el futuro un poco más de tiempo —dijo—. Una vez llegué a estar hasta cuatro minutos.

—¿Es tiempo suficiente como para traerme un dulce de chocolate del futuro? —pregunté.

—No tenemos muchos dulces en casa —dijo—. Pero veré lo que puedo hacer.

Unos pocos minutos después, regresó con un rollito de primavera para mí.

—Mi mamá estaba friendo estos rollitos en la cocina y tomé uno mientras ella no miraba.

Mordí el rollito de primavera caliente y crujiente, pero desapareció antes de que lo hubiera terminado de masticar, aunque el sabor a cebollines, salsa y brotes de soja permaneció un poco más en mi boca.

Era divertido jugar con PLAF, pero no era realmente útil. Yo no sabía qué ayuda podía darnos.

Todos los años, nuestra escuela realizaba un concurso literario y el cuento ganador de cada grado salía publicado en la revista escolar. Yo tenía muchísimas ganas de ganar. Había trabajado muy arduamente en la escuela, pero mis padres aún creían que podía hacerlo mejor.

Si ganaba el concurso, les demostraría a mis padres que realmente era buena en algo. Me encanta escribir cuentos y tengo muchas ideas. Pero cuando las vuelco al papel, nunca resultan ser tan buenas como yo pensaba. Parece que no puedo hallar las palabras correctas porque el inglés no es mi lengua materna.

El año pasado, obtuve una mención de honor, pero no era lo mismo que ganar y mostrarles a mis padres mi nombre, Ángela Tang, publicado en la revista escolar.

La fecha límite para el concurso se acercaba y yo tenía una pila de cuentos escritos, pero ninguno se veía ganador.

Entonces, el día previo a la fecha límite, ¡rataplán!, se me ocurrió una idea brillante.

Pensé en Peter y su PLAF.

Corrí al garaje de los Lu y, como era de esperar, Peter estaba ahí, haciéndole ajustes a su máquina.

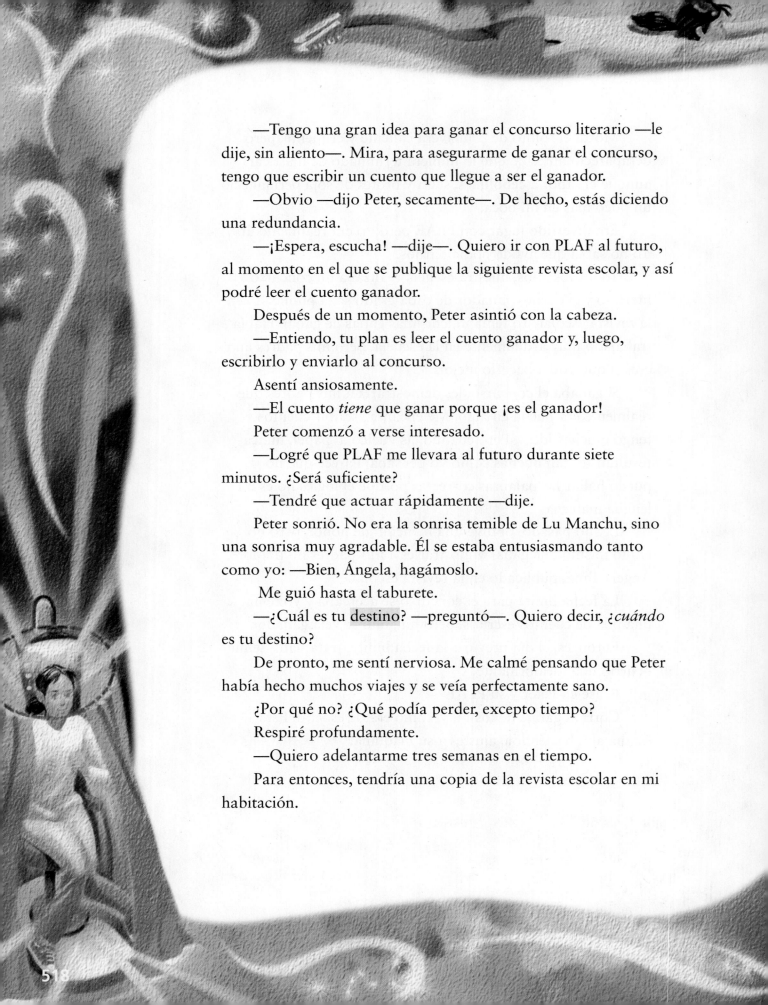

—Tengo una gran idea para ganar el concurso literario —le dije, sin aliento—. Mira, para asegurarme de ganar el concurso, tengo que escribir un cuento que llegue a ser el ganador.

—Obvio —dijo Peter, secamente—. De hecho, estás diciendo una redundancia.

—¡Espera, escucha! —dije—. Quiero ir con PLAF al futuro, al momento en el que se publique la siguiente revista escolar, y así podré leer el cuento ganador.

Después de un momento, Peter asintió con la cabeza.

—Entiendo, tu plan es leer el cuento ganador y, luego, escribirlo y enviarlo al concurso.

Asentí ansiosamente.

—El cuento *tiene* que ganar porque ¡es el ganador!

Peter comenzó a verse interesado.

—Logré que PLAF me llevara al futuro durante siete minutos. ¿Será suficiente?

—Tendré que actuar rápidamente —dije.

Peter sonrió. No era la sonrisa temible de Lu Manchu, sino una sonrisa muy agradable. Él se estaba entusiasmando tanto como yo: —Bien, Ángela, hagámoslo.

Me guió hasta el taburete.

—¿Cuál es tu destino? —preguntó—. Quiero decir, *¿cuándo* es tu destino?

De pronto, me sentí nerviosa. Me calmé pensando que Peter había hecho muchos viajes y se veía perfectamente sano.

¿Por qué no? ¿Qué podía perder, excepto tiempo?

Respiré profundamente.

—Quiero adelantarme tres semanas en el tiempo.

Para entonces, tendría una copia de la revista escolar en mi habitación.

—¿Lista, Ángela? —preguntó Peter.

—Más lista que nunca —murmuré.

Bips, píos y *gorgoteos*. De pronto, Peter desapareció. ¿Qué salió mal? ¿Viajó Peter por error en mi lugar?

Entonces, me di cuenta de lo que había ocurrido. En tres semanas, Peter podía estar en algún otro lugar y era natural que yo no pudiera verlo.

No podía perder el tiempo. Salí corriendo fuera del garaje de Peter, corrí a mi casa y entré por la puerta de atrás.

Mi madre estaba en la cocina. Cuando me vio, me miró fijamente.

—¡Ángela! ¡Creí que estabas arriba duchándote!

—¡Lo siento! —dije entrecortadamente—. ¡No tengo tiempo para hablar!

Llegué corriendo a toda velocidad a mi habitación. Entonces, de pronto, tuve una idea extraña. ¿Qué pasaría si me encontrara *conmigo* en mi habitación? ¡Uy! Era una idea espantosa.

No había nadie en mi habitación. ¿Dónde estaba yo? Es decir, ¿dónde estaría yo, la de tres semanas después?

¡Un momento! Mi madre acababa de decirme que yo estaba dándome una ducha. Podía escuchar el ruido del agua que corría en el baño al final del pasillo. Bien. Eso significaba que no me encontraría conmigo misma por unos momentos.

ANALIZAR EL TEXTO

Punto de vista ¿Desde qué punto de vista la autora narra el cuento? ¿Cómo lo sabes? ¿Cómo afecta este punto de vista a la manera en la que se describen los sucesos del cuento?

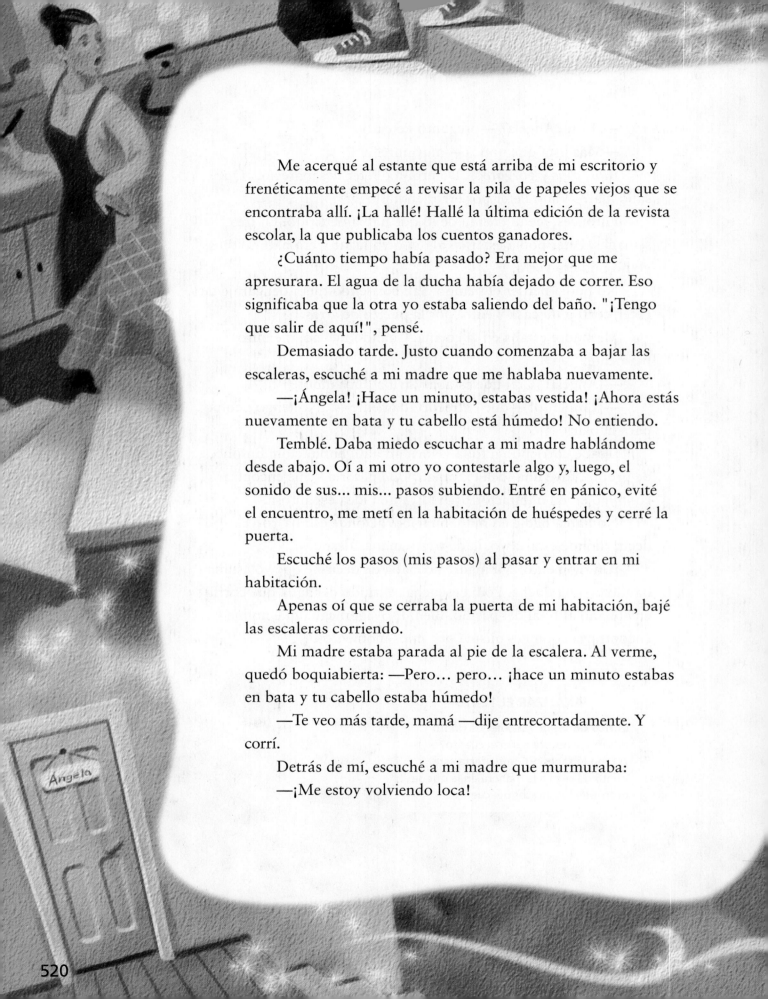

Me acerqué al estante que está arriba de mi escritorio y frenéticamente empecé a revisar la pila de papeles viejos que se encontraba allí. ¡La hallé! Hallé la última edición de la revista escolar, la que publicaba los cuentos ganadores.

¿Cuánto tiempo había pasado? Era mejor que me apresurara. El agua de la ducha había dejado de correr. Eso significaba que la otra yo estaba saliendo del baño. "¡Tengo que salir de aquí!", pensé.

Demasiado tarde. Justo cuando comenzaba a bajar las escaleras, escuché a mi madre que me hablaba nuevamente.

—¡Ángela! ¡Hace un minuto, estabas vestida! ¡Ahora estás nuevamente en bata y tu cabello está húmedo! No entiendo.

Temblé. Daba miedo escuchar a mi madre hablándome desde abajo. Oí a mi otro yo contestarle algo y, luego, el sonido de sus... mis... pasos subiendo. Entré en pánico, evité el encuentro, me metí en la habitación de huéspedes y cerré la puerta.

Escuché los pasos (mis pasos) al pasar y entrar en mi habitación.

Apenas oí que se cerraba la puerta de mi habitación, bajé las escaleras corriendo.

Mi madre estaba parada al pie de la escalera. Al verme, quedó boquiabierta: —Pero... pero... ¡hace un minuto estabas en bata y tu cabello estaba húmedo!

—Te veo más tarde, mamá —dije entrecortadamente. Y corrí.

Detrás de mí, escuché a mi madre que murmuraba:

—¡Me estoy volviendo loca!

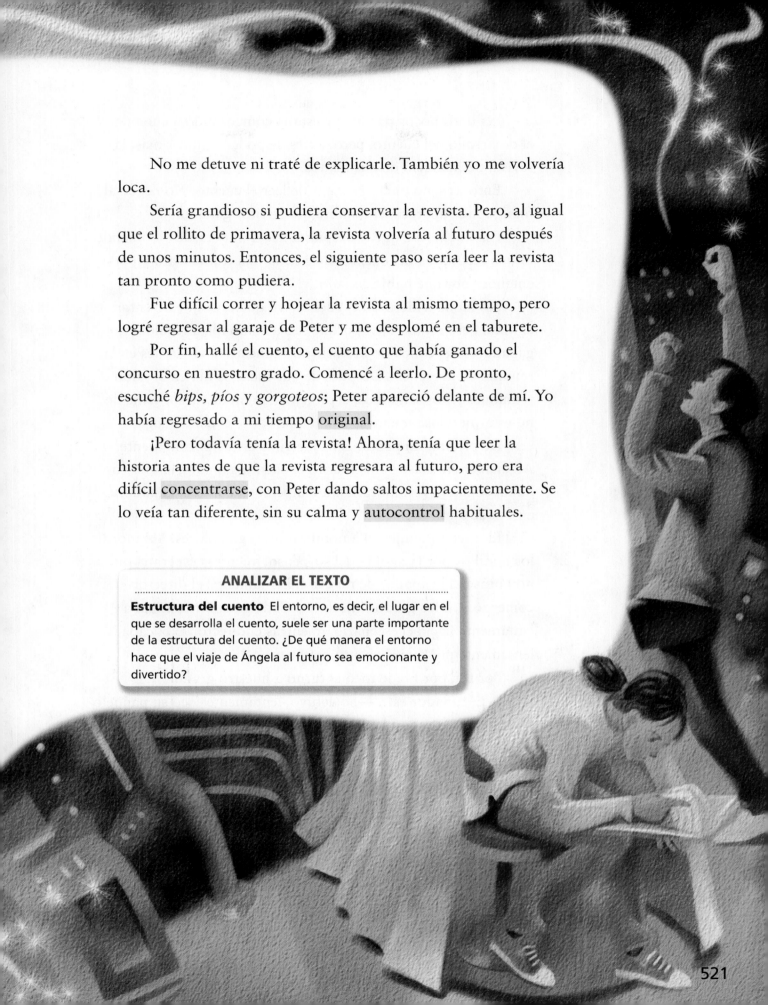

No me detuve ni traté de explicarle. También yo me volvería loca.

Sería grandioso si pudiera conservar la revista. Pero, al igual que el rollito de primavera, la revista volvería al futuro después de unos minutos. Entonces, el siguiente paso sería leer la revista tan pronto como pudiera.

Fue difícil correr y hojear la revista al mismo tiempo, pero logré regresar al garaje de Peter y me desplomé en el taburete.

Por fin, hallé el cuento, el cuento que había ganado el concurso en nuestro grado. Comencé a leerlo. De pronto, escuché *bips*, *píos* y *gorgoteos*; Peter apareció delante de mí. Yo había regresado a mi tiempo original.

¡Pero todavía tenía la revista! Ahora, tenía que leer la historia antes de que la revista regresara al futuro, pero era difícil concentrarse, con Peter dando saltos impacientemente. Se lo veía tan diferente, sin su calma y autocontrol habituales.

ANALIZAR EL TEXTO

Estructura del cuento El entorno, es decir, el lugar en el que se desarrolla el cuento, suele ser una parte importante de la estructura del cuento. ¿De qué manera el entorno hace que el viaje de Ángela al futuro sea emocionante y divertido?

Leí unos pocos párrafos y estaba comenzando a entender el desarrollo del cuento, pero, antes de poder avanzar más, la revista desapareció de mis manos.

Entonces, no pude terminar de leer el cuento. No llegué al final, donde aparecía el nombre del escritor ganador.

Esa noche, me quedé despierta hasta muy tarde escribiendo lo que recordaba del cuento. Este tenía una trama clara y pude entender por qué había ganado.

No había leído todo el cuento, así que tuve que inventar el final. Pero estaba bien porque sabía cómo iba a resultar. Los ganadores del concurso literario se anunciarían el viernes en la reunión de la escuela. Después de que hicimos fila en el salón de reuniones y nos sentamos, el director dio un discurso. Traté de no estar nerviosa mientras él hablaba sobre el concurso.

De pronto, un pensamiento terrible cruzó por mi mente. Alguien en mi clase había escrito el cuento ganador, el que yo había copiado. ¿Nombrarían a esa persona como la ganadora, en vez de a mí?

El director comenzó a nombrar a los ganadores. Me mordí los nudillos por la agonía del suspenso, mientras esperaba que nombrasen al ganador de mi clase. Lentamente, el director comenzó con los grados inferiores. Cada ganador caminaba lentamente hacia el escenario, mientras el director explicaba lentamente por qué el cuento era bueno.

Por fin, por fin, le tocó el turno a nuestro grado.

—El ganador es… —Se detuvo, lentamente sacó su pañuelo y lentamente se sonó la nariz. Luego, se aclaró la voz—. El cuento ganador es *Vueltas y vueltas*, por Ángela Tang.

Me quedé sentada como una piedra, incapaz de moverme. Peter me codeó.

—¡Vamos, Ángela! Te están esperando.

Me levanté y caminé hacia el escenario, aturdida. La voz del director parecía venir de muy, muy lejos, mientras le contaba a la audiencia que yo había escrito un cuento de ciencia ficción sobre un viaje en el tiempo.

Cada uno de los ganadores recibió un cuaderno con una cubierta en imitación cuero para escribir más cuentos. Dentro del cuaderno, había un bolígrafo, pero el mayor premio era que mi cuento se había publicado en la revista escolar, con mi nombre impreso al final.

¿Por qué entonces no me sentía bien por haber ganado?

Después de la reunión, los niños de mi clase me rodearon para felicitarme. Peter formalmente me dio la mano.

—Buen trabajo, Ángela —dijo, mientras me guiñaba el ojo.

Eso no me hizo sentir mejor. No había ganado el concurso de forma honesta. En vez de escribir el cuento yo sola, lo había copiado de la revista escolar.

Eso quería decir que alguien en nuestra clase, uno de mis compañeros, realmente había escrito el cuento. ¿Quién habría sido?

El corazón me golpeaba fuertemente el pecho, mientras yo seguía de pie esperando que alguien dijera que le habían robado su cuento.

Pero nadie lo hizo.

Mientras regresábamos a casa en el autobús de la escuela, Peter me miró.

—No te ves muy contenta de haber ganado el concurso, Ángela.

—No, no lo estoy —murmuré—. Me siento horrible.

—Hagamos algo —sugirió Peter—. Ven a mi casa, así hablamos sobre esto.

—¿De qué tenemos que hablar? —pregunté, con tristeza—. Gané el concurso porque hice trampa.

—De todos modos, ven. Mi mamá compró un paquete fresco de *humbow* en el Barrio Chino.

No pude rechazar esa invitación. El *humbow*, un rollito relleno con cerdo asado, es mi bocadillo preferido.

La mamá de Peter vino a la cocina mientras comíamos y él le contó sobre el concurso.

La Sra. Lu me miró muy complacida: —Estoy muy contenta, Ángela. Tu imaginación es extraordinaria y merecías ganar.

—Me gustan los cuentos de Ángela —dijo Peter—. Son originales.

Fue el primer cumplido que me hizo Peter. Me ruboricé.

Luego de que la Sra. Lu nos dejara solos, Peter y yo comimos otro *humbow* cada uno. Pero aun así me sentía pésimo.

—Desearía no haberlo hecho nunca. Me siento como una tonta.

Peter me miró, y juro que él estaba disfrutando de la situación.

—Si le robaste el cuento a otro estudiante, ¿por qué no se quejó?

—¡No lo sé! —me lamenté.

—¡Piénsalo! —dijo Peter—. Eres inteligente, Ángela. Vamos, date cuenta.

¿Yo, inteligente? Me sentí tan abrumada al escuchar que un genio como Peter me llamara inteligente que solo lo miré fijamente.

Tuvo que volver a decirlo: —¡Piénsalo, Ángela!

Traté de concentrarme. ¿Por qué Peter parecía divertirse con la situación?

Finalmente, me di cuenta: —Ya sé —dije lentamente—. *Yo* escribí el cuento.

—El cuento ganador es tuyo, Ángela, porque es el que ganó.

Mi cabeza comenzó a dar vueltas y vueltas.

—¿Pero de dónde vino la idea original del cuento?

—¿Qué hizo que la trama fuera tan buena? —preguntó Peter. Su voz sonó temblorosa.

—Bueno, en mi cuento, mi personaje utilizó una máquina del tiempo para ir al futuro…

—Bien, ¿de quién fue la idea de usar una máquina del tiempo?

—Fue mía —dije lentamente—. Recuerdo el momento en que la idea surgió en mi cabeza con un *rataplán*.

—Entonces, ¡te r-robaste a t-ti misma! —balbuceó Peter. Comenzó a reírse a carcajadas. Nunca antes lo había visto tan fuera de sí. A este ritmo, él terminaría siendo humano.

Cuando pudo hablar nuevamente, me pidió que le leyera el cuento.

Comencé: "En las películas, los genios tienen el pelo rizado y blanco, ¿no es verdad? Usan anteojos gruesos y tienen nombres como Dr. Zweistein"...

¡CONFÍA EN LA CREATIVIDAD!

El personaje principal del cuento corto *PLAF* de Lensey Namioka toma medidas extremas para asegurarse de que se llevará a casa el premio de un concurso literario y de que verá su cuento publicado en la revista escolar. Ganar el concurso es una gran emoción, en especial, cuando ella se da cuenta de que ha aprendido una lección mucho más valiosa que el premio del concurso: el cuento estuvo en ella todo el tiempo y ella solo necesitaba creer en su propia capacidad creativa. Esta es una lección que hasta los autores profesionales de mayor renombre deben reafirmar continuamente. Escribir un cuento imaginativo o una obra de ciencia ficción puede parecer riesgoso y, a menudo, los escritores se preguntan si el público seguirá encontrando interesantes las escenas y los entornos, o si las personas querrán seguir a los personajes de un cuento en viajes que pueden parecer extraordinarios o, a veces, muy raros. A menudo, el mayor desafío del proceso de escritura es llegar a confiar en los instintos, los talentos y las ideas de uno mismo.

Mientras escribes tus propias obras de teatro y cuentos, recuerda que los lectores disfrutan de que los transporten al mundo que un autor construye en un cuento, aun cuando ese mundo es (o, a veces, especialmente cuando ese mundo es) completamente diferente al de ellos. Si bien crear un mundo totalmente nuevo o un nuevo tipo de personaje puede ser intimidante en las etapas de planificación, ten fe en que hay otras personas que comparten tus intereses y trata de ayudar a los lectores a visualizar lo que tú ves en tu mente. Las descripciones y el lenguaje vívidos, los detalles con los que los lectores se pueden identificar, y los personajes y las ideas bien desarrollados (y la confianza del autor en su visión original) pueden garantizar que hasta el cuento más inverosímil sea irresistible para los lectores.

Ahora analiza

Cómo analizar el texto

Usa estas páginas para aprender acerca de Estructura del cuento, Mecanismos literarios y Punto de vista. Luego, vuelve a leer *PLAF* para aplicar lo que has aprendido.

Estructura del cuento

Los autores de relatos de ciencia ficción, como *PLAF*, organizan con cuidado los elementos de sus cuentos. Una **estructura del cuento** bien planificada significa que el entorno, los personajes y la trama se combinan de una manera que tiene sentido para los lectores y los mantiene atentos.

En *PLAF,* por ejemplo, la primera parte del cuento proporciona a los lectores información importante sobre el contexto de los personajes Ángela y Peter. Los lectores descubren que Peter es un genio y que Ángela quiere tener éxito en la escuela para complacer a sus padres. Saber estos detalles ayuda a los lectores a entender por qué los personajes actúan de determinada manera más adelante en el cuento.

Usa un organizador gráfico como el siguiente para identificar elementos del cuento y analizar cómo se combinan para proporcionar la estructura general.

Entorno	Personajes
Trama	
Conflicto: Sucesos: Desenlace:	

Mecanismos literarios

Los escritores usan distintos tipos de mecanismos literarios, como el lenguaje figurado y los sonidos, para darle significado al cuento. El término **onomatopeya** se refiere a las palabras que suenan como aquello que representan. *Crac, clic* y *bum* son ejemplos de onomatopeyas. Cuando las dices en voz alta, escuchas los sonidos que describen. Los autores de cuentos de ciencia ficción, como *PLAF*, usan onomatopeyas para mantener el interés de los lectores y para hacer que oigan lo que hacen los personajes.

Punto de vista

El **punto de vista** es la perspectiva desde la que se escribe un cuento. Dado que, en *PLAF*, el punto de vista está en primera persona, los lectores solo saben lo que sabe, piensa y siente Ángela. Ella no puede ver los sucesos antes de que ocurran. Eso genera suspenso en el cuento. Por ejemplo, Ángela no sabe si la máquina del tiempo de Peter funciona. Tampoco lo saben los lectores. ¡Deben seguir leyendo para descubrirlo!

Es tu turno

Turnarse y comentar Repasa la selección y prepárate para comentar esta pregunta: *¿Cuál es el papel de la imaginación en el proceso de invención?* Mientras comentas la pregunta, haz preguntas para aclarar las ideas de los demás. Con tu compañero o tu grupo, saca conclusiones a partir de los puntos clave de la discusión.

Comentar en la clase

Para continuar comentando *PLAF*, usa evidencia del texto para responder estas preguntas:

1. ¿Cómo ayuda la imaginación de Ángela a establecer el conflicto del cuento?

2. ¿Qué mensaje sobre los viajes en el tiempo transmiten los sucesos del cuento?

3. ¿Cómo cambia Ángela a lo largo del cuento?

¡El cielo es el límite!

COMENTAR SOBRE EL NARRADOR

Explorar el punto de vista El punto de vista de *PLAF* está en primera persona. Ángela es tanto la narradora como la protagonista. Como resultado, los lectores ven los sucesos y a los otros personajes a través de los ojos de Ángela. Con un compañero, comenta cómo se ve afectada tu comprensión de Peter al verlo desde la perspectiva de Ángela. Comparte tus observaciones con el resto de la clase y apóyalas con evidencia del texto.

ESCRIBE SOBRE LO QUE LEÍSTE

Respuesta Piensa en el conflicto, o problema, que tiene Ángela en *PLAF*. Se resuelve después de que Ángela gana el primer lugar en el concurso literario, pero ¿la solución del problema es lógica y creíble? Escribe un párrafo en el que comentes si estás satisfecho con el desenlace del cuento. Asegúrate de apoyar tu opinión con evidencia del texto.

Sugerencia para la escritura

Elige un orden lógico para tus razones; por ejemplo, de la más sólida a la menos sólida. Apoya cada una de las razones con detalles específicos del texto.

Aprende en línea

Lección 17

TEXTO INFORMATIVO

☑ **GÉNERO**

Un **texto informativo,** como este artículo de revista, proporciona datos y ejemplos sobre un tema principal.

☑ **ENFOQUE EN EL TEXTO**

Las **ilustraciones y fotografías** se usan tanto en las selecciones de ficción como en las de no ficción para mostrar sucesos o detalles importantes o para apoyar la información.

ESTÁNDARES COMUNES **RI.5.10** read and comprehend informational texts

  Aprende en línea

De los sueños a la realidad

Los autores de ciencia ficción predicen el futuro

Hace mucho, las computadoras, las máquinas de fax y los satélites parecían algo imposible. No había ninguna pista ni ningún rumor de que algún día formarían parte de nuestra vida. Y, sin embargo, ahora los usamos todos los días. Al principio, fueron inventados no por los ingenieros, sino por los escritores de ciencia ficción. Julio Verne era un escritor que podía concentrarse en ideas sorprendentes. En 1863, publicó uno de los primeros libros de ciencia ficción, *Cinco semanas en globo*. Desde entonces, este género literario ha impresionado por su habilidad para predecir el futuro. Muchas predicciones, como los viajes en el tiempo, no son posibles en el mundo real. Pero, a veces, las máquinas inventadas inicialmente por los escritores sí se vuelven realidad.

En esta ilustración de *De la Tierra a la Luna*, de Julio Verne, una multitud observa en suspenso mientras la cápsula espacial se prepara para despegar.

Vuelo tripulado a la Luna

Verne era un experto en predecir el futuro. Su novela En 1864, escribió *De la Tierra a la Luna*. El libro narraba un viaje a la Luna. Eso sucedió 105 años antes de que la primera misión tripulada a la Luna llegara a su destino.

La misión de Verne tiene una tripulación de tres hombres. Es el mismo número de hombres empleado en los alunizajes reales. Los viajeros espaciales de Verne son enviados desde Florida. La NASA envía astronautas al espacio también desde allí. El tamaño de la cápsula espacial de Verne es también muy parecido al de la nave espacial real *Apolo*.

Pero no todas las ideas que Verne sacó de su mente imaginativa son verdaderas. Su cápsula espacial se lanza desde un cañón. Actualmente, los motores de los cohetes propulsan las naves espaciales modernas.

Un cohete *Saturno V* despega rumbo a la Luna. El 20 de julio de 1969, el mundo observó cómo Neil Armstrong, el astronauta del *Apolo 11*, daba el primer paso sobre la superficie lunar. Con gran autocontrol, expresó: "Este es un pequeño paso para un hombre, pero un gran salto para la humanidad".

Estos robots de una fábrica de autos no se parecen mucho a los originales de ficción.

Robots

La palabra *robot* no surgió en un laboratorio, sino en una obra de teatro. El escritor checo Karel Čapek empleó la palabra en su obra de teatro de 1921, R.U.R.: Robots Universales Rossum (*R.U.R.: Rossum's Universal Robots*). En la obra de teatro, unos robots de aspecto humano son una fuente de mano de obra barata. Cincuenta años más tarde, robots industriales reales se emplearían en las fábricas de productos manufacturados.

No todos son fanáticos de la ciencia ficción. Sin embargo, la mayoría de las personas admite que estos escritores parecen capaces de ver el futuro. Es un cumplido al poder de la imaginación que tantos sueños de la ciencia ficción se convirtieran en realidad. La próxima vez que leas textos de ciencia ficción, recuerda: ¡*podrías* estar leyendo sobre tu futuro!

Los robots imaginarios de Karel Čapek tenían aspecto humano.

Comparar el texto

DE TEXTO A TEXTO

Comparar a los personajes de un cuento Con un
compañero, completa un diagrama de Venn en el que
compares los personajes de Ángela y Peter. Asegúrate de
tener en cuenta su personalidad, sus fortalezas y sus
intereses. Después de terminar la comparación, comenta
cómo cambian las interacciones entre Ángela y Peter
durante el transcurso del cuento. Usa evidencia del texto,
como detalles y citas, para apoyar tus ideas.

EL TEXTO Y TÚ

Describir un talento En *PLAF*, Ángela tiene talento para escribir. Piensa
en algo en lo que seas bueno. Escribe un párrafo en el que describas
alguna ocasión en la que tuviste que mostrar ese talento a los demás.
Describe cómo te sentiste mientras mostrabas tu talento.

EL TEXTO Y EL MUNDO

Investigar la tecnología Con un compañero, revisa las fotografías,
las ilustraciones y los pies de fotos de *De los sueños a la realidad*. Usa
fuentes impresas y la Internet para hallar tres datos adicionales
acerca del alunizaje o el desarrollo de los robots. Crea una línea
cronológica usando toda tu información y compártela con otro grupo
de compañeros.

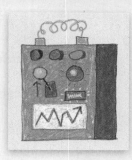

 ESTÁNDARES COMUNES **RL.5.1** quote accurately when explaining what the text says explicitly and when drawing inferences; **RL.5.3** compare and contrast characters, settings, or events, drawing on details; **W.5.7** conduct short research projects that use several sources to build knowledge through investigation; **W.5.8** recall information from experiences or gather information from print and digital sources/summarize and paraphrase information and provide a source list; **W.5.10** write routinely over extended time frames and shorter time frames

Gramática

¿Qué es un adverbio? Un **adverbio** es una palabra que describe a un verbo. Los adverbios de modo indican *cómo*, los adverbios de tiempo indican *cuándo* y los adverbios de lugar indican *dónde* sucede una acción. Muchos adverbios terminan en *-mente*.

Cómo	La máquina del tiempo zumbaba ruidosamente.
Cuándo	Pronto se abrió la puerta.
Dónde	Respiré profundamente y me dirigí hacia adentro.

Los adverbios también pueden expresar *afirmación/negación* o *cantidad*.

Afirmación: Efectivamente, me siento encerrada en espacios reducidos.

Negación: Nunca había estado en una máquina del tiempo.

Cantidad: Cuando se cerró la puerta de la máquina del tiempo ¡casi grité!

Inténtalo **Identifica los adverbios que describen a los verbos subrayados. Explica a un compañero si los adverbios indican *modo, tiempo, lugar, afirmación/negación* o *cantidad*.**

1 Karl <u>miraba</u> fijamente la pantalla en blanco.

2 Efectivamente <u>se encontraba</u> sin inspiración.

3 Después <u>cerró</u> los ojos y pensó en ideas para un cuento.

4 En el mundo que se imaginó <u>había</u> máquinas del tiempo aquí y allá.

5 <u>Escribió</u> tanto que cuando acabó le dolían los dedos de teclear.

Trata de usar adverbios precisos para hacer que tus descripciones sean más vívidas. Así puedes hacer que tu escritura sea más vívida y crear detalles que ayuden a los lectores a tener una imagen más clara de lo que quieres decir.

Adverbio menos preciso	Adverbio más preciso

La viajera del tiempo caminaba **lentamente** por el pasillo.	La viajera del tiempo caminaba **furtivamente** por el pasillo.

 ## Relacionar la gramática con la escritura

Mientras revisas tu descripción de un personaje, busca oportunidades para usar adverbios precisos. Esto ayudará a tus lectores a visualizar los detalles y las acciones que incluyes en tu escritura.

W.5.3a orient the reader by establishing a situation and introducing a narrator or characters/organize an event sequence; **W.5.3b** use narrative techniques to develop experiences and events or show characters' responses; **W.5.3d** use concrete words and phrases and sensory details; **W.5.5** develop and strengthen writing by planning, revising, editing, rewriting, or trying a new approach

Escritura narrativa

☑ **Elección de palabras** Una buena **descripción de los personajes** usa palabras exactas, detalles sensoriales y diálogo para mostrar cómo es el personaje. Casi puedes ver la expresión de Ángela en *PLAF* cuando dice: "Me siento como una tonta". Cuando escribas un párrafo descriptivo, usa palabras que ayuden a tus lectores a imaginar tu personaje.

Theo escribió el borrador de una descripción de su amigo James. Después, agregó detalles y cambió algo del diálogo para que su personaje cobrara vida.

Lista de control de la escritura

☑ **Ideas**
¿Mis detalles muestran cómo es mi personaje?

☑ **Organización**
¿Mis oraciones principales y detalles están en un orden coherente?

☑ **Fluidez de las oraciones**
¿Combiné oraciones para una mejor fluidez?

☑ **Elección de palabras**
¿Usé palabras exactas, detalles sensoriales y diálogo?

☑ **Voz**
¿Mis palabras revelan mis sentimientos o mi actitud hacia mi personaje?

☑ **Convenciones**
¿Usé las reglas de ortografía, gramática y puntuación correctamente?

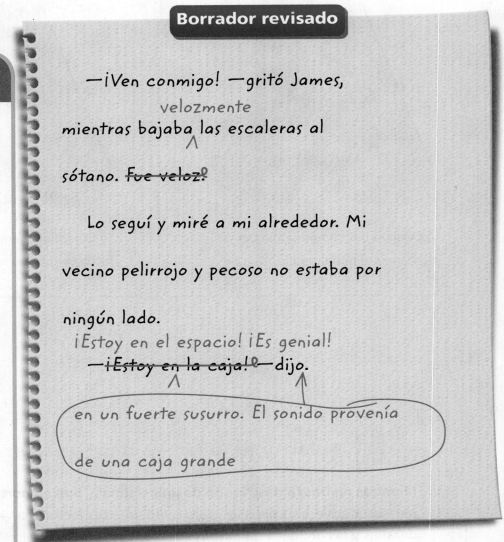

Borrador revisado

—¡Ven conmigo! —gritó James, velozmente mientras bajaba las escaleras al sótano. ~~Fue veloz.~~

Lo seguí y miré a mi alrededor. Mi vecino pelirrojo y pecoso no estaba por ningún lado.

¡Estoy en el espacio! ¡Es genial!
—~~¡Estoy en la caja!~~ —dijo.
en un fuerte susurro. El sonido provenía de una caja grande

536

Mi amigo James

por Theo Pothoulakis

—¡Ven conmigo! —gritó James, mientras bajaba velozmente las escaleras al sótano.

Lo seguí y miré a mi alrededor. Mi vecino pelirrojo y pecoso no estaba por ningún lado.

—¡Estoy en el espacio! —dijo en un fuerte susurro. El sonido provenía de una caja grande.

Esa fue mi introducción al mundo de James McGinnis y su fabulosa imaginación. Su caja podía ser un submarino, un transportador intergaláctico o una máquina del tiempo. Tiempo después, cuando estábamos en tercer grado, James descubrió los libros de la serie de ciencia ficción *Time Warp Trio* y, entusiastamente, leímos juntos toda la serie.

El verano pasado, James se mudó. Nos mantenemos en contacto por medio de cartas y correos electrónicos. A veces, le envío dibujos que he hecho y él escribe asombrosos cuentos de ciencia ficción para acompañarlos.

—Lo que necesitamos ahora es una máquina para viajar en el tiempo —dice. ¡Yo estoy de acuerdo!

Leer como escritor

¿Qué detalles usó Theo para que su descripción de James fuera vívida? ¿Cómo puedes hacer que tu descripción sea más vívida?

En mi trabajo final, hice que el diálogo sonara más natural. También usé adverbios para crear imágenes claras para los lectores.

VOCABULARIO CLAVE

carrera
publicación
origen
familia
intuición
requerir
apacible
edición
fórmula
destrucción

Librito de
vocabulario

Tarjetas de
contexto

**ESTÁNDARES
COMUNES**

L.5.6 acquire and use general
academic and domain-specific
words and phrases

538

Vocabulario
en contexto

1 carrera

La **carrera**, o profesión,
de un periodista le exige
que reúna con atención
todos los hechos.

2 publicación

Una **publicación** de
noticias puede ser un
periódico, una revista de
noticias o un sitio web.

3 origen

Muchas personas
prefieren ver
los noticieros y
presentadores de su
lugar de **origen**.

4 familia

Este niño entrega el
periódico a casi todas las
familias de su vecindario.

Aprende
en línea

▶ Estudia cada Tarjeta de contexto.

▶ Separa cada palabra del Vocabulario en sílabas. Usa el diccionario para verificar.

5 intuición

Durante las entrevistas, los reporteros escuchan las intuiciones y las opiniones de otras personas.

6 requerir

Para registrar un evento deportivo se requiere, o necesita, más de una cámara de televisión.

7 apacible

Este meteorólogo predice una semana apacible. El tiempo no cambiará mucho.

8 edición

Una edición, o versión, especial de un periódico puede publicarse después de un acontecimiento muy importante.

9 fórmula

Usa esta fórmula, o regla, en los artículos periodísticos que escribas: di *quién, qué, cuándo, dónde, por qué* y *cómo.*

10 destrucción

Los periódicos informaron que la destrucción que causó el huracán dejó a algunas personas sin hogar.

Leer y comprender

 Aprende en línea

☑ DESTREZA CLAVE

Hecho y opinión *El periódico canino* contiene hechos y opiniones. Los **hechos** son enunciados que pueden comprobarse como verdaderos o falsos. Las **opiniones** expresan los pensamientos, los sentimientos o las creencias de una persona. A menudo, comienzan con frases como *Creo* o *Parece que*. Mientras lees la selección, usa el siguiente organizador gráfico para anotar citas y detalles del texto que incluyan hechos y opiniones importantes.

Hechos	Opiniones

☑ ESTRATEGIA CLAVE

Analizar/Evaluar Mientras lees *El periódico canino*, **analiza,** u observa detenidamente, los hechos y las opiniones que presenta la autora. **Evalúa,** o juzga, cómo la autora usa las razones y la evidencia para apoyar sus opiniones e ideas principales.

ESTÁNDARES COMUNES

RI.5.1 quote accurately when explaining what the text says explicitly and when drawing inferences; **RI.5.8** explain how an author uses reasons and evidence to support points

540

Escritura creativa

   ¿Alguna vez has expresado tus ideas con imaginación en un poema, un cuento corto o incluso un correo electrónico? Si lo has hecho, entonces ya has trabajado con la escritura creativa. Puedes usar la escritura creativa para inventar cuentos nuevos o describir personas, lugares y sucesos reales.

   En *El periódico canino*, la autora narra una historia real sobre la publicación de un periódico durante su niñez. La forma en que escribe es alegre y creativa. Sin embargo, su periódico sobre perros no era muy creativo, ¡y por eso duró tan poco!

TEXTO PRINCIPAL

☑ DESTREZA CLAVE

Hecho y opinión Decide qué enunciados del texto pueden comprobarse como verdaderos o falsos y cuáles expresan los sentimientos o las creencias de alguien.

☑ GÉNERO

Una **autobiografía** es el relato de una persona sobre su propia vida. Mientras lees, busca:

▶ el punto de vista en primera persona,

▶ los pensamientos y sentimientos personales de la autora e

▶ información sobre la vida de la autora.

ESTÁNDARES COMUNES **RI.5.1** quote accurately when explaining what the text says explicitly and when drawing inferences; **RI.5.2** determine two or more main ideas and explain how they are supported by details/summarize; **RI.5.10** read and comprehend informational texts

CONOCE A LA AUTORA

Peg Kehret

Quizás M. T. haya sido el primer animal en inspirar a la escritora Peg Kehret, pero ciertamente no fue el último. La autora ama a los animales y vive con varias mascotas adoptadas. Ha escrito textos de ficción y no ficción, incluido el libro sobre perros callejeros adoptados *Shelter Dogs: Amazing Stories of Adopted Strays*.

CONOCE AL ILUSTRADOR

Tim Jessell

Tim Jessell llama a su estilo de ilustración digital "realista, pero con un toque diferente". Solía ser baterista de una banda de rock, pero ahora pasa la mayor parte de su tiempo con sus tres hijos o practicando el deporte de la cetrería con su ave, Spike.

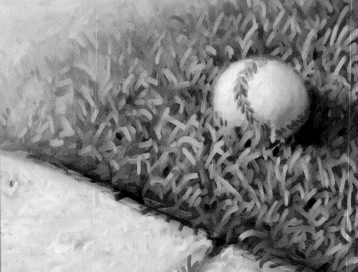

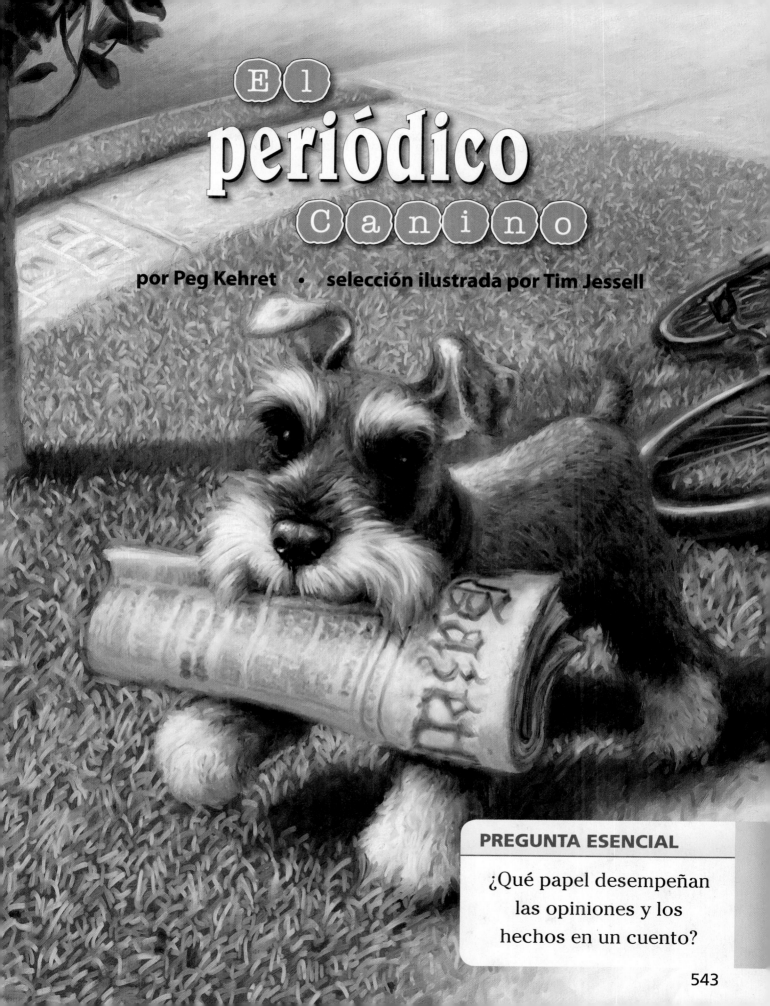

El **periódico** Canino

por Peg Kehret • **selección ilustrada por Tim Jessell**

PREGUNTA ESENCIAL

¿Qué papel desempeñan las opiniones y los hechos en un cuento?

Comencé mi carrera de escritora a los diez años, cuando escribí y vendí *El periódico canino*. Esa publicación semanal, que costaba cinco centavos la copia, hablaba sobre los perros locales.

Entrevisté a cada vecino que tenía un perro. "¿Qué es lo más interesante que ha hecho su perro?", les preguntaba.

La gente respondía: "Todo lo que hace Fluffy es comer, dormir y ladrarle al cartero". O "La única diversión de Max es su paseo diario con la correa". Esas respuestas no me ayudaron a escribir artículos periodísticos importantes.

No me rendí. "Si su perro pudiera hablar", pregunté, "¿qué piensa usted que diría?"

"Quiero comer" fue la respuesta más común, seguida de "Vamos a jugar".

¿Qué podía hacer una escritora con tanto material aburrido? La solución estaba a mis pies, meneando la cola.

El primer ejemplar de *El periódico canino* describía a mi perro, M. T., en toda la primera página. Aunque su vida en ese entonces era tan apacible como la vida de los otros perros vecinos, M. T. tenía un origen único.

El tío Bill, el hermano más joven de mi madre, fue soldado del Ejército de Estados Unidos durante la Segunda Guerra Mundial. Cuando estaba en Alemania, su unidad entró en una ciudad que acababa de ser bombardeada. Mientras buscaban sobrevivientes en un edificio destruido, se encontraron con una mamá perra y su camada de cachorritos. La mamá estaba muerta, al igual que todos los cachorros, excepto uno.

Los soldados, que ya habían visto mucha muerte y destrucción, sacaron cuidadosamente a ese pequeño perrito marrón de entre los otros cachorros. Un soldado puso al cachorro dentro de su chaqueta para darle calor. Los hombres lo alimentaron con sus propias raciones de comida, compartieron el agua de sus cantimploras y decidieron quedarse con él como la mascota de la compañía.

De ahí en adelante, dondequiera que fueran el tío Bill y sus compañeros, el perro iba también. Lo llamaron M. T. porque daba Mucho Trabajo cuidarlo, especialmente cuando luchaban en la guerra.

M. T. se fue haciendo grande y fuerte a medida que viajaba con los soldados, siguiéndolos en cada misión y, de algún modo, sobreviviendo, aun cuando los soldados estaban muy ocupados para prestarle atención.

Mientras los soldados peleaban para proteger el mundo libre, M. T. hacía también su tarea. Dormía con ellos en las trincheras, recorría cansado millas y millas de tierras quemadas y áridas, y ayudaba a buscar signos de vida entre los escombros. Pero principalmente ofrecía amor y risas a un grupo de hombres solos y abatidos que estaban lejos de sus hogares.

Cuando la guerra terminó, los soldados se alegraron. Pronto volverían a sus casas con sus seres queridos. Pero, ¿qué pasaría con M. T.? Sabían que no podían dejarlo en Alemania. El pueblo alemán estaba reconstruyendo sus casas y su vida; nadie quería tener que preocuparse por un perro, especialmente por uno que pertenecía a los estadounidenses.

Los soldados decidieron contribuir con suficiente dinero para llevar a M. T. a los Estados Unidos. Hicieron un sorteo para ver quién se quedaría con él. Cada soldado escribió su nombre en un pedazo de papel y lo puso en un casco. El nombre ganador que sacaron fue: ¡Bill Showers! Mi tío.

Mi tío Bill vivía con mi familia, por eso M. T. voló desde Alemania a Minneapolis, y mis padres lo recogieron en el aeropuerto y lo llevaron a casa en Austin, Minnesota.

Yo tenía nueve años y estaba encantada con la incorporación de este schnauzer de pelo áspero (al menos creíamos que era un schnauzer) a nuestra familia.

Según el tío Bill, M. T. entendía muchas órdenes tanto en inglés como en alemán. Como ninguno de nosotros sabía alemán, no pudimos comprobar esa afirmación.

Muy pronto, M. T. se convirtió en mi perro. Se alegró muchísimo cuando a mi tío Bill lo dieron de baja y regresó a casa. Pero mi tío no permaneció mucho tiempo en Austin. Se casó y se inscribió en la Universidad de Minnesota, donde no se permitían perros en los dormitorios de estudiantes. M. T. se quedó con mi familia.

Yo lo bañaba con amor, lo peinaba, le ataba cintas en el collar, lo llevaba a pasear y le leía en voz alta. M. T. parecía prestar especial atención a las historias de Raggedy Ann y Andy, que eran también mis favoritas.

ANALIZAR EL TEXTO

Ideas principales y detalles ¿Qué ideas principales ha incluido la autora hasta ahora? ¿Cómo las apoya con detalles? Explica cómo estos detalles ayudan a que te identifiques con la vida de la autora.

M. T. llevaba viviendo con nosotros un año cuando inicié la publicación de *El periódico canino*. Fue un tema fascinante para la primera página, y la primera edición de *El periódico canino* vendió doce copias.

Aunque mi historia principal requirió poca investigación, los sesenta centavos no fueron dinero fácil. Todas esas entrevistas sobre los perros de los vecinos llevaron su tiempo. Además, crecí en tiempos en los que no existían las fotocopiadoras, por eso no pude ir simplemente a un centro de fotocopias local para imprimir rápidamente doce copias. Escribí cada palabra doce veces, a mano, con un lápiz. Luego, repartí mis periódicos y recogí mi dinero.

M. T. y yo nos hicimos famosos en nuestra cuadra. Los vecinos estaban embelesados con la historia y engullí las felicitaciones por mi escrito de la misma forma que M. T. comía su cena. Todos mis clientes estuvieron de acuerdo en comprar la siguiente publicación de *El periódico canino*.

Mareada por el éxito, comencé a escribir la segunda edición de inmediato. Los perros del vecindario seguían siendo un poco aburridos, como lo habían sido la semana anterior, por lo tanto decidí repetir mi fórmula ganadora y usé a M. T. en el artículo principal nuevamente. Como ya había contado lo único insólito de mi perro, esta vez escribí una historia llamada "La casa de jengibre de M. T."

Nuestra nueva lavadora de ropa había llegado en una gran caja de cartón. Me quedé con la caja para hacerle una casa especial a M. T., que dormía en el sótano todas las noches.

Pasé horas decorándola y copiando una casa de jengibre de una foto que aparecía en uno de mis libros. Pinté los adornos, me llené de ampollas las manos cortando figuras en el cartón y pinté flores a los costados. La casa de jengibre quedó asombrosa.

A la hora de ir a la cama, esa noche, llevé a M. T. al sótano y puse su manta en la hermosa casa de jengibre. Lo acaricié, lo besé y le dije que sabía que iba a dormir bien.

A la mañana siguiente no pude creer lo que veían mis ojos. M. T. había lamido la goma de pegar del cartón, se había hecho un pegote en la barba, y había masticado la casa rompiéndola en cientos de pedazos. Hacía cabriolas frente a mí sobre las ruinas esparcidas por el suelo.

Esa historia fue un poco más corta que la historia del rescate de M. T. de la casa bombardeada en Alemania, y mucho menos interesante. Completé el resto de la edición número dos de *El periódico canino* con reportajes conmovedores, como por ejemplo, "Rusty vuelca un tacho de basura" y "Cleo persigue a un gato". Luego de repartir mis periódicos, esperé ansiosamente más cumplidos sobre mi interesante actividad periodística. No recibí ninguno. El número siguiente fue peor aun. Como M. T. no había hecho nada de interés periodístico, utilicé la primera página para describir qué perro hermoso y maravilloso era. Los otros perros, como siempre, tuvieron escasa mención en la página de atrás. Desesperada por llenar el espacio, hasta escribí una historia titulada "A bañar a Skippy".

La edición número tres fue un desastre. Poca gente la leyó y la única persona que compró el número cuatro fue mi abuelo. A menos de un mes de su lanzamiento, *El periódico canino* quedó fuera de circulación.

ANALIZAR EL TEXTO

Hecho y opinión ¿Por qué el enunciado de la autora "A menos de un mes de su lanzamiento, *El periódico canino* quedó fuera de circulación", es un hecho? ¿Qué otros hechos hay en esta página?

Creí que mi carrera como escritora se había acabado. Mi error, pensé entonces, había sido poner a mi perro siempre en la primera página. Ahora me doy cuenta de que haber tenido material aburrido fue un error aún mayor. ¿Habría tenido éxito *El periódico canino* si hubiera destacado a Rusty o Fluffy o Cleo? Probablemente no, porque Rusty, Fluffy, Cleo y el resto de los perros del vecindario no habían hecho nada especial.

Si Fluffy se hubiera perdido y lo hubieran traído de vuelta a su casa en un auto de policía, o si Cleo hubiera ganado un premio en un concurso de perros, o si Rusty hubiera tenido cachorritos, entonces, tal vez los vecinos habrían querido leer mis artículos.

Ahora ya sé que si quiero que la gente lea lo que escribo, debo escribir algo que les interese. Necesito tramas emocionantes, información única e intuiciones nuevas.

ANALIZAR EL TEXTO

Ritmo narrativo ¿En qué partes del cuento la autora aumenta desarrolla la narración más rápida o más lentamente? ¿Qué técnicas usa?

Cuando escribí *El periódico canino*, estaba tan centrada en mi entusiamo por crear un periódico y por recibir dinero por mi trabajo, que no presté atención a mis lectores. ¿Qué había en el periódico para ellos? A excepción de la primera edición, no mucho.

M. T. hizo otro viaje en avión de Minneapolis a Fresno, California, adonde mis padres se mudaron cuando me casé. Le encantó el sol californiano y pasó sus últimos días durmiendo en el patio. Vivió hasta los dieciséis años. Tuvo una buena y larga vida para un cachorro huérfano que llegó al mundo durante un bombardeo en tiempos de guerra.

Nadie guardó ninguna edición de *El periódico canino*. No entiendo por qué.

Ahora analiza

Cómo analizar el texto

Usa estas páginas para aprender acerca de Hecho y opinión, Ideas principales y detalles, y Desarrollo narrativo. Luego, vuelve a leer *El periódico canino* para aplicar lo que has aprendido.

Hecho y opinión

Los autores de autobiografías usan hechos y opiniones para contar historias sobre su vida. Los **hechos** son información que puede comprobarse como verdadera o falsa. Por ejemplo, el enunciado "Ese perro es un schnauzer miniatura" es un hecho. Un veterinario o un criador de perros puede decirte si el enunciado es verdadero. Las **opiniones** son enunciados que expresan pensamientos, sentimientos o creencias. Alguien puede opinar que los schnauzer miniatura son mascotas grandiosas, pero otra persona puede decir que son demasiado feroces.

En *El periódico canino*, busca hechos sobre la vida de la autora y también sobre su perro, M. T. Busca razones y evidencia que apoyen las opiniones de la autora y las ideas principales. Anota detalles y citas precisas del texto mientras identificas los hechos y las opiniones.

Hechos	Opiniones

ESTÁNDARES COMUNES

RI.5.1 quote accurately when explaining what the text says explicitly and when drawing inferences; **RI.5.2** determine two or more main ideas and explain how they are supported by details/summarize; **RI.5.8** explain how an author uses reasons and evidence to support points; **RI.5.10** read and comprehend informational texts

Aprende en línea

Ideas principales y detalles

Los textos más cortos generalmente se enfocan en una sola **idea principal**. La idea principal es de lo que trata la mayor parte del texto. Los **detalles** que incluye el autor apoyan esta idea central. En *El periódico canino*, la autora transmite a los lectores una idea importante sobre la escritura. Desarrolla esta idea principal describiendo sus experiencias y compartiendo sus pensamientos y opiniones.

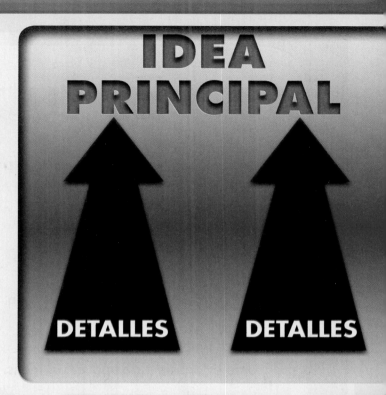

IDEA PRINCIPAL

DETALLES   DETALLES

Ritmo narrativo

Aunque las autobiografías son textos de no ficción, los autores pueden usar algunas de las mismas técnicas que se usan en los textos de ficción para mantener interesados a los lectores. Una de las técnicas consiste en variar el **ritmo** o la velocidad a la que avanza la narración. Por ejemplo, un autor puede agregar una descripción o hacer una pausa y compartir lo que piensa sobre un suceso para bajar la velocidad de la narración. Una escena **retrospectiva** puede hacer avanzar la trama, ya que narra lo ocurrido en sucesos previos de forma breve e interesante.

Es tu turno

REPASAR LA PREGUNTA ESENCIAL

Turnarse y comentar Repasa la selección y prepárate para comentar esta pregunta: *¿Qué papel desempeñan las opiniones y los hechos en un cuento?* Túrnate con un compañero para citar ejemplos de hechos y opiniones de la selección como evidencia para apoyar tus ideas.

Comentar en la clase

Para continuar comentando *El periódico canino*, explica tus respuestas a estas preguntas:

1 ¿Qué detalles hacen que la historia de la autora sea interesante para los lectores?

2 ¿De qué forma la autora podría haber hecho más interesante su periódico?

3 Si la autora escribiera un periódico canino hoy en día, ¿qué recursos tendría que no tenía hace años?

ANALIZAR EL PROPÓSITO DE LA AUTORA

Una visión diferente Al final de la selección, la autora reflexiona sobre sus primeros pasos como escritora y presenta hechos y opiniones sobre su periódico. Con un compañero, analiza por qué la autora incluye esta información. Comenta lo que estos detalles revelan sobre la visión de la autora y sobre cómo esta visión ha cambiado desde que creó el periódico. Usa evidencia del texto para apoyar tus opiniones.

ESCRIBE SOBRE LO QUE LEÍSTE

Respuesta La autora de *El periódico canino* cree que los autores atraen a los lectores cuando escriben sobre temas principales interesantes. ¿Estás de acuerdo? ¿La autora apoya completamente su opinión en el texto? Escribe un párrafo en el que expliques si estás de acuerdo o no con su afirmación. Analiza las razones y la evidencia que brinda la autora e incluye tus propios detalles de apoyo del texto.

Sugerencia para la escritura

Expresa tu opinión claramente al principio del párrafo. Incluye una conclusión que resuma o vuelva a expresar la idea principal que quieres que comprendan tus lectores.

ESTÁNDARES COMUNES **RI.5.1** quote accurately when explaining what the text says explicitly and when drawing inferences; **RI.5.8** explain how an author uses reasons and evidence to support points; **W.5.1a** introduce a topic, state an opinion, and create an organizational structure; **W.5.1d** provide a concluding statement or section; **W.5.9b** apply grade 5 Reading standards to informational text; **SL.5.1a** come to discussions prepared/explicitly draw on preparation and other information about the topic

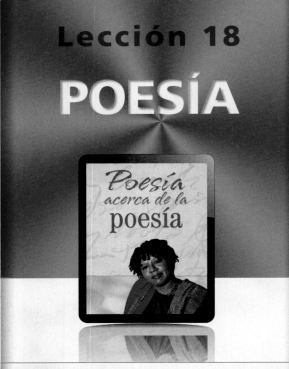

Lección 18

POESÍA

☑ GÉNERO

La **poesía** usa el sonido y el ritmo de las palabras para sugerir imágenes y expresar sentimientos de diversas formas.

☑ ENFOQUE EN EL TEXTO

Forma poética Los poetas usan versos con distintas formas, con diferentes números de sílabas y también distintas disposiciones de versos, llamadas *estrofas*, para crear ritmo, para enfocar la atención del lector en ciertas imágenes o para reforzar significados.

 **RL.5.10** read and comprehend literature

556

Poesía acerca de la poesía

Los amantes de la poesía coinciden en que un gran poema puede convertir una tarde aburrida en un momento emocionante para el lector. Los poetas presentados en estas páginas escriben acerca de su amor por la poesía o acerca de la poesía misma. Piensa en lo que más te gusta de la poesía: ¿el ritmo del lenguaje, las imágenes que crea o cómo te hace sentir?

To Write Poetry/ Para escribir poesía

por Francisco X. Alarcón

To Write Poetry
we must
first touch
smell and taste
every word

Para escribir poesía
debemos
primero tocar
oler y saborear
cada palabra.

Genio
por Nikki Grimes

—¡Hermanita! ¡Despiértate! —
susurro en el silencio nocturno.

Ansiosa, la zarandeo
hasta interrumpir su sueño.

En mis manos, mi cuaderno
le aleja todo temor.

Le indica que no hay peligro:
no ha entrado ningún ladrón.

El sueño ya se le ha ido,
ya está despierta y sentada;

para oírme se prepara.
Carraspeo y luego leo

hasta terminar mis versos.
Queda muda y asombrada.

Me preocupo hasta que exclama:
—¡Tengo un genio como
hermana!

Nikki Grimes

¿Cómo te sentirías si descubrieras repentinamente que tu hermana es poetisa o que tu hermano es poeta? Nikki Grimes escribe sobre este tema en su poema "Genio". En el poema, se inspira en su propia experiencia.

Grimes siempre había querido hacer carrera como poetisa y escritora. Su primer poema fue aceptado para su publicación cuando ella asistía a la escuela secundaria y salió impreso en una edición de una revista de poesía. Siempre mantuvo una relación estrecha con los miembros de su familia, especialmente, con su hermana. Mientras lees "Genio", piensa en cómo Grimes expresa los sentimientos que ella y su hermana sienten la una por la otra.

Un poema visual

por Robert Froman

Un poema visual tiene palabras que toman una forma y ayudan a encender la imaginación

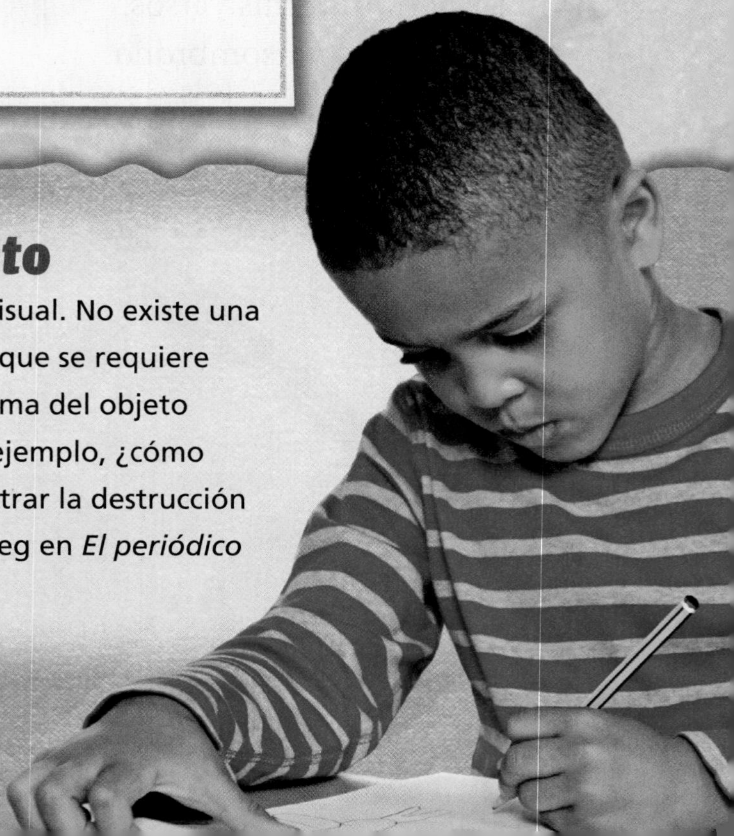

Escribe un poema concreto

Escribe tu propio poema concreto, o visual. No existe una fórmula exacta para escribir uno. Lo único que se requiere es que las palabras que utilices creen la forma del objeto o de la acción que describe el poema. Por ejemplo, ¿cómo podrías crear un poema concreto para mostrar la destrucción que causó M. T. en la casa de jengibre de Peg en *El periódico canino*?

Comparar el texto

Comparar el narrador y el "yo lírico" El autor de una autobiografía narra su propia historia. Los poetas usan un "yo lírico" para comunicar el mensaje de un poema. Con un compañero, usa evidencia del texto para identificar el tema o mensaje sobre la escritura que se expresa en *El periódico canino* y en cada uno de los tres poemas de *Poesía acerca de la poesía.* Luego comenta cómo el narrador o "yo lírico" de cada texto comunica el tema. ¿Qué técnicas usan los autores para transmitir el mensaje?

EL TEXTO Y TÚ

Escribir sobre ti mismo Piensa en la forma en que la autora de *El periódico canino* narra la historia de la creación de la primera edición del periódico de su vecindario. ¿Qué lenguaje y qué recursos usa para que los lectores se identifiquen con su experiencia? Escribe un párrafo corto acerca de un proyecto interesante en el que hayas trabajado. Presenta la información de manera que los lectores se identifiquen contigo y con tu experiencia.

EL TEXTO Y EL MUNDO

Investigar acerca de los perros de rescate Vuelve a leer la escena retrospectiva sobre M. T. en las páginas 545 y 546. Piensa en cómo el rescate de M. T. y sus experiencias con los soldados lo ayudaron a sobrevivir durante sus días en Alemania. Luego trabaja con un grupo para hallar información en línea o impresa acerca de los perros de rescate. Comenta si crees que M. T. hubiera sido un buen perro de rescate y por qué.

Aprende
en línea

ESTÁNDARES COMUNES

RL.5.2 determine theme from details/summarize; **W.5.7** conduct short research projects that use several sources to build knowledge through investigation; **W.5.10** write routinely over extended time frames and shorter time frames; **SL.5.1a** come to discussions prepared/explicitly draw on preparation and other information about the topic

Gramática

Aprende en línea

Preposiciones y frases preposicionales Las **preposiciones** son palabras que indican cómo se relacionan otras palabras en una oración. Algunas preposiciones comunes son *a, en, entre, hacia, con* y *por.* Las preposiciones indican ubicación, tiempo o dirección. Las **frases preposicionales** comienzan con una preposición e incluyen un sustantivo o un pronombre. Agregan significado y detalles a las oraciones.

Preposiciones y frases preposicionales	
Dirección	La mujer que paseaba a los perros se dirigía hacia el parque.
Tiempo	Había estado paseando a los perros durante una hora.
Ubicación	Se detuvo en la casa del perro más pequeño.
Detalles adicionales	Una mujer de cabello rojo acarició a su perro alegremente.

Inténtalo **Copia las siguientes oraciones en una hoja aparte. Encierra en un círculo cada preposición. Luego, subraya cada frase preposicional y explica si expresa ubicación, tiempo o dirección o si agrega detalles.**

1. Yo salgo a pasear con mi perro.

2. Siempre caminamos hacia el sur.

3. Corremos en el parque.

4. Jugamos hasta las cinco.

5. Completo el diario sobre mi perro.

Cuando escribas, puedes combinar dos oraciones cortas con una frase preposicional. Si dos oraciones tratan sobre el mismo sujeto, puedes combinarlas moviendo la frase preposicional de una oración a la otra.

Oraciones cortas

Nuestro perro Growler persiguió a un gato.

Growler corrió hasta el jardín del Sr. Hernández.

Oración combinada

Nuestro perro Growler persiguió a un gato hasta el jardín del Sr. Hernández.

 ## Relacionar la gramática con la escritura

Mientras revisas tu autobiografía, busca oraciones cortas que puedas combinar moviendo una frase preposicional de una oración a la otra. Usar oraciones de distinta extensión hará que tu escritura sea más interesante.

W.5.3a orient the reader by establishing a situation and introducing a narrator or characters/organize an event sequence; **W.5.3b** use narrative techniques to develop experiences and events or show characters' responses; **W.5.3d** use concrete words and phrases and sensory details; **W.5.3e** provide a conclusion

ESTÁNDARES COMUNES

Escritura narrativa

 mi Escritura genial

 Aprende en línea

 Voz La autora de *El periódico canino* demuestra sus sentimientos cuando dice que estaba "mareada por el éxito". Cuando revisas una autobiografía, agrega palabras que expresen tus propios pensamientos y sentimientos e incluye detalles para que tus lectores visualicen el suceso de tu vida que narras.

Amanda escribió el borrador de una autobiografía sobre un verano especial de su vida. Más tarde, lo revisó para expresar más claramente sus sentimientos y para mejorar la fluidez de sus oraciones.

Usa la siguiente Lista de control de la escritura mientras revisas lo que has escrito.

Lista de control de la escritura

Ideas

 ¿Establecí una secuencia de sucesos y presenté una conclusión sólida?

Organización

 ¿Mi comienzo atraerá la atención de mis lectores?

Fluidez de las oraciones

 ¿Combiné oraciones para mejorar la fluidez?

Elección de palabras

 ¿Usé palabras concretas y detalles sensoriales?

 Voz

¿Mi narrativa revela mis pensamientos y sentimientos internos?

Convenciones

 ¿Usé las reglas de ortografía, gramática y puntuación correctamente?

Borrador revisado

No veía la hora de
~~Quería~~ mostrárselo a mi mejor amiga, Ana.

La llamé para avisarle que tenía una sorpresa,

y decidimos encontrarnos.

en el   del
~~Había un~~ parque ~~en el~~ vecindario. La verdadera

al lugar de las hamacas
sorpresa fue que cuando llegué ~~allí~~, vi que ella

también tenía un cachorrito nuevo. ¡Nuestras

dos familias habían adoptado un cachorrito!

Amigas con cachorritos

por Amanda West

Hace dos años, tuve el mejor verano de mi vida. Mi familia adoptó un dulce cachorrito de un refugio, y me enamoré de él al instante. Lo llamamos Max, como mi abuelo, y se adaptó a nuestra familia de inmendiato. ¡Fue amor a primera vista!

No veía la hora de mostrárselo a mi mejor amiga, Ana. La llamé para avisarle que tenía una sorpresa, y decidimos encontrarnos en el parque del vecindario. La verdadera sorpresa fue que cuando llegué al lugar de las hamacas, vi que ella también tenía un cachorrito nuevo. ¡Nuestras dos familias habían adoptado un cachorrito!

Un día de lluvia, cuando no podíamos salir, tuve una idea brillante. Invité a Ana y a su cachorrito a una fiesta de cachorritos. Puse juguetes y golosinas para los cachorros, pero apenas llegó Ana, los cachorritos comenzaron a perseguirse por la casa. La planta de una maceta se cayó sobre la alfombra. Los cachorros tomaron una media y jugaron a tirarla de las puntas hasta que quedó arruinada. Limpiar todo el desastre fue un poco difícil, pero el día estuvo maravilloso. Ana, los cachorros y yo fuimos inseparables durante todo el verano. Nuestros perros se volvieron grandes amigos y también hicieron que Ana y yo nos volviéramos todavía mejores amigas.

Leer como escritor

¿Qué pensamientos y sentimientos expresa Amanda en su autobiografía? En tu texto, ¿cómo puedes hacer que tus pensamientos y sentimientos sean más claros?

En mi trabajo final, agregué palabras y detalles para expresar mi voz y para crear una imagen clara en la mente de mis lectores. También usé frases preposicionales para combinar oraciones.

✓ VOCABULARIO CLAVE

exhortar

mínimo

eficaz

deteriorar

depender

infracción

conceder

asunto

decreto

excepción

Librito de vocabulario

Tarjetas de contexto

ESTÁNDARES COMUNES

L.5.6 acquire and use general academic and domain-specific words and phrases

Vocabulario
en contexto

1 exhortar

Los maestros pueden exhortar, o persuadir, a sus estudiantes para que se involucren y ayuden en su comunidad.

2 mínimo

Los alimentos que recolectaron los estudiantes superaron el mínimo que necesitaban.

ALMUERZOS PARA LOS POBRES

3 eficaz

Recoger la basura es una forma eficaz de mantener limpios los parques y las playas. Se obtienen buenos resultados.

4 deteriorar

Muchos edificios deteriorados solo pueden empeorar si no hay voluntarios que ayuden a repararlos.

Aprende en línea

▶ Estudia cada Tarjeta de contexto.

▶ Usa el diccionario de sinónimos para encontrar palabras alternativas para cada palabra del Vocabulario.

---

5 depender

Un grupo de alfabetización puede depender de los voluntarios. Los necesita como tutores de lectura.

---

6 infracción

Si contaminan demasiado, se puede multar a las empresas por infracciones a las leyes del aire limpio.

---

7 conceder

El director les concedió, o les dio, a estos estudiantes el permiso para tener un lavadero de autos.

---

8 asunto

Ayudar a las personas de la tercera edad es un asunto que nos concierne a todos. Puedes ayudar de muchas maneras.

---

9 decreto

Un decreto, o una ley de una ciudad, puede usarse para crear grupos comunitarios.

---

10 excepción

A excepción de los días lluviosos, esta clase trabaja en la huerta de la escuela todos los días.

Leer y comprender

Aprende en línea

☑ DESTREZA CLAVE

Propósito del autor En *Darnell Rock informa*, dos personajes presentan argumentos sobre el mejor uso de un terreno que está cerca de la escuela. Mientras lees el cuento, usa un organizador gráfico como el siguiente para anotar detalles sobre cómo se presentan los dos argumentos y sobre cómo termina el cuento. Luego, usa esta evidencia del texto para identificar el **propósito del autor,** es decir, la razón por la que escribió el cuento.

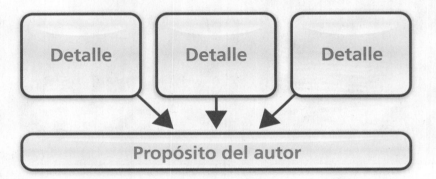

| Detalle | Detalle | Detalle |

Propósito del autor

☑ ESTRATEGIA CLAVE

Resumir Para entender el propósito del autor, haz pausas para **resumir** cada parte del cuento y vuelve a contar las ideas importantes con tus propias palabras.

ESTÁNDARES COMUNES

RL.5.2 determine theme from details/summarize

UN VISTAZO AL TEMA PRINCIPAL

La participación de la comunidad

¿Alguna vez miraste a tu alrededor y viste cosas que necesitaban mejoras en tu escuela o en tu comunidad? En el cuento que estás por leer, el personaje principal hace exactamente eso. Podría esperar que otra persona resuelva el problema. En cambio, decide asumir la responsabilidad él mismo.

En la vida real, muchas personas reaccionan de la misma manera. Es por eso que se involucran en proyectos comunitarios. Algunos proyectos están destinados a ayudar a las personas, como las colectas de alimentos o ropa. Otros se enfocan en hacer que la comunidad sea más segura o más agradable. No importa cuál sea el proyecto, ¡lo importante es involucrarse!

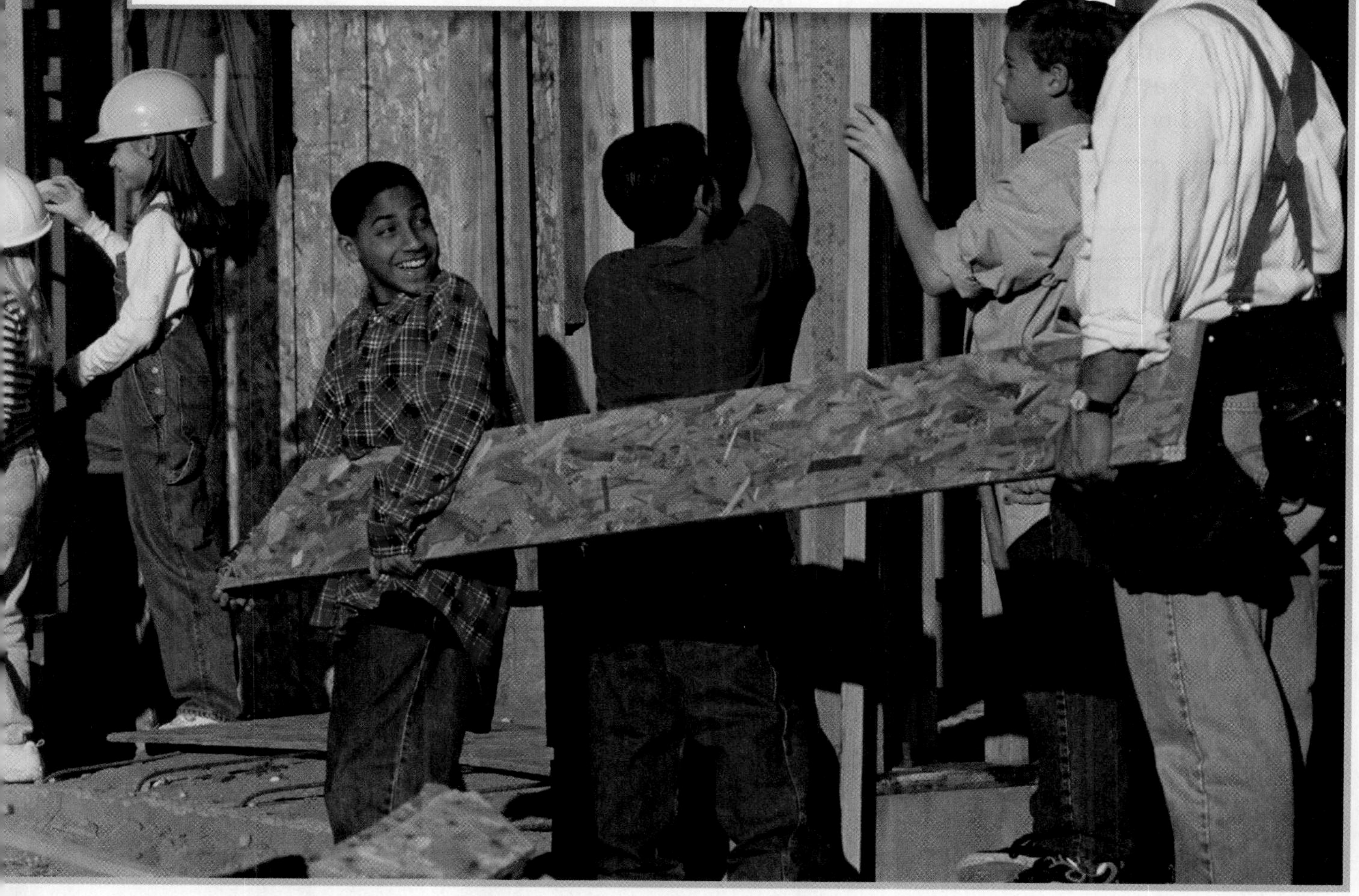

Lección 19

TEXTO PRINCIPAL

✓ DESTREZA CLAVE

Propósito del autor
Examina los detalles sobre los personajes y sus argumentos para identificar el propósito del autor.

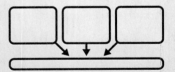

✓ GÉNERO

La **ficción realista** tiene personajes y sucesos que son como las personas y los sucesos de la vida real. Mientras lees, busca:

► personajes y sucesos reales,
► detalles que ayudan al lector a imaginar el entorno y
► desafíos y problemas que podrían ocurrir en la vida real.

ESTÁNDARES COMUNES **RL.5.3** compare and contrast characters, settings, or events, drawing on details; **RL.5.10** read and comprehend literature; **L.5.3b** compare and contrast language varieties in stories, dramas, or poems

CONOCE AL AUTOR

Walter Dean Myers

De niño, al igual que Darnell Rock, Walter Dean Myers se ponía nervioso cuando tenía que hablar en público. Sin embargo, cuando su maestra de quinto grado propuso a sus estudiantes que leyeran en voz alta sus redacciones, Myers se dio cuenta de que era capaz de relajarse. ¡Comenzó a escribir más y no ha parado desde entonces!

CONOCE AL ILUSTRADOR

Jérôme Lagarrigue

Nacido en París, Francia, Jérôme Lagarrigue vino a Estados Unidos para asistir a una escuela de arte en la década de 1990. En el año 2002, ganó el premio Coretta Scott King–John Steptoe al mejor talento nuevo por su trabajo de ilustración del libro para niños *Freedom Summer* (Verano de la libertad).

Aprende en línea

DARNELL ROCK INFORMA

por Walter Dean Myers

selección ilustrada por Jérôme Lagarrigue

Darnell Rock tiene la impresión de que sus maestros solo los toman en cuenta a él, a sus amigos y a su hermana Tamika cuando se meten en problemas. Entonces un indigente, Sweeby Jones, inspira a Darnell a escribir un artículo en el periódico de la escuela sobre cómo transformar una cancha de básquetbol que se ha deteriorado en una huerta para dar de comer a los que no tienen hogar. Pronto, el editor Peter Miller publica el artículo de Darnell en su periódico local. Sin embargo, no todos están de acuerdo con él, incluidas la estudiante Linda Gold y la maestra Joyner. Una reunión del Concejo Municipal decidirá qué hacer con la cancha de básquetbol. Darnell está nervioso porque va a exponer su opinión, pero cuenta con el apoyo de sus padres y de maestros como el maestro Baker y la maestra Seldes. Antes de la reunión, todos en la escuela han leído el artículo de Darnell, que se muestra a continuación, y el de Linda, que presenta la opinión contraria y fue publicado en el periódico escolar (se muestra en la página 571).

"Nadie quiere vivir en la calle y no tener casa", dijo Sweeby Jones. Jones es un indigente que vive en nuestra ciudad, Oakdale. Y es para él y para gente como él que deberíamos crear una huerta donde estaban las canchas de básquetbol, cerca de la escuela. De esa forma, los que no tienen hogar podrían ayudarse a sí mismos cultivando alimentos.

"Si uno ve a un hombre o a una mujer hambrientos y no les da de comer, ni los ayuda a alimentarse, entonces quiere decir que a uno no le molesta que la gente pase hambre", dijo el Sr. Jones. "Y si a uno no le molesta que la gente pase hambre, entonces hay algo que en verdad no está bien".

Esto dijo el Sr. Sweeby Jones cuando hablé con él. No quiero ser el tipo de persona a las que no les molesta que algunos pasen hambre. Quiero hacer algo al respecto. Pero hay otra razón para tener una huerta. A todos nos pueden suceder cosas que no planeamos. Uno se puede enfermar y no saber por qué, o incluso quedarse sin vivienda. Pero a veces hay cosas que uno puede hacer para cambiar su vida o mejorarla. Si uno no hace nada al respecto, probablemente nada mejorará.

"Nací pobre y probablemente seré pobre toda mi vida", dijo el Sr. Sweeby Jones.

Tal vez la diferencia no está en cómo nace uno, sino en lo que uno hace con su vida. La huerta es, para algunas personas, una posibilidad de mejorar.

Darnell Rock es un estudiante de séptimo grado de la Escuela Intermedia South Oakdale. La junta directiva escolar propone que el sitio donde el Sr. Rock quiere ubicar la huerta se use como estacionamiento para los maestros. El Concejo Municipal decidirá este asunto mañana por la noche.

Enseñar es una profesión difícil. Los maestros necesitan todo el apoyo que puedan conseguir. Después de todo, dependemos de ellos para nuestro futuro. La educación es la clave para un futuro bueno y seguro, y los maestros nos ayudan a obtener esa educación. Debemos darles todo el respaldo que podamos. Por eso apoyo la idea de construir un estacionamiento cerca de la escuela.

Algunas personas de nuestra escuela piensan que es una buena idea construir una huerta que los indigentes puedan usar. ¿Usarla para qué? La gente sin vivienda no tiene experiencia en cultivar la tierra y no sabrían usarla. No es una buena idea, no ayudará a nadie y afectará negativamente a los maestros. Los maestros nos dan ejemplos positivos sobre cómo debemos vivir y cómo debemos comportarnos. Los indigentes, aunque no sea su culpa, no nos dan un buen ejemplo.

El viernes a las 7:00 de la tarde, el Concejo Municipal se reunirá para tomar la decisión final. Exhorto al Concejo a dar su apoyo a los maestros, a dar apoyo a la educación y a los estudiantes de South Oakdale.

—¿Ves a alguien de la escuela? —Larry miró a la gran multitud en el edificio del juzgado de Oakdale.

—Ahí van el Sr. Derby y el Sr. Baker. —Tamika señaló hacia el frente del edificio.

Darnell sintió un nudo en la boca del estómago. Había por lo menos cien personas en la reunión del Concejo Municipal.

Tamika los guió a través de la multitud hacia donde había ubicado al Sr. Derby y al director de la escuela. La sala grande, con techos altos, tenía filas de bancos que miraban a la pequeña plataforma del Concejo Municipal. Linda Gold ya estaba sentada en la primera fila. Darnell vio que sus padres estaban con ella.

Él había traído un ejemplar del *Diario* y vio que algunos adultos también habían traído sus ejemplares.

Cuando llegaron los nueve miembros del Concejo Municipal, se inició la reunión. El secretario de la ciudad dijo que en la agenda había cinco puntos para tratar y los leyó. Los primeros tres eran sobre las infracciones al Código de Edificación. El siguiente tema era algo relacionado con los fondos para la biblioteca de la ciudad.

—El último punto tratará sobre el uso de las canchas de básquetbol como estacionamiento en la Escuela Intermedia South Oakdale —dijo el secretario—. Tres personas han pedido la palabra.

Linda se volteó y sonrió a Darnell.

Darnell no sabía de qué se trataban las infracciones al Código de Edificación pero observó cómo los dueños de los edificios mostraban diagramas y explicaban la razón de las infracciones. Los dos primeros no fueron tan interesantes como el tercero. Una compañía había construido un edificio de cinco pisos que se suponía que tendría un mínimo de veinte pies desde el flanco de la acera, pero solo tenía quince pies.

—¿Usted quiere decir que sus ingenieros solo tenían reglas de quince pies? —preguntó un concejal.

—Bien, em…, medimos bien la primera vez —el constructor se balanceó de un pie a otro—, pero luego hicimos algunos cambios en el diseño y sin darnos cuenta nos olvidamos de em… usted sabe…. los otros cinco pies.

A Darnell le parecía que el constructor era como un niño en su salón de clases tratando de dar una excusa por no haber hecho la tarea.

—¿Puede usted desplazar el edificio cinco o seis pies? —preguntó el concejal.

Todos se rieron y el constructor hasta sonrió, pero a Darnell le pareció que no le había hecho gracia.

Alguien tocó a Darnell en el hombro. Se volteó y vio a sus padres.

—Tenemos este decreto por una razón —dijo una mujer del Concejo—. No deberíamos pasar por alto ligeramente esta infracción. Si concedemos una excepción en este caso, se alentará a que otros quebranten la ley.

—Esto me va a arruinar —dijo el constructor—. He estado en Oakdale toda mi vida y creo haber hecho una contribución.

—Votemos —dijo el presidente del Concejo con tono severo.

—Votemos para posponer la decisión —dijo la mujer que había hablado antes—. Le daremos una oportunidad al Sr. Miller para demostrar su buena fe.

—¿Qué quieren que haga? —preguntó el constructor.

—Eso depende de usted —dijo la mujer.

—¡La próxima vez, hágalo bien! —lo desafió Tamika.

—Tiene razón —dijo una concejal.

Votaron y la decisión se postergó. El constructor miró a Tamika de mala forma mientras ponía los papeles dentro de su maletín.

El siguiente tema era sobre los fondos para la biblioteca de la ciudad, y ocho personas, incluida la maestra Seldes, hablaron a favor de la biblioteca; pero el concejal dijo que no había más dinero. Se escucharon algunos abucheos, incluidos los de Tamika y Larry. Darnell sabía que si no hubiera tenido que hablar, habría disfrutado de la reunión.

—El asunto de la Escuela Intermedia es si las canchas de básquetbol deberían usarse como estacionamiento o como huerta comunitaria.

—¿Quién va a pagar la pavimentación del estacionamiento? —preguntó un concejal—. ¿Tiene que pavimentarse?

—Según entiendo, no se tiene que pavimentar —respondió el presidente del Concejo—. ¿Es así?

—Sí —contestó la Srta. Joyner desde la audiencia.

—Tenemos a dos jóvenes de la escuela que nos quieren hablar —dijo la concejal—. La primera es la Srta. Gold.

Linda se dirigió al pasillo central, donde había un micrófono. Comenzó a leer su artículo con la voz más altanera que Darnell hubiera escuchado jamás. Sintió un nudo en el estómago. Se volteó para mirar a su madre y vio que sonreía. En el estrado, algunos concejales leían unos papeles.

—Espero no quedar mal —le susurró a Tamika.

—No lo harás —dijo Tamika.

Linda terminó de leer su artículo y luego se volteó hacia donde se encontraba Darnell.

—Aunque a todos nos gustaría ayudar a los indigentes —dijo ella—, ¡se supone que las escuelas son para los niños y para los maestros de esos niños! Gracias.

Hubo aplausos para Linda y la Srta. Joyner se puso de pie y la saludó inclinando la cabeza. Darnell sintió que le temblaban las manos.

Cuando dijeron su nombre, a Darnell se le hizo muy largo el camino hacia el micrófono.

—Cuando pensé por primera vez en construir una huerta en lugar de un estacionamiento, creí que era solo una buena idea —dijo Darnell—. Luego, cuando el *Diario* me pidió que les enviara una copia de mi entrevista con el Sr. Jones, me puse a pensar que principalmente era una buena idea hacer una huerta para los indigentes. Pero ahora, pienso que podría ser una buena idea hacer esta huerta para ayudar a los niños, a algunos de los niños, de la escuela.

A veces, la gente no hace cosas que mejorarían su vida. No sé por qué no hacen lo que está bien, y a veces ni saben lo que está bien.

Veo que ocurre lo mismo en mi escuela South Oakdale. Algunos de los chicos hacen bien las cosas, pero otros no. Tal vez sus padres les dicen algo, o tal vez ellos saben algo especial. Pero si eres un chico que no se está comportando bien, la gente comienza a decirte lo que deberías hacer. Y tú lo sabes, pero a veces no lo haces y empeoras aún más las cosas. Entonces la gente siempre espera que arruines las cosas, y luego *tú* comienzas a esperar lo mismo. Los maestros o el director o tus padres se enojan contigo y piensan que lo haces a propósito. Como si te gustara sacarte malas notas o cosas así. Luego, como no quieres que la gente interfiera en tus asuntos todo el tiempo, no haces muchas cosas, porque cuanto menos hagas, menos te va a molestar la gente. Pero eso no ayuda para nada y todos lo saben, pero así es como funciona.

—Parece que estás haciendo las cosas bien, muchacho —dijo el presidente del Concejo Municipal.

—Pues antes no era de los mejores —dijo Darnell, mirando rápidamente a donde estaba sentado el Sr. Baker—. Pero cuando me metí en el periódico y el *Diario* publicó mi nota, entonces todos comenzaron a tratarme de manera diferente. La gente se acercó y comenzó a darme sus puntos de vista, en vez de decirme solo qué hacer. Y ustedes, señores y señoras, ahora me están escuchando. Yo salía con unos niños. Nos conocían como la "banda de la esquina". La mayoría son buenos chicos, pero ustedes no los escucharían, a menos que se metieran en problemas.

En la escuela South Oakdale, a algunos chicos les pasan cosas feas, como sufrir enfermedades, y no sé por qué ocurre esto, pero todo lo que pueden hacer es ir al hospital. Y para algunos chicos las cosas buenas se les van de las manos y no pueden encontrar la forma de volver a ellas. La gente se enfada con ellos de la misma manera en que se enfada con los indigentes o con la gente que pide limosna por la calle. Tal vez la huerta sea la manera en la que los indigentes puedan retornar a las cosas buenas, y tal vez viendo a estas personas regresar a una vida mejor, los chicos piensen sobre lo que les pasa a ellos. Muchas gracias.

ANALIZAR EL TEXTO

Caracterización ¿En qué se diferencian el tono y el propósito de los argumentos de Linda y Darnell? ¿Qué revelan las acciones y los argumentos sobre cada personaje?

Hubo algunos aplausos mientras Darnell volvía a su asiento.

—Un minuto, jovencito —le dijo uno de los concejales—. La niña dijo que esa gente no sabe nada sobre cultivar una huerta. ¿Es cierto?

—Eso no importa —dijo alguien de la audiencia—. Soy de la universidad y podemos ayudar dándoles consejos técnicos.

—No le pregunté a usted —dijo el concejal.

—Pero yo se lo digo de todas formas —dijo el hombre.

—No sé si una huerta comunitaria será eficaz —dijo el concejal—. No se puede alimentar a las personas con una huerta.

—Se puede vender lo que se cultiva —dijo Darnell sin pensar.

—Traer a gente que no pertenece a la escuela… tan cerca de los niños, puede no ser tan buena idea —dijo el concejal—. ¿Quién es el último orador?

—Un Sr. Jones —dijo el secretario. Sweeby apareció en medio del pasillo y la gente empezó a hablar entre sí. Estaban interesados en muchas cosas, pero para la mayoría, el estacionamiento de la escuela no era una de ellas.

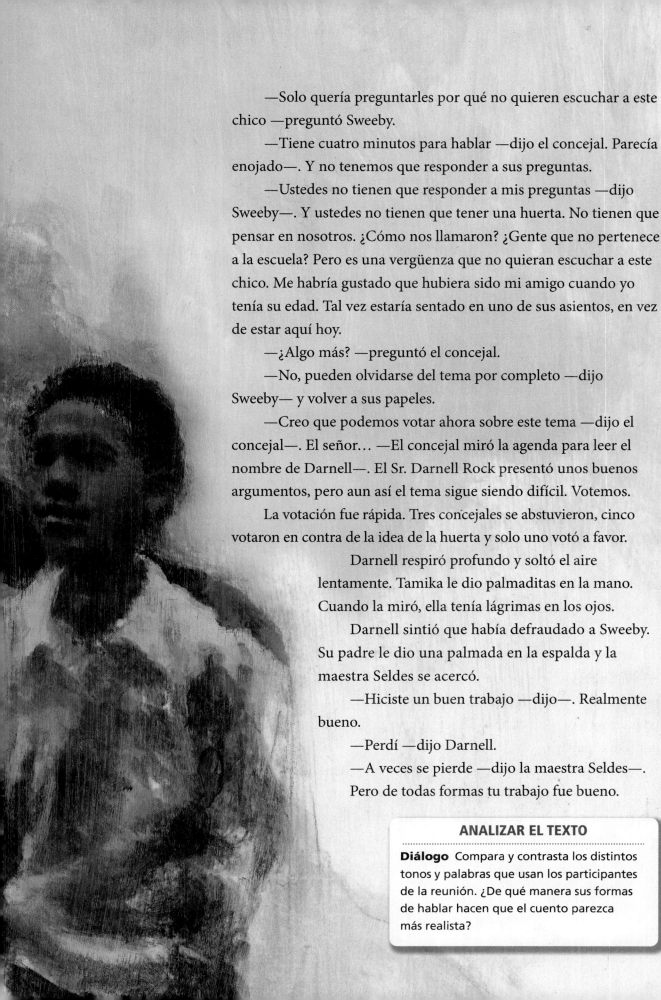

—Solo quería preguntarles por qué no quieren escuchar a este chico —preguntó Sweeby.

—Tiene cuatro minutos para hablar —dijo el concejal. Parecía enojado—. Y no tenemos que responder a sus preguntas.

—Ustedes no tienen que responder a mis preguntas —dijo Sweeby—. Y ustedes no tienen que tener una huerta. No tienen que pensar en nosotros. ¿Cómo nos llamaron? ¿Gente que no pertenece a la escuela? Pero es una vergüenza que no quieran escuchar a este chico. Me habría gustado que hubiera sido mi amigo cuando yo tenía su edad. Tal vez estaría sentado en uno de sus asientos, en vez de estar aquí hoy.

—¿Algo más? —preguntó el concejal.

—No, pueden olvidarse del tema por completo —dijo Sweeby— y volver a sus papeles.

—Creo que podemos votar ahora sobre este tema —dijo el concejal—. El señor... —El concejal miró la agenda para leer el nombre de Darnell—. El Sr. Darnell Rock presentó unos buenos argumentos, pero aun así el tema sigue siendo difícil. Votemos.

La votación fue rápida. Tres concejales se abstuvieron, cinco votaron en contra de la idea de la huerta y solo uno votó a favor.

Darnell respiró profundo y soltó el aire lentamente. Tamika le dio palmaditas en la mano. Cuando la miró, ella tenía lágrimas en los ojos.

Darnell sintió que había defraudado a Sweeby. Su padre le dio una palmada en la espalda y la maestra Seldes se acercó.

—Hiciste un buen trabajo —dijo—. Realmente bueno.

—Perdí —dijo Darnell.

—A veces se pierde —dijo la maestra Seldes—. Pero de todas formas tu trabajo fue bueno.

ANALIZAR EL TEXTO

Diálogo Compara y contrasta los distintos tonos y palabras que usan los participantes de la reunión. ¿De qué manera sus formas de hablar hacen que el cuento parezca más realista?

Sweeby y algunos de sus amigos estaban esperando fuera de la reunión del Concejo y le estrecharon la mano a Darnell. Sweeby les estaba contando que a los miembros del Concejo no les interesaba realmente la gente, cuando Darnell vio a Linda entre la multitud. Ella lo saludó con la mano y él respondió al saludo. Ella iba sonriendo.

La mamá de Larry se acercó y le preguntó a su padre si lo podía llevar a su casa, y mientras esperaban a Larry, se aproximó Peter Miller del *Diario*.

—¡Oye! ¿Quieres escribir otro artículo para el periódico? —preguntó—. Hay una persona que quiere donar un par de terrenos para una huerta en otra ubicación. Mi jefe quiere publicarlo como un artículo de interés humanitario.

—Sí, seguro —dijo Darnell—. ¿Quieres un artículo largo o corto?

—No lo sé. Llama al periódico mañana y pregunta por la sección de noticias —dijo el periodista—. Mi director te dirá la cantidad de palabras.

—¡Está bien! —dijo Darnell.

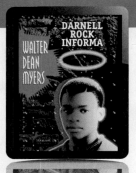

Ahora analiza

Cómo analizar el texto

Usa estas páginas para aprender acerca de Propósito del autor, Diálogo y Caracterización. Luego, vuelve a leer *Darnell Rock informa* para aplicar lo que has aprendido.

Propósito del autor

El autor de *Darnell Rock informa* tiene un **propósito,** o una razón, para escribir su cuento. Quiere transmitir un **tema** determinado, o un mensaje sobre la vida, a sus lectores. El autor crea un contraste entre dos personajes, Darnell y Linda, para revelar su mensaje.

Mientras vuelves a leer el cuento, busca detalles sobre la relación de Darnell con el indigente, su artículo en el periódico, su discurso ante el Concejo Municipal y sus sentimientos. También busca evidencia del texto relacionada con el argumento de Linda, su discurso y su carácter. Por último, fíjate cómo termina el cuento. ¿Por qué el autor se enfoca más en el argumento de Darnell que en el de Linda? ¿Por qué esto te ayuda a identificar el tema y el propósito del autor?

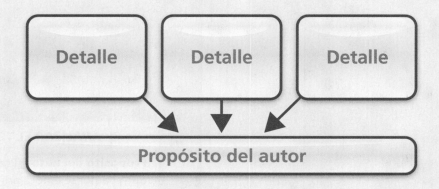

ESTÁNDARES COMUNES RL.5.2 determine theme from details/summarize; **RL.5.3** compare and contrast characters, settings, or events, drawing on details; **RL.5.10** read and comprehend literature; **L.5.3b** compare and contrast language varieties in stories, dramas, or poems

Aprende en línea

Diálogo

El **diálogo** agrega realismo a un cuento y refleja los propósitos y los sentimientos de los personajes. Por ejemplo, Sweeby Jones dice al Concejo: "Solo quería preguntarles por qué no quieren escuchar a este chico". El concejal responde, enojado: "Tiene cuatro minutos para hablar. Y no tenemos que responder a sus preguntas". El tono de Sweeby es respetuoso, pero el del concejal es despectivo. El diálogo muestra las diferencias entre los personajes.

Caracterización

La **caracterización** incluye todas las maneras en las que el autor les muestra a los lectores cómo es un personaje. Los autores pueden describir las palabras, las acciones y los sentimientos de un personaje, y mostrar cómo reaccionan otros personajes. Por ejemplo, la maestra Seldes felicita a Darnell por su discurso. Su admiración reafirma la impresión que tienen los lectores de que Darnell es una persona que merece respeto. Este tipo de evidencia del texto te puede ayudar a conocer a los personajes del cuento. Los detalles sobre los personajes también pueden ayudarte a compararlos y contrastarlos.

Es tu turno

mi
Escritura genial

Turnarse y comentar Repasa la selección y prepárate para comentar esta pregunta: *¿Por qué es importante tener conciencia de las necesidades de tu comunidad?* Usa evidencia del texto y tus conocimientos previos para apoyar tu respuesta.

Comentar en la clase

Para continuar comentando *Darnell Rock informa*, usa evidencia del texto para explicar tus respuestas a estas preguntas:

1 ¿Qué cree Darnell que necesitan las personas para alcanzar su potencial y tener éxito?

2 ¿Qué crees que aprende Darnell sobre sí mismo de su experiencia en la reunión del Concejo Municipal?

3 ¿El cuento es realista? Explica tu respuesta.

EL PODER DE LA PERSUACIÓN

Comentar con un compañero Piensa en los discursos que dan Linda y Darnell en la reunión del Concejo Municipal. Con un compañero, comenta cómo los dos estudiantes usan la persuasión para que los demás apoyen sus argumentos. Luego, evalúa cuál de los dos estudiantes es más convincente y por qué. Señala citas del texto que apoyen tu posición.

ESCRIBE SOBRE LO QUE LEÍSTE

Respuesta ¿Estás de acuerdo con la decisión del Concejo Municipal de votar en contra de la propuesta para construir una huerta? ¿Piensas que tomaron su decisión basándose en los datos que presentaron Linda y Darnell o por otro motivo? Escribe un párrafo en el que expliques tu opinión sobre si el Concejo tomó la decisión correcta al votar en contra de la huerta. Usa citas y detalles del texto como evidencia para apoyar tu opinión.

Sugerencia para la escritura

Expresa tu opinión al comienzo del párrafo. Asegúrate de incluir razones convincentes y evidencia del texto para apoyarla.

ESTÁNDARES COMUNES

RL.5.1 quote accurately when explaining what the text says explicitly and when drawing inferences; **W.5.1a** introduce a topic, state an opinion, and create an organizational structure; **W.5.1b** provide logically ordered reasons supported by facts and details; **W.5.9a** apply grade 5 Reading standards to literature; **SL.5.1a** come to discussions prepared/explicitly draw on preparation and other information about the topic

¡Voluntario!
por Derek Green

¿Hay algo en tu comunidad que te gustaría que se mejorara o cambiara?
¿Alguien de tu vecindario necesita ayuda? Si esperas que una persona llegue y produzca cambios, ¡esa persona podrías ser tú! Hacer trabajo voluntario durante tu tiempo libre es una manera muy buena de unirte a otras personas y generar cambios en tu comunidad. Y te sentirás bien por hacer algo para ayudar a las personas o mejorar los lugares que te rodean.

¡Haz una huerta!

Aprende en línea

¡Limpia una playa!

El verano pasado, mis amigos y yo comenzamos a notar lo desarreglado y descuidado que estaba el parque de nuestro vecindario. Queríamos que fuera diferente. Trabajamos con nuestros padres y maestros para organizar un proyecto de restauración. Las personas se acercaban y se ofrecían como voluntarias para limpiar el parque, reparar el aro de básquetbol y las hamacas, que estaban rotos, y pintar los juegos. La pasamos muy bien haciendo que el parque fuera aun un mejor lugar que lo que solía ser, y ahora, otra vez, todo el vecindario puede compartirlo y disfrutarlo.

¡Haz una colecta de alimentos!

Estas son otras ideas para hacer trabajo voluntario:

Reúne donaciones de alimento para mascotas y llévalas a los refugios de animales.

Conviértete en el compañero de lectura de un estudiante más pequeño.

Ayuda a un vecino a cuidar su césped.

Reúne juguetes nuevos o con poco uso y llévalos a un hospital de niños.

¡Ayuda en un refugio!

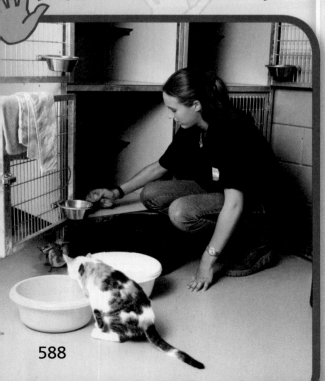

Quizás, limpiar un parque no es lo que tengas en mente. ¡No hay problema! Puedes convertir cualquier cosa que te importe en un proyecto de trabajo voluntario. ¿Te gusta jugar al ajedrez, leer y estudiar, o pasar tiempo con tu mascota? Hay instituciones en tu comunidad a las que les encantaría que te ofrecieras como voluntario para hacer en ellas las cosas que ya disfrutas. Por ejemplo, podrías hacer trabajo voluntario en un asilo de ancianos. Las familias de algunos ciudadanos mayores viven lejos y no pueden visitarlos a menudo, y tú podrías hacer que sus días fueran mejores con solo hablar o jugar juegos de mesa con ellos. Si eres bueno con las matemáticas o el inglés, puedes ofrecerte para ayudar a los niños con su tarea en tu escuela o en la biblioteca comunitaria. Los refugios de animales siempre buscan voluntarios para que paseen a los perros, jueguen con los gatos o mantengan las jaulas limpias y los tazones de alimento llenos. La mayoría de estos lugares permiten que los niños sean voluntarios si tienen permiso de sus padres o tutores.

Si estás más interesado en las colectas, algunos grupos trabajan con voluntarios para recolectar distintos artículos que las personas necesitan. Los refugios para indigentes suelen necesitar cobijas y artículos de tocador (elementos como jabón, desodorante y cepillos de dientes). Los bancos de alimentos necesitan alimentos enlatados y otros artículos no perecederos. Elige una causa y pide donaciones de este tipo a los miembros de tu familia y tus amigos. Primero, ponte en contacto con el grupo para estar seguro de lo que necesitan y de cómo puedes dárselo.

Con tantas oportunidades disponibles para hacer trabajo voluntario, todos pueden encontrar algo. Si quieres limpiar tu vecindario, ayudar a las personas de tu comunidad o recolectar alimentos para los necesitados, tu tiempo y tu esfuerzo serán apreciados, y eso siempre se siente bien. Los niños de todas partes están marcando la diferencia con su trabajo voluntario. ¡Tú también puedes hacerlo!

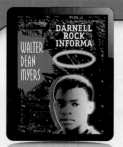

Comparar el texto

DE TEXTO A TEXTO

Comparar argumentos Tanto el artículo periodístico que escribió Darnell como la selección *¡Voluntario!* intentan persuadir a los lectores para que apoyen proyectos comunitarios. Con un compañero, completa una tabla de dos columnas en la que compares las posiciones, las razones y los tipos de detalles de apoyo que usa cada autor en su argumento. Luego, comenta cuál crees que ofrece la evidencia más convincente y por qué. Comparte tus opiniones con tus compañeros.

Únete

Este sábado, en el asilo de ancianos

EL TEXTO Y TÚ

Escribir para persuadir Imagina que eres un periodista que está cubriendo una causa que necesita apoyo en tu comunidad. Escribe un párrafo en el que describas la causa, lo que se necesita de los voluntarios y por qué es importante. ¡Recuerda incluir un llamado a la acción que motive a los lectores a ayudar!

EL TEXTO Y EL MUNDO

Comentar las técnicas de los medios Trabaja con un grupo pequeño para pensar en un asunto de la comunidad o del país que haya sido tratado en varios medios de comunicación. Haz una lista de los lugares en los que has visto información sobre el asunto, como artículos periodísticos, anuncios publicitarios impresos y de televisión, o documentales. Luego, comenta cómo han presentado el asunto los diferentes medios de comunicación. Analiza cómo contribuyen al mensaje global el texto escrito, los efectos sonoros, los videos, la narración y otras técnicas.

Aprende en línea

ESTÁNDARES COMUNES
RI.5.8 explain how an author uses reasons and evidence to support points; **W.5.10** write routinely over extended time frames and shorter time frames; **SL.5.1a** come to discussions prepared/explicitly draw on preparation and other information about the topic

Gramática

Más clases de pronombres Un **pronombre** es una palabra que toma el lugar de un sustantivo. Existen varias clases de pronombres. Las palabras como *alguien* y *algo* se refieren a una persona o una cosa que no se ha identificado y se llaman **pronombres indefinidos.** Los pronombres que reemplazan a la palabra o frase que indica quién posee algo se llaman **pronombres posesivos.** Las palabras como *quién, qué,* y *cuál* se usan al comienzo de las preguntas. Estos pronombres se llaman **pronombres interrogativos.**

Pronombres	Ejemplos
Pronombre indefinido	Cualquiera puede ser jardinero.
Pronombre posesivo	El Sr. Mogannum nunca vio un jardín tan bonito como el suyo.
Pronombre interrogativo	¿Qué es ese vegetal anaranjado que hay en la huerta?

Inténtalo **Copia las siguientes oraciones en una hoja aparte. Subraya los pronombres indefinidos. Encierra en un círculo los pronombres posesivos. Encierra en un rectángulo los pronombres interrogativos.**

1 ¿Alguien conoce a la mujer de sombrero morado?

2 En el jardín, nadie quiere perderse su consejo.

3 ¡Los tomates más grandes y rojos son los suyos!

4 ¿Cuál es el jardín del Sr. Jackson?

5 La parcela que tiene los girasoles es la suya.

Los pronombres posesivos pueden usarse para no repetir los sustantivos propios. Cuando uses pronombres posesivos, asegúrate de que tus lectores comprendan a quién se refiere cada pronombre.

Uso excesivo de sustantivos propios

Muchas personas presentarán propuestas en la reunión del Concejo esta noche, y Carla presentará la propuesta de Carla. Como se puede invitar a los familiares, Carla llevará a los familiares de Carla.

Párrafo mejorado con el uso de pronombres posesivos

Muchas personas presentarán propuestas en la reunión del Concejo esta noche, y Carla presentará la suya. Como se puede invitar a los familiares, Carla llevará a los suyos.

 ## Relacionar la gramática con la escritura

Mientras revisas tu narrativa personal la semana próxima, asegúrate de haber usado los pronombres posesivos de manera eficaz. Asegúrate de que los lectores entiendan a quién hace referencia cada pronombre posesivo.

W.5.4 produce writing in which development and organization are appropriate to task, purpose, and audience; **W.5.5** develop and strengthen writing by planning, revising, editing, rewriting, or trying a new approach; **W.5.8** recall information from experiences or gather information from print and digital sources/summarize and paraphrase information and provide a list of sources

Escritura narrativa

Taller de lectoescritura: Preparación para la escritura

✔ **Ideas** Los buenos escritores exploran sus ideas antes de escribir un borrador. Puedes reunir tus ideas para una **narrativa personal** en una tabla de sucesos. Escribe los sucesos principales en el orden en el que ocurrieron y, luego, agrega detalles interesantes acerca de cada suceso.

Ramón decidió escribir acerca de su proyecto Abrigo. Primero, tomó las siguientes notas. Luego, las organizó en una tabla.

Lista de control del proceso de escritura

▶ **Preparación para la escritura**

- ☑ ¿Pensé en mi público y en mi propósito?
- ☑ ¿Elegí un tema sobre el que estoy ansioso por escribir?
- ☑ ¿Exploré mi tema principal para recordar sucesos importantes y detalles interesantes basados en mi experiencia?
- ☑ ¿Escribí los sucesos en el orden en el que ocurrieron?

Hacer un borrador

Revisar

Corregir

Publicar y compartir

Explorar un tema

Tema: Mi proyecto Abrigo

¿Qué? El abrigo no entra en el armario.

¿Por qué? Demasiados abrigos; otras personas necesitan abrigos.

¿Cómo? Persuadí a los miembros de mi familia; investigué en Internet.

¿Dónde? Llevé los abrigos a una agencia.

Tabla de sucesos

Suceso: Intenté colgar mi abrigo en el armario.

Detalles: El armario estaba lleno. Mamá me dijo que lo ordenara.

⬇

Suceso: Vi que hay muchos abrigos que no usamos. Tuve una idea: donar algunos a gente necesitada.

Detalles: Puse los abrigos en pilas. Mamá no estaba contenta con el desorden.

⬇

Suceso: Le hablé a mi familia acerca de donar abrigos a aquellas personas que no pueden comprarlos.

Detalles: A mi familia le encantó la idea. Todos estuvieron de acuerdo en donar abrigos.

⬇

Suceso: Hallé una agencia que regala abrigos.

Detalles: Enviamos nuestros abrigos. Descubrimos que se necesitaban muchos más.

⬇

Suceso: Comencé una colecta de abrigos.

Detalles: Mis amigos y familiares aceptaron ayudar. El año siguiente, obtendré ayuda de toda mi escuela.

Leer como escritor

¿Cómo organizó Ramón su tabla de sucesos? ¿Qué partes de tu tabla puedes organizar más claramente?

En mi tabla de sucesos, organicé mis ideas en sucesos principales y detalles. Agregué un nuevo suceso y algunos detalles que recordaba.

VOCABULARIO CLAVE

desgarrador

descender

salvaje

temblar

exquisitez

intermitente

erguirse

disminuir

acompasado

maravillado

Librito de vocabulario

Tarjetas de contexto

L.5.4a use context as a clue to the meaning of a word or phrase

Vocabulario
en contexto

1 desgarrador

El viento azotaba las palmeras con un sonido agudo y desgarrador.

2 descender

El surfista descendió por el frente de la ola y giró velozmente para avanzar.

3 salvaje

Ningún explorador quiere oír el rugido salvaje de un leopardo.

4 temblar

Ante el primer trueno, los caballos salvajes temblaron y se lanzaron al galope por la pradera.

Aprende en línea

▶ Estudia cada Tarjeta de contexto.

▶ Usa el contexto de la oración para aclarar el significado de la palabra del Vocabulario.

5 **exquisitez**

Las frutas hubieran sido una exquisitez para la tripulación, pero no encontraron ninguna en la isla.

6 **intermitente**

Este niño durmió de manera intermitente después de leer un cuento de aventuras anoche. Ahora está muy cansado.

7 **erguirse**

Los buzos descubren objetos que se yerguen, o se levantan, en las profundidades del mar.

8 **disminuir**

La cantidad de peces está disminuyendo, o bajando, a causa de la pesca excesiva.

9 **acompasado**

El sonido acompasado de las olas que golpean la orilla una y otra vez es relajante.

10 **maravillado**

Hace siglos que miramos maravillados la hermosura de espectaculares atardeceres.

Leer y comprender

☑ DESTREZA CLAVE

Estructura del cuento Mientras lees *El corcel negro*, identifica el entorno y el personaje principal. Luego, busca el **conflicto** (el problema central que enfrenta el protagonista), los sucesos importantes de la trama y el **desenlace** del conflicto. Usa un organizador gráfico como el siguiente para hacer un esquema de la estructura general del cuento.

Entorno	Personaje
Trama	
Conflicto:	
Sucesos:	
Desenlace:	

☑ ESTRATEGIA CLAVE

Preguntar Mientras lees *El corcel negro*, hazte **preguntas** sobre la estructura del cuento. ¿Dónde se desarrolla el cuento? ¿Cuál es el problema del protagonista? ¿Qué hace para resolver el problema? Si no sabes con seguridad cuáles son las respuestas, vuelve a leer el texto y busca la información.

UN VISTAZO AL TEMA PRINCIPAL

La interacción entre los seres humanos y los animales

En las calles de cualquier vecindario, puedes ver perros paseando con sus dueños y gatos durmiendo en las ventanas soleadas. Estos animales y otros tantos llevan mucho tiempo interactuando con los seres humanos. Hace miles de años, las personas se dieron cuenta de que los animales podían ayudarlas. Las ovejas, las vacas y las cabras podían darles lana y leche. Los caballos y los bueyes podían tirar de carretas y arados. Los perros podían cuidar ovejas. Los gatos podían cazar ratones y otras plagas. A cambio, las personas podían ofrecer alimento, refugio y protección a los animales.

El corcel negro es un cuento que muestra la interacción entre un niño y un caballo salvaje. Los dos pueden beneficiarse de la relación, pero, primero, el niño debe ganarse la confianza del caballo.

TEXTO PRINCIPAL

☑ DESTREZA CLAVE

Estructura del cuento Busca detalles sobre el entorno y los personajes. Anota los sucesos importantes de la trama.

☑ GÉNERO

Los **cuentos de aventuras** contienen acciones emocionantes que se desarrollan en entornos poco comunes. Mientras lees, busca:

▶ una atmósfera de emoción o suspenso,

▶ uno o varios conflictos en progreso y

▶ personajes que tengan cualidades bien definidas.

 ESTÁNDARES COMUNES
RL.5.2 determine theme from details/ summarize; **RL.5.5** explain how chapters, scenes, or stanzas fit together to provide the overall structure; **RL.5.10** read and comprehend literature

CONOCE AL AUTOR
Walter Farley

Walter Farley convirtió su amor de la niñez por los caballos en el trabajo de su vida. Comenzó a escribir *El corcel negro* cuanto tenía solo 16 años. La novela se publicó 10 años después, mientras él todavía estaba en la universidad. Luego, Walter Farley se dedicó a la cría de caballos y escribió más de 30 libros en toda su vida. Muchos de estos libros pertenecen a la famosa serie *El corcel negro*.

CONOCE AL ILUSTRADOR
Robert Barret

Además de ser un pintor, muralista e ilustrador sumamente talentoso, Robert Barret también es un galardonado profesor universitario de arte. Estudió pintura en Europa y exhibió sus obras en varios museos y galerías.

El corcel negro

por Walter Farley

ilustrado por Robert Barret

PREGUNTA ESENCIAL

¿Qué puede aprender una persona a través de una relación con un animal?

599

Después de un terrible naufragio, Alec Ramsay llega a la orilla sano y salvo gracias a un negro corcel salvaje que también viajaba a bordo del barco. Son los dos únicos sobrevivientes y están varados en una isla desierta, con la única compañía de una planta parecida a un alga llamada carragenina y los pocos peces que pueden atrapar para no morir de hambre. Alec se ha esforzado mucho para ganarse la confianza del caballo y para ayudar al asustado y orgulloso animal a entender que deben confiar uno en el otro y trabajar juntos para sobrevivir.

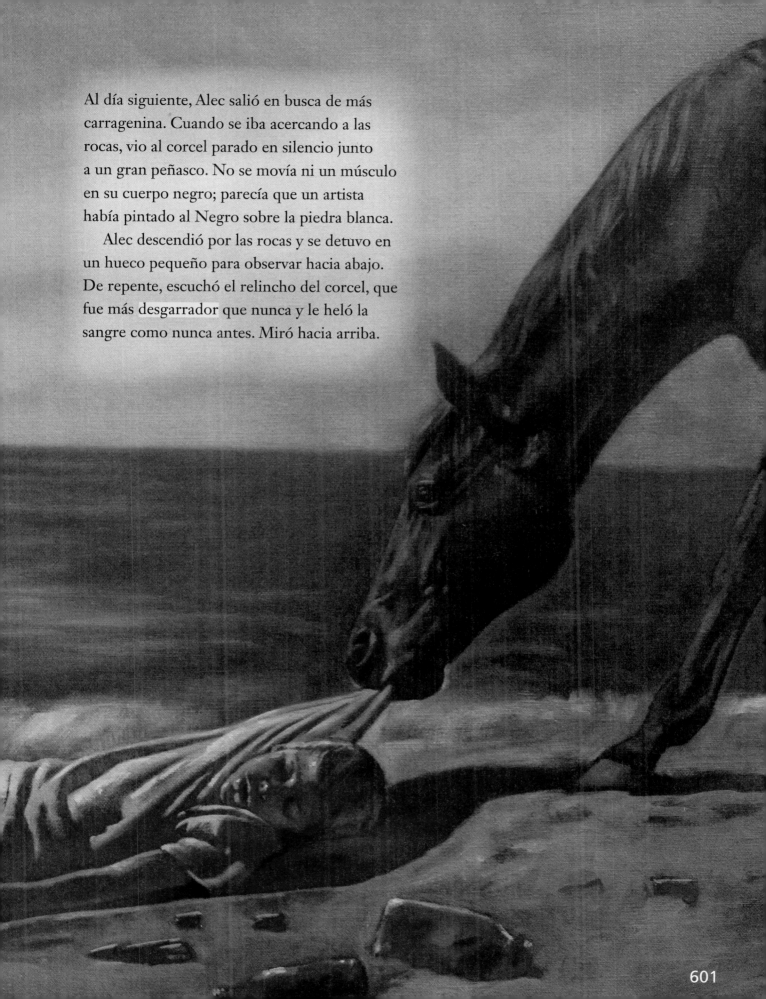

Al día siguiente, Alec salió en busca de más carragenina. Cuando se iba acercando a las rocas, vio al corcel parado en silencio junto a un gran peñasco. No se movía ni un músculo en su cuerpo negro; parecía que un artista había pintado al Negro sobre la piedra blanca.

Alec descendió por las rocas y se detuvo en un hueco pequeño para observar hacia abajo. De repente, escuchó el relincho del corcel, que fue más desgarrador que nunca y le heló la sangre como nunca antes. Miró hacia arriba.

El Negro estaba apoyado sobre sus patas traseras y mostraba los dientes. Luego, con un salto majestuoso, salió disparado desde el peñasco en dirección a Alec. Se acercó velozmente, acelerando con cada magnífico paso. Cuando estaba a punto de arrollar al niño, se detuvo con un sonido atronador y retrocedió. Alec saltó hacia un lado, tropezó con una piedra y cayó al suelo. Muy altas encima de su cuerpo, las patas del Negro se sacudían en el aire. Finalmente, estas descendieron… ¡tres yardas delante de Alec! De nuevo, el caballo se alzó y bajó, dando golpes una y otra vez. El suelo debajo de Alec temblaba por la fuerza de los cascos. Los ojos del corcel no se apartaban nunca del suelo que tenía enfrente.

Poco a poco, los golpes se calmaron y el caballo se detuvo. Levantó su cabeza bien alto y lanzó un silbido estridente al aire. Sacudió la cabeza y se alejó lentamente, moviendo la nariz.

Alec se puso de pie y se dirigió confundido y con cuidado hacia el lugar donde el suelo estaba revuelto. Allí, frente a él, vio lo que quedaba de un cuerpo largo, amarillento y negro y la cabeza venenosa de una serpiente, aplastada y sin vida. Se quedó quieto, abrumado por el descubrimiento de otra forma de vida en la isla aparte del Negro y de sí mismo. El sudor comenzó a correr por su frente cuando se dio cuenta de lo que hubiera significado la mordida de una serpiente venenosa: ¡sufrir y quizá morir! Aturdido, miró al corcel que se encontraba a unos pies de distancia. ¿El Negro había matado a la serpiente para salvarlo? ¿Estaba por fin comenzando a entender que se necesitaban el uno al otro para sobrevivir?

Lentamente, el niño caminó hacia el Negro. Las crines del corcel flameaban al viento, sus músculos se contraían y sus ojos se movían inquietos, pero no se alejó mientras el niño se acercaba. Alec quería que el caballo comprendiera que él no lo iba a lastimar. Con cuidado, extendió una mano hacia la cabeza del corcel. El Negro la alejó de su mano tanto como pudo sin moverse. Alec se acercó un poco más a su flanco y lo tocó suavemente un instante. El corcel no se movió. Alec intentó tocar la cabeza salvaje otra vez, pero el Negro retrocedió y se sacudió un poco. Alec dijo con voz tranquilizadora:

—Quieto, amigo Negro, nunca te lastimaría.

El corcel tembló y, luego, retrocedió y corrió. A cien yardas, se detuvo de repente y se dio vuelta.

Alec lo observó, parado allí tan quieto, con la cabeza en alto.

—Negro, vamos a salir de esta de alguna manera, trabajando juntos —dijo con determinación.

ANALIZAR EL TEXTO

Estructura del cuento ¿Qué hace el autor al principio del cuento para ayudarte a comprender el **conflicto**, o problema, que enfrenta Alec?

603

Alec regresó a la cima de la colina de roca y otra vez comenzó el descenso. Caminó con cuidado hasta el nivel del agua. Antes de pisar, miraba con atención. Donde había habido una serpiente, podía haber más. Llegó abajo, se llenó la camisa de musgo y emprendió el regreso. En lo alto, podía ver cómo el Negro miraba por encima de los acantilados, con las crines moviéndose en el viento. Cuando llegó arriba, el corcel todavía estaba allí. Este siguió a Alec de cerca durante el camino de regreso al manantial.

Los días pasaban y la amistad entre el niño y el Negro se iba fortaleciendo poco a poco. Ahora, el corcel se acercaba cuando Alec lo llamaba y se dejaba acariciar mientras pastaba. Una noche, Alec estaba sentado a la cálida luz del fuego y observó cómo el corcel masticaba la carragenina junto al agua. Se preguntó si el corcel estaba tan cansado de la carragenina como él. Alec había descubierto que, si hervía el musgo en un caparazón de tortuga, se formaba una sustancia gelatinosa cuyo sabor era un poco mejor que el de la planta cruda. Ahora, los peces eran una exquisitez muy poco frecuente.

Las sombras de las llamas se alargaban y proyectaban dibujos fantasmales y escalofriantes sobre el cuerpo del Negro. Alec se puso serio ante los pensamientos que cruzaban su mente. ¿Debía intentarlo mañana? ¿Se atrevería a montar al Negro? ¿Debía esperar algunos días más? "Sí, mañana. *Mejor no… ¡Adelante!*"

El fuego ardía con intensidad variable mientras Alec permanecía sentando a su lado con los ojos fijos en esa figura, más negra que la noche, de pie junto al manantial.

La mañana siguiente, se despertó de un sueño intermitente cuando el sol ya estaba alto. Comió apresuradamente un poco de carragenina y buscó al Negro, pero no había señales de él. Alec silbó, pero no hubo respuesta. Caminó hacia la colina. El sol ardía y su cuerpo sudaba. ¡Ojalá lloviera! La última semana la isla había sido un horno.

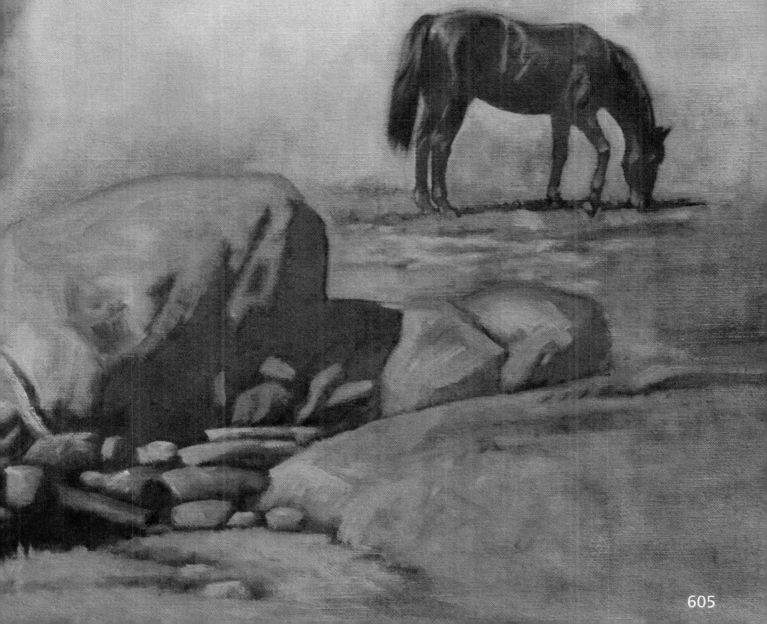

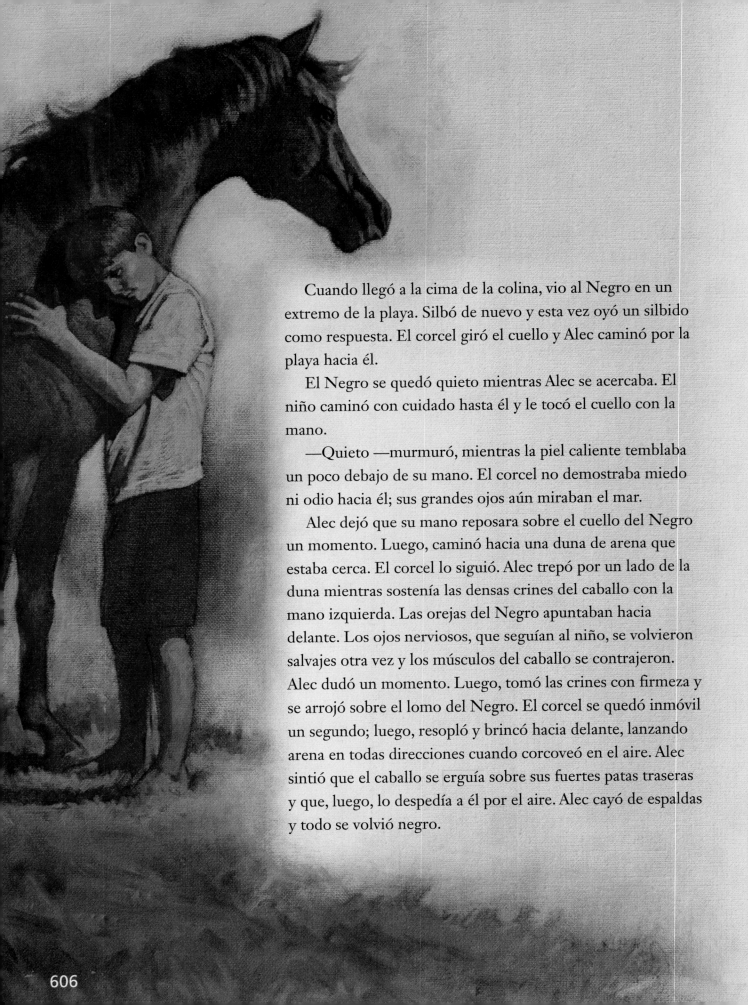

Cuando llegó a la cima de la colina, vio al Negro en un extremo de la playa. Silbó de nuevo y esta vez oyó un silbido como respuesta. El corcel giró el cuello y Alec caminó por la playa hacia él.

El Negro se quedó quieto mientras Alec se acercaba. El niño caminó con cuidado hasta él y le tocó el cuello con la mano.

—Quieto —murmuró, mientras la piel caliente temblaba un poco debajo de su mano. El corcel no demostraba miedo ni odio hacia él; sus grandes ojos aún miraban el mar.

Alec dejó que su mano reposara sobre el cuello del Negro un momento. Luego, caminó hacia una duna de arena que estaba cerca. El corcel lo siguió. Alec trepó por un lado de la duna mientras sostenía las densas crines del caballo con la mano izquierda. Las orejas del Negro apuntaban hacia delante. Los ojos nerviosos, que seguían al niño, se volvieron salvajes otra vez y los músculos del caballo se contrajeron. Alec dudó un momento. Luego, tomó las crines con firmeza y se arrojó sobre el lomo del Negro. El corcel se quedó inmóvil un segundo; luego, resopló y brincó hacia delante, lanzando arena en todas direcciones cuando corcoveó en el aire. Alec sintió que el caballo se erguía sobre sus fuertes patas traseras y que, luego, lo despedía a él por el aire. Alec cayó de espaldas y todo se volvió negro.

Alec volvió en sí y sintió algo cálido junto a su mejilla. Abrió los ojos lentamente. El corcel lo estaba empujando con la cabeza. Alec intentó mover los brazos y las piernas y vio que estaban magullados, pero sin huesos rotos. Se puso de pie con algo de dificultad. Una vez más, todo lo feroz y salvaje que tenía el Negro había desaparecido, como si nada hubiera sucedido.

Alec esperó unos minutos y luego guió al corcel de nuevo hacia la duna. Tomó las crines del caballo, pero esta vez apoyó solo la parte superior de su cuerpo sobre el lomo del animal mientras le hablaba suavemente al oído. El Negro movía las orejas y miraba hacia atrás con sus ojos oscuros.

ANALIZAR EL TEXTO

Caracterización Alec sobrevive un naufragio, vive solo en una isla y entabla una relación con un corcel salvaje. ¿Qué revela su capacidad de supervivencia sobre su carácter y sus cualidades?

—¿Ves? No voy a lastimarte —susurró Alec, consciente de que era él quien podía salir lastimado. Al cabo de unos minutos, Alec se deslizó cuidadosamente sobre el lomo del caballo. Una vez más, el corcel resopló y lanzó al niño por el aire.

Alec se puso de pie más despacio esta vez. Descansó y volvió a llamar al Negro con un silbido. El caballo se acercó. Con determinación, Alec subió la duna de arena nuevamente y dejó que el Negro sintiera su peso. Le habló con delicadeza acercándose a una de sus grandes orejas: —Soy yo. No soy muy pesado. —Se deslizó sobre el lomo del corcel. Con un brazo le rodeó el cuello mientras el animal retrocedía un poco. Luego, como el disparo de una pistola, el Negro se lanzó al galope violentamente por la playa. Su marcha cambió a zancadas gigantescas. Parecía que volaba.

Alec se aferró a las crines del corcel con todas sus fuerzas. El viento aullaba. ¡Alec no podía ver nada! De repente, el Negro giró en dirección a la duna, alcanzó la cima y descendió. El manantial se vio borroso cuando pasaron velozmente junto a él. El Negro galopó hacia las rocas y luego dibujó un gran círculo. Su velocidad nunca disminuyó. Descendió por un largo barranco. Con la visión borrosa, Alec logró distinguir un objeto negro frente a ellos. De repente, recordó la zanja profunda que había allí. Sintió cómo el corcel se preparaba; instintivamente, se inclinó hacia adelante y se aferró con firmeza y determinación al Negro con las manos y las rodillas. Luego, ambos saltaron por el aire, pasando por encima del agujero negro. Alec casi perdió el equilibrio cuando tocaron el suelo, pero se recuperó a tiempo para no caer. El corcel regresó a la playa. Su galope sobre la arena blanca era regular y acompasado.

El salto le permitió a Alec aclarar sus pensamientos. Se acercó más al oído del corcel y repitió una y otra vez: "Tranquilo, Negro, tranquilo". Parecía que el corcel planeaba sobre la arena y, luego, este comenzó a disminuir la velocidad. Alec no dejaba de hablarle. El Negro avanzaba cada vez más lento, hasta que finalmente se detuvo. El niño soltó las crines del corcel y lo abrazó por el cuello. Estaba agotado y débil: ¡para nada preparado para esa cabalgata! Con dificultad, se deslizó hasta el suelo. ¡Nunca se había imaginado que un caballo podía correr tan rápido! El corcel lo miró con la cabeza erguida y el cuerpo apenas cubierto de sudor.

Esa noche, Alec se quedó despierto, con el cuerpo dolorido, pero el corazón galopando de emoción. ¡Había montado al Negro! Había conquistado a ese salvaje e inquebrantable corcel con dulzura. Estaba seguro de que, a partir de ese día, el Negro sería suyo. ¡Y de nadie más! Pero ¿para qué? ¿Los rescatarían algún día? ¿Volvería a ver su hogar alguna vez? Sacudió la cabeza. Se había prometido a sí mismo que no pensaría más en eso.

Al día siguiente, volvió a montar al Negro. El caballo retrocedió un poco, pero no luchó con él. Alec le habló suavemente al oído y el Negro se quedó quieto. Luego, Alec le tocó el flanco con delicadeza y el caballo se movió. Avanzaron con grandes zancadas hasta un sector lejano de la playa y, luego, Alec intentó indicarle que girara trasladando su peso y guiando con suavidad la cabeza del corcel. El caballo giró de a poco. Alec tomó con más firmeza las largas crines y apretó más las rodillas contra el gran cuerpo del animal. El corcel abandonó el paso lento y comenzó a trotar. El viento movió sus crines contra el rostro del niño. El corcel se movía sin esfuerzo y a Alec le resultó fácil montarlo. A mitad de camino, Alec logró que el caballo recuperara el paso lento y que, luego, se detuviera por completo. Lentamente, lo hizo doblar a la derecha, luego, a la izquierda y, por último, en un círculo.

Alec pasó muchas horas tratando de hacerle entender al Negro lo que él quería que hiciera, pero cada una de ellas estuvo llena de emoción. El sol se escondía rápidamente mientras Alec avanzaba sobre el corcel hasta el extremo de la playa. El Negro se dio vuelta y se quedó quieto; frente a ellos, se extendía una milla de arena suave y blanca.

De repente, el corcel salió disparado, casi arrojando a Alec al suelo. Tomó velocidad con una agilidad increíble. Iba cada vez más rápido. Alec se aferró de cerca al cuello con la respiración entrecortada. El corcel corría por la playa como un trueno. El viento hacía que cayeran lágrimas por las mejillas de Alec. A tres cuartos de camino, el niño quiso que el Negro bajara la velocidad y tiró de las crines alborotadas.

—¡Ya, Negro! —gritó, pero sus palabras se perdieron en el viento.

El corcel se aproximó rápidamente al final de la playa y Alec pensó que se repetiría la cabalgata desenfrenada del día anterior. Tiró de las crines con más fuerza. Repentinamente, el Negro desaceleró. Alec rodeó con un brazo el cuello del corcel. El Negro cambió su paso a un trote rápido que se fue haciendo cada vez más lento, hasta que Alec logró controlarlo. Lleno de alegría, el niño lo hizo doblar y lo llevó por la colina al manantial. Juntos, bebieron el agua fría y refrescante.

ANALIZAR EL TEXTO

Tema ¿Cómo reacciona Alec frente a los desafíos? ¿Cómo puedes determinar el tema principal del cuento a partir de las acciones y reacciones de Alec?

Los días siguientes, Alec logró mejorar su control del Negro. Podía hacer casi cualquier cosa con él. La furia salvaje del inquebrantable corcel desaparecía cuando veía al niño. Alec cabalgaba con él por la isla y por la playa, maravillado por las zancadas gigantes y la increíble velocidad. Sin darse cuenta, Alec mejoró su forma de montar hasta que llegó al punto en el que él era casi una parte del Negro cada vez que galopaban juntos.

Ahora analiza

Cómo analizar el texto

Usa estas páginas para aprender acerca de Estructura del cuento, Caracterización y Tema. Luego, vuelve a leer *El corcel negro* para aplicar lo que has aprendido.

Estructura del cuento

El término **estructura del cuento** se refiere a los elementos importantes de un cuento. Estos elementos son el **entorno,** los **personajes,** el **conflicto,** los **sucesos** y el **desenlace**. El conflicto o problema suele presentarse cerca del comienzo del cuento. El entorno puede tener un papel central en las causas del conflicto. Lo que los personajes hacen para resolver el conflicto puede crear nuevos desafíos. El cuento se hace cada vez más emocionante hasta que, finalmente, el conflicto se resuelve.

En la nota de la página 600 se presentan el entorno, el personaje principal y el conflicto de *El corcel negro*. Los sucesos siguientes, organizados en escenas, están relacionados y constituyen la estructura general del texto.

Entorno	Personajes
Trama	
Conflicto: **Sucesos:** **Desenlace:**	

ESTÁNDARES COMUNES

RL.5.2 determine theme from details/summarize; **RL.5.5** explain how chapters, scenes, or stanzas fit together to provide the overall structure; **RL.5.10** read and comprehend literature

614

Aprende en línea

Caracterización

El autor de un cuento de aventuras revela las cualidades de los personajes a través de lo que estos hacen, dicen y piensan. Ese proceso se llama **caracterización**. En *El corcel negro*, Alec naufraga en una isla desierta con la única compañía de un caballo salvaje. La forma en la que él responde a este desafío revela sus cualidades internas. Mientras vuelves a leer el cuento, piensa en las acciones de Alec y en lo que estas demuestran sobre él.

Tema

El **tema** de un cuento es el mensaje sobre la vida o la naturaleza humana que el autor comparte con los lectores. Este mensaje se revela a través de las acciones de los personajes, especialmente cuando reaccionan frente a un conflicto. Los cambios que se producen en un personaje o la forma en la que un personaje interactúa con los demás también pueden sugerir cuál es el tema. ¿Qué tema o mensaje te transmiten las acciones y las experiencias de Alec?

Es tu turno

REPASAR LA PREGUNTA ESENCIAL

Turnarse y comentar

Repasa la selección y prepárate para comentar esta pregunta: *¿Qué puede aprender una persona a través de una relación con un animal?* Comparte tus ideas en un grupo pequeño y apóyalas con evidencia del texto y tus propias experiencias.

 Comentar en la clase

Para continuar comentando *El corcel negro*, usa evidencia del texto para responder estas preguntas:

1 ¿De qué manera el autor logra que el incidente con la serpiente sea emocionante y lleno de suspenso para los lectores?

2 ¿Por qué la relación de Alec con el caballo lo ayuda a sobrevivir en la isla?

3 ¿Cuál crees que es el primer paso más importante para ganar la confianza de un animal?

HABLAR SOBRE LAS PALABRAS

Hacer una lista ¿Qué palabras y frases te ayudan a "ver" al corcel negro en tu mente? ¿De qué manera el autor le da vida a la relación entre Alec y el caballo? Con un compañero, haz una lista de las palabras y las frases que te ayudan a visualizar las acciones y los personajes del cuento. Incluye verbos de gran impacto y lenguaje sensorial. Comparte tu lista con tus compañeros de clase.

"se detuvo con un sonido atronador y retrocedió"

ESCRIBE SOBRE LO QUE LEÍSTE

Respuesta ¿Qué diferencias hay entre la última vez que Alec monta el corcel y su primer intento? ¿Qué indica esta diferencia sobre la relación entre el niño y el caballo? Escribe un párrafo en el que expliques cómo cambia la relación entre Alec y el corcel a medida que avanza la selección. Apoya tu explicación con detalles de cada interacción importante entre Alec y el caballo. Usa citas y toda otra evidencia del texto.

Sugerencia para la escritura

Escribe la idea principal en la primera oración del párrafo. Luego, conecta tus ideas con palabras, frases y cláusulas de transición.

ESTÁNDARES COMUNES **RL.5.1** quote accurately when explaining what the text says explicitly and when drawing inferences; **RL.5.3** compare and contrast characters, settings, or events, drawing on details; **W.5.9a** apply grade 5 Reading standards to literature; **SL.5.1a** come to discussions prepared/explicitly draw on preparation and other information about the topic; **SL.5.1c** pose and respond to questions, make comments that contribute to the discussion, and elaborate on others' remarks

El poder de los caballos

✓ GÉNERO

Un **texto informativo** da información sobre una persona, un tema principal, un suceso o una idea. Puede incluir texto y elementos gráficos, como encabezamientos, pies de fotos y fotografías.

✓ ENFOQUE EN EL TEXTO

El **tono** es la actitud del escritor sobre el tema que desarrolla. Un texto puede contener más de un tono. En esta selección, el tono de la escritora demuestra interés, respeto y amabilidad. Resalta la relación especial entre los seres humanos y los caballos.

ESTÁNDARES COMUNES

RI.5.10 read and comprehend informational texts

El poder de los caballos

por Keelah Malcolm

Las personas y los caballos han sido compañeros durante miles de años. Antes de los carros y los trenes, usábamos caballos para hacer trabajos y viajar de un lugar a otro. Aún hoy usamos caballos para reunir el ganado en las estancias y para trasladarnos por las granjas grandes. La policía montada usa caballos para supervisar eventos multitudinarios, como conciertos y ferias. Incluso usamos caballos para competir en eventos deportivos, como los partidos de polo y las carreras de caballos. Sin embargo, cada vez más personas que tienen necesidades especiales usan caballos para vivir mejor.

Aprende en línea

Caballos guía

Ya sabes que los perros pueden usarse como guías para las personas ciegas, ¿pero sabías que los caballos también? En Estados Unidos, algunas personas entrenan caballos miniatura como animales guía. ¿Por qué eligen caballos miniatura en lugar de perros? Los caballos viven más tiempo. Los perros viven un promedio de doce años, mientras que los caballos miniatura pueden vivir de veinte a treinta años. Al tener más años de vida, los caballos pueden forjar un vínculo con sus dueños y ayudarlos durante mucho más tiempo que los perros. Los caballos guía también son una alternativa para las personas que son alérgicas a los perros o les temen.

Cuidar un caballo guía puede ser una tarea ardua. El dueño del caballo necesita levantar bolsas grandes de alimento y fardos de heno y llenar baldes con agua (no tazones). El dueño también necesita limpiar la suciedad que deja el caballo y cepillarlo. A pesar de que los caballos guía son pequeños, deben tener un espacio grande al aire libre donde puedan caminar y hacer ejercicio cuando no están trabajando. Aprender a confiar en un caballo guía también lleva tiempo y la mayoría de los dueños realiza un entrenamiento especial para hallar al compañero adecuado. Para las personas que están dispuestas y son capaces de realizar el esfuerzo, un caballo guía puede ser un ayudante al que amarán y en quien confiarán durante muchos años.

Un caballo guía ayuda a esta joven a viajar y a estudiar en el salón de clases.

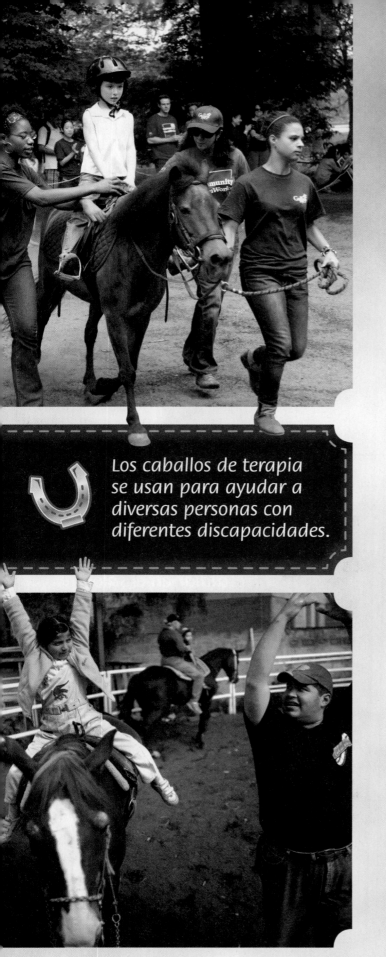

Los caballos de terapia se usan para ayudar a diversas personas con diferentes discapacidades.

Caballos de terapia

Algunos caballos de tamaño regular se entrenan para trabajar de otras maneras con las personas que tienen necesidades especiales. Estos caballos se llaman caballos de terapia y pueden ayudar a las personas física y emocionalmente. Por ejemplo, las personas afectadas por discapacidades físicas suelen tener poco tono muscular. Aprender a montar las ayuda a fortalecer los músculos para que puedan sostenerse con mayor facilidad. Montar a caballo también las ayuda a mejorar el equilibrio y la coordinación, ¡al mismo tiempo que se divierten!

Algunos niños con autismo tienen dificultades para relacionarse con las personas que los rodean. Con los caballos de terapia, tienen la oportunidad de entablar una relación con un animal. Aprenden a cepillar y cuidar al caballo y así conocen las necesidades de un ser vivo. Algunos de estos niños no se comunican mucho, o no lo hacen en absoluto, con la familia y los amigos. Sin embargo, montar un caballo es algo nuevo y emocionante. A veces, la experiencia es tan emocionante que el niño comienza a comunicarse con el caballo por medio de gestos o llamándolo por su nombre.

La relación entre las personas y los caballos es especial. Los caballos son buenos trabajadores y pueden brindar horas de placer como compañeros en las cabalgatas, pero quizá su cualidad más valiosa es la capacidad para relacionarse con los que necesitan su ayuda. ¡Qué poder tienen los caballos! No hay duda de que pasar tiempo con estos increíbles animales beneficia la salud.

Comparar el texto

DE TEXTO A TEXTO

Comparar enfoques sobre un tema Tanto Alec, de *El corcel negro,* como Travis, de *Fiel amigo* (Lección 7), tienen experiencias con animales que les cambian la vida. ¿Qué nos enseña la experiencia de cada personaje sobre el potencial de los seres humanos y los animales para trabajar juntos? Compara y contrasta estas lecciones con un compañero. Usa evidencia de los dos textos para apoyar tus ideas sobre el tema en común.

EL TEXTO Y TÚ

Escribir un cuento Si pudieras hacerte amigo de un animal salvaje, ¿cuál elegirías y por qué? ¿Cómo sería la experiencia? Escribe un cuento imaginativo sobre tu relación especial con el animal y la interacción entre ustedes. Crea una trama interesante, con detalles vívidos. Comparte tu cuento terminado con un grupo pequeño.

EL TEXTO Y EL MUNDO

Investigar sobre los caballos salvajes Con un compañero, busca más información sobre la historia de los caballos salvajes. Usa recursos impresos y electrónicos para buscar datos sobre el origen de los caballos salvajes, las diferentes razas y la ubicación de distintas manadas. Luego, escribe un párrafo que resuma tus hallazgos.

Aprende en línea

ESTÁNDARES COMUNES

RL.5.2 determine theme from details/summarize; **RL.5.9** compare and contrast stories in the same genre on their approaches to themes and topics; **W.5.3b** use narrative techniques to develop experiences and events or show characters' responses; **W.5.7** conduct short research projects that use several sources to build knowledge through investigation

Gramática

Aprende en línea

¿Qué normas se usan para escribir los títulos? En los textos escritos a mano, debes **subrayar** los títulos de las obras más largas, como los libros, las películas y las obras de teatro. Cuando usas un procesador de texto, este tipo de títulos debe escribirse en **cursiva.** Escribe entre comillas los títulos de las obras más cortas, como los cuentos, los poemas y las canciones, tanto en los textos escritos a mano como en los creados con un procesador de texto. Solo debes escribir con letra mayúscula la primera palabra del título de cualquier obra; las demás palabras deben escribirse con letra minúscula, excepto que sean nombres propios.

> ¿Has leído <u>El llamado de la selva</u>, de Jack London?
>
> ¿Has leído *El llamado de la selva,* de Jack London?
>
> Cantemos "Arroz con leche".

También puedes subrayar y usar letra cursiva para dar énfasis.

> Me <u>encantan</u> las películas sobre la amistad entre los seres humanos y los animales.
>
> Me *encantan* las películas sobre la amistad entre los seres humanos y los animales.

 Escribe cada oración en una hoja de papel. Escribe con mayúscula los sustantivos que correspondan. Subraya los títulos de las obras más largas. Escribe entre comillas los títulos de las obras más cortas.

❶ El libro caballos salvajes contiene información sobre los ancestros de los caballos.

❷ ¿Puedes cantar cumpleaños feliz para mí?

❸ La película el viaje increíble es una de mis favoritas.

❹ He escrito un cuento corto llamado el sentido de los caballos.

622

Será más fácil para tus lectores leer y comprender lo que escribes si revisas tu trabajo con cuidado para corregir los errores en el uso de las mayúsculas y la puntuación en los títulos.

Incorrecto	Correcto
Me encantan las escenas en las que Alec y el caballo luchan por sobrevivir en la isla. Incluso he escrito un poema sobre ellos llamado la supervivencia en equipo. ¡No veo la hora de leer el libro "El corcel negro regresa"!	Me encantan las escenas en las que Alec y el caballo luchan por sobrevivir en la isla. Incluso he escrito un poema sobre ellos llamado "La supervivencia en equipo". ¡No veo la hora de leer el libro *El corcel negro regresa*!

 ## Relacionar la gramática con la escritura

Mientras revisas tu narrativa personal, corrige todos los errores de puntuación que encuentres. Presta atención especial a los títulos y los sustantivos propios. Recuerda que también puedes usar la letra cursiva y el subrayado para dar énfasis.

W.5.3a orient the reader by establishing a situation and introducing a narrator or characters/organize an event sequence; **W.5.3b** use narrative techniques to develop experiences and events or show characters' responses; **W.5.3c** use transitional words, phrases, and clauses to manage the sequence of events; **W.5.3d** use concrete words and phrases and sensory details; **W.5.3e** provide a conclusion

ESTÁNDARES COMUNES

Escritura narrativa

Taller de lectoescritura: Revisión

mi Escritura genial

Aprende en línea

✓ **Voz** Una buena **narrativa personal** narra un suceso importante o interesante de tu vida de una manera que solo tú puedes expresar. Mientras haces el borrador, recuerda usar palabras, frases y cláusulas de transición para conectar los sucesos y los detalles. Cuando revises tu narrativa, agrega palabras e ideas que permitan al lector "oír" tu voz.

Ramón usó su tabla de sucesos para hacer el borrador de su narrativa acerca de su proyecto Abrigo. Más tarde, agregó un nuevo principio para atraer la atención de sus lectores.

Lista de control del proceso de escritura

Preparación para la escritura

Hacer un borrador

▶ Revisar

- ✓ ¿Comencé con algo que capta el interés?
- ✓ ¿Incluí solo sucesos importantes y los escribí en orden?
- ✓ ¿Usé diálogo y detalles sensoriales?
- ✓ ¿Se manifiestan mis sentimientos?
- ✓ ¿Mis oraciones son fluidas y variadas?
- ✓ ¿Mi conclusión muestra el desenlace de los sucesos?

Corregir

Publicar y compartir

Borrador revisado

—¿Qué está haciendo este abrigo en el piso?

—preguntó mi madre.

—No hay lugar en el armario —respondí.

de todas maneras, por supuesto.

~~Mi madre me dijo que colgara mi abrigo.~~

Mientras intentaba
                    lo
~~Intentando~~ meter mi grueso abrigo de invierno

en nuestro armario repleto del vestíbulo, tuve una

lluvia de ideas. "¿Por qué está tan repleto este

armario?", pensé. "Solo somos cuatro en la familia

Ramdev".

624

Mi proyecto Abrigo

por Ramón Ramdev

—¿Qué está haciendo este abrigo en el piso? —preguntó mi madre.

—No hay lugar en el armario —respondí. Me dijo que lo colgara de todas maneras, por supuesto.

Mientras intentaba meter mi grueso abrigo de invierno en nuestro armario repleto del vestíbulo, tuve una lluvia de ideas. "¿Por qué está tan repleto este armario?", pensé. "Solo somos cuatro en la familia Ramdev".

Empecé a sacar todo fuera del armario. Enseguida me di cuenta de cuál era el problema. Cada uno tenía al menos un abrigo que ya no usaba. Cuando mi madre volvió y frunció el ceño ante el desorden que yo había hecho, le expliqué rápidamente mi idea. Dije:

—Deberíamos regalar los abrigos que nos sobran a las personas que los necesitan.

Al día siguiente, con la ayuda de mi madre y de nuestro centro comunitario local, lancé mi proyecto Abrigo. Ahora la familia Ramdev tiene un armario ordenado y otras personas están abrigadas gracias a sus nuevos abrigos. ¡No puedo esperar al próximo invierno, cuando haré participar a toda mi escuela de una donación de abrigos que ayudará a los miembros necesitados de nuestra comunidad!

Leer como escritor

¿Cómo logra la introducción de Ramón captar el interés de los lectores? ¿En qué parte de tu cuento podrías agregar diálogo o detalles interesantes?

En mi trabajo final, agregué diálogo para captar la atención de los lectores. También usé transiciones para que la secuencia de sucesos fuera más clara.

Lee los artículos "El monopatín a través de las décadas" y "El *ollie* y el *rock* and *roll*". Mientras lees, haz pausas y usa evidencia del texto para responder cada pregunta.

El monopatín a través de las décadas

El monopatín, o *skateboard*, nos acompaña desde hace más de cincuenta años. Todo comenzó en la década de 1950. Cuando no había suficiente oleaje o no se podía practicar surf de verdad, los surfistas que querían seguir divirtiéndose decidieron que podían "practicar surf en la acera". A alguien se le ocurrió colocar ruedas de patín en la parte inferior de una tabla de madera, y así nació el deporte del monopatín.

A principios de la década de 1960, las empresas comenzaron a fabricar enormes cantidades de monopatines. Se vendieron más de 50 millones en solo tres años. Se hacían competencias de monopatín. Un famoso grupo musical cantaba "Sidewalk Surfing" (Surf en la acera) mientras montaban monopatines en el escenario. Pero a finales de la década de 1960, la popularidad de este deporte cayó drásticamente. Parecía que la moda había pasado.

Sin embargo, el monopatín resurgió a principios de la década de 1970, cuando Frank Nasworthy inventó las ruedas de monopatín hechas de uretano. Las ruedas fabricadas con este material resistente permitían deslizarse con suavidad y estabilidad. Además, se incorporaron otras mejoras. Los nuevos deportistas tenían mayor control y podían practicar trucos nuevos, como el "*ollie*". Para hacer ese truco, los deportistas patean hacia abajo y con fuerza la parte trasera de la tabla, al tiempo que dan un gran salto y hacen que la tabla vuele por los aires. Durante la década de 1970 se crearon muchísimos parques de hormigón para practicar el deporte.

 1 ¿Por qué aparecieron los parques para monopatines en la década de 1970, después de que parecía que la moda había pasado?

A través de los años, muchos parques para monopatines tuvieron que cerrar cuando se dispararon los costos de los seguros. En la década de 1980, como había menos parques para monopatines, los aficionados salieron a las calles en busca de lugares para usar sus monopatines. Cualquier lugar con una rampa, una pared o una escalinata servía. Algunas personas construyeron rampas de madera para monopatines en los patios y terrenos desocupados.

RI.5.1 quote accurately when explaining what the text says explicitly and when drawing inferences; **RI.5.2** determine two or more main ideas and explain how they are supported by details/summarize; **RI.5.5** compare and contrast the overall structure in two or more texts; **RI.5.9** integrate information from several texts on the same subject

En 1995, el deporte captó más atención cuando el programa Deportes extremos de la cadena televisiva ESPN transmitió eventos de monopatín. Las estrellas del monopatín aparecían en anuncios publicitarios, y la ropa característica de los que lo practican se convirtió en un estilo de moda. El deporte estaba de vuelta.

Con la llegada del nuevo siglo, cada vez más rueditas de monopatín comenzaron a girar. En muchas ciudades se construyeron nuevos parques para monopatines y se crearon campamentos de monopatín en algunos lugares. Y en 2004, hasta se creó un nuevo día festivo para conmemorar el monopatín. Cada año, el 21 de junio, todos los deportistas del mundo que practican monopatín participan del Día del Monopatín. ¡Será emocionante ver los nuevos avances que tendrá el deporte del monopatín en las próximas décadas!

Periódico Deportes Extremos

 ¿Qué dos ideas principales puedes identificar en este artículo? Explica cómo cada idea principal está apoyada por detalles.

El *ollie* y el *rock and roll*

Quienes practican monopatín hacen trucos que parecen desafiar la gravedad. Hay muchos tipos de trucos de monopatín, y siempre se están inventando nuevos. Dos de los trucos más comunes que puedes ver son el *ollie* y el *rock and roll*.

El *ollie* fue inventado en 1978 por Alan Gelfand, cuyo apodo era Ollie. Desde entonces, este truco ha tenido una influencia significativa en el deporte. La forma básica del *ollie* consiste en saltar de forma tal que tanto el monopatín como la persona se eleven en el aire. Cuando observas un *ollie*, puedes pensar que el monopatín está atado a los pies del deportista o sujeto con imanes, pero eso no es así, por supuesto.

En el *rock and roll*, el monopatín no vuela por el aire como en el *ollie*. Sin embargo, el *rock and roll* es igual de impresionante. El deportista sube por una rampa pronunciada, como las que hay en los parques para monopatines. El eje frontal del monopatín, que marca la dirección, queda colgado del borde más alto de la rampa. Luego, el deportista gira sobre el eje posterior, se da vuelta y baja de nuevo por la rampa.

Los dos trucos requieren mucha destreza y práctica. Para dominar el *ollie*, el deportista primero debe deslizarse con el monopatín. Luego, debe agacharse y saltar súbitamente. El pie de atrás debe golpear la parte trasera del monopatín de manera que esta parte toque el suelo. La fuerza del golpe empuja la tabla hacia arriba.

Para completar el *ollie*, el deportista debe trasladar el peso de su cuerpo. La fricción que se produce entre la suela de los zapatos y la tabla nivela la tabla en el aire. Es increíble ver cuánto pueden separarse del suelo algunos deportistas y cuánto tiempo pueden permanecer en el aire. Cuando la tabla cae al suelo, el deportista flexiona las rodillas para minimizar el impacto.

Trasladar el peso del cuerpo también es importante en el *rock and roll*. Cuando el deportista se acerca a la cima de la rampa, debe inclinarse hacia adelante para colocar el eje frontal sobre el borde de la rampa. Al trasladar su peso y mover los brazos, el deportista levanta la tabla. Cuando el movimiento se realiza correctamente, el eje frontal sube. Luego, el deportista gira rápidamente. Cuando el eje frontal vuelve a tocar la rampa otra vez, es importante que el peso del deportista esté aplicado sobre el frente de la tabla.

 ¿Qué tipo de estructura tiene el texto de este artículo? ¿Cómo se diferencia de la estructura del artículo anterior?

Hay distintas variantes del *rock and roll*. La mayoría depende de la forma en que se da vuelta el deportista, además de otros factores. El *ollie* es la base de muchos trucos geniales. Por inventar este truco duradero y versátil, Alan Gelfand pasó a formar parte del salón de la fama del monopatín en 2002.

 ¿Qué has aprendido acerca del tema del deporte del monopatín a partir de la información de los dos artículos?

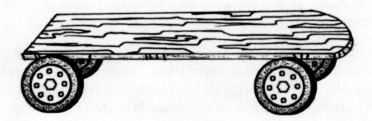

Unidad 5

✓ VOCABULARIO CLAVE

ritmo

indudablemente

filtrarse

evidente

factor

vano

espejismo

arrastrar los pies

salvación

enano

| Librito de vocabulario | Tarjetas de contexto |

ESTÁNDARES COMUNES

L.5.6 acquire/use vocabulary, including academic and domain-specific

1 ritmo

Los jinetes del *Pony Express* cabalgaban a ritmo acelerado para entregar el correo lo antes posible.

2 indudablemente

Los viajeros que se dirigían al Oeste indudablemente se alegraban al superar el cruce de las montañas.

3 filtrarse

Si una lluvia duraba mucho, el agua se filtraba a través de la ropa y los sombreros protectores.

4 evidente

Cuando es evidente que la rueda de una carreta está rota, se repara o se reemplaza.

Aprende en línea

▶ Estudia cada Tarjeta de contexto.

▶ Usa dos palabras del Vocabulario para crear una nueva oración de contexto.

5 factor

El estado del tiempo era un factor o elemento determinante para la velocidad de un viaje.

6 vano

La esperanza de estos pioneros de cruzar el río fue vana. El río era demasiado profundo.

7 espejismo

Los espejismos podían engañar a los viajeros. Era un golpe duro darse cuenta de que estas visiones eran falsas.

8 arrastrar los pies

El viaje era agotador. Después de unas semanas, muchos arrastraban los pies a lo largo del camino.

9 salvación

Un manantial de agua fresca podía ser la salvación de los viajeros sedientos.

10 enano

Solo los árboles enanos pueden crecer en las adversas condiciones desérticas del Suroeste.

Leer y comprender

Aprende en línea

☑ DESTREZA CLAVE

Secuencia de sucesos Mientras lees *Los viajes de Tucket*, busca palabras y frases que te ayuden a determinar la **secuencia de sucesos**. Por ejemplo, algunas palabras como *primero*, *por último*, *hasta*, *antes* y *después* pueden indicar el orden en el que ocurren los sucesos. Usa un organizador gráfico como este para anotar los sucesos de la selección y para analizar cómo se relacionan las escenas y forman la estructura general.

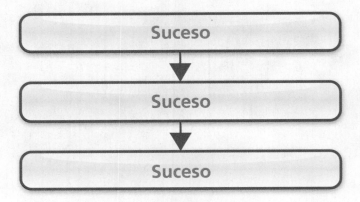

Suceso

↓

Suceso

↓

Suceso

☑ ESTRATEGIA CLAVE

Visualizar Usa los detalles del texto como ayuda para **visualizar** las acciones del cuento. El cuento se hace más vívido e interesante si creas imágenes mentales de lo que va sucediendo.

UN VISTAZO AL TEMA PRINCIPAL

Medio ambientes extremos

En las llanuras de Estados Unidos, el clima puede ser extremo. Las tormentas eléctricas, el viento, el granizo, los rayos, el calor y el frío intensos, y las lluvias torrenciales son solo algunos de los peligros que enfrentan los viajeros de la región.

En *Los viajes de Tucket*, ambientado a mediados del siglo XIX, leerás sobre un joven de quince años y dos niños más pequeños que viajan por la región. Corren peligro porque algunos hombres los persiguen, pero una tremenda tormenta eléctrica acompañada de rayos y granizo cambia su destino.

TEXTO PRINCIPAL

GARY PAULSEN
LOS VIAJES DE TUCKET
Las aventuras de Francis Tucket en el oeste: 1847 a 1849

LIBROS 1 A 5 EN UN VOLUMEN
Mr. Tucket·Call Me Francis Tucket·Tucket's Ride·Tucket's Gold·Tucket's Home

☑ DESTREZA CLAVE

Secuencia de sucesos Identifica el orden cronológico en el que ocurren los sucesos.

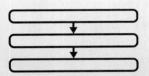

☑ GÉNERO

La **ficción histórica** es un relato cuyo entorno es el pasado. Contiene personajes, lugares y sucesos que realmente existieron u ocurrieron, o que podrían haber existido u ocurrido. Mientras lees, busca:

▶ un entorno perteneciente a una época y un lugar reales en el pasado y

▶ detalles que indiquen que el relato ocurrió en el pasado.

RL.5.5 explain how chapters, scenes, or stanzas fit together to provide the overall structure; **RL.5.10** read and comprehend literature; **L.5.5a** interpret figurative language in context

CONOCE AL AUTOR

Gary Paulsen

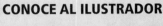

Los personajes de Gary Paulsen con frecuencia dependen de sus habilidades para sobrevivir en la naturaleza salvaje y salir con vida de situaciones adversas.

A veces, Paulsen recrea en la vida real una escena, como excavar en busca de agua, para poder escribir sobre ella desde una perspectiva directa. Ha vivido en muchos lugares, entre ellos, los páramos de Alaska y una embarcación en California.

CONOCE AL ILUSTRADOR

Bill Farnsworth

Para crear las ilustraciones de un cuento, Bill Farnsworth viaja hasta el escenario natural donde está ambientada la acción. Allí toma fotografías y hace bosquejos. Entonces está listo para pintar. Dice: "Mi objetivo es transmitirle al espectador lo que siente el personaje principal del cuento, ¡así puedes imaginar que tú mismo estás realmente allí!".

Los viajes de Tucket

por Gary Paulsen

selección ilustrada por Bill Farnsworth

PREGUNTA ESENCIAL

¿Qué significa tener buenos instintos?

635

Si había algo de lo que Francis Tucket estaba seguro era de que la muerte estaba próxima a llevárselos.

Llegaba el amanecer y aquí estaba él, un niño de quince años a cargo de otros dos niños, cruzando a pie una llanura sin aire, azotada por el sol, que parecía ser interminable. Francis, Lottie y Billy no tenían comida ni agua, ni esperanza alguna de conseguirlas de inmediato y, en cualquier momento, una o dos docenas de hombres de los más malvados que Francis hubiera visto jamás en un mundo *lleno* de hombres malvados podía llegar cabalgando hasta ellos y...

No completó ese pensamiento. No había necesidad. Además, al sobrevivir a luchas contra los indígenas, tormentas de nieve, batallas y ladrones, él había aprendido la primera regla sobre el peligro: vendría si tenía que venir. Puedes intentar estar listo, puedes planearlo, hasta esperarlo, pero vendrá cuando quiera venir.

Lottie y Billy también comprendían esta regla. Él los había encontrado sentados en una carreta, en la pradera, solitos. Su padre había muerto de cólera y la caravana de carretas había abandonado a la familia por miedo a la enfermedad. Lottie tenía entonces nueve años y Billy, seis. Francis no había pensado que él y los niños estarían juntos por mucho tiempo; después de todo, él tenía que seguir buscando a su propia familia. Lo habían separado de ella hacía un año, cuando los indios pawnee lo secuestraron de la caravana de carretas en el Camino de Oregón. Pero Francis, Lottie y Billy se habían acostumbrado a estar juntos. Permanecieron unidos. No como Francis y Jason Grimes, el hombre de la montaña con un solo brazo.

Jason Grimes había rescatado a Francis de los pawnee y le había enseñado a sobrevivir por sí mismo en el Oeste. Luego, cada uno había seguido su camino.

Hasta la noche anterior. Esa noche en que Grimes los había ayudado a escapar de los comancheros. Los comancheros era un grupo de bandidos despiadados, aterradores e inhumanamente implacables. Para escapar, Grimes había tenido que tomar los caballos de carga que Francis, Lottie y Billy habían estado montando y guiarlos hacia el oeste, esperando que los comancheros siguieran sus huellas, mientras los tres niños se dirigían hacia el norte en la oscuridad de la noche.

Era un plan aceptable. En realidad era su "único" plan y parecía funcionar. A medida que Francis y los dos niños se fueron alejando hacia el norte, en la oscuridad, vieron pasar cabalgando a los comancheros tras las huellas de los caballos y el Sr. Grimes. Los comancheros no habían notado las huellas de los niños, en parte porque era difícil verlas y, en parte, porque Francis había hecho que Lottie y Billy caminaran sobre sus propias pisadas. Él iba último, borrando las huellas con un trozo de mezquite.

Pero la suerte era el principal factor en el plan. Si los comancheros atrapaban a Grimes o tan solo lo veían, sabrían que Francis y los niños no estaban con él. Darían la vuelta e irían por ellos. Los niños significaban dinero real porque podían venderlos o entregarlos como esclavos.

Francis sabía que borrar las huellas solo funcionaría en la oscuridad de la noche. A la luz del día, las marcas de las huellas borradas serían fáciles de seguir.

—Estoy cansado —Billy se detuvo de repente—. Creo que ya estamos bastante lejos.

Francis frunció el ceño. La primera vez que vio a Billy, el niño se rehusaba a hablar. Y ahora, había pasado de no hablar nunca a quejarse continuamente.

—Si nos atrapan, te despellejarán —advirtió Lottie—. Ahora, sigue caminando. Si no seguimos, estarán sobre nosotros como perros, ¿no es así, Francis? Sobre nosotros, igual que perros...

A Lottie le encantaba hablar y podía hacerlo sin parar si tenía la oportunidad; parecía haber estado hablando desde que Francis la había encontrado en ese carro. Lottie explicaba cada pequeño detalle de cada pequeña parte de cada pequeña cosa de la que hablaba para que no se perdiera ni un solo aspecto de todo ello y, a veces, ponía muy nervioso a Francis. Ahora, a medida que Billy comenzaba a caminar otra vez, Francis aceleró el ritmo, los presionó lo más que pudieran soportar y, luego, más aún; y a Lottie ya no le quedó aliento para hablar.

El amanecer trajo el sol y el sol trajo calor. Francis y los niños no tenían sombreros y el sol pronto empezó a agobiarlos. Billy quería quejarse, especialmente, a medida que avanzaba la mañana y no había agua, y el sol se elevaba más alto y se volvía más caliente. Sin embargo, Francis los hizo seguir hasta que Billy comenzó a tambalearse. Entonces, Francis cargó a Billy y lo llevó a cuestas, milla tras milla, luego, yarda tras yarda y, finalmente, paso tras paso.

ANALIZAR EL TEXTO

Secuencia de sucesos ¿Qué pasos tomaron Tucket y los niños para escapar de los comancheros durante la noche? ¿Qué sucede ahora que ya ha amanecido?

Lottie los vio primero.

—Allí —dijo ella—. ¿Ves la mancha?

Francis estaba casi muerto de agotamiento. Apenas había dormido durante las dos noches anteriores y, por si fuera poco, los comancheros lo habían tratado duramente. Estaba a punto de desmoronarse cuando dijo:

—¿Qué mancha?

—Allí. No, hacia la derecha. En el horizonte. Son árboles. Estoy segura. Un grupo de árboles.

Habían visto muchos espejismos, imágenes de árboles y agua que no estaban allí. Pero Francis miró hacia donde ella apuntaba y los vio de inmediato. Se detuvo y bajó a Billy. El niño estaba dormido y cayó desplomado, pero aún dormido.

—¡Tienes razón! Árboles. Y los árboles significan agua.

Se dio la vuelta y estudió el horizonte. No había podido levantar la vista mientras cargaba a Billy y ahora se horrorizó al ver una columna de polvo hacia el suroeste. Estaba al menos a quince millas, contra algunas colinas a la distancia, tan lejos que parecía diminuta. Pero Francis sabía que probablemente la producían jinetes, muchos jinetes.

Lottie vio que Francis tenía la mirada fija.

—¿Podrían ser búfalos? —ella observó el polvo—. ¿Una pequeña manada?

"Aquí no", pensó Francis. "Aquí no, con este polvo y este calor, sin pasto ni agua. Los búfalos no serían tan tontos".

—Seguro. Son búfalos.

—Estás mintiendo —suspiró ella—. Yo sé cuándo me mientes, Francis Tucket. Son ellos, ¿verdad?

Francis no dijo nada, pero su mente iba a toda velocidad. Así que los jinetes iban de regreso hacia el este. Pero, ¿por qué volvían tan pronto? ¿Ya habían atrapado a Grimes? Si era así, estarían buscando a los niños. ¿O habían abandonado la caza? Tal vez solo habían visto a Grimes, se habían dado cuenta de que estaba solo y habían dado la vuelta para seguir buscando a los niños. Quizá no vieron las huellas...

Él sabía que esta era una esperanza vana. No había corrido ni la más leve brisa para levantar polvo sobre las marcas que él había dejado al borrar las huellas e, indudablemente, ellos tenían buenos rastreadores, hombres que estaban vivos porque podían rastrear ratones en las rocas. Así que los comancheros los encontrarían y luego... y luego...

Miró los árboles, que estaban a unas dos millas de distancia. Podía cargar a Billy hasta allí. Podrían llegar a los árboles a tiempo. ¿Y luego qué? Los jinetes regresarían una y otra vez hasta llegar al lugar donde Francis y los niños habían doblado, aproximadamente nueve millas atrás. Verían las marcas, doblarían y se dirigirían hacia el norte. Nueve millas. Los caballos estarían cansados, pero irían a diez millas por hora. Tendrían que montar quizá veinte millas de regreso a la curva y, luego, nueve o diez millas hacia el norte, tras los niños. Dejó que los números aparecieran en su mente cansada. Quizá tardarían cuatro horas, pero más probablemente, tres. Los jinetes estarían sobre ellos en tres horas.

Francis, Billy y Lottie necesitarían una hora para llegar a los árboles y luego... y luego, nada.

Simplemente, todo sucedería más tarde. Lo atraparían a él y se llevarían a los niños y nada habría cambiado, salvo que algunos caballos estarían muy cansados y él, Francis, estaría muerto.

Y en cuanto a lo que les sucedería a Lottie y a Billy... el corazón se le heló. Pero había algo más allí, algo más que solo la columna de polvo. Había una nube. Al principio, estaba sobre el horizonte y se mostraba solo como una línea gris tan baja que Francis casi no la había visto. Pero crecía rápidamente; el viento la traía desde el oeste y, a medida que crecía y se elevaba, él vio que se trataba del borde superior de una nube de tormenta.

No *parecía* la salvación, al menos no al principio. Él había visto muchas nubes de tormentas de pradera pero, mientras la observaba, se dio cuenta de dos cosas.

Una, que crecía rápidamente, tronando en los altos vientos y que se acercaba hacia ellos a un ritmo mucho más rápido que los caballos de los comancheros. Dos, que traería lluvia.

Lluvia que aliviaría su sed y refrescaría sus cuerpos calientes y, mucho más importante, lluvia que podría borrar sus huellas, borrar todo lo que habían dejado atrás.

Aun así, era una carrera y nada se podía dar por seguro. Para llegar antes que los jinetes, las nubes tenían que seguir acercándose hacia donde las huellas de los niños doblaban hacia el norte. Y tenía que llover.

Si las nubes se disipaban o no llegaban antes que los comancheros o no hacían caer lluvia, entonces, la distancia sería todo lo que los niños tendrían a su favor. Necesitaban llegar a los árboles y construir algún tipo de defensa.

Francis cargó a Billy, que aún estaba muy dormido y parecía pesar una tonelada. Se echó a andar con paso desgarbado, abandonando la tediosa tarea de borrar sus huellas, para llegar a los árboles. Más adelante, Lottie arrastraba los pies llevando el bolso de Francis. Tenía puesto un vestido harapiento, tan sucio que parecía estar hecho de tierra. Su cabello rubio estaba lleno de polvo. Francis llevaba pantalones de gamuza, pero los niños solo tenían lo que quedaba de sus ropas originales y lo que habían logrado recoger por el camino.

"Somos un desastre", pensó Francis. "Una banda desastrosa".

Miró los árboles, pero no parecían mucho más cerca.

Miró la nube. Todavía se estaba formando, aunque parecía dirigirse levemente hacia el sur.

Observó la columna de polvo que aún se movía en la misma línea hacia el este, preparándose para cruzar su huella.

Volvió la mirada hacia los árboles y pensó: "Realmente daría la vida por esa vieja mula que teníamos". Pero los comancheros se la habían llevado.

ANALIZAR EL TEXTO

Elección de palabras del autor ¿Qué verbos y adjetivos descriptivos usa el autor para mostrar las terribles circunstancias que enfrentan estos personajes?

Llegaron a los árboles justo cuando el borde de las nubes los alcanzaba.

—Diez pies más y hubiera muerto —susurró Lottie, y cayó al suelo.

Francis dejó caer a Billy como una roca (el niño cayó sin despertarse) y estudió el lugar. Era un cauce de arroyo seco y serpenteante, con una fila de álamos enanos, pero frondosos, a cada lado. También había grupos de cedros, gruesos y verdes, y, aunque no había agua evidente, el cauce del arroyo parecía húmedo. Francis sabía que debía de haber agua debajo de la superficie; de lo contrario, los árboles habrían muerto.

—Lottie, haz un hoyo allí, en la base de esa roca.

—Si quieres comenzar a cavar, ¿por qué no lo haces tú? Yo tengo cosas más importantes que hacer que escarbar esa tierra dura.

—Agua —dijo Francis, con voz tan seca que sonó ronca—. Cava y deja que se filtre.

—¡Ah, bueno! ¿Por qué no lo dijiste? —Lottie se arrodilló al lado de la roca y comenzó a cavar la arena suelta con sus manos. Cuando estaba a dos pies, soltó un grito.

—¡Aquí está! Justo como dijiste, viene de los lados. ¡Ay, Francis! ¡Es tan clara! Ven a ver —ella sacó un poco y la bebió—. Dulce como el azúcar. Ven, pruébala.

Francis se arrodilló, ahuecó su mano y bebió; pensó que nunca había probado algo tan bueno. Pero se detuvo antes de estar satisfecho.

El viento se aceleraba ahora, soplaba lo suficientemente fuerte como para levantar polvo e incluso arena, y él ya no veía la polvareda de los jinetes. El viento soplaba ante la llegada de las nubes de tormenta y él sonrió porque, incluso si no llovía, había una buena posibilidad de que el viento cubriera y destruyera las huellas.

Ahora, la nube de tormenta estaba encima de ellos, tan enorme que cubría todo el cielo, y el viento había aumentado hasta ser un grito.

ANALIZAR EL TEXTO

Lenguaje figurado Una **metáfora** es una descripción que compara una cosa con otra sin usar *como*. ¿Qué metáfora usa el autor en esta página para describir el sonido del viento? Explica el significado de la metáfora.

—¡Aquí! —gritó Francis a Lottie—. Bajo este saliente.

Increíblemente, Billy todavía dormía. Francis tomó al niño y lo sacudió hasta que este abrió los ojos.

—Ponte cerca de ese saliente de piedra. Va a caer un gran...

Un rayo cayó tan cerca que Francis sintió que se le erizaba el cabello; tan cerca que el trueno pareció estallar en el mismo instante y, con él, el cielo se abrió y cayó sobre ellos el agua tan fuerte que casi puso de rodillas a Francis. Él nunca había visto tal lluvia. Parecía no haber espacio entre las gotas; tronaba y caía como una cortina de agua. Llovía a cántaros. Francis no podía gritar, no podía pensar, no podía respirar. Sostuvo a Billy de la camisa y lo arrastró bajo el saliente que formaba el borde del cauce del arroyo, lejos de los árboles y del viento.

Lottie estaba allí y se acurrucaron bajo el saliente justo cuando las nubes se quebraron nuevamente y empezó a caer granizo del tamaño del puño de Francis. Una piedra rebotó en un lado de la cabeza de Francis y casi lo dejó inconsciente.

—¡Vayan más adentro! —gritó él, por sobre el rugido de la tormenta—. ¡Más adentro, muévanse!

Empujó a Billy, quien a su vez empujó a Lottie. Ya estaban contra el terraplén de arcilla, bajo el saliente, y no podían ir más adentro. Las piernas de Francis y su parte trasera todavía estaban fuera y recibían todos los horribles golpes del granizo. Él dobló las piernas hacia arriba, pero, incluso así, el dolor era insoportable; y aunque los granizos más grandes rápidamente se convirtieron en pequeños, las piernas de Francis estaban irremediablemente rígidas y doloridas.

El cauce del arroyo se llenó con la densa lluvia. Afortunadamente, ellos estaban río arriba y así evitaron la posibilidad de un aluvión que los hubiera arrancado del saliente y llevado río abajo hasta ahogarse. Así como estaban, el agua llegaba hasta el área debajo de ellos y convertía la tierra en lodo hasta que, de pronto, se encontraron sentados en un agujero de lodo espeso y agua, sumergidos hasta la cintura. De pronto, en minutos, la lluvia paró, las nubes cruzaron raudamente el cielo, y el sol salió y secó el lodo.

Dolorido, Francis se arrastró hacia el sol y los niños se arrastraron tras él. El agua todavía corría por el arroyo, pero estaba desapareciendo rápidamente. El sol caliente se sentía bien y Francis quería sacarse la camisa de gamuza para colgarla, pero sabía que, si no la seguía usando, la camisa se secaría y se pondría dura como una tabla.

Se enderezó lentamente, tratando de quitarse el dolor de las piernas. Miró hacia el oeste y sonrió.

Después de *eso*, no habría huellas.

Ahora analiza

Cómo analizar el texto

Usa estas páginas para aprender acerca de Secuencia de sucesos, Lenguaje figurado y Elección de palabras del autor. Luego, vuelve a leer *Los viajes de Tucket* para aplicar lo que has aprendido.

Secuencia de sucesos

Los escritores de ficciones históricas suelen estructurar las tramas en una **secuencia de sucesos**. Presentan los sucesos en orden cronológico, que es el orden en el que ocurren los sucesos en el tiempo. Con esta estructura, las relaciones entre los sucesos son más claras. Un suceso lleva a otro y se va creando más y más emoción hasta llegar a la conclusión.

Para indicar una secuencia de sucesos, los autores pueden usar palabras y frases que indican algo, como *anoche*, *entonces*, *ahora* y *más tarde*. Vuelve a leer la página 644. En la oración "Llegaron a los árboles justo cuando el borde de las nubes los alcanzaba", la frase *justo cuando* indica que los dos sucesos ocurrieron al mismo tiempo.

Cuando busques la secuencia de sucesos, recuerda que este cuento contiene una **retrospectiva**. ¿En qué parte del texto se interrumpe la acción principal del cuento y se describen sucesos que ocurrieron antes? ¿Cómo influye esta escena en la estructura del cuento?

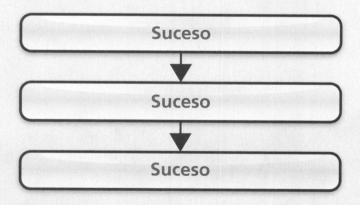

RL.5.4 determine the meaning of words and phrases, including figurative language; **RL.5.5** explain how chapters, scenes, or stanzas fit together to provide the overall structure; **RL.5.10** read and comprehend literature; **L.5.5a** interpret figurative language in context

Lenguaje figurado

Un tipo de lenguaje figurado que usan los escritores es la **metáfora**. Una metáfora compara dos cosas diferentes mostrando que se parecen de alguna manera. Las metáforas no usan la palabra *como*. En cambio, las metáforas dicen que una cosa es otra. Por ejemplo, "El avión era un elegante pájaro de plata en el cielo" describe un avión comparándolo con un pájaro.

Elección de palabras del autor

Para que los lectores sientan y vean la acción de un cuento, los autores usan **palabras apropiadas** y de gran impacto. Este tipo de palabras forman en la mente de los lectores una imagen de lo que está sucediendo. Vuelve a leer la página 647. En lugar de decir que la lluvia *caía*, el autor usó el verbo *tronaba*. La elección de este verbo ayuda a los lectores a visualizar una tormenta fuerte y a imaginar el sonido de la lluvia.

Es tu turno

mi Escritura genial

REPASAR LA PREGUNTA ESENCIAL

Turnarse y comentar Repasa la selección con un compañero y prepárate para comentar esta pregunta: *¿Qué significa tener buenos instintos?* Mientras repasas el cuento, comenta las palabras y frases que explican qué tipos de instintos tiene Francis sobre la seguridad y el peligro.

Comentar en la clase

Para continuar comentando *Los viajes de Tucket*, usa evidencia del texto para explicar tus respuestas a estas preguntas:

1. ¿Por qué Francis no estaba del todo tranquilo con el plan de evadir a los comancheros?

2. ¿Era Billy realmente consciente del peligro que corrían? ¿Por qué?

3. ¿Qué papel tuvieron la habilidad y la suerte en el final del cuento?

COMPARAR LOS ENTORNOS DEL CUENTO

Usar un diagrama de Venn En el cuento, la acción se desarrolla en dos entornos: una llanura desértica y un pequeño grupo de árboles. Con un compañero, completa un diagrama de Venn para comparar y contrastar estos dos entornos. Busca detalles en el cuento que describan las características físicas, los peligros y las ventajas de cada entorno. Comparte tu diagrama con la clase.

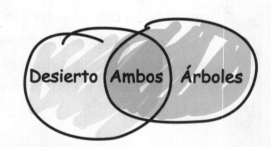
Desierto · Ambos · Árboles

ESCRIBE SOBRE LO QUE LEÍSTE

Respuesta A medida que ocurren los sucesos en *Los viajes de Tucket*, los lectores se preguntan qué pasará después y si los personajes resolverán el conflicto. Escribe un párrafo que explique cómo un suceso se desarrolla a partir de otro hasta el momento en el que las nubes de la tormenta descargan la lluvia y borran las huellas. Asegúrate de incluir citas y alguna otra evidencia del texto que muestre cómo el autor lleva al lector hacia ese clímax y esa resolución.

Sugerencia para la escritura

Antes de escribir, haz un mapa del cuento como ayuda para recordar los sucesos. Repasa tu borrador y decide si necesitas alargar, combinar o acortar las oraciones para que las ideas queden más claras para los lectores.

ESTÁNDARES COMUNES **RL.5.1** quote accurately when explaining what the text says explicitly and when drawing inferences; **RL.5.3** compare and contrast characters, settings, or events, drawing on details; **W.5.9a** apply grade 5 Reading standards to literature; **W.5.10** write routinely over extended time frames and shorter time frames; **SL.5.1a** come to discussions prepared/explicitly draw on preparation and other information about the topic; **L.5.3a** expand, combine, and reduce sentences

TEXTO TÉCNICO

☑ GÉNERO

Un **texto técnico** explica en detalle un proceso, un procedimiento o una tarea.

☑ ENFOQUE EN EL TEXTO

Características de un texto técnico Un texto técnico incluye datos y también palabras y frases de vocabulario específico de un campo para que el lector comprenda mejor el tema principal. También puede incluir diagramas detallados que ilustren conceptos importantes.

ESTÁNDARES COMUNES

RI.5.10 read and comprehend informational texts; **L.5.6** acquire/use vocabulary, including academic and domain-specific

Tiempo Tormentoso

por Laura Townsend

¿Cómo es el estado del tiempo donde vives? ¿Soleado y cálido? ¿Nieva y hace frío? ¿Se esperan tormentas? ¿Has siquiera pensado en el tiempo hoy?

Los meteorólogos, o científicos que estudian el estado del tiempo, siempre piensan en el tiempo. También observan, miden y registran los patrones a medida que cambian. Su objetivo es predecir con mayor precisión cómo será el estado del tiempo, sobre todo cuando está por desatarse una tormenta.

Aprende en línea

¿Qué causa los diferentes estados del tiempo?

Cuando los científicos predicen el estado del tiempo, estudian las masas de aire. Una masa de aire es una gran concentración de aire que tiene las mismas propiedades, como la temperatura, la presión atmosférica y el vapor de agua.

Una masa de aire más frío no se combina bien con una masa de aire más caliente, ¡y eso puede causar tormentas! El aire frío es más pesado que el aire caliente; entonces, empuja desde abajo a la masa de aire caliente. Pero cuando el aire caliente choca con una masa de aire frío, ocurre lo opuesto. El aire caliente es más liviano; entonces, se eleva por encima del aire frío.

Los cambios de tiempo ocurren porque las masas de aire siempre están en movimiento. El área donde chocan dos masas de aire se llama *frente*. Cuando la masa de aire caliente llega a un área, el área se llama *frente cálido*. Cuando llega una masa de aire frío, el área se llama *frente frío*.

Los científicos también estudian la presión atmosférica para predecir el tiempo. La presión atmosférica es el peso del aire que está sobre ti. Cuando la presión atmosférica es alta, el tiempo está calmo, pero si la presión comienza a bajar, ten cuidado: ¡el tiempo puede ser realmente tormentoso!

Frente cálido: El aire caliente es más liviano; entonces, se eleva por encima de una masa de aire frío.

Frente frío: Como el aire frío es más pesado, el frente frío empuja la masa de aire caliente hacia arriba.

CLAVE

aire caliente   aire frío

¿Cómo se forman los huracanes?

Los huracanes influyen en el estado del tiempo de Estados Unidos todos los años. Algunas tormentas comienzan como disturbios climáticos tropicales y, luego, crecen en fuerza y tamaño. Cuando los vientos alcanzan las 74 millas por hora, las tormentas gigantes que giran reciben el nombre oficial de *huracanes*.

Los huracanes se forman sobre las aguas cálidas del océano. Sus vientos comienzan a soplar en círculos alrededor de una zona de baja presión y, así, se forman nubes y tormentas eléctricas. Sube más aire caliente y húmedo, y la tormenta se hace más grande y fuerte. Aumenta la velocidad del viento, baja la presión atmosférica y la tormenta sigue creciendo debido al aire caliente y húmedo que la alimenta. Finalmente, nace un peligroso huracán.

Cuando avanza el huracán, la superficie del mar puede alcanzar los 33 pies de altura. Este *oleaje de tormenta* puede tener hasta 100 millas de ancho y puede azotar la orilla como una topadora. Si un huracán llega a la orilla, trae fuertes lluvias, inundaciones y vientos intensos, lo que es peligroso para las propiedades, las personas y los animales.

Un huracán puede medir hasta 300 millas de ancho. Puede trasladarse miles de millas y durar más de una semana. Sin embargo, cuando llega a aguas más frías o se desplaza por la tierra, el huracán pierde su fuente de energía. Como resultado, comienza a debilitarse.

Una mirada a un huracán

Los vientos más fuertes del huracán giran alrededor de la pared del ojo. Dentro del ojo, el aire está calmo.

Las nubes de la tormenta pueden extenderse hasta ocho millas sobre la atmósfera.

Cuando el huracán se encuentra sobre el océano cálido, gana fuerza porque atrae grandes cantidades de vapor de agua.

¿Cómo se forman las tormentas eléctricas?

En todo el mundo se forman alrededor de 45,000 tormentas eléctricas por día, acompañadas de lluvia, vientos, rayos, truenos y, a veces, granizo. Estas tormentas poderosas se desarrollan cuando chocan masas de aire de diferente temperatura.

Las tormentas eléctricas comienzan a formarse cuando el aire caliente y húmedo se eleva rápidamente. Luego, un frente frío o vientos fuertes empujan desde abajo la masa de aire más caliente. A medida que el aire que sube comienza a enfriarse, se forman nubes pesadas cargadas de gotitas de agua e incluso de cristales de hielo. Dentro de las nubes, soplan vientos fuertes hacia arriba y hacia abajo. Por último, comienza a caer la lluvia, que hace descender el aire frío. En la parte inferior de las nubes, se acumulan fuertes cargas eléctricas que producen rayos y truenos.

Estas grandes tormentas son violentas, pero generalmente terminan en una hora. Debido a que la lluvia y el aire más frío evitan que el aire caliente siga subiendo hacia las nubes, la mayoría de las tormentas eléctricas se disipan rápidamente.

Cuando las tormentas eléctricas son extremadamente fuertes, los meteorólogos consideran la posibilidad de que ocurra otro fenómeno extremo: un tornado. Los tornados se forman en menos del uno por ciento de todas las tormentas eléctricas, pero, cuando lo hacen, pueden destruir todo a su paso.

Grandes cantidades de aire caliente son empujadas hacia arriba y así forman una nube de tormenta. Estos movimientos del aire hacia arriba, llamados *corrientes de aire ascendente*, pueden alcanzar una velocidad de 62 millas por hora.

¿Cómo se forman los tornados?

Ver una columna de aire violento que gira sobre una llanura puede ser emocionante en una película, pero pocas personas quisieran verla en la vida real. Algunos tornados generan los vientos más rápidos de la Tierra. Su velocidad puede alcanzar las 300 millas por hora.

Los tornados aparecen cuando los vientos forman un embudo o columna de aire en la base de una nube de tormenta. El aire que sube rápidamente dentro del embudo atrae aire caliente y húmedo hacia el interior. El aire que gira a gran velocidad forma una zona de baja presión en el centro del embudo. Debido a la baja presión, el aire del suelo sigue entrando en el embudo y en la nube de arriba. El embudo giratorio comienza a alargarse. Si se dan las condiciones adecuadas, el embudo toca el suelo y el tornado comienza a desplazarse por el suelo.

Por lo general, estas tormentas violentas producen destrucción a lo largo de una franja angosta de la Tierra; sin embargo, pueden llegar a recorrer muchas millas. Los tornados son más difíciles de predecir que otras tormentas. Pero gracias a los sistemas avanzados de rastreo meteorológico, los meteorólogos ahora pueden advertir mejor a la población y darle tiempo para refugiarse.

aire frío

aire caliente

nube giratoria en forma de embudo

Los cambios repentinos en la dirección y la velocidad del viento crean un embudo que gira violentamente y puede convertirse en un peligroso tornado.

A medida que los meteorólogos siguen aprendiendo sobre los patrones climáticos, pueden predecir con más exactitud los posibles trayectos de las tormentas. Así, existen menos probabilidades de que se pierdan vidas y propiedades. Cuando las predicciones mejoran, las personas tienen más tiempo para prepararse, ¡y así el tiempo tormentoso no debe ser tan temible!

Comparar el texto

DE TEXTO A TEXTO

Comparar instintos de protección Piensa en Francis, de *Los viajes de Tucket*, y Travis, de *Fiel amigo* (Lección 7). ¿De qué manera similar los dos personajes enfrentan los desafíos y ayudan a los niños por los que se sienten responsables? Repasa las dos selecciones con un compañero y compara y contrasta los personajes. Observa las acciones de los personajes y haz inferencias sobre cómo proteger a los niños en situaciones de peligro. Asegúrate usar citas y evidencia del texto como apoyo de tus ideas.

EL TEXTO Y TÚ

Escribir sobre el tiempo Las selecciones de esta lección describen condiciones climáticas extremas. Piensa en una situación en la que hayas presenciado una condición climática extrema, como una tormenta o una ola de calor. En pocos párrafos, describe cómo te afectó a ti y a los que te rodeaban. Explica qué hicieron tú o las otras personas para adaptarse a esas condiciones.

EL TEXTO Y EL MUNDO

Presentar información Con un compañero, usa una combinación de recursos para investigar cómo sobrevivir cuando ocurre un fenómeno meteorológico extremo, como un huracán o un tornado. A partir de lo que investigues, crea un folleto de seguridad que contenga información, listas de provisiones e ilustraciones útiles. Luego, presenta tu folleto a un grupo.

RUTA DE EVACUACIÓN DE EMERGENCIA

ESTÁNDARES COMUNES **RL.5.9** compare and contrast stories in the same genre on their approaches to themes and topics; **RI.5.7** draw on information from print and digital sources to locate answers or solve problems; **W.5.2a** introduce a topic, provide an observation and focus, group related information/include formatting, illustrations, and multimedia

L.5.1c use verb tenses to convey times, sequences, states, and conditions; **L.5.1d** recognize and correct inappropriate shifts in verb tenses

Gramática

Aprende en línea

Usos correctos de los verbos auxiliares *estar* y *haber* Los verbos *estar* y *haber* se pueden usar como **verbos principales** o **verbos auxiliares.** El verbo y el sujeto deben concordar en persona y número. Cuando *haber* se usa como verbo principal, no tiene sujeto y por eso tiene una conjugación especial. *Estar* y *haber* son **verbos irregulares.** A veces, debes cambiar las formas de *estar* y *haber* de maneras especiales para lograr la **concordancia del sujeto y el verbo.**

Sujeto	Verbo auxiliar *estar*		Verbo auxiliar *haber*	
	Presente	Pretérito imperfecto/ perfecto simple	Pretérito perfecto compuesto	Pretérito pluscuamperfecto
Sujetos singulares:				
yo	estoy	estaba/estuve	he	había
tú	estás	estabas/estuviste	has	habías
usted, él, ella	está	estaba/estuvo	ha	había
(o sustantivo singular)		estaba/estuvo	ha	había
Sujetos plurales:				
nosotros	estamos	estábamos/estuvimos	hemos	habíamos
ustedes, ellos, ellas	están	estaban/estuvieron	han	habían
(o sustantivo plural)		estaban/estuvieron	han	habían

Inténtalo Vuelve a escribir cada una de las siguientes oraciones en una hoja de papel. Usa la forma correcta de los verbos auxiliares *estar* y *haber* que están entre paréntesis.

1. Francis (ha, han) sobrevivido a muchos peligros.

2. Lottie y Billy (ha, han) estado con Francis durante años.

3. Los tres niños (estaba, estaban) huyendo cuando empezó a llover.

4. Cuando la lluvia paró, las huellas ya (habíamos, habían) desaparecido.

5. ¿Tú (estás/están) disfrutando este cuento?

Recuerda usar las formas correctas de los verbos auxiliares *estar* y *haber*. Cuando escribas, asegúrate de usar los tiempos verbales de manera coherente para que tus párrafos tengan sentido.

Tiempos verbales incoherentes	Tiempos verbales coherentes
Como la tormenta ha asustado a los niños, ellos habían buscado un refugio.	Como la tormenta ha asustado a los niños, ellos han buscado un refugio.

Relacionar la gramática con la escritura

Mientras revisas tu editorial esta semana, presta atención especial a los verbos auxiliares en tus oraciones. Busca tiempos verbales incoherentes y corrígelos.

ESTÁNDARES COMUNES

W.5.1a introduce a topic, state an opinion, and create an organizational structure; **W.5.1b** provide logically ordered reasons supported by facts and details; **W.5.1c** link opinion and reasons using words, phrases, and clauses; **W.5.1d** provide a concluding statement or section; **W.5.4** produce writing in which development and organization are appropriate to task, purpose, and audience

Escritura de opinión

✓ Voz Un **editorial** es un tipo de escritura persuasiva que incluye la opinión de un escritor sobre un tema actual o una noticia. Cuando el editorial tiene una voz convincente, los lectores sienten, piensan o actúan de cierta manera. Un buen editorial también tiene un tema principal claro y una opinión apoyada por razones ordenadas lógicamente.

Dany escribió un borrador de un editorial para el periódico de su escuela acerca del plan de la escuela en caso de tiempo extremo. Luego, agregó transiciones para conectar mejor las ideas y las opiniones.

Lista de control de la escritura

✓ Ideas
¿Presenté el tema con claridad y expresé mi opinión?

✓ Organización
¿Ordené mis razones de manera lógica y las apoyé con hechos y detalles?

✓ Fluidez de las oraciones
¿Usé eficazmente las transiciones para conectar las opiniones y razones?

✓ Elección de palabras
¿Usé palabras precisas?

✓ Voz
¿Mi texto muestra que tengo una opinión firme sobre el tema?

✓ Convenciones
¿Usé las reglas de ortografía, gramática y puntuación correctamente?

Borrador revisado

Es verdad que nuestra escuela tiene un buen plan para el tiempo extremo, ~~pero~~ Sin embargo, eso no significa que es lo mejor que podemos hacer.

Los estudiantes tienen muchas buenas ideas para compartir, y Con nuestra ayuda, la escuela podría ser un lugar más seguro. Solo necesitamos la oportunidad de ser escuchados.

Estemos preparados

por Dany Morse

Un cambio en el estado del tiempo puede tomarnos por sorpresa. Si el tiempo se está volviendo peligroso, es importante estar preparados. Nuestra escuela siempre ha hecho simulacros de tiempo extremo para practicar qué debemos hacer en una emergencia. Estos simulacros son buenos, pero creo que podríamos hacer algo más para estar preparados y resguardarnos.

Somos jóvenes, pero podemos tener buenas ideas sobre la seguridad en caso de tiempo extremo. Creo que cada clase debe dedicar un tiempo a que los estudiantes compartan sus ideas. Por ejemplo, que los simulacros se hagan más seguido o que cada clase elija a un experto en seguridad climática.

Los estudiantes también pueden compartir ideas sobre la ayuda que podrían brindar los maestros después de una situación de tiempo extremo. Si una parte del edificio sufre daños, los estudiantes quieren saber qué pasará. ¿Iremos todos a un lugar seguro del edificio? ¿Seguiremos una ruta de evacuación? Si sabemos qué podemos esperar, tal vez sintamos menos miedo.

Es verdad que nuestra escuela tiene un buen plan para el tiempo extremo. Sin embargo, eso no significa que es lo mejor que podemos hacer.

Los estudiantes tienen muchas buenas ideas para compartir. Con nuestra ayuda, la escuela podría ser un lugar más seguro. Solo necesitamos la oportunidad de ser escuchados.

Leer como escritor

¿Qué transiciones usó el escritor para conectar sus opiniones y razones? ¿En qué parte de tu texto puedes conectar las ideas con más claridad?

En mi trabajo final, usé transiciones para conectar mis opiniones y razones. También verifiqué si había usado los verbos auxiliares *estar* y *haber* correctamente.

LOUISE ERDRICH
LA CASA DE CORTEZA DE ABEDUL

Alimento para las cuatro estaciones

Vocabulario en contexto

✓ VOCABULARIO CLAVE

asombrar

valiente

mostrar

desterrar

razonar

envidia

perdonar

margen

abandonar

recto

Librito de vocabulario

Tarjetas de contexto

Conoce a los ojibwas

1 asombrar

Las personas se **asombraron** cuando vieron a los animales en su hábitat natural. Fue una visión sorprendente.

2 valiente

Este niño debe ser muy **valiente** para dejar que una serpiente le cuelgue de los hombros.

3 mostrar

Este león abrió la boca y **mostró** los colmillos. Todos pudieron verlos claramente.

4 desterrar

El líder de una manada de lobos debe **desterrar**, u obligar a marcharse, a un rival derrotado.

ESTÁNDARES COMUNES

L.5.6 acquire/use vocabulary, including academic and domain-specific

Aprende en línea

▶ Estudia cada Tarjeta de contexto.

▶ Usa un diccionario de sinónimos para encontrar un sinónimo de cada palabra del Vocabulario.

5 razonar

El científico razonó, o resolvió lógicamente, cómo ensamblar los huesos del fósil.

6 envidia

Las personas no dejan de tener envidia cuando observan la habilidad que tiene la foca para nadar.

7 perdonar

Este gato jugó con el ratón, no le hizo daño alguno y le va a perdonar la vida.

8 margen

A veces se pueden ver a los venados en los márgenes, o las afueras, de los bosques.

9 abandonar

Puede parecer que a este polluelo lo abandonaron, pero su madre debe estar cerca.

10 recto

Estos suricatos se mantienen rectos, o erguidos, para vigilar a los depredadores.

Leer y comprender

☑ DESTREZA CLAVE

Tema Todos los cuentos tienen un **tema**, o un mensaje, que los recorre. Las acciones y las respuestas del personaje principal ante los desafíos pueden ayudarte a reconocer el tema de un cuento. Mientras lees *La casa de corteza de abedul*, usa un organizador gráfico como este para anotar detalles sobre el personaje principal, Omakayas. Luego, pregúntate qué tema sugiere la evidencia del texto.

☑ ESTRATEGIA CLAVE

Inferir/Predecir Mientras lees *La casa de corteza de abedul*, usa evidencia del texto para descubrir lo que quiere decir la autora o lo que podría suceder más adelante en el cuento.

Inferir puede ayudarte a entender mejor los personajes de un cuento, **predecir** lo que podrían hacer y determinar la relación entre sus acciones y el tema.

RL.5.2 determine theme from details/summarize

666

Las tradiciones

Todas las culturas tienen tradiciones, o maneras especiales de hacer cosas que han pasado de generación en generación. La selección que estás a punto de leer presenta algunas tradiciones y enseñanzas de la cultura *ojibwe*.

Los ojibwe vivieron en las márgenes de los Grandes Lagos hasta que la expansión de Estados Unidos obligó a la mayoría a marcharse a mediados del siglo XIX. Vivían en casas con forma de cúpula llamadas *wigwams*, apoyadas sobre ramas y cubiertas de corteza de abedul. Durante la temporada de cultivo, los ojibwe vivían juntos en grupos grandes. Durante el invierno, abandonaban estas aldeas y se dirigían a campamentos de caza más pequeños. *La casa de corteza de abedul* se desarrolla al comienzo del verano, cuando una niña ojibwe que está recogiendo fresas se encuentra con dos oseznos.

TEXTO PRINCIPAL

LOUISE ERDRICH
LA CASA
DE CORTEZA
DE ABEDUL

☑ DESTREZA CLAVE

Tema Examina las acciones y los sentimientos de los personajes para reconocer el tema de la historia.

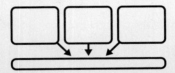

☑ GÉNERO

La **ficción histórica** es un relato ambientado en un momento y un lugar reales de la historia. Mientras lees, busca:

▶ personajes y sucesos realistas, y

▶ detalles que muestran que el cuento sucede en el pasado.

ESTÁNDARES COMUNES **RL.5.2** determine theme from details/summarize; **RL.5.7** analyze how visual and multimedia elements contribute to the meaning, tone, or beauty of a text; **RL.5.10** read and comprehend literature

 Aprende en línea

CONOCE A LA AUTORA
Louise Erdrich

Louise Erdrich es miembro de la tribu *Turtle Mountain* de indígenas *ojibwe*. Durante su niñez en Dakota del Norte, su padre solía recitar de memoria poemas a Louise y sus seis hermanos. Se inspiró para escribir *La casa de corteza de abedul* cuando estaba investigando con su madre acerca de su propia historia familiar.

CONOCE AL ILUSTRADOR
S.D. Nelson

Cuando S. D. Nelson era niño, su madre de ascendencia *lakota/ sioux* le narraba cuentos tradicionales donde aparecía el personaje de Coyote. En la actualidad, Nelson es cuentista. Es autor e ilustrador de muchos libros para niños y jóvenes, incluidos *Coyote Christmas (La Navidad de Coyote)*, *Gift Horse (Caballo de regalo)*, *Quiet Hero (Héroe silencioso)* y *The Star People (El pueblo de las estrellas)*, ganador del premio Estímulo para escritores del Oeste estadounidense *(Western Writers of America Spur Award)*.

La casa de corteza de abedul

por Louise Erdrich

selección ilustrada por S.D. Nelson

*Omakayas está regresando a casa después
de hacer un mandado. Lleva tijeras para su
madre y un trozo de dulce de arce para ella.
Tanto las tijeras como el dulce son objetos
raros y valiosos en su pueblo ojibwe, en 1847.
Ella no está ansiosa por regresar a casa, a la
tarea de curtir el cuero de un alce y a ver a su
hermana mayor, Angeline, quien se había reído
de ella aquel día por la mañana. Hirió sus
sentimientos, y ella solo quiere que Angeline
la respete.*

Antes de volver por el camino, Omakayas
enjuagó el viejo trozo de dulce en el lago. Salió del
agua maravilloso, dorado y cremoso, traslúcido
y con vetas oscuras. Y dulce. Ella comenzó a
caminar con su tesoro, ahora envuelto en una
hoja. Mientras caminaba, Omakayas pensaba.
No había forma de compartir ese tipo de dulce
tan duro. ¿Cómo lo dividiría? Omakayas decidió
que no quería causar problemas en casa. Además,
de repente le pareció sensato que al menos una
persona en la familia pudiera saborear por
completo el azúcar de arce. Se lo metería todo en la
boca. ¡Todo de una vez! Esto ahorraría problemas.
Ahhhh. El trozo era delicioso, sabía a dulce y a
la parte interior de los árboles. Además, mientras
caminaba satisfecha, Omakayas razonó que el
sabor del azúcar le ahorraría comer cada una de las
fresas que seguramente encontraría por el camino.

Los pies de Omakayas se movían más y más lentamente. En primer lugar, la esperaba el cuero de alce. Por otra parte, ella todavía estaba enojada con su hermana mayor, Angeline, y no quería verla. Todavía podía sentir el pie de su hermana presionando odiosamente su espalda. Si solo hubiera alguna manera de doblegar a Angeline, de provocarle envidia, de hacerla decir: "¿Me darías una de esas fresas, por favor, por favor, por favor?". Omakayas pensó, con una expresión arrogante y distante en su rostro: "¡Les aseguro que me tomaré mi tiempo para responder!". Aun así, lo peor de todo era que, a menudo, su hermana estaba de su parte, ayudándola a planear bromas para hacerles a otros niños del pueblo o recogiendo nuevos helechos o atrapando conejos, visitando las tumbas en busca de azúcar o comida dejada para los espíritus, o quitándose la ropa para nadar con ella. Y que su hermana mayor se riera de ella había herido tanto a Omakayas que ahora quería que Angeline, por un lado, se sorprendiera y se sintiera orgullosa, y por el otro, que la envidiara y que se sintiera muy mal, lamentando lo que le había hecho para siempre. Así que Omakayas regresaba lentamente buscando *odaemin*, o pequeñas fresas rojas, en los soleados márgenes del bosque.

Cuidadosamente se sacó el trozo duro de caramelo de la boca y lo puso de vuelta en su hoja, dentro del bolsillo de su vestido. Justo cuando el sabor del azúcar de arce comenzaba a desvanecerse en su lengua, se agachó, apartó unas hojas delicadas y encontró racimos de fresas rojas, pequeñas y carnosas. ¡Ah! Una, dos, tres. Había comido un enorme puñado. Sonrió pensando que dejaría que su hermana regresara con ella para recogerlas, pero solo si Angeline cambiaba su comportamiento.

De repente, un crujido y luego un golpe en un arbusto que se encontraba más adelante hicieron que Omakayas se paralizara. Pasó un largo rato mientras observaba a través de las hojas oscuras. De repente, ¡pum! Dos oseznos salieron del arbusto y corrieron confundidos, rodando directamente hacia ella. Venían con tal prisa que no vieron a Omakayas hasta que estuvieron casi sobre su regazo, y luego, con cómicas miradas de susto, intentaron detenerse. Uno cayó de bruces, se golpeó la nariz y chilló. El otro se retorció en el aire, aterrizó en el suelo y sacudió la cabeza, confundido al ver a Omakayas.

Los osos la miraron. Lentamente ella extendió la mano abierta, llena de fresas. Curiosos y valientes, los cachorros saltaron hacia delante, pero enseguida perdieron la valentía y retrocedieron rápidamente, arrastrándose hacia delante, con timidez. El cachorro más pequeño parecía un poco más atrevido y olió la mano de Omakayas.

Al fin tomó una fresa y luego se alejó de un salto, con aparente temor ante su propia audacia. Pero el sabor de la fresa pareció desterrar el miedo. Ahora los dos se lanzaron hacia ella, gruñendo y tratando de parecer feroces. Sus largas y rosadas lenguas lamieron cada fresa que tenía en sus manos, arrancándolas, ansiosos, de sus dedos, tan rápido como ella las iba recogiendo. Parecía que les agradaba el juego y podría haber continuado durante horas; pero Omakayas se enderezó. Y entonces, ellos retrocedieron alarmados. Sus colas regordetas los hicieron rodar como pelotas, y ella se rió fuertemente. Se dio cuenta de que ellos habían pensado que Omakayas era de su mismo tamaño. Se asombraron al igual que Omakayas se había sorprendido la primera vez que vio al vendedor Cadotte desplegar un cristal para ver, algo que él llamaba telescopio; un tubo largo, recto y brillante que crecía en sus manos.

Ella se agachó otra vez.

—*Ahneen*, pequeños hermanos —les dijo amablemente, y ellos se acercaron.

Miró alrededor buscando a la mamá osa, sin encontrarla. Omakayas sabía muy bien que ella no debía estar tan cerca de estos cachorros, pero, después de todo, los habían abandonado. Miró alrededor otra vez. ¡Eran huérfanos! Quizá la piel de la mamá osa cubriera ahora la cama del viejo Tallow, aunque ella no había oído sobre una reciente matanza. Pero, aun así, no había ninguna mamá osa a la vista. Y esos pequeños estaban hambrientos. ¡Su hermana mayor estaría encantada cuando Omakayas regresara con estos dos nuevos hermanos! Ansiosa, Omakayas comenzó a planear su caminata triunfal de regreso a la casa. Entraría en el claro con los cachorros, uno a sus talones y el otro delante de ella. Todos le abrirían camino, impactados. Ella guiaría a los osos alrededor de la fogata antes de presentarle uno de ellos a Angeline, quien la miraría de otra forma, con más respeto.

No tuvo ninguna advertencia: Omakayas estaba moviendo un palo con hojas sobre el suelo para que los cachorros saltaran sobre él mordiéndolo ferozmente, y al minuto siguiente se encontraba volcada sobre su espalda e inmovilizada bajo algo enorme, poderoso y pesado que emanaba un terrible hedor. Era una osa, la madre. Respiraba sobre ella con el aliento rancio de viejas pieles de ciervo descompuesto y coles fétidas y hongos muertos. ¡Puaj! Lo sorprendente era, Omakayas se dio cuenta más tarde, que pese a que no recordaba haberlo hecho, ella tenía las tijeras fuera de la caja y abiertas, los extremos afilados apuntando al corazón de la osa. Pero no las usó como cuchillo. Sabía con seguridad que *ella no debía moverse*. Si la osa comenzaba a morder o a arañar, ella tendría que clavar la punta de las tijeras directamente entre sus costillas, usar toda su fuerza, hundir todo el filo hasta la empuñadura redondeada y luego, si podía, liberarse de un salto, mientras la osa agonizaba. Si no podía hacerlo, Omakayas sabía que tendría que rodar como una bola y soportar la furia de la osa. Probablemente sería arañada de pies a cabeza y mordida hasta ser despedazada y esparcida por todo el suelo.

Hasta que la madre osa hiciera el primer movimiento, Omakayas sabía que ella debía quedarse lo más quieta posible, a pesar del latido aterrorizado de su corazón.

ANALIZAR EL TEXTO

Elementos visuales ¿Qué observas sobre las ilustraciones de este cuento? ¿Qué aportan las ilustraciones a la belleza del texto?

Durante un largo rato, la osa la examinó con todos sus sentidos, la observó con sus ojos débiles, escuchó y, sobre todo, la olió. La osa olía el guiso de carne de alce que Omakayas había comido por la mañana, el condimento de cebolla silvestre y el trozo un poco polvoriento de azúcar de arce del viejo Tallow, pegado en la parte interior de su bolsillo. Cómo deseaba que la osa no pudiera oler a los perros que matan osos o la garra de oso que colgaba de un gancho de plata del lóbulo de la oreja del viejo Tallow. Quizás sí oliera el toque amable del peine de hueso y madera de picea de la abuela y de mamá, el cuerpo acurrucado de su hermano bebé, las pieles y tapetes con los que dormía, y al pequeño Pinch, quien había sollozado y lloriqueado la noche anterior. La osa olfateó en la piel de Omakayas el olor de la grasa de su propio primo oso, utilizada para prevenirse contra los mosquitos, el pescado de la noche anterior y las fresas que había estado comiendo. La osa olió todo.

Omakayas no pudo evitar olerla también. Los osos comen cualquier cosa, y esta acababa de comer algo viejo y apestoso. ¡Puaj! Omakayas respiró levemente. Quizá por tratar de quitar de su mente el olor de cosas muertas que despedía el aliento de la osa, la niña accidentalmente cerró las tijeras y cortó así un trozo diminuto de la piel de la osa, y luego, para cubrir su horror ante el error, comenzó a hablar.

ANALIZAR EL TEXTO

Elección de palabras de la autora Los autores usan **detalles sensoriales** que hacen que los lectores sientan lo que ocurre en un cuento. ¿Qué detalles del encuentro con la osa te hacen sentir el temor de Omakayas?

—*Nokomis* —le dijo a la osa, llamándola abuela—. No te quise lastimar. Solo jugaba con tus niños. *Gaween onjidah*. Por favor, perdóname.

La osa le dio un coscorrón a Omakayas, pero a modo de advertencia, no salvajemente, no para lastimarla. Luego, la osa se reclinó hacia atrás haciendo movimientos con la nariz, como si pudiera oler el significado de las palabras humanas. Alentada, Omakayas continuó.

—Los alimenté con algunas fresas. Quería llevarlos a casa para adoptarlos y que vivieran conmigo como mis hermanos menores. Pero ahora que tú estás aquí, Abuela, me iré tranquilamente. Estas tijeras que tengo en mis manos no son para matar, solo para coser. No son nada en comparación con tus dientes y garras.

Y, por cierto, la voz de Omakayas tembló levemente cuando la osa hizo un sonido de gorjeo profundo en su garganta y mostró sus largos, curvos y amarillentos dientes, tan buenos para arrancar y desgarrar. Pero después de haber olido todo y buscado información en los olores, la osa pareció haber decidido que Omakayas no era una amenaza y se sentó sobre sus ancas, como un enorme perro. Girando su cabeza, le dio una corta y rápida bofetada a uno de los cachorros que lo hizo tambalearse y alejarse de Omakayas. Fue como si les estuviera diciendo que habían hecho mal en acercarse a este animal humano y que ahora debían mantenerse lejos de ella. El corazón de Omakayas se retorció dolorosamente. Aunque era claro que le iban a perdonar la vida, ella sintió la pérdida de sus nuevos hermanos.

ANALIZAR EL TEXTO

Tema ¿Cómo reacciona Omakayas durante el encuentro con la mamá osa? ¿Cómo se relacionan sus reacciones con el tema del cuento?

—Yo nunca los lastimaría —dijo ella otra vez.

Los pequeños cachorros se amontonaron contra su mamá y se aferraron a ella. Durante un largo rato, la gran osa se sentó tranquilamente con ellos, decidiendo a dónde ir. Luego, sin prisa, se levantaron como un trozo único de piel oscura. Un oso se desprendió, queriendo acercarse a Omakayas. El otro la miró con nostalgia, pero la gran mamá osa les indicó abruptamente el camino con su hocico.

Ahora analiza

Cómo analizar el texto

Usa estas páginas para aprender acerca de Tema, Elección de palabras de la autora y Elementos visuales. Luego, vuelve a leer *La casa de corteza de abedul* para aplicar lo que has aprendido.

Tema

En *La casa de corteza de abedul*, Omakayas reacciona rápidamente cuando se encuentra con los osos. La manera en que un personaje principal responde a los desafíos o los conflictos puede ayudarte a determinar el tema. El **tema** es el mensaje o la idea central del cuento.

Los autores pueden comunicar las características de un personaje directamente. A menudo, sin embargo, el lector debe hacer inferencias sobre las cualidades del personaje basándose en las descripciones de su apariencia, sus pensamientos y sus acciones. Estas pistas te ayudan a identificar y entender el tema del cuento.

Vuelve a leer la página 671 de *La casa de corteza de abedul*. ¿Cómo reacciona Omakayas cuando su hermana hiere sus sentimientos? Piensa en cómo se relaciona su reacción, y lo que hace como consecuencia de ella, con el tema del cuento.

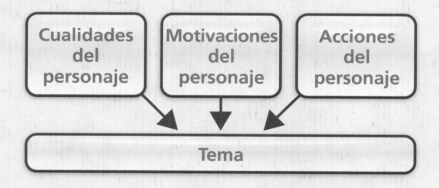

RL.5.2 determine theme from details/summarize; **RL.5.7** analyze how visual and multimedia elements contribute to the meaning, tone, or beauty of a text; **RL.5.10** read and comprehend literature

Elección de palabras de la autora

Los autores eligen las palabras con cuidado para ayudar a sus lectores a entender lo que sucede en un cuento. Vuelve a leer la primera oración de la página 678. Es fácil imaginar por qué le tiembla la voz a Omakayas cuando la mamá osa hace "un sonido de gorjeo profundo en su garganta" y abre su boca para mostrar sus "largos, curvos y amarillentos dientes". La **elección de palabras** de la autora brinda una impresión clara de lo que Omakayas escucha y ve.

Elementos visuales

Al analizar un texto, es importante tener en cuenta cómo afectan tu entendimiento los **elementos visuales**. Entre los elementos visuales están las fotos, gráficas e ilustraciones. *La casa de corteza de abedul* incluye ilustraciones que muestran a Omakayas interactuando con su entorno natural y resaltan el poder de la naturaleza. Piensa en lo que aportan estas ilustraciones a la belleza del texto.

Es tu turno

mi
Escritura genial

Turnarse y comentar Repasa la selección con un compañero y prepárate para comentar esta pregunta: *¿Cómo pueden influir las tradiciones en los pensamientos y sentimientos de una persona?* Mientras comentas la pregunta, túrnate con tu compañero para repasar las ideas principales y explicarlas con mayor detalle.

Comentar en la clase

Para continuar comentando *La casa de corteza de abedul*, usa evidencia del texto para responder a estas preguntas:

1. ¿Cómo reacciona Omakayas cuando su hermana hiere sus sentimientos?

2. ¿Cómo se relacionan los sentimientos de Omakayas hacia su hermana con su experiencia con los osos?

3. ¿Qué detalles del cuento muestran el conocimiento que Omakayas tiene de su entorno?

HABLAR SOBRE EL TEMA

Hacer una lista y comentar Omakayas forma un lazo especial con los oseznos. Comparte sus fresas con ellos y se imagina llevándoselos a su casa. ¿Qué muestra su interacción con los osos sobre ella? ¿Cómo se relaciona eso con el tema del cuento? Comenta estas preguntas con un compañero y trabajen juntos para hacer una lista con evidencia del texto que apoye sus respuestas.

ESCRIBE SOBRE LO QUE LEÍSTE

Respuesta ¿Qué pistas sobre el carácter de Omakayas brindan las descripciones sobre sus pensamientos y sus acciones? Escribe un párrafo en el que describas la caracterización de Omakayas que hace la autora. Incluye evidencia del texto, como citas y detalles, que te ayuden a hacer inferencias sobre las características de Omakayas, como su valor o su respeto por la naturaleza.

Sugerencia para la escritura

Asegúrate de citar evidencia específica del texto para desarrollar tus ideas y apoyar tu análisis. Vuelve a revisar las citas o paráfrasis para asegurarte de ser exacto.

ESTÁNDARES COMUNES **RL.5.1** quote accurately when explaining what the text says explicitly and when drawing inferences; **RL.5.2** determine theme from details/summarize; **W.5.2b** develop the topic with facts, definitions, details, quotations, or other information and examples; **W.5.9a** apply grade 5 Reading standards to literature; **W.5.10** write routinely over extended time frames and shorter time frames; **SL.5.1a** come to discussions prepared/explicitly draw on preparation and other information about the topic; **SL.5.1c** pose and respond to questions, make comments that contribute to the discussion, and elaborate on others' remarks

TEXTO INFORMATIVO

☑ GÉNERO

Un **texto informativo**, como este ensayo fotográfico, proporciona datos y ejemplos sobre un tema.

☑ ENFOQUE EN EL TEXTO

Información sobre un proceso
Un texto puede incluir información sobre un proceso, como una receta para preparar algo de comer o de beber.

RI.5.10 read and comprehend informational texts

Alimento para las cuatro estaciones

por Joyce Mallery

Piensa en cómo sería tu vida si tuvieras que cultivar y conseguir todo lo que comes. Esto es exactamente lo que hizo el pueblo ojibwe durante siglos.

Entre 1817 y 1854, la mayoría de los ojibwe fueron obligados a trasladarse a las reservas. Antes de eso, vivían en un área que se extendía desde las costas de los Grandes Lagos hasta las llanuras de Dakota del Norte. Los ojibwe que vivían en las márgenes de los Grandes Lagos recolectaban arroz silvestre, preparaban jarabe de arce y cazaban animales para comer. Sin embargo, las estaciones del año determinaban qué cazaban y qué recolectaban.

Primavera Los ojibwe recolectaban raíces y comían plantas como puerros y helechos. A finales de la primavera, comenzaban a resinar los arces. La savia se hervía para obtener azúcar, jarabe y caramelo.

Verano Los ojibwe recolectaban bayas y cultivaban hortalizas, como calabazas y frijoles. Las mujeres y las niñas comenzaban a almacenar alimentos para el invierno. Razonaban que necesitarían comida adicional en los fríos meses venideros.

Otoño Los ojibwe cosechaban el arroz silvestre de los lagos cercanos. Normalmente, los hombres guiaban una canoa a través de los juncos que se alzaban rectos sobre la superficie del agua. Entonces, las mujeres tumbaban los granos de arroz de las plantas en la canoa.

Una mujer ojibwe recolecta resina de arce de un árbol con un tubo de extracción.

Una mujer ojibwe usa un palo largo para doblar las plantas de arroz y otro para tumbar los granos dentro de la canoa.

Preparar el desayuno de arroz silvestre de los ojibwe

Esta receta combina numerosos ingredientes tradicionales de los ojibwe. Te asombrará el delicioso sabor de este desayuno dulce con gusto a nueces.

Ingredientes:

Arroz silvestre
Pasas, arándanos o frambuesas
Jarabe de arce
Leche (opcional)

Preparación:

Pide a un adulto que cocine el arroz.
Agrega las frutas y el jarabe de arce al arroz.
Agrega leche si lo deseas.
NOTA: Si quieres comer el plato frío, prepara el arroz la noche anterior.

Asegúrate de preparar suficiente cantidad para todos. Si alguien se queda sin desayuno, seguramente sentirá envidia cuando te vea comiendo este delicioso manjar.

Invierno Los campamentos de verano se abandonaban en invierno para ir a los lugares de caza nuevos. Imagina el valor que los hombres debían tener para cazar ciervos y alces solo con un arco y unas flechas. Un cazador debía desterrar sus miedos si un lobo decidía mostrar sus dientes y lo atacaba. El animal no le perdonaría la vida.

No se desechaba casi ninguna parte del animal. Las mujeres secaban la carne, fabricaban ropa con los cueros y hacían herramientas con los huesos.

Se utilizaban todas las partes de un animal que había sido cazado para obtener alimento. Aquí, una mujer ojibwe limpia un cuero, preparándolo para luego convertirlo en una prenda de vestir.

Comparar
el texto

Comentar temas similares *La casa de corteza de abedul* y *El corcel negro* (de la Lección 20) expresan ideas relacionadas con comportamientos e instintos animales. En un grupo pequeño, compara y contrasta con tus compañeros las experiencias de Omakayas y Alec con animales salvajes. Luego, comparen y contrasten los temas de los cuentos. Usen citas, detalles y evidencia de ambos textos para apoyar sus ideas. Hagan preguntas y respóndanlas para aclarar las ideas de todos.

EL TEXTO Y TÚ

Imaginar el pasado Si vivieras en una aldea ojibwe del siglo XIX, ¿qué comodidades modernas extrañarías más? ¿Qué aspectos de la vida de esa época te atraerían? Explica tus ideas en un ensayo breve.

EL TEXTO Y EL MUNDO

Expresar el mensaje El ensayo fotográfico *Alimento para las cuatro estaciones* da datos y ejemplos sobre cómo era la vida para los ojibwe, que cultivaban o recolectaban sus alimentos. Imagina una película documental sobre el mismo tema. Compara las diferentes maneras en que el ensayo y la película usarían las palabras, las representaciones gráficas, las imágenes y los sonidos para transmitir el mensaje. ¿Qué harías para expresar el mensaje del texto sobre la cultura ojibwe en una película?

Aprende en línea

ESTÁNDARES COMUNES **RL.5.1** quote accurately when explaining what the text says explicitly and when drawing inferences; **RL.5.2** determine theme from details/ summarize; **RL.5.9** compare and contrast stories in the same genre on their approaches to themes and topics; **W.5.1a** introduce a topic, state an opinion, and create an organizational structure; **W.5.1d** provide a concluding statement or section; **SL.5.1c** pose and respond to questions, make comments that contribute to the discussion, and elaborate on others' remarks

Gramática

Aprende en línea

¿Qué son los tiempos compuestos? Ya has aprendido los tiempos verbales simples: pasado, presente y futuro. Hay otro grupo de tiempos verbales llamados **tiempos compuestos.** En estos tiempos verbales, todos los verbos incluyen la forma conjugada del verbo auxiliar *haber*, seguida del participio pasado del verbo principal, que termina en *–ado* o *–ido. Haber* es un verbo irregular. Sus terminaciones cambian de manera especial, según la persona que realiza la acción y el tiempo en que se realiza la acción.

Oración	Tiempo verbal
Dos osos se han revolcado en el campo de fresas.	pretérito perfecto compuesto
Omakayas había recogido algunas fresas unos minutos antes.	pretérito pluscuamperfecto
Pronto la mamá osa habrá encontrado a sus oseznos.	futuro perfecto

Inténtalo **Copia estas oraciones en una hoja aparte. Encierra en un círculo el verbo de cada oración. Luego, rotúlalo como pretérito perfecto simple, pretérito pluscuamperfecto o futuro perfecto.**

1. Ahora la mamá osa ha capturado a Omakayas.

2. Una osa enorme y olorosa ha sorprendido a Omakayas.

3. Aparentemente la osa había comido algo con muy mal olor.

4. De algún modo, Omakayas ha logrado mantener la calma.

5. En unos minutos, la mamá osa y los oseznos habrán abandonado la zona.

Ya sabes que el participio de los verbos regulares termina en *–ado* o *–ido*. El participio de los verbos irregulares tiene diferentes terminaciones. Cuando escribas oraciones con tiempos compuestos, asegúrate de usar la forma correcta del verbo *haber* seguida del participio pasado del verbo principal.

Incorrecto	Correcto
Un osezno ha veído algunas fresas.	Un osezno ha visto algunas fresas.
Omakayas las había ponido cerca del cachorro.	Omakayas las había puesto cerca del cachorro.
Para esta noche, Omakayas habrá contará la historia muchas veces.	Para esta noche, Omakayas habrá contado la historia muchas veces.

 Relacionar la gramática con la escritura

Mientras revisas tu respuesta a la literatura, corrige los errores en el uso de los tiempos verbales compuestos que encuentres. Formar y usar correctamente los tiempos compuestos te ayudará a que tu escritura sea más clara.

ESTÁNDARES COMUNES

W.5.1a introduce a topic, state an opinion, and create an organizational structure; **W.5.1b** provide logically ordered reasons supported by facts and details; **W.5.1c** link opinion and reasons using words, phrases, and clauses; **W.5.1d** provide a concluding statement or section; **W.5.10** write routinely over extended time frames and shorter time frames

Escritura de opinión

☑ Organización Escribir una **respuesta a la literatura** te permite compartir tu opinión sobre un personaje de un cuento. Es importante incluir las razones de esa opinión y datos y detalles que la apoyen. Decide qué razón incluirás en primer lugar, cuál en segundo lugar y cuál en tercero. El orden debe ser lógico para que tu público pueda seguirlo con facilidad.

Carleasa escribió una respuesta a la literatura para compartir su opinión sobre Omakayas, de *La casa de corteza de abedul*. Cuando revisó su borrador, se aseguró de que sus ideas siguieran un orden lógico y de que estuvieran conectadas con palabras de transición cuando fuera necesario.

Lista de control de la escritura

☑ Ideas
¿Expresé las características, los sentimientos o las motivaciones de un personaje?

☑ Organización
¿Coloqué mis razones en un orden lógico?

☑ Fluidez de las oraciones
¿Varié la estructura de mis oraciones?

☑ Elección de palabras
¿Usé palabras de transición para conectar las razones y los argumentos que las apoyan?

☑ Voz
¿Expresé una opinión clara sobre un personaje?

☑ Convenciones
¿Usé las reglas de ortografía, gramática y puntuación correctas?

Borrador revisado

La casa de corteza de abedul es un cuento

sobre una niña llamada Omakayas. Omakayas es

un personaje con el que puedo relacionarme y al

~~que puedo admirar.~~ porque es inteligente y valiente Ella debe usar sus instintos

y su juicio para sobrevivir cuando una mamá osa

muy protectora la encuentra jugando con sus

dos oseznos.

690

Omakayas

por Carleasa Dutton

La casa de corteza de abedul es un cuento sobre una niña llamada Omakayas. Ella debe usar sus instintos y su juicio para sobrevivir cuando una mamá osa muy protectora la encuentra jugando con sus dos oseznos. Omakayas es un personaje con el que puedo relacionarme y al que puedo admirar porque es inteligente y valiente.

Al igual que Omakayas, yo tengo una hermana mayor con la que suelo discutir y a la que quiero impresionar. Cuando Omakayas encuentra a los oseznos, se imagina llevándoselos a su casa y presumiendo frente a su hermana mayor. Probablemente, yo podría haber pensado en eso si hubiera estado en su posición.

Omakayas cree que los oseznos son huérfanos, pero pronto aparece su madre. Omakayas no deja que el temor la domine. La mamá osa la aprieta contra el piso, pero ella se mantiene tranquila y logra escapar. La mayoría de las personas gritarían aterradas. Admiro el valor de Omakayas.

Me gustan los cuentos que tienen personajes con los que puedo relacionarme. En el caso de Omakayas, también admiro la manera en la que resuelve una situación peligrosa. Aunque ella es de otro lugar y de otra época, disfrutaría ser su amiga.

Leer como escritor

Carleasa se aseguró de que las razones que usó para apoyar sus opiniones estuvieran organizadas de una manera lógica. ¿Hay razones o ideas de tu escritura cuyo orden debas cambiar?

En mi trabajo final, usé palabras de transición para conectar las ideas. También me aseguré de haber usado correctamente los verbos en tiempos compuestos.

Lección 23

Vocabulario en contexto

VOCABULARIO CLAVE

gobernar
extenderse
expansión
hostil
reconocer
florecer
residente
prosperar
conocer
decadencia

Librito de vocabulario

Tarjetas de contexto

ESTÁNDARES COMUNES

L.5.4c consult reference materials, both print and digital, to determine or clarify meaning

692

---

1 gobernar

En el pasado, las manadas de ganado gobernaban las llanuras. Solían ser un espectáculo grandioso.

2 extenderse

Esta vaquera usa chaparreras que se extienden, o van, desde las caderas hasta los tobillos.

3 expansión

Este vaquero anda a caballo por la vasta expansión de la sierra.

4 hostil

Un granjero que es hostil, o poco amistoso, con los rancheros, puede usar vallas para no dejar pasar ganado.

Aprende en línea

▶ Estudia cada Tarjeta de contexto.

▶ Usa un diccionario para verificar el significado de cada palabra del Vocabulario.

5 reconocer

Este jinete de rodeo reconoció el apoyo de sus simpatizantes y les sonrió.

6 florecer

El ganado se arreaba hasta los pueblos cercanos a las vías del tren. Estos pueblos florecieron y se hicieron ricos.

7 residente

Cuando los vaqueros no viajaban con el ganado eran residentes de los ranchos y dormían allí.

8 prosperar

Un vaquero que prosperó, o tuvo éxito, puede comprar botas elegantes y un sombrero.

9 conocer

Cuando arrean juntos el ganado, los vaqueros se llegan a conocer bien.

10 decadencia

En muchos lugares, el arreo de ganado está en decadencia y ya no hay tantos vaqueros.

Leer y comprender

Aprende en línea

DESTREZA CLAVE

Características del texto y de los elementos gráficos
En *Vaqueros: Los primeros cowboys*, verás encabezamientos, pies de fotos y **otras características del texto** que usa el autor para organizar la información. También verás **características de los elementos gráficos,** como mapas y fotografías, que destacan y muestran la relación entre ideas importantes. Usa un organizador gráfico como el siguiente para anotar información sobre las características del texto y de los elementos gráficos de la selección.

Característica del texto o del elemento gráfico	Ubicación y propósito

✓ ESTRATEGIA CLAVE

Resumir Cuando **resumes**, usas tus propias palabras para hablar sobre las ideas principales y los detalles de un texto. Mientras lees la selección, haz pausas de vez en cuando para resumir los puntos clave. Resumir mejorará tu comprensión y te ayudará a recordar lo que lees.

ESTÁNDARES COMUNES

RI.5.2 determine two or more main ideas and explain how they are supported by details/summarize; **RI.5.3** explain the relationships between individuals/events/ideas/concepts in a text

694

UN VISTAZO AL TEMA PRINCIPAL
El Oeste

California, Texas y otras regiones del oeste de Estados Unidos estuvieron alguna vez bajo el dominio de España. Como resultado, muchos términos asociados con los vaqueros provienen del idioma español. Sin embargo, para principios del siglo XIX, el dominio de los españoles sobre la región empezó a decaer. México se independizó de España en 1821. Más adelante, Texas, California, Arizona y otros estados se independizaron de México y se unieron a Estados Unidos.

Las inmensas extensiones de territorio en el Oeste eran ideales para la cría de ganado. *Vaqueros: Los primeros cowboys* explica el papel fundamental que tuvieron los vaqueros en administrar los ranchos ganaderos.

Lección 23

TEXTO PRINCIPAL

☑ DESTREZA CLAVE

Características del texto y de los elementos gráficos Usa estas características para comprender mejor las ideas y la información de la selección.

☑ GÉNERO

Un **texto informativo** presenta hechos y detalles sobre un tema principal. Mientras lees, busca:

▶ características del texto, como los encabezamientos, que organizan la información y ayudan a explicar el tema principal,

▶ fotografías y pies de fotos, y

▶ palabras de vocabulario específico de un campo que te ayuden a entender mejor el tema principal.

ESTÁNDARES COMUNES **RI.5.2** determine two or more main ideas and explain how they are supported by details/summarize; **RI.5.10** read and comprehend informational texts; **L.5.5b** recognize and explain the meaning of idioms, adages, and proverbs

Aprende en línea

CONOCE AL AUTOR Y FOTÓGRAFO

George Ancona

George Ancona creció en Coney Island, Nueva York, donde su padre practicaba la fotografía como pasatiempo. Ancona dice que "como fotógrafo, puedo participar en la vida de otras personas... para crear algo que puede compartirse y que tiene vida propia". Ha creado libros sobre caballos y helicópteros, vaqueros y carnavales, trabajadores inmigrantes y murales. El libro *Charro*, de Ancona, relata la fascinante cultura de los jinetes mexicanos y su actividad de rodeo, conocida como la *charrería*.

VAQUEROS

Los primeros cowboys

por George Ancona

PREGUNTA ESENCIAL

¿Qué tipos de lecciones aprendieron las personas que vivían en el Viejo Oeste?

697

Imagina esto: hace quinientos años, no había ni vacas ni caballos, ni en América del Norte ni en América del Sur. Miles de años antes, sí habían existido caballos, pero desaparecieron. Como no había vacas, no había cowboys, o vaqueros. Por supuesto, hoy sí hay vaqueros, y todo gracias a Cristóbal Colón.

Los viajes

Después de su viaje al continente americano en 1492, Cristóbal Colón regresó a España. Les habló al rey y a la reina de España sobre las riquezas que podían encontrar en el paraíso que había descubierto. Describió a los nativos que vivían allí. La pareja real dio su aprobación para más viajes, pues necesitaban oro para ayudar a pagar su imperio en crecimiento.

Al año siguiente, Colón regresó a las Antillas. Llevó diecisiete barcos cargados con más de mil colonos, caballos y ganado. Los barcos anclaron en una isla a la que llamaron La Española. Hoy, a la isla la comparten Haití y la República Dominicana.

Durante los siguientes veinticinco años, los barcos españoles entraban y salían de La Española, mientras los españoles exploraban y conquistaban las islas cercanas. Los isleños nativos fueron esclavizados y miles murieron de viruela, una enfermedad terrible para la que no tenían defensas. Los isleños iban desapareciendo y fueron reemplazados por los colonos y sus animales.

Desembarco de Cristóbal Colón en la isla de La Española, 1493

Hernán Cortés llevó caballos otra vez a la América del Norte continental.

En 1503, Hernán Cortés, un aventurero español, llegó a las Antillas y pasó varios años ayudando a conquistar Cuba. Luego, en 1518, Cortés zarpó con una flota de seis barcos para explorar la costa cercana hacia el oeste. A bordo había quinientos hombres y dieciséis caballos suficientemente fuertes como para cargar a un hombre con armadura completa.

Los barcos anclaron cerca de lo que hoy es el puerto de Veracruz, México. Los totonacas, que vivían allí, le dieron la bienvenida a Cortés. Ofrecieron ayudarlo a conquistar al hostil Imperio azteca que los había gobernado durante tanto tiempo. Cortés lo logró en dos años. Reclamó todas las tierras en nombre del rey de España. Llamó al territorio Nueva España.

No pasó mucho tiempo antes de que los conquistadores españoles trajeran más ganado a las colonias. A los animales se les permitió pastar en pastizales abiertos. Muchos se alejaron de los poblados y así se formaron grandes manadas de caballos y ganado salvajes.

La colonia en crecimiento

El rey español recompensó a Cortés y a sus soldados regalándoles tierras. Ellos construyeron haciendas en toda Nueva España y prosperaron.

Unos misioneros católicos acompañaron a los soldados y colonos. Habían venido a convertir a los pueblos nativos. Fueron hacia el norte y levantaron misiones e iglesias a lo largo de la costa de California. De esa forma, se extendieron las tierras de Nueva España.

En 1540, Francisco Vázquez de Coronado organizó una expedición a los territorios del norte, en busca de las legendarias ciudades de oro de Cíbola. Junto con los hombres y las provisiones, trajo quinientas reses de ganado de cuernos largos (*Longhorn*) para contar con provisiones de carne y cuero.

Revisa el mapa. ¿Qué fuentes de agua corren a través de la zona conocida como Nueva España?

Uno de los primeros vaqueros enlaza a un novillo.

La expedición nunca encontró la ciudad de oro. Sin embargo, sí introdujo el primer ganado de cuernos largos en lo que hoy es el Suroeste de Estados Unidos. A partir de esas primeras quinientas reses, diez millones de cuernos largos se habían esparcido por las llanuras de Texas para el siglo XIX.

Los soldados y los sacerdotes de Nueva España ya habían conocido la cría de ganado en España. Muchos de ellos eran jinetes expertos. De todas maneras, necesitaban ayuda para reunir el ganado en sus grandes expansiones de tierras.

En esa época, las leyes prohibían que cualquier nativo montara a caballo, pero los rancheros y los sacerdotes necesitaban ayuda. Enseñaron a los nativos que se habían convertido al cristianismo a montar a caballo y a usar el lazo, una cuerda con un nudo corredizo. A esos hombres que trabajaban con caballos y ganado se los llamó *vaqueros*, u "hombres de las vacas". Con los vaqueros, una nueva cultura echó raíces en el Oeste. Y sigue existiendo.

Coronado introdujo el ganado de cuernos largos.

> ## ANALIZAR EL TEXTO
>
> **Ideas principales y detalles** Resume las secciones "Los viajes" y "La colonia en crecimiento", en las páginas 698 a 701. ¿Cuál es la idea principal de cada sección? ¿Qué detalles usa el autor para apoyar esas ideas principales?

701

Una manada de potros mesteños

Una forma de vida

La tarea del vaquero era vigilar el ganado que estaba en el campo y reunirlo. Se necesitaban muchos vaqueros para reunir a una manada para poder trasladarla hasta la hacienda. Esta actividad de reunir el ganado se llama *rodeo*, palabra que viene del verbo *rodear*. Significa "ir alrededor".

También se necesitaba a los vaqueros para capturar a los caballos salvajes, cuya cantidad florecía en las praderas y los valles de las grandes haciendas. Los vaqueros llamaban *mesteños* a estos caballos, palabra que se traduciría al inglés como *mustangs*.

Los vaqueros pasaban la mayor parte de su vida a caballo, cabalgando mucho, en todo tipo de clima. De noche, se sentaban alrededor del fuego, donde preparaban la comida. Contaban historias y cantaban canciones sobre su vida. Luego, se envolvían en su poncho para dormir. Desde California hasta Texas, desde hace mucho tiempo, a los vaqueros nativos se los reconoce como los mejores jinetes del mundo.

Uno de los primeros vaqueros, con su lazo

El trabajo

Un vaquero tenía que hacer frente a un paisaje accidentado y a un clima adverso. Necesitaba las herramientas adecuadas para hacer su trabajo.

Los vaqueros usaban sombreros (palabra que viene de *sombra*) de ala ancha. El sombrero protegía a los vaqueros del sol abrasador.

Un vaquero también usaba chaparreras. Eran una especie de mallas de cuero que se usaban sobre los pantalones. Protegían al vaquero de los cactos, de los matorrales y de las quemaduras producidas por la soga.

Los caballos eran propiedad del dueño de la hacienda. Sin embargo, el vaquero era el dueño de la montura, o silla de montar, que le ponía al caballo. La montura tenía que ser cómoda tanto para el caballo como para el jinete. Los pies del vaquero se metían en dos estribos de madera que colgaban de la montura.

La herramienta más confiable del vaquero era su lazo. A menudo, un vaquero tenía que galopar para perseguir a un novillo que se escapaba. Lanzaba el aro del lazo alrededor de los cuernos, el cuello o una pata del novillo. Entonces, ataba la soga alrededor del pomo de la montura y detenía al caballo. Con eso, se sujetaba al novillo o se lo derribaba.

Una vez reunidas las manadas, las reses se calmaban y empezaban a pastar. Los vaqueros a caballo separaban a los terneros de sus madres para ponerles la marca de la hacienda.

Una montura moderna

El vaquero se vuelve leyenda

En 1821, México ganó la guerra para independizarse de España. Toda Nueva España se convirtió en la nación independiente de México. Sin embargo, los territorios que estaban en el norte de México eran difíciles de gobernar. Muchos inmigrantes estadounidenses entraron en el territorio que, un día, se transformaría en Texas. Pronto hubo en Texas una gran población de estadounidenses. De hecho, superaban en número a los residentes mexicanos que habían vivido allí durante generaciones.

Con los estadounidenses, vinieron cambios en la cultura del vaquero. Hasta la palabra cambió: cuando los estadounidenses trataban de pronunciar "vaqueros", decían *buquera*. Más tarde, la palabra se transformó en *buckaroo*. No fue sino hasta después de 1860 que a los hombres que trabajaban con el ganado se los llamó *cowboys*.

Los *cowboys* continuaron con la cultura del vaquero.

En 1836, Texas se declaró independiente de México. Nueve años más tarde, se unió a Estados Unidos. Luego, en 1847, México perdió una guerra con EE. UU. Como resultado, perdió sus territorios del norte. Estos se convertirían en los estados de California, Nevada, Utah y partes de Arizona, Nuevo México, Colorado y Wyoming.

Cuando terminó la Guerra Civil, a los vaqueros se les unieron esclavos liberados y jóvenes venidos del este. Los recién llegados querían una vida nueva en los amplios espacios abiertos. Tuvieron que aprender lo que los vaqueros habían estado haciendo durante siglos.

Las grandes haciendas necesitaban muchos hombres para ocuparse de las enormes manadas de ganado que estaban en las grandes praderas. El arreo del ganado tomaba semanas para ir desde las haciendas hasta los ferrocarriles. Desde allí, el ganado viajaba a los mercados en las ciudades del este y del oeste.

La invención del alambre de púas hizo posible la construcción de cercas para mantener al ganado en los terrenos para pastar. Ya no era necesario el vaquero para recorrer los amplios espacios abiertos. Los grandes arreos de ganado se volvieron innecesarios. Así entró en decadencia el trabajo del vaquero.

Sin embargo, las tradiciones del vaquero no desaparecieron de la imaginación estadounidense. Al final del siglo, el *cowboy* se convirtió en el héroe del Oeste. Los libros, las historias de revistas y las primeras películas presentaron las valientes hazañas del *cowboy* estadounidense.

Las películas de *cowboys* fueron de las primeras películas que se hicieron.

ANALIZAR EL TEXTO

Características del texto y de los elementos gráficos Identifica las fotos, las ilustraciones, el mapa, los pies de fotos y los encabezamientos que usa el autor en las páginas 698 a 705. ¿Qué te ayudan estas características a comprender sobre los vaqueros?

Un caballo se levanta
en dos patas y arroja
a su jinete en un rodeo.

Celebrar las tradiciones

Hoy, el arte y la destreza del vaquero pueden verse en dos países: aparecen en las charrerías de México y en los rodeos de Estados Unidos. Tanto los vaqueros como los *cowboys* se enorgullecen de sus destrezas. Ellos mantienen vivas las tradiciones y las culturas de su pasado.

El 14 de septiembre, los mexicanos celebran el Día del Charro. Es un día festivo, con desfiles, oficios religiosos, música y charrerías. La charrería es un rodeo en el que los vaqueros pueden mostrar sus destrezas. Se realizan con charros y charras, que son jinetes y jinetas. Los hombres visten sus elegantes trajes con botones de plata y grandes sombreros; las mujeres usan su tradicional vestido de china poblana.

Muchos de los eventos que se hacen en los rodeos y en las charrerías son similares. Por ejemplo, en ambos puede haber jinetes que monten un toro o caballo sin domar hasta ser arrojados. Pero, al igual que los primeros vaqueros, los jinetes están bien preparados. Hay un dicho antiguo de los corrales que dice: "Caballo que no se pueda montar no ha habido, ni tampoco vaquero que no se haya caído".

Tal vez no es un dicho conocido, pero la idea es bien de *cowboys*.

ANALIZAR EL TEXTO

Adagios El autor utiliza un **adagio,** o dicho tradicional, en el tercer párrafo de esta página. ¿Por qué crees que él elige terminar la selección de esta manera? ¿Qué crees que quiere decir con "la idea es bien de *cowboys*"?

Ahora analiza

Cómo analizar el texto

Usa estas páginas para aprender acerca de Características del texto y de los elementos gráficos, Ideas principales y detalles, y Adagios. Luego, vuelve a leer *Vaqueros* para aplicar lo que has aprendido.

Características del texto y de los elementos gráficos

Los textos informativos, como *Vaqueros: Los primeros cowboys*, suelen incluir características del texto y de los elementos gráficos. Las **características del texto**, como los títulos y los encabezamientos, ayudan a organizar un texto. También permiten a los lectores hallar información importante de manera más sencilla. Las **características de los elementos gráficos** incluyen fotografías e ilustraciones, como los mapas o las tablas. Esas características apoyan o explican ideas complejas del texto. Echar un breve vistazo a las características del texto y de los elementos gráficos antes de comenzar a leer te ayudará a entender sobre qué tratará una selección.

Vuelve a leer la página 698. El texto en cursiva al comienzo de la página establece una conexión entre Cristóbal Colón y los vaqueros. Esa nota ayuda a los lectores a ver de qué manera se relacionan los sucesos y las ideas de las primeras secciones del texto con los sucesos y las ideas que vienen después.

Característica del texto o del elemento gráfico	Ubicación y propósito

RI.5.2 determine two or more main ideas and explain how they are supported by details; summarize; **RI.5.3** explain the relationships between individuals/events/ideas/concepts in a text; **RI.5.10** read and comprehend informational texts; **L.5.5b** recognize and explain the meaning of idioms, adages, and proverbs

Ideas principales y detalles

En los textos informativos, como *Vaqueros: Los primeros cowboys*, se desarrollan varias **ideas principales,** que se relacionan con la idea principal global de la selección. Para identificar una idea principal, piensa en cuál es el punto que apoyan los **detalles** del párrafo o de la sección. Por ejemplo, en las páginas 702 y 703, los hechos y las descripciones apoyan la idea de que los vaqueros cumplieron un papel fundamental en el éxito de las grandes haciendas ganaderas.

Adagios

"Lo bueno viene en frasco pequeño" y "No juzgues un libro por su portada" son **adagios** que advierten a las personas que no deben subestimar algo o a alguien debido a su apariencia externa. Los adagios son dichos conocidos que transmiten consejos fáciles de entender. Los autores pueden incluir adagios en textos de no ficción para despertar el interés de los lectores y mostrarles qué pueden aprender acerca de la información presentada.

"Si al principio no tienes éxito, inténtalo una y otra vez".

Es tu turno

REPASAR LA PREGUNTA ESENCIAL

Turnarse y comentar

Repasa la selección y prepárate para comentar esta pregunta: *¿Qué tipos de lecciones aprendieron las personas que vivían en el Viejo Oeste?* Después de comentar la pregunta con un compañero, resume los puntos clave y compártelos con la clase.

Comentar en la clase

Para continuar comentando *Vaqueros: Los primeros cowboys*, usa evidencia del texto para explicar tus respuestas a estas preguntas:

1. ¿Qué cualidades debía tener un vaquero para ser exitoso?

2. ¿Qué suceso específico hizo que el trabajo del vaquero entrara en decadencia?

3. ¿Por qué el estilo de vida y la tradición de los vaqueros siguen atrayendo a muchos estadounidenses?

¿QUÉ SIGNIFICA?

Buscar palabras En la selección, el autor usa vocabulario específico de un campo, es decir, términos directamente relacionados con el tema principal (los vaqueros); por ejemplo, *lazo*, *mesteños, novillo, chaparreras* y *poncho*. Busca estas palabras (u otras que halles en el texto) en un diccionario impreso o digital. Luego, escribe una nueva oración para cada palabra. Comparte tus oraciones con un compañero.

ESCRIBE SOBRE LO QUE LEÍSTE

Respuesta Aunque la vida de los vaqueros cambió con el paso del tiempo, ellos dejaron una marca imborrable en Estados Unidos. Escribe un párrafo en el que expliques qué cambios vivieron los vaqueros y por qué tuvieron una fuerte influencia en la cultura de Estados Unidos. Usa detalles específicos, citas textuales y cualquier otra evidencia del texto que apoye tu explicación.

Sugerencia para la escritura

Mientras escribes tu explicación, asegúrate de usar lenguaje preciso. Incluye algunas palabras de vocabulario específico sobre los vaqueros que hayas aprendido al leer la selección.

ESTÁNDARES COMUNES **RI.5.2** determine two or more main ideas and explain how they are supported by details/summarize; **W.5.2d** use precise language and domain-specific vocabulary; **W.5.9b** apply grade 5 Reading standards to informational texts; **SL.5.1a** come to discussions prepared/explicitly draw on preparation and other information about the topic; **L.5.4c** consult reference materials, both print and digital, to determine or clarify meaning

POESÍA

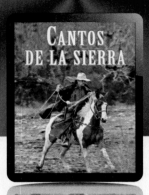

RL.5.10 read and comprehend literature

☑ GÉNERO

La **poesía** usa el sonido y el ritmo de las palabras para sugerir imágenes y expresar sentimientos de diversas maneras.

☑ ENFOQUE EN EL TEXTO

Imaginería Los poetas crean descripciones vívidas en sus poemas usando palabras y frases que apelan a los sentidos.

CANTOS DE LA SIERRA

Las poesías sobre vaqueros florecieron en el siglo XIX, cuando los ranchos y las granjas gobernaban el Oeste estadounidense. Estos poemas, que a veces se cantaban, abarcan temas como la expansión del paisaje, el clima hostil y la soledad de la vida del vaquero.

La vida del vaquero

Anónimo, de *Canciones de los vaqueros*

*La balada de un novillo
para el oído de un vaquero
es como la música de un violín;
y las notas del aullido
del coyote gris
suenan como un alegre estribillo.*

*Ni por una corona real
ni por el ruido de la ciudad
cambiaría el vaquero su silla de montar;
para él no existe mayor libertad
que solo por la sierra cabalgar
y a todas las reses arrear.*

*Los vientos pueden soplar,
los truenos pueden gruñir
o la brisa suavemente gemir;
pero para el vaquero
su vida es la de un rey
y su trono real es su silla de montar.*

Aprende en línea

La meditación del vaquero

Anónimo, de *Canciones de los vaqueros*

A medianoche, cuando el ganado descansa,
mi silla de montar es la almohada de
     mi cabeza,
ojeo hacia arriba hasta donde mi vista
     alcanza,
desde mi fría cama de maleza;
Una y otra vez me he preguntado,
de noche cuando solo me acuesto,
si todo punto brillante del cielo estrellado
es un mundo poblado como el nuestro.

El poeta de temas vaqueros N. Howard Thorp, mejor conocido como "Jack Thorp", vivió de 1867 a 1940. Conocía muy bien a los vaqueros y a otros residentes de la tierra que se extendía a través del Suroeste. Recopiló sus canciones y poemas durante más de veinte años. En 1908, los publicó en un libro llamado *Canciones de los vaqueros*. Cuando era posible, indicaba el nombre del poeta o compositor, pero a menudo eran creaciones anónimas.

Hogar en la sierra

por Brewster Higley

Oh, dame un hogar donde el búfalo vague,
        donde el venado y el antílope jueguen;
donde nunca se escuchen palabras desalentadoras
        y el cielo no se nuble en todo el día.

Hogar, hogar en la sierra,
        donde el venado y el antílope juegan;
donde nunca se escuchan palabras desalentadoras
        y el cielo no se nubla en todo el día.

Amo las flores silvestres de nuestra tierra querida,
        amo el chillido estridente del ave silvestre;
Los riscos y las blancas rocas y los rebaños de
        antílopes que graznan sobre las montañas verdes.

Escribe un poema de vaqueros

Con el tiempo, el estilo de vida del vaquero entró en decadencia,
pero no la poesía de vaqueros. Hoy en día, se celebra la Semana de la
Poesía de Vaqueros en abril, durante el Mes de la Poesía Nacional.

Repasa los usos de imaginería que aplica el poeta. Luego, escribe
tu propia canción o poema de vaqueros. Trata de usar la imaginería de
maneras similares.

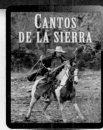

Comparar el texto

DE TEXTO A TEXTO

Comparar poemas Con un compañero, túrnate para leer cada poema en voz alta. Comenta los sonidos de cada poema y describe su ritmo y su rima. ¿Cómo ayudan esos efectos de sonido a expresar el significado de cada poema? Luego, observa el lenguaje y la imaginería que usaron los narradores en los poemas. Piensa de qué manera cada narrador expresa las ideas sobre un tema principal. Explica cómo esos elementos contribuyen al tema de cada poema. Comparte las ideas clave de la discusión con el resto de la clase.

EL TEXTO Y TÚ

Imaginar que eres un vaquero ¿Habrías disfrutado ser un vaquero o una vaquera en el siglo XIX? ¿Qué aspectos de la vida de esa época te habrían gustado o disgustado? Explica tus ideas en una composición corta. Apoya tus opiniones con citas y otros tipos de evidencia del texto de *Vaqueros*.

EL TEXTO Y EL MUNDO

Conectar con los Estudios Sociales *Vaqueros* presenta información sobre la cría de ganado. Trabaja con un compañero para investigar el impacto que tuvo la cría de ganado en la historia del oeste de Estados Unidos. Usa fuentes impresas y digitales. Comparte las conclusiones con el resto de la clase, mediante una breve presentación.

Aprende en línea

ESTÁNDARES COMUNES

RL.5.2 determine theme from details/summarize; **W.5.1a** introduce a topic, state an opinion, and create an organizational structure; **W.5.7** conduct short research projects that use several sources to build knowledge through investigation; **SL.5.4** report on a topic or text, or present an opinion/speak clearly at an understandable pace

Gramática

Verbos que se confunden fácilmente Algunos verbos, conjugados o no, se pronuncian igual, pero tienen una ortografía y un significado diferentes. Estas palabras, llamadas **homófonos,** pueden confundirse fácilmente. Muchos de estos verbos son **verbos irregulares.** Si estudiamos el significado del par de verbos que se confunden, podemos evitar usarlos de manera incorrecta en la escritura.

Verbos que se confunden fácilmente			
haya	exista	**halla**	encuentra
habría	existiría	**abría**	descubría algo que estaba cerrado u oculto
hablando	diciendo algo	**ablando**	pongo blando algo
hecho	participio del verbo *hacer*	**echo**	hago salir a alguien de un lugar
ojear	mirar algo	**hojear**	pasar rápidamente las hojas de un libro

Inténtalo Trabaja con un compañero. Indica cuáles de las oraciones incluyen verbos que se usan incorrectamente. Escribe cada una de esas oraciones y reemplaza el verbo incorrecto por el verbo correcto.

1. No creo que halla un personaje más característico de Texas que el *cowboy.*

2. Los *cowboys* han echo historia en Estados Unidos.

3. Sin ellos, no abría tanto ganado en las grandes llanuras.

4. Tenían mucho trabajo y poco tiempo para estar ablando.

5. De noche, antes de dormir, ojeaban el cielo para saber si iba a llover.

Sabes que algunos pares de verbos se pronuncian igual, pero tienen una ortografía y un significado diferentes. Por eso, pueden confundirse fácilmente. Cuando corrijas tu escritura, es importante que prestes especial atención a esos verbos.

Verbos incorrectos	Verbos correctos
Estuve ablando con el dueño del ganado. Está contento porque he echo muchas tareas para él. Si no fuera por mi fiel caballo, abría tareas que no podría hacer.	Estuve hablando con el dueño del ganado. Está contento porque he hecho muchas tareas para él. Si no fuera por mi fiel caballo, habría tareas que no podría hacer.

 ## Relacionar la gramática con la escritura

Mientras corriges tu argumento persuasivo esta semana, observa con atención cada oración en busca de errores en el uso de verbos que se confunden fácilmente, como los de más arriba. El uso correcto de los verbos es una parte esencial de una buena escritura.

W.5.1a introduce a topic, state an opinion, and create an organizational structure; **W.5.1b** provide logically ordered reasons supported by facts and details; **W.5.1d** provide a concluding statement or section; **W.5.4** produce writing in which development and organization are appropriate to task, purpose, and audience; **W.5.10** write routinely over extended time frames and shorter time frames

Escritura de opinión

☑ **Organización** Si escribes un **argumento persuasivo**, comienza con un punto que querrías probar ante una audiencia. Ese punto se llama **afirmación.** Es tu postura, u opinión, sobre un tema principal. Una vez que has decidido cuál es tu postura, desarrolla un argumento con razones que estén apoyadas por hechos, detalles y ejemplos.

Sara hizo un borrador de un argumento persuasivo sobre la importancia de mantener vivas las tradiciones. Luego, presentó su afirmación con más claridad.

Usa la siguiente Lista de control de la escritura mientras revisas tu texto.

Lista de control de la escritura

☑ **Ideas**
¿Di razones para mi opinión y las apoyé con hechos, detalles y ejemplos?

☑ **Organización**
¿Escribí un párrafo final sólido?

☑ **Fluidez de las oraciones**
¿Son todas mis oraciones completas y correctas?

☑ **Elección de palabras**
¿Usé palabras persuasivas?

☑ **Voz**
¿Mostré interés en el tema que presenté?

☑ **Convenciones**
¿Usé las reglas de ortografía, gramática y puntuación correctamente?

Borrador revisado

Piensa en cómo sería el mundo si no hubiera tradiciones. No habría arte, música ni días festivos. ~~Las tradiciones son importantes.~~

En Vaqueros: Los primeros cowboys leímos que ser un vaquero es una tradición que nació hace más de cien años.

Es importante que las personas celebren su legado y mantengan vivas las viejas tradiciones.

Mantener vivas las tradiciones

por Sara Luna

Piensa en cómo sería el mundo si no hubiera tradiciones. No habría arte, música ni días festivos. Es importante que las personas celebren su legado y mantengan vivas las viejas tradiciones.

En *Vaqueros: Los primeros cowboys*, leímos que ser un vaquero es una tradición que nació hace más de cien años. Hoy en día, todavía hay *cowboys* porque ellos enseñan sus destrezas a las personas jóvenes. Si a nadie le importara mantener viva esta tradición, solo leeríamos sobre los vaqueros en los libros o los miraríamos en la televisión.

Muchas tradiciones se mantienen vivas porque muchas personas trabajan en conjunto para celebrarlas. Por ejemplo, todos los grados de mi escuela trabajan en un desfile cultural cada año. Planificar y armar las carrozas lleva muchos meses. Si solo un grado trabajara en eso, no podríamos terminar a tiempo.

Puede ser divertido comenzar una nueva tradición en tu ciudad o con tus amigos, pero las viejas tradiciones son muy importantes. Ellas nos enseñan sobre nuestra historia y sobre otras culturas. También nos muestran la importancia de trabajar en conjunto.

Leer como escritor

¿Qué hace Sara para expresar sus ideas con claridad? ¿Cómo puedes aclarar tu opinión y hacer tu argumento más persuasivo?

En mi trabajo final, usé hechos, detalles y ejemplos para apoyar mi afirmación. También me aseguré de ordenar mis razones de manera lógica.

El diario de Rachel
Marissa Moss
LA HISTORIA DE UNA NIÑA PROSERA

Al Oeste hacia la libertad

✓ VOCABULARIO CLAVE

percance

reseco

reprender

faro

tormento

crecer

desventaja

negarse

estremecerse

pasar

Librito de vocabulario

Tarjetas de contexto

L.5.4c consult reference materials, both print and digital, to determine or clarify meaning

Vocabulario en contexto

1 percance

Estos senderistas tomaron un camino equivocado por accidente. Se perdieron debido a ese percance.

2 reseco

El ruido de las hojas resecas puede asustarte. Examina la causa: tal vez solo se trate de una ardilla.

3 reprender

Este guardabosque reprendió a estos visitantes porque se estaban alejando del sendero.

4 faro

Un edificio como este, tan alto como un faro, puede servir de guía si uno no sabe bien dónde se encuentra.

Aprende en línea

▶ Estudia cada Tarjeta de contexto.

▶ Usa un diccionario o glosario como ayuda para entender cada palabra del Vocabulario.

5 **tormento**

Esta muchacha sufrió un gran tormento, o angustia, porque no hallaba sus tareas escolares.

6 **crecer**

El río crecía con fuerza. Por ello, los senderistas tuvieron que buscar otro camino.

7 **desventaja**

Perdernos al tratar de llegar al campamento antes del anochecer fue toda una desventaja.

8 **negarse**

Cuando comprendió que se había perdido, esta mujer se negó a seguir caminando.

9 **estremecerse**

Cuando estás perdido, tal vez te estremeces, o tiemblas. Tu cuerpo expresa el miedo de esa manera.

10 **pasar**

El niño durmió y comió después de lo que le había pasado. Luego, le fue mejor en su recuperación.

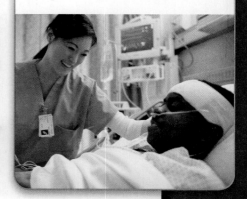

El diario de Rachel

Marissa Moss

LA HISTORIA DE UNA NIÑA PIONERA

Leer y comprender

 Aprende en línea

☑ DESTREZA CLAVE

Causa y efecto Mientras lees *El diario de Rachel*, identifica los sucesos que tienen una relación de **causa y efecto,** es decir, un suceso que conduce a otro. Las causas pueden ser sucesos naturales o decisiones que toman los personajes. Busca más de un efecto para cada causa. También observa cómo cada causa y efecto ayudan a desarrollar la trama y la estructura del cuento. Usa un organizador gráfico como el siguiente para anotar esas causas y esos efectos.

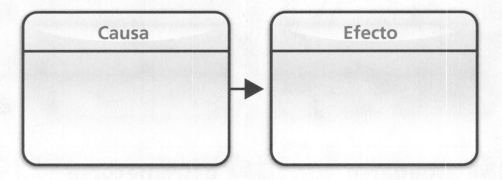

Causa		Efecto

☑ ESTRATEGIA CLAVE

Analizar/Evaluar Mientras lees *El diario de Rachel*, **analiza** los sucesos del cuento para identificar las causas y sus efectos. Pregúntate por qué suceden o cómo influyen en otros sucesos. Luego, **evalúa** lo que has aprendido mediante la comprensión de estas relaciones.

RL.5.5 explain how chapters, scenes, or stanzas fit together to provide the overall structure

Pioneros

En la historia de Estados Unidos, los pioneros fueron personas que se establecieron en el oeste del país durante los siglos XVIII y XIX. Viajaron cientos de millas en carreta, con sus pertenencias y su ganado, por terrenos escabrosos. Cuando finalmente llegaron a su destino, tuvieron que construir sus casas y sus granjas. Luego, lucharon para sobrevivir en un ambiente hostil. Pero, para muchos de ellos, cumplir el sueño de comenzar una nueva vida hacía que el esfuerzo valiera la pena.

En *El diario de Rachel*, la narradora y su familia viajan en carreta por una ruta conocida como el Camino de Oregón. En su diario, ella cuenta los muchos desafíos que enfrenta el grupo.

TEXTO PRINCIPAL

El diario de Rachel

Marissa Moss

LA HISTORIA DE UNA NIÑA PIONERA

✓ DESTREZA CLAVE

Causa y efecto Analiza las causas y los efectos para comprender mejor las relaciones entre los sucesos del cuento.

✓ GÉNERO

La **ficción histórica** es un relato en el que el entorno de los personajes y de los sucesos es un período real de la historia. Mientras lees, busca:

▶ un entorno que sea una época y un lugar reales del pasado,

▶ detalles que muestren que el relato ocurrió en el pasado y

▶ personajes realistas.

ESTÁNDARES COMUNES

RL.5.4 determine the meaning of words and phrases, including figurative language; **RL.5.6** describe how a narrator's or speaker's point of view influences how events are described; **RL.5.10** read and comprehend literature; **L.5.5a** interpret figurative language in context

Aprende en línea

CONOCE A LA AUTORA

Marissa Moss

Cuando era niña, Marissa Moss "siempre llevaba un diario y adoraba leer los de los demás". Para lograr que la voz de Rachel sonara real, se basó en sus propias memorias de infancia y leyó "relatos de primera mano escritos por los pioneros de esa época, principalmente, mujeres y niños".

CONOCE A LA ILUSTRADORA

Megan Halsey

Cuando era niña, Megan Halsey tomó clases de piano, pero, en lugar de practicar, ¡coloreaba las partituras musicales! Hasta el día de hoy, adora pintar y sigue sin saber tocar el piano. Ya de adulta, tomó una clase de ilustración de libros infantiles. Supo de inmediato que quería ser ilustradora de libros para niños. Desde entonces, ha ilustrado más de cuarenta libros para niños.

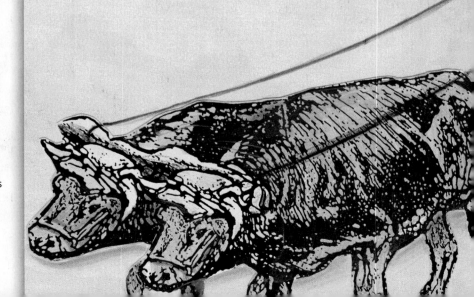

El diario de Rachel

LA HISTORIA DE UNA NIÑA PIONERA

por Marissa Moss

selección ilustrada por Megan Halsey

PREGUNTA ESENCIAL

¿Por qué una pionera anotaría sucesos en un diario?

Han pasado dos meses desde que la familia de Rachel partió desde Illinois en una caravana de carretas rumbo a California en busca de buenas tierras de labranza. Durante el largo viaje, Rachel pasa el tiempo con sus hermanos Ben y Will, y también con Frank y Prudence, que son niños de otras familias de la caravana. Rachel escribe sobre sus aventuras en un diario.

10 de mayo de 1850

Papá dice que tomaremos el Camino de Oregón hasta que se bifurque y nos desviaremos hacia el sur para llegar a California. Ahora estamos siguiendo el recorrido del río Platte. La vista del ancho río y del acantilado es relajante, pero la polvareda que levanta el ganado no lo es... Sobre todo cuando nuestras carretas quedan detrás del resto: hay tanto polvo, que apenas puedo ver a nuestros propios animales. Pero encontré una manera de escapar del calor y la suciedad del camino principal. A lo largo de todo el sendero, hay atajos angostos. Papá dice que los construyeron y usaron los indios y los cazadores. Estos atajos corren en diagonal al camino y, a menudo, se encuentran junto a arroyos sombreados, así que es agradable caminar por ellos. Como siempre conducen de regreso al camino, no debemos preocuparnos de que nos perdamos. Los muchachos deben arrear el ganado, de modo que se ven obligados a tragar polvo, pero yo llevo a los niños más pequeños y nos divertimos mucho recogiendo fresas y flores silvestres y caminando por los arroyos.

16 de mayo de 1850

Hoy viví mi primera aventura. Habíamos caminado por el atajo durante 2 ó 3 horas, río arriba, hacia un gran cañón. No solo no se veía el sendero, sino que tampoco se podía oír nada desde allí. Me gustaba sentirme sola, pero Emma temía que nos perdiéramos, y los gemelos estaban cansados, lloriqueaban y decían que viajar en la carreta, con saltos y todo, sería mejor que recorrer este camino a pie. Yo trataba de alentar a todos cantando la canción del pavo, "Turkey in the Straw", cuando oímos un crujido como de hojas resecas entre los arbustos. Parecía algo mucho más grande que un pavo: ¡indios! Frank, furioso, sacó su pequeño cuchillo, pero lo calmé y fui yo sola a ver que era. (Admito que me estremecía por dentro, pero ¡no iba a demostrárselo a <u>ellos</u>!). Y, ¿qué fue lo que vi cuando separé los arbustos con las manos temblorosas? El hocico húmedo de un buey que masticaba hojas con gran satisfacción. Alguien debió de haber perdido al animal. Según Frank, si <u>hubiera</u> sido un indio, él nos habría protegido. Espero que no haga falta.

Ese fue solo el comienzo de nuestra aventura. Cuando el atajo llegó al sendero, no había señales de nuestra caravana, ni hacia delante ni hacia atrás. No podíamos hacer nada más que continuar por el atajo con la esperanza de salir delante de nuestra caravana lo antes posible. Caminamos y caminamos. Frank y Emma no se quejaron ni una sola vez y tampoco lo hizo la pequeña Caroline, pero los gemelos molestaban más que los mosquitos. Así y todo, no encontramos ninguna carreta. El sol se escondió, los lobos comenzaron a aullar y estaba demasiado oscuro como para ver el sendero delante de nosotros. Quería sentarme y llorar en la oscuridad, pero tenía que cuidar a los demás. Luego, recordé que Ben había dicho que si te pierdes debes buscar un punto elevado, así que animé a todos a subir a una colina. No era muy alta, pero, afortunadamente, pudimos ver 3 fogatas. Como nuestra caravana no es muy grande, fuimos hacia la fogata más pequeña, atravesando el campo. Nos abrimos paso a través de zarzamoras y chapoteamos en los arroyos, pero siempre seguimos mirando esa luz, que era como un faro en medio de la oscuridad.

Finalmente, me alegré de ver a Prudence, que mordisqueaba un poco de tocino. No pude evitar abrazarla, aunque no le gustó que tuviera los brazos sucios y el vestido manchado. De hecho, se sorprendió tanto por nuestra abrupta aparición que gritó como si fuéramos fantasmas o indios.

La Sra. Arabella Sunshine, la Sra. Elías y mamá se pusieron contentas al principio, pero después se enojaron. Mientras me abrazaba y me limpiaba la cara, mamá me regañó. Ahora, no puedo tomar atajos después del descanso del mediodía. Eso significa tragar polvo en la parte más calurosa del día. Al menos, todavía nos quedan las mañanas.

¡El tocino y el café olían de maravillas!

23 de mayo de 1850

¡Ahora tenemos prohibido para siempre caminar por los atajos! Esta vez no fue porque nos hubiéramos perdido; pasó algo mucho más emocionante. Como de costumbre, perdimos de vista a la caravana. Íbamos cantando mientras paseábamos, cuando un guerrero piel roja se acercó a nosotros cabalgando. Yo estaba tan asombrada de ver a un verdadero indio que me olvidé de tener miedo. Todos nos quedamos mirándolo (aunque Frank intentó sacar el cuchillo una vez más; le dije que lo dejara, no tenía sentido <u>buscar</u> problemas). Los gemelos se escondieron detrás de mi falda y los demás se acurrucaron a mi alrededor cuando el guerrero cabalgó hasta nosotros y se bajó de su caballo. ¡Se podía oír hasta el vuelo de una mosca! El guerrero caminó hacia mí y dijo algo; luego, extendió la mano. Yo no sabía qué otra cosa hacer, sino estrecharle la mano, así que eso hice. ¡Y eso era exactamente lo que él quería! Les estrechó la mano a todos los niños. Hasta Frank lo saludó, con una sonrisa tan amplia que parecía que se había tragado una mazorca de maíz.

El guerrero sabía algo de inglés y, sin duda, pensaba que estábamos perdidos. Me preguntó si yo sabía dónde estaba nuestra carreta. Asentí con la cabeza. Satisfecho, sabiendo que no estábamos en problemas, se subió al caballo, saludó con la mano y se fue cabalgando. Todo terminó en un abrir y cerrar de ojos. Después de los horribles relatos que habíamos escuchado acerca de los indios, teníamos nuestro propio relato para contar, ¡y muy divertido! Pero cuando los adultos se enteraron de nuestro encuentro, no les causó gracia. En cambio, nos reprendieron por todas las cosas horribles que nos <u>podían</u> haber pasado. Y ahora, los atajos están prohibidos para siempre.

ANALIZAR EL TEXTO

Lenguaje figurado A veces, los autores usan **hipérboles**, o exageraciones, para explicar o describir algo. Por ejemplo, Rachel dice: "¡Se podía oír hasta el vuelo de una mosca!". ¿Qué nos dice esto acerca del silencio que había cuando el guerrero se acercó a los niños?

Mis zapatos están cubiertos de barro; se parecen más a un pastel de barro que a un par de zapatos.

Es difícil mantener este diario seco... pero hago lo mejor que puedo.

30 de mayo de 1850

Ha llovido durante días. Lo bueno es que el polvo no se levanta, pero la desventaja es que el camino es ahora un gran charco. A pesar de que, supuestamente nuestra cubierta es a prueba de agua, todo está empapado. El río Platte está crecido y revuelto. ¡Menos mal que no tenemos que cruzarlo! Papá dice que mañana tomaremos el transbordador del gobierno.

Los sombreros definitivamente <u>no</u> son recomendables para la lluvia, a menos que te guste ver una cortina de agua frente a tu rostro. ¡A mí, no!

La pradera está tan baja y el cielo tan cerca que, durante una tormenta, sientes que las nubes te aprisionan.

7 de junio de 1850

Ayer fue la primera vez que realmente sentí miedo. Perdernos, el aullido de los lobos, los indios, ¡nada se compara con la furia de este río! Llegamos al transbordador solo para descubrir que se le habían salido las amarras cuando comenzó a llover. Algunos hombres lograron recuperarlas, pero llevó tanto tiempo que una enorme fila de carretas esperaba delante de nosotros para tomar el barco. Un hombre dijo que nuestro turno llegaría en 3 <u>semanas</u>. El Sr. Elías nos advirtió que ya estábamos atrasados; tal demora significaría, seguramente, cruzar las montañas de la Sierra Nevada en medio de la nieve. Nadie quiere terminar como el grupo Donner, que se congeló y murió de hambre en las montañas. El Sr. Elías decidió que debíamos quitar las ruedas y usar las carretas como balsas sobre el río. La corriente era rápida y las orillas parecían arena movediza, pero no había otra opción. Las dos familias Sunshine se negaron a enfrentar el peligro y no quisieron ir primero. El Sr. Elías se ofreció para cruzar, pero tenía hijos pequeños; entonces, papá sugirió que fuéramos nosotros. La cara de mamá se paralizó, pero ella asintió con la cabeza. Ben y Will se quedaron detrás para arrear el ganado, así que papá, mamá y yo tomamos un palo cada uno para cruzar. Las olas eran gigantes y era muy difícil no caerse. Casi me caí dos veces. La segunda vez, perdí mi palo y me aferré a las manijas de la carreta, y ya no serví de ayuda después de eso. De alguna manera, llegamos a tierra. Yo tenía los nudillos blancos de sostenerme tan fuerte de las manijas, pero la cara de mamá estaba aún más pálida. ¡Qué alivio volver a pisar tierra firme!

La peor parte fue tratar de evitar las islas arenosas en medio del ancho río. Yo no podía conducir para ningún lado.

ANALIZAR EL TEXTO

Punto de vista La autora cuenta esta historia desde un punto de vista en primera persona. ¿Cómo influye esto en la forma en la que describe el cruce del río?

Los otros siguieron sin ningún percance. (Y Frank dijo que no tenía miedo, ni un poco. ¡Yo no le creo!). Solo faltaba arrear el ganado. Ben y Will, junto con Samuel, John, Daniel y Jesse reunieron a las 115 cabezas de ganado y las arrearon hasta el río, pero los animales se negaban a entrar. No tenían idea de los peligros de las sierras, pero podían ver claramente los peligros del Platte. Los muchachos tuvieron que juntar tres veces el ganado, solo para que los animales se separaran y salieran en estampida a la orilla del río. Estaba oscureciendo y parecía que íbamos a tener que acampar en orillas opuestas cuando Will pensó que ya había soportado demasiado; <u>obligaría</u> al ganado a cruzar. Cabalgó junto a Bo, el buey líder de la manada, y cuando el terco animal llegó a la orilla, Will saltó del caballo al lomo de Bo, se colgó de sus cuernos y, pateando y gritando, arreó al buey hacia el río. ¡Y funcionó! Bo comenzó a cruzar el río y todo el ganado lo siguió. A salvo del otro lado, Will se bajó de Bo y miró hacia atrás y vio que su caballo se hundía en el agua. Una pata delantera se había enredado con las riendas sueltas. Will volvió corriendo al agua para liberar a su caballo justo cuando un trueno abrió el cielo en dos. Hubo un relámpago que resplandeció de manera estremecedora, seguido por una oscuridad y por un trueno ensordecedor.

En la oscuridad, no pudimos ver a Will, pero su caballo logró alcanzar la orilla. Cuando se produjo el siguiente relámpago, papá gritó que Will había logrado llegar a un banco de arena del río. Nadie sabía si estaba vivo o muerto, y mientras la tormenta rugía, nadie se atrevió a ir nadando para rescatarlo.

ANALIZAR EL TEXTO

Causa y efecto Hay varios factores que hacen que Will quede atascado en el banco de arena del río. ¿Cuáles son?

¡Fue una noche horrible y triste! Todo era una gran confusión: los truenos, los alaridos de los bueyes, el llanto de los niños, los gritos de los hombres, una claridad como la luz del día por un momento y una oscuridad como una caverna al siguiente. Además, el tormento de no saber qué le había pasado al pobre Will y la sensación de impotencia total de no poder hacer nada para ayudarlo. Todo lo que podíamos hacer era apiñarnos, como una pila de guiñapos humanos empapados, mientras los hombres trabajaban a ciegas para controlar el ganado.

Al amanecer, la tormenta cedió, y papá corrió hacia el río revuelto y trajo el cuerpo débil de Will. Will estaba tan pálido y quieto que pensé que estaba muerto. Papá empezó a masajearlo. Cuando Will abrió los ojos al fin, todos lo celebramos. ¡Estaba vivo! Nunca me había sentido tan orgullosa... ¡ni tan asustada!

Nunca pensé que me sentiría tan feliz de ver salir el sol.

15 de junio de 1850

Nos tomamos algunos días de descanso para lavar y secar todo, volver a juntar las carretas y repararlas, y mimar a Will hasta que se recuperara. Tuvimos la suerte de que nadie se ahogara cuando cruzamos el río. Hay varias tumbas recientes de hombres que murieron en ese camino y escuchamos que, en una caravana cerca de la nuestra, a una mujer la mató un rayo. Will siempre asegura que él es una persona con mucha suerte, y ahora le creo.

20 de junio de 1850

Hoy pasó una tormenta diferente junto a nosotros: una manada de búfalos. Era como si el río se hubiera desbordado y adquirido forma sólida para perseguirnos. Una densa cortina de polvo creció dirigiéndose hacia nosotros; luego, hubo un ruido terrible, un trueno en la tierra. Pudimos ver los lomos peludos que subían y bajaban como una gran ola. Nadie podía cambiar el rumbo de una fuerza como esa, así que juntamos las carretas a toda prisa mientras los muchachos arreaban el ganado, porque si una vaca o un buey queda atrapado en una estampida de búfalos, se pierde para siempre, para pasar a formar parte de una nueva manada salvaje.

Las pezuñas de los búfalos levantaron tanta polvareda que, aunque traté de contener la respiración, mi garganta y mi lengua se cubrieron de polvo. ¡Pude "saborear" el paso de los búfalos! La nube era tan grande que tapó el Sol como si se tratara de un eclipse de búfalos.

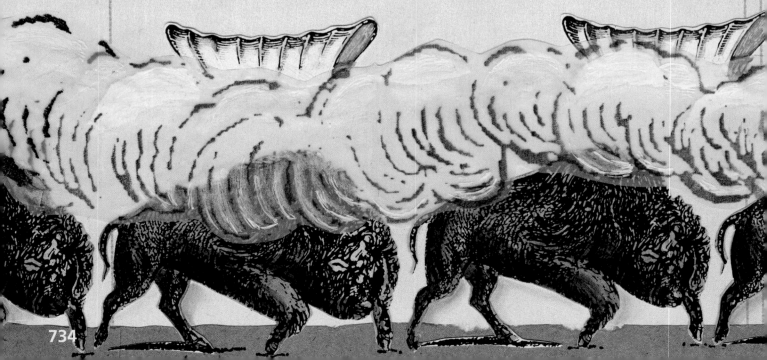

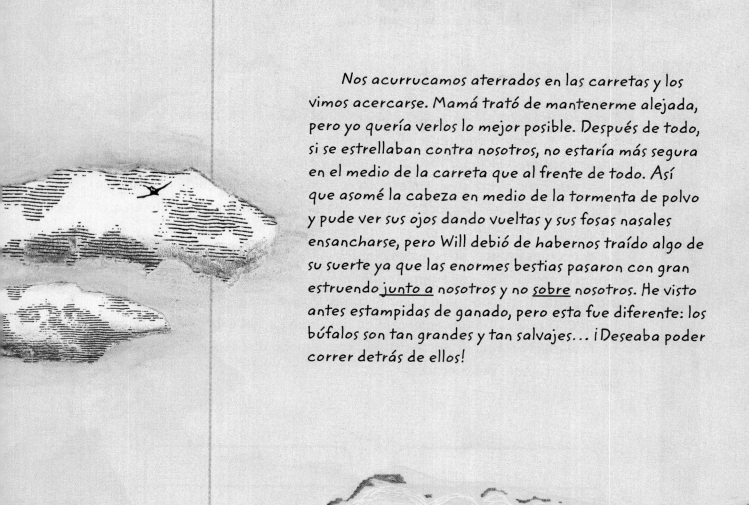

Nos acurrucamos aterrados en las carretas y los vimos acercarse. Mamá trató de mantenerme alejada, pero yo quería verlos lo mejor posible. Después de todo, si se estrellaban contra nosotros, no estaría más segura en el medio de la carreta que al frente de todo. Así que asomé la cabeza en medio de la tormenta de polvo y pude ver sus ojos dando vueltas y sus fosas nasales ensancharse, pero Will debió de habernos traído algo de su suerte ya que las enormes bestias pasaron con gran estruendo <u>junto a</u> nosotros y no <u>sobre</u> nosotros. He visto antes estampidas de ganado, pero esta fue diferente: los búfalos son tan grandes y tan salvajes… ¡Deseaba poder correr detrás de ellos!

COMPRENSIÓN

Ahora analiza

Cómo analizar el texto

Usa estas páginas para aprender acerca de Causa y efecto, Lenguaje figurado y Punto de vista. Luego, vuelve a leer *El diario de Rachel* para aplicar lo que has aprendido.

Causa y efecto

El diario de Rachel describe cómo las acciones de Rachel la condujeron a la aventura en el Camino de Oregón. Como en la vida real, los sucesos de una ficción histórica se suelen relacionar mediante causas y efectos. Una **causa** es un suceso que hace que ocurra otra cosa. Un **efecto** es algo que ocurre debido a un suceso anterior. Algunas causas provocan más de un efecto. Algunos efectos tienen más de una causa.

Reconocer las causas y sus efectos puede ayudar a los lectores a ver las relaciones entre los sucesos, a comprender mejor los temas y a los personajes, e incluso a predecir qué podría suceder después. Vuelve a leer la escena de la página 726. El polvo que hay en el camino hace que Rachel elija caminar por los atajos. Este efecto (caminar por los atajos) causa luego otros sucesos y así se le da forma a la estructura del cuento.

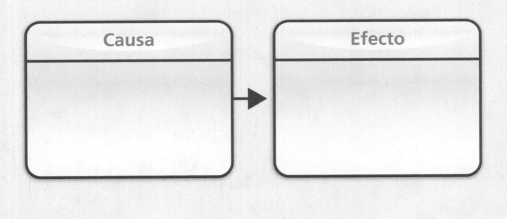

Causa	Efecto

ESTÁNDARES COMUNES **RL.5.4** determine the meaning of words and phrases, including figurative language; **RL.5.5** explain how chapters, scenes, or stanzas fit together to provide the overall structure; **RL.5.6** describe how a narrator's or speaker's point of view influences how events are described; **RL.5.10** read and comprehend literature; **RF.5.4a** read grade-level text with purpose and understanding; **L.5.5a** interpret figurative language in context

Aprende en línea

Lenguaje figurado

Para crear descripciones vívidas, la autora de *El diario de Rachel* usa **lenguaje figurado,** que son palabras y frases que van más allá de su significado literal. Un tipo de lenguaje figurado es la **hipérbole,** una exageración que se usa para crear un efecto dramático. Otro tipo es el **símil,** una comparación entre dos cosas diferentes en la que se usa la palabra *como*: "Su risa era estridente como la sirena de un carro de bomberos". Un tercer tipo es la **metáfora,** una comparación que dice que una cosa es otra: "Su sonrisa era un rayo de sol".

Punto de vista

El **punto de vista** de este cuento es la primera persona, lo que se evidencia por el uso de palabras como *yo, mi* y *nosotros.* Rachel narra el relato en su diario, en el que anota lo que le sucede, así como sus pensamientos y sus sentimientos. El uso de este punto de vista hace que los lectores vean la acción y a los demás personajes a través de los ojos de Rachel.

Es tu turno

REPASAR LA PREGUNTA ESENCIAL

Turnarse y comentar Repasa la selección y prepárate para comentar esta pregunta: *¿Por qué una pionera anotaría sucesos en un diario?* Mientras comentas la pregunta en un grupo pequeño, ten en cuenta las respuestas de los demás y, luego, resume los puntos clave del grupo.

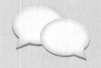

Comentar en la clase

Para continuar comentando *El diario de Rachel*, explica tus respuestas a estas preguntas:

1 ¿Qué evidencia del texto apoya la idea de que Rachel es una buena narradora para este cuento?

2 ¿Sobre qué sucesos escribirías si llevaras un diario?

3 ¿Cómo influye el entorno del cuento en lo que sucede y en la forma en la que los personajes reaccionan ante los sucesos?

HABLAR SOBRE LAS ILUSTRACIONES

Analizar los dibujos Con un compañero, observa con atención las ilustraciones de *El diario de Rachel*. Luego, comenta estas preguntas: *¿Cómo ayudan las ilustraciones a comprender mejor el entorno y los sucesos del cuento? ¿Qué tono o actitud hacia los personajes y los sucesos transmiten las ilustraciones? ¿Qué aprendes sobre Rachel a través de las ilustraciones?*

ESCRIBE SOBRE LO QUE LEÍSTE

Respuesta Si la historia fuera real, Rachel habría hecho su viaje en carreta hace más de cien años. Sus experiencias y su entorno eran bastante diferentes de los actuales y aun así los textos que escribió en su diario son fáciles de comprender. ¿Qué pueden tener en común con Rachel los lectores de la actualidad? Escribe un párrafo en el que cuentes si Rachel se parece a las niñas de su edad de hoy en día. Usa detalles y otros tipos de evidencia del texto para apoyar tu opinión.

El diario de Rachel.

Marissa Moss

LA HISTORIA DE UNA NIÑA PIONERA

Sugerencia para la escritura

Antes de escribir tu párrafo, identifica tus razones y busca ejemplos para apoyarlas. Usa transiciones para mostrar cómo se relacionan las razones y sus detalles de apoyo.

Aprende en línea

ESTÁNDARES COMUNES   **RL.5.6** describe how a narrator's or speaker's point of view influences how events are described; **RL.5.7** analyze how visual and multimedia elements contribute to the meaning, tone, or beauty of a text; **W.5.1b** provide logically ordered reasons supported by facts and details; **W.5.1c** link opinion and reasons using words, phrases, and clauses; **W.5.9a** apply grade 5 Reading standards to literature; **SL.5.1a** come to discussions prepared/explicitly draw on preparation and other information about the topic

TEXTO INFORMATIVO

✓ GÉNERO

Un **texto informativo**, como este texto de Estudios Sociales, presenta hechos y detalles sobre un tema principal o un período de tiempo de la historia.

✓ ENFOQUE EN EL TEXTO

Una **línea cronológica** identifica la secuencia de los sucesos importantes ocurridos en un período de la historia o en otro lapso de tiempo.

ESTÁNDARES COMUNES

RI.5.10 read and comprehend informational texts

Al Oeste hacia la libertad

por Tracy Moncure

En el siglo XIX, el Oeste simbolizaba libertad, independencia, aventura y buena vida para muchos afroamericanos. Para aquellos que deseaban dejar atrás los recuerdos de la esclavitud, el Oeste ofrecía la oportunidad de comenzar una vida nueva. El viaje hacia el Oeste no era sencillo: presentaba muchos peligros y ocurrían percances. El ruido de las hojas resecas podía significar algún peligro. Sin embargo, después del tormento de la esclavitud, los pioneros afroamericanos estaban listos para este desafío.

HITOS EN EL DESPLAZAMIENTO DE LOS AFROAMERICANOS HACIA EL OESTE

1835   **1850**

1848 Se obtienen California y el Suroeste.

1849–1852 Unos 4,000 afroamericanos se suman a la Fiebre del Oro en California.

Aprende en línea

De pioneros a colonos

Los afroamericanos participaron desde el principio en la expansión estadounidense hacia el Oeste. York, el "criado" de William Clark, fue un valioso miembro de la expedición de Lewis y Clark de 1803. Pioneros como James Beckwourth (1798-1866) estuvieron entre los primeros estadounidenses que vivieron en el Lejano Oeste. Algunos historiadores creen que hasta uno de cada cuatro vaqueros era afroamericano.

Otros afroamericanos construyeron casas, fundaron ciudades o defendieron la ley. Cuando se abrió el Territorio Indio a los colonos, en 1889, el número de afroamericanos creció en los pastizales de las llanuras de Oklahoma. Construyeron más pueblos afroamericanos en Oklahoma que en el resto del país. Bass Reeves (1838-1910) fue un jefe de policía estadounidense del Territorio Indio que tenía fama de ser severo, pero justo. Los forajidos se estremecían cuando oían su nombre.

1863 La Proclama de Emancipación concede la libertad a todos los esclavos de la Confederación.

1877-1879 Benjamín "Pap" Singleton ayuda a los afroamericanos a establecerse en Kansas.

1889 Los afroamericanos se suman a la carrera por las tierras del Territorio Indio.

1865   **1880**   **1895**

1861-1865 Guerra Civil

1868 La Decimocuarta Enmienda concede la ciudadanía a todos los afroamericanos.

Ayudar a otros en su camino a la libertad

Muchos pioneros afroamericanos tuvieron éxito en los negocios. A menudo, usaban sus riquezas para ayudar a mejorar la vida de los demás.

Biddy Mason (1818–1891) viajó con su amo a California en 1847. Cuando su amo se negó a concederle la libertad, un juez lo reprendió, pues California era un territorio libre. Posteriormente, Mason fue propietaria de tierras en Los Ángeles y se convirtió en la persona más acaudalada de la ciudad. Usó sus riquezas para ayudar a los necesitados.

Clara Brown (1800-1885) también comenzó su vida con la desventaja de ser esclava, pero, con el paso del tiempo, le pasaron mejores cosas. Después de obtener su libertad, fue la primera mujer afroamericana que se estableció en los yacimientos de oro de Colorado. Abrió una lavandería y también invirtió en las minas. Como un faro de esperanza para los esclavos liberados, ella ayudó a muchas personas a trasladarse al Oeste.

Un regimiento de caballería de afroamericanos, conocido como los "soldados búfalo", forma fila junto a sus caballos.

Comparar el texto

DE TEXTO A TEXTO

Comparar los textos sobre los pioneros Muchas personas viajaron hacia el Oeste en el siglo XIX. Sus razones para ir y sus experiencias eran semejantes en algunos sentidos y diferentes en otros. Con un compañero, completa un diagrama de Venn para comparar a los personajes de *El diario de Rachel* con los pioneros afroamericanos de *Al Oeste hacia la libertad*. Examina por qué se fueron hacia el Oeste, qué les sucedió y qué cualidades personales les ayudaron a sobrevivir.

EL TEXTO Y TÚ

Evaluar el lenguaje figurado La autora de *El diario de Rachel* usa una hipérbole, o exageración, para describir el encuentro de los niños con un guerrero piel roja. Con un compañero, comenta cómo este y otros usos de lenguaje figurado en el texto te ayudan a comprender mejor las experiencias o los sentimientos de Rachel. Haz una lista de los ejemplos de lenguaje figurado que halles e interpreta el significado de cada uno.

EL TEXTO Y EL MUNDO

Comparar textos sobre la historia afroamericana Repasa *Al Oeste hacia la libertad* y *Los héroes olvidados de Pea Island* (Lección 9). Busca varias ideas principales en ambas selecciones y los detalles que apoyan cada idea. Luego, en un grupo pequeño, compara y contrasta las dos selecciones. Concéntrate en la mirada que cada selección muestra sobre los afroamericanos en la historia. Mientras comentas sobre las selecciones, proporciona citas y otros tipos de evidencia de ambos textos como apoyo.

ESTÁNDARES COMUNES

RI.5.1 quote accurately when explaining what the text says explicitly and when drawing inferences; **RI.5.2** determine two or more main ideas and explain how they are supported by details/summarize; **RI.5.9** integrate information from several texts on the same topic; **SL.5.1a** come to discussions prepared/explicitly draw on preparation and other information about the topic; **L.5.5a** interpret figurative language in context

Gramática

Formas comparativa y superlativa Para comparar dos personas, lugares o cosas, debes usar la **forma comparativa del adjetivo:** *más/menos + adjetivo + que.* Para comparar más de dos personas, lugares o cosas, debes usar la **forma superlativa del adjetivo:** *el/la + más/menos + adjetivo,* la palabra *muy* delante del adjetivo o el sufijo *-ísimo* al final del adjetivo. Algunos adjetivos, como *bueno, malo, grande* y *pequeño,* tienen formas comparativa y superlativa especiales.

Adjetivo	Forma comparativa	Forma superlativa
joven	más joven	el más joven/muy joven/jovencísimo
bella	más bella	la más bella/muy bella/bellísima
bueno	mejor	el mejor/muy bueno/buenísimo
malo	peor	el peor/muy malo/malísimo

Muchos adverbios tienen formas comparativa y superlativa. Para la **forma comparativa del adverbio,** usa más/menos + adverbio + que. Para la **forma superlativa del adverbio,** agrega *muy* delante del adverbio o el sufijo *-ísmo* al final del adverbio. Algunos adverbios, como *bien y mal,* tienen formas comparativa y superlativa especiales.

Adverbio	Forma comparativa	Forma superlativa
lejos	más lejos	muy lejos/lejísimo
bien	mejor	muy bien
mal	peor	muy mal

 **Inténtalo** **Trabaja con un compañero. Identifica la forma comparativa o superlativa de cada adjetivo o adverbio.**

1. El río revuelto era más aterrador que los indios.

2. El buey líder de la manada era el más terco de todos.

3. Los truenos se oían más fuerte que el aullido de los lobos.

4. El cruce del río fue la peor situación de toda mi vida.

5. Will actuó muy valientemente.

En tu escritura, puedes hacer que las comparaciones, las oraciones o las ideas sean más claras si usas las formas comparativa y superlativa de los adjetivos y los adverbios.

Menos claro	Más claro
Tengo ocho años. Tengo una hermana y un hermano.	Tengo ocho años. Tengo un hermano y una hermana mayores. Mi hermana es la mayor de los tres.

 ### Relacionar la gramática con la escritura

Mientras revisas tu ensayo de respuesta la semana próxima, busca oportunidades para usar las formas comparativa y superlativa y así hacer que tus ideas sean más claras. Asegúrate de usar correctamente las formas comparativa y superlativa de los adjetivos y los adverbios.

ESTÁNDARES COMUNES

W.5.5 develop and strengthen writing by planning, revising, editing, rewriting, or trying a new approach; **W.5.9a** apply grade 5 Reading standards to literature

Escritura de opinión

Taller de lectoescritura: Preparación para la escritura

mi **Escritura genial**

Aprende en línea

✓ **Organización** Un **ensayo de respuesta** suele requerir que expreses una opinión sobre un tema principal. Cuando escribas una respuesta a un texto literario, apoya tu opinión con razones y detalles del texto.

Kira pensó en una respuesta a esta pregunta: *¿El formato de diario de El diario de Rachel relata mejor el cuento de lo que lo hubiera hecho una narrativa tradicional? ¿Por qué?* Primero, Kira tomó notas. Luego, en una tabla, volvió a presentar su opinión, hizo una lista de sus razones más convincentes e incluyó detalles de apoyo.

Usa la siguiente Lista de control del proceso de escritura como preparación para la escritura.

Lista de control del proceso de escritura

▶ **Preparación para la escritura**

 ¿Expresé mi opinión con claridad?

 ¿Di al menos dos buenas razones?

✓ ¿Hice una lista de detalles del cuento para apoyar mis razones?

Hacer un borrador

Revisar

Corregir

Publicar y compartir

Explorar un tema principal

Opinión: El formato de diario es mejor para este cuento.

Razón: Se enfoca en los sentimientos de la escritora y tiene un toque personal.

Razón: Es una buena forma de relatar un viaje.

Razón: Muestra la voz de Rachel.

Opinión: El formato de diario es mejor para este cuento.

Razones	Detalles
El formato de diario permite a Rachel compartir su historia como si fuera una periodista que toma notas en detalle sobre el entorno y los sucesos.	• Río Platte, acantilados, atajos, guerrero piel roja, búfalo, bueyes, familia de Rachel, miembros de la caravana
El formato de diario ayuda a los lectores a imaginar cómo se expresaría una niña pionera real.	• zapatos cubiertos de barro, lavar y secar todo, reparar carretas • expresiones: "¡Se podía oír hasta el vuelo de una mosca!", "en un abrir y cerrar de ojos", "¡Yo no le creo!" • palabras: "lloriquear"

Leer como escritor

¿Cómo logró Kira que sus razones fueran más convincentes al crear la tabla? ¿Qué razones o detalles podrían ser aún más convincentes en tu tabla?

Cuando creé la tabla, logré que mis razones fueran más convincentes agregando detalles del texto como apoyo.

Vocabulario en contexto

✓ VOCABULARIO CLAVE

expedición

tributario

viaje

barrera

a pesar de

cumplir

cordillera

técnica

continuar

comestible

Librito de vocabulario

Viaje por el río

Tarjetas de contexto

ESTÁNDARES COMUNES

L.5.6 acquire/use vocabulary, including academic and domain-specific

---

1 expedición

El aventurero Edmund Hillary condujo una expedición a la cima del monte Everest.

2 tributario

Este es un arroyo tributario, o rama menor, de un río más grande.

3 viaje

Estos excursionistas están realizando un viaje de una semana por un parque nacional.

4 barrera

La vegetación espesa forma una barrera en la selva. Los exploradores deben abrirse camino a través de este obstáculo.

Aprende en línea

▶ Estudia cada Tarjeta de contexto.

▶ Usa un diccionario de sinónimos para hallar una palabra que reemplace cada una de las palabras del Vocabulario.

5 a pesar de

A pesar de que el calor es abrasador, estos pioneros cruzaron la pradera.

6 cumplir

Este astronauta ha cumplido el sueño de su vida de ir a la Luna.

7 cordillera

Jim Bridger exploró la cordillera, o cadena, de las montañas Rocosas.

8 técnica

Esta excursionista conoce diferentes técnicas, o métodos, para encender una fogata.

9 continuar

Después de descansar, este niño continuó su recorrido en bicicleta. Se sentía preparado para seguir.

10 comestible

Los excursionistas deben saber qué bayas son comestibles y cuáles no se pueden comer.

Lewis y Clark

Leer y comprender

Aprende en línea

✓ DESTREZA CLAVE

Ideas principales y detalles Mientras lees *Lewis y Clark*, busca las **ideas principales,** o los puntos más importantes, que presenta el autor. Presta atención a los **detalles,** como los datos, los ejemplos y las citas, que explican o apoyan cada idea principal. Usa un organizador gráfico como el siguiente para anotar las ideas principales y los detalles de apoyo.

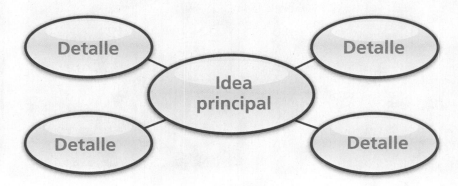

✓ ESTRATEGIA CLAVE

Verficar/Aclarar Mientras lees *Lewis y Clark*, **verifica,** u observa con atención, si estás entendiendo las ideas principales. Vuelve a leer algunas partes del texto o busca evidencia del texto para **aclarar** los detalles confusos.

ESTÁNDARES COMUNES

RI.5.2 determine two or more main ideas and explain how they are supported by details/summarize; **RI.5.3** explain the relationships between individuals/events/ideas/concepts in a text

750

UN VISTAZO AL TEMA PRINCIPAL

Exploración

En 1803, el presidente Thomas Jefferson compró a Francia el Territorio de Luisiana. Sabía que el área era inmensa, pero no sabía mucho más sobre el lugar. Envió a Lewis, a Clark y a su Cuerpo de Descubrimiento a que exploraran y trazaran un mapa de la región, con la esperanza de que hallaran una vía fluvial importante que les sirviera a los barcos para navegar de una costa a la otra. Aunque ellos nunca hallaron una vía fluvial, establecieron un valioso contacto con muchas comunidades indígenas. El Cuerpo de Descubrimiento también estudió las características naturales, los animales y las plantas del territorio.

Esta selección se basa en los diarios que llevaban los exploradores. Mientras la lees, aprenderás más sobre los desafíos que ellos enfrentaban día a día y el entusiasmo que sentían a medida que avanzaban hacia el oeste.

TEXTO PRINCIPAL

Principios básicos de libertad

Lewis y Clark

R. Conrad Stein

☑ DESTREZA CLAVE

Ideas principales y detalles
Determina las ideas principales del texto. Halla detalles que apoyen las ideas principales.

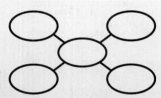

☑ GÉNERO

Una **no ficción narrativa** trata sobre personas, sucesos o lugares reales. Mientras lees, busca:

► información basada en hechos que narre un relato,
► características de los elementos gráficos, como fotografías y pies de fotos, y
► sucesos en orden cronológico.

ESTÁNDARES COMUNES **RI.5.2** determine two or more main ideas and explain how they are supported by details/ summarize; **RI.5.3** explain the relationships between individuals/events/ideas/concepts in a text; **RI.5.10** read and comprehend informational text

CONOCE AL AUTOR

R. Conrad Stein

R. Conrad Stein sabía que quería ser escritor desde que tenía doce años. Después de servir en la Marina, estudió historia en la Universidad de Illinois. Algunos años después de graduarse, su formación en historia lo ayudó a obtener encargos para escribir libros de historia para lectores jóvenes. Ha publicado más de ochenta libros; muchos de ellos son biografías o tienen un enfoque histórico. Stein cree que su trabajo es expresar el drama de los sucesos históricos.

Aprende en línea

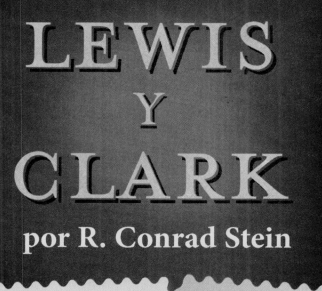

LEWIS Y CLARK

por R. Conrad Stein

CLARK 37 CENTS

LEWIS 37 CENTS

PREGUNTA ESENCIAL

¿Cómo contribuyeron los exploradores a que Estados Unidos sea lo que es hoy?

En 1803, el presidente Thomas Jefferson duplicó el tamaño del territorio de Estados Unidos después de lograr un acuerdo con Francia, conocido como la Compra de Luisiana: había adquirido el inmenso Territorio de Luisiana, al oeste del río Mississippi. Jefferson decidió formar una expedición que recorriera el territorio no explorado hasta llegar al océano Pacífico. Le pidió a Meriwether Lewis que dirigiera un grupo conocido como el Cuerpo de Descubrimiento. Lewis eligió a William Clark para que lo ayudara en el liderazgo. En 1804, la expedición de Lewis y Clark partió desde St. Louis, Missouri. Atravesaron las Grandes Llanuras y, luego, acamparon durante la temporada de invierno. Un comerciante y su esposa, una indígena llamada Sacagawea, se unieron a la expedición cuando esta continuó su camino en abril de 1805.

Lewis creía que los relatos de la tribu de los mandan sobre osos enormes eran cuentos fantásticos, hasta que a uno de los exploradores lo persiguió un oso pardo.

Las Great Falls del río Missouri ofrecían una vista hermosa, pero rodearlas era muy difícil.

Es probable que William Clark fuera el que mejor vista haya tenido entre todos los miembros del equipo. El 26 de mayo, vio el perfil de una gran cordillera al oeste. En los días siguientes, todos los exploradores podían ver en el horizonte las montañas Rocosas, cubiertas de nieve. Lo que vieron era tan inspirador como perturbador: los exploradores sabían que tendrían que hallar la manera de cruzar aquella increíble barrera.

Antes de poder cruzar las Rocosas, el Cuerpo de Descubrimiento se enfrentó a unas cataratas llamadas *Great Falls*, en el río Missouri, en el territorio actual de Montana. En ese punto, el río cae de un acantilado tan alto como un edificio moderno de seis pisos. El rugido del agua era ensordecedor. Lewis describió la escena como "la vista más magnífica que jamás haya contemplado". Sin embargo, debido a las cataratas, los exploradores tuvieron que cargar sus embarcaciones y sus provisiones por precipicios escarpados, antes de poder partir de nuevo río arriba por aguas más tranquilas. Tardaron veinticuatro días en rodear las cataratas; todos terminaron exhaustos.

Sacagawea pronto demostró ser una ayuda muy valiosa para la expedición.

Con su bebé a cuestas, Sacagawea conquistó la admiración del equipo. La mujer recorría cuidadosamente la ribera para conseguir raíces comestibles y frutas. Estos alimentos significaron una grata variación en la dieta habitual de carne y agua. Además, en la región montañosa, el río Missouri se convertía en un arroyo sinuoso que se dividía en muchos arroyos tributarios menores. Sacagawea señalaba los accidentes geográficos que recordaba de un trayecto que había recorrido como niña esclava y ayudaba a los capitanes a elegir los brazos correctos del río por donde era conveniente navegar.

Pronto, los miembros del grupo empezaron a preguntarse por qué todavía no habían visto a los shoshone u otros indios americanos. Habían visto señales de asentamientos indios (senderos de cazadores y campamentos abandonados), pero no se habían encontrado con nadie desde que salieron de las aldeas de los mandan y de los hidatsa.

ANALIZAR EL TEXTO

Explicar sucesos históricos ¿Qué hace el autor para que los sucesos históricos sean fáciles de entender? ¿Cómo te ayuda esto a ver las relaciones entre los sucesos y las personas que se describen en el texto?

A mediados de agosto, Meriwether Lewis se adelantó al grupo con algunos exploradores más y halló a tres mujeres shoshone con varios niños. Lewis llevaba una bandera estadounidense en la mochila, pues estaba preparado para un encuentro así.

Lewis agitó la bandera y caminó lentamente hacia el grupo. Uno de los niños huyó y las mujeres permanecieron sentadas e inmóviles, como paralizadas por el temor. Lewis explicó que él era un explorador y las mujeres lo condujeron a su aldea.

Los shoshone eran una tribu pequeña que casi siempre estaba en guerra con sus poderosos vecinos, los pies negros. Nunca habían visto a un hombre blanco, pero la guerra constante les había enseñado a sospechar de cualquier desconocido. Lewis esperaba comprarle caballos a la tribu: como los ríos casi habían desaparecido, los necesitaba para cruzar las cumbres de las montañas Rocosas. Sin embargo, el jefe Cameahwait no quiso desprenderse de ninguno de sus animales. Lewis sí logró persuadir a Cameahwait de enviar a algunos shoshone en busca de Clark y del resto del grupo para traerlos a la aldea.

Al principio, los shoshone desconfiaron de Lewis y Clark, pero los exploradores pronto se dieron cuenta de que habían sido afortunados al encontrarse con los indios.

A la mañana siguiente, Clark y los demás llegaron a la aldea y hubo una reunión con el jefe Cameahwait. Sacagawea se preparó para actuar de intérprete. Cuando comenzó la reunión, ella miró fijamente al jefe indio. Luego, echó a llorar de alegría. Lewis escribió: "Ella se levantó de un salto, corrió y lo abrazó, lo cubrió con su manta y lloró sin cesar". Sacagawea había reconocido a Cameahwait, su hermano, a quien no había visto en seis años. Hubo gritos de alegría y risas en la aldea. Los shoshone aclamaron a Sacagawea como la hija perdida que había vuelto a casa.

El 1.º de septiembre de 1805, el Cuerpo de Descubrimiento partió del territorio shoshone. El jefe Cameahwait no solo les dio caballos, sino que también les dio un guía para mostrarles la mejor ruta a través de las montañas. Cruzar las montañas Rocosas resultó ser una dura prueba: los senderos eran demasiado escabrosos para cabalgar, así que el grupo los recorrió a pie y usó los caballos como animales de carga.

La expedición cruzó las Rocosas a pie y usó a los caballos para transportar su equipo y sus provisiones.

ANALIZAR EL TEXTO

Fuentes primarias En el primer párrafo, el autor usa una fuente primaria: una cita directa de la escritura de Lewis. ¿Qué conclusión puedes sacar sobre Lewis a partir de sus palabras?

Al llegar al valle del río Clearwater, la expedición construyó nuevas canoas para continuar su camino hacia el oeste.

A mediados de septiembre, hubo una enceguecedora tormenta de nieve. Hasta el guía shoshone se perdió. Lo peor de todo fue que, en las altas cumbres montañosas, ya no se hallaban los animales de caza que habían sido tan abundantes hasta ese momento. Los exploradores se vieron obligados a sacrificar a algunos de sus animales de carga para obtener carne. Los diarios de los exploradores informan que los hombres dieron gritos de alegría cuando por fin cruzaron las montañas y llegaron a los pastizales en terrenos llanos.

La expedición de Lewis y Clark dejó atrás las montañas Rocosas y descendió al hermoso valle del río Clearwater, en el actual territorio de Idaho. Las aguas eran tan transparentes que, a pesar de la profundidad del río, se podía ver el lecho del río y los bancos de peces. En las tierras del Clearwater, Lewis y Clark abandonaron los caballos de carga y construyeron nuevas canoas. Pensaban que todos los arroyos de ese lado de las Rocosas conducirían a la larga al río Columbia, el río principal del Noroeste del Pacífico. Los indios americanos llamaban *Ouragon* u *Origan* al río Columbia. Tiempo después, se llamó Territorio de Oregón a las tierras de alrededor.

Al recorrer los ríos, los viajeros conocieron a los nez percé, que les enseñaron valiosas técnicas para construir y navegar en canoas hechas de troncos. Menos amistosos fueron los chinook, que impusieron a los exploradores duras condiciones para conseguir alimentos. Sin embargo, encontrarse con los chinook significaba que el océano Pacífico no estaba tan lejos: uno de los chinook vestía una chaqueta negra de la Marina, que tal vez le había comprado a un marinero norteamericano o europeo.

Una deprimente lluvia azotó a los viajeros a principios de noviembre, mientras navegaban río abajo por el Columbia. Acamparon cerca de una aldea india y allí pasaron una noche intranquila. Durante la mañana del 7 de noviembre de 1805, la lluvia cesó y la niebla se disipó. Un coro de gritos surgió repentinamente en el campamento. William Clark garabateó en su diario: "¡Océano a la vista! ¡Oh, qué alegría!". En el horizonte, todavía a muchas millas hacia el oeste, estaba el gran océano Pacífico. Al verlo, algunos de los exploradores lloraron y otros oraron dando gracias.

Los exploradores experimentaron algunas dificultades en sus tratos con los chinook, pero su encuentro trajo señales de que el océano Pacífico estaba cerca.

Los exploradores vieron el océano Pacífico por primera vez cerca de lo que hoy en día es Astoria, en Oregón.

Pero la llegada al océano Pacífico no puso fin a la expedición de Lewis y Clark. El grupo aún debía regresar a St. Louis. El presidente Jefferson había entregado a Meriwether Lewis una carta de crédito que garantizaba el pago a cualquier capitán de barco que transportara a los exploradores hasta la costa oriental. El grupo estableció un campamento de invierno en la desembocadura del río Columbia, cerca de lo que hoy en día es Astoria, en Oregón, y estuvo atento a la llegada de algún barco. No vieron ninguno. Finalmente, el 23 de marzo de 1806, el grupo levantó el campamento y comenzó el largo viaje de regreso al este, hacia St. Louis.

Para los exploradores, el viaje de regreso de seis meses les pareció más sencillo que el primero, porque sabían lo que habrían de enfrentar en el territorio de los ríos y montañas. Cuando el grupo llegó a la aldea mandan, se despidieron de Sacagawea y su esposo y continuaron el camino a St. Louis.

El 23 de septiembre de 1806, la expedición de Lewis y Clark llegó a salvo a St. Louis, Missouri, donde había iniciado su viaje hacía más de dos años. Los viajeros habían recorrido una distancia de poco menos de 4,000 millas (6,400 km) de ida y vuelta, desde St. Louis hasta la desembocadura del río Columbia. Pero si se consideran los sinuosos ríos y senderos de montaña, el Cuerpo de Descubrimiento había cubierto en realidad alrededor de 8,000 millas (13,000 km) en este histórico viaje. A lo largo del trayecto, los exploradores se habían encontrado con más de cincuenta tribus de indios americanos.

Los diarios que llevaron los capitanes Lewis, Clark y varios miembros de su expedición han sido recopilados en muchos relatos publicados después de que el viaje finalizó en 1806.

La expedición regresó con muchas muestras vegetales y animales que los científicos estadounidenses no habían visto jamás. Antes de la expedición, el presidente Jefferson tenía la esperanza de que los exploradores descubrieran un río ancho por el que los barcos pudieran navegar directamente hasta el océano Pacífico. Lewis y Clark no hallaron un río así; la expedición fue la prueba definitiva de que no existía una vía fluvial que cruzara todo el territorio de América del Norte.

Desde St. Louis, Lewis y Clark viajaron hasta Washington, D. C. Casi todas las ciudades por las que pasaron los recibieron con bandas de música y los trataron como héroes. Al llegar a Washington, D. C., los exploradores dejaron fascinado al presidente Jefferson con sus relatos sobre osos pardos y elevados pasos de montaña. El presidente dijo: "Lewis y Clark han cumplido mis expectativas completamente [...]. El mundo sabrá que esos viajeros se han ganado todo el mérito".

Para Meriwether Lewis y William Clark, la misión en sí fue su recompensa mayor. El viaje a través de tierras prácticamente no exploradas fue una experiencia estimulante que atesorarían el resto de su vida. Aunque enfrentaron muchos peligros, las páginas de sus diarios rebosan de emociones más que de riesgos. Como escribió Lewis el día en el que salió de la aldea india para internarse en los territorios desiertos del Oeste: "Este momento de mi partida no puedo considerarlo sino como uno de los más felices de mi vida".

ANALIZAR EL TEXTO

Ideas principales y detalles ¿Cuál es la idea principal del texto de esta página? ¿Cuál es la idea principal global de la selección? Identifica los detalles clave que la apoyan.

Ahora analiza

Cómo analizar el texto

Usa estas páginas para aprender acerca de Ideas principales y detalles, Fuentes primarias y Explicar sucesos históricos. Luego, vuelve a leer *Lewis y Clark* para aplicar lo que has aprendido.

Ideas principales y detalles

La **idea principal** es aquello de lo que trata la mayor parte de un texto. Además de la idea principal global, los párrafos y las secciones de un texto también tienen sus propias ideas principales. Hay **detalles** de apoyo para cada idea principal. Esos detalles pueden ser datos, ejemplos, descripciones, citas u otros tipos de evidencia del texto.

A veces, las ideas principales están expresadas directamente. Otras veces, están **implícitas** y se deben inferir a partir de la información dada. Para hallar una idea principal implícita, los lectores deben preguntarse a qué idea sirven de apoyo todos los detalles de un párrafo o de una sección. En la página 757, la idea principal está implícita. Para comprenderla, los lectores deben leer atentamente y hacer inferencias basadas en la evidencia del texto.

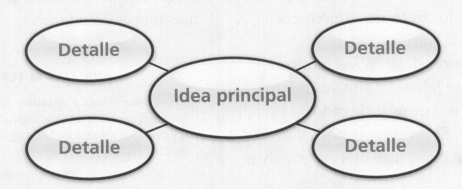

ESTÁNDARES COMUNES **RI.5.2** determine two or more main ideas and explain how they are supported by details/summarize; **RI.5.3** explain the relationships between individuals/events/ideas/concepts in a text; **RI.5.8** explain how an author uses reasons and evidence to support points; **RI.5.10** read and comprehend informational texts

Aprende en línea

Fuentes primarias

Los autores de textos de no ficción narrativa suelen buscar detalles e información sobre las personas y los sucesos en **fuentes primarias.** Las fuentes primarias son los materiales creados por alguien que presenció el suceso descrito o que participó en él. A lo largo de *Lewis y Clark*, el autor hace referencia a los diarios de los miembros de la expedición. De estas fuentes primarias, el autor extrae citas e información como apoyo para sus ideas.

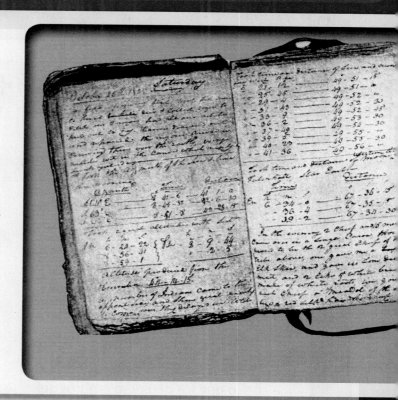

Explicar sucesos históricos

En la mayor parte de *Lewis y Clark*, el autor presenta los **sucesos** en una secuencia, lo que ayuda a los lectores a comprender las experiencias de los miembros de la expedición. Sin embargo, la última parte del texto examina la importancia de los logros de los exploradores y muestra cómo los sucesos individuales del viaje se relacionan con el gran propósito histórico de la expedición. Busca cómo se relacionan los sucesos de un texto histórico para comprender qué ocurrió, cuándo y por qué.

Es tu turno

mi
Escritura genial

REPASAR LA PREGUNTA ESENCIAL

Turnarse y comentar

Repasa la selección y prepárate para comentar esta pregunta: *¿Cómo contribuyeron los exploradores a que Estados Unidos sea lo que es hoy?* Comenta la pregunta en un grupo pequeño. Mientras presentas tus ideas, asegúrate de relacionarlas con lo que los demás miembros del grupo han dicho.

Comentar en la clase

Para continuar comentando *Lewis y Clark*, usa evidencia del texto para explicar tus respuestas a estas preguntas:

1 ¿Por qué fue necesaria una expedición para explorar el Territorio de Luisiana?

2 ¿Por qué fue importante el papel de Sacagawea en la expedición?

3 ¿De qué manera el autor hace que Lewis y Clark parezcan personas reales y no solo personajes históricos?

LOS DETALLES LO SON TODO

Hacer una lista Piensa en las palabras, las descripciones y los ejemplos que usa el autor cuando se refiere a los exploradores Lewis y Clark. Con un compañero, haz una lista de esos detalles. Usa comillas dobles para mostrar cuáles son los detalles que citas directamente del texto. Comenta lo que aprendas sobre los exploradores a partir de tu lista. Luego, analiza lo que indican los detalles sobre los sentimientos del autor hacia los dos hombres.

"Tardaron veinticuatro días en rodear las cataratas; todos terminaron exhaustos".

"Lewis llevaba una bandera estadounidense en la mochila, pues estaba preparado para un encuentro así".

ESCRIBE SOBRE LO QUE LEÍSTE

Respuesta Una expresión que podría describir la expedición de Lewis y Clark es *memorable.* El grupo enfrentó un desafío tras otro en su intento por llegar al océano Pacífico. Escribe un párrafo en el que expliques qué ocurrió en la expedición y por qué fue un gran logro. Apoya tus ideas con citas, detalles y otros tipos de evidencia del texto.

Principios básicos de libertad

Lewis y Clark

R. Conrad Stein

Sugerencia para la escritura

Organiza el párrafo siguiendo un orden de secuencia. Asegúrate de incluir palabras y frases que describan cada suceso.

Aprende en línea

ESTÁNDARES COMUNES **RI.5.1** quote accurately when explaining what the text says explicitly and when drawing inferences; **W.5.9b** apply grade 5 Reading standards to informational texts; **W.5.10** write routinely over extended time frames and shorter time frames; **SL.5.1a** come to discussions prepared/explicitly draw on preparation and other information about the topic; **SL.5.1c** pose and respond to questions, make comments that contribute to the discussion, and elaborate on others' remarks

OBRA DE TEATRO

UNA REUNIÓN INESPERADA

UNA REUNIÓN INESPERADA

por Byron Cahill

Reparto de personajes

NARRADOR

JEFE CAMEAHWAIT

CAPITÁN MERIWETHER LEWIS

CAPITÁN WILLIAM CLARK

SACAGAWEA

EXPLORADOR SHOSHONE

Aprende en línea

NARRADOR. Nos encontramos en agosto de 1805, en el campamento de los shoshone. El grupo principal de la expedición de Lewis y Clark está abriéndose camino de regreso hasta donde se encuentra el grupo del capitán Lewis. Mientras los exploradores shoshone salen a buscarlos, Lewis le está pidiendo ayuda al jefe, Cameahwait.

LEWIS. Jefe Cameahwait, le agradeceríamos repensar la idea de desprenderse de algunos de sus caballos. Serían de gran ayuda cuando crucemos la cordillera occidental.

CAMEAHWAIT. (*Con firmeza*). No, forastero. Ustedes podrían ser aliados de los pies negros.

LEWIS. Simplemente buscamos un paso al otro lado de estas montañas.

CAMEAHWAIT. Eso es lo que usted dice. Pero, a pesar de sus palabras, ustedes son intrusos en mis tierras.

LEWIS. Le doy mi palabra: no queremos hacerles daño a los shoshone.

CAMEAHWAIT. Nosotros, los shoshone, juzgamos a los demás por sus acciones, no solo por sus palabras. Hemos perdido mucho en la guerra. Yo mismo perdí una hermana hace años.

EXPLORADOR SHOSHONE. (*Entrando con Clark y Sacagawea*). Cameahwait, te hemos traído a estos forasteros. Los hallamos acampando cerca de un arroyo tributario que sale del río.

LEWIS. (*Aliviado*). ¡Capitán Clark! ¡Sacagawea! ¡Cuánto nos alegra verlos a salvo!

CLARK. Todos están bien, Meriwether, gracias a las plantas comestibles que encontró Sacagawea y a sus excelentes técnicas para prepararlas.

LEWIS. ¡Qué bien! Sacagawea, tal vez puedas convencer a Cameahwait de que podremos continuar nuestro viaje y dejar sus tierras mucho antes si él accede a negociar con nosotros.

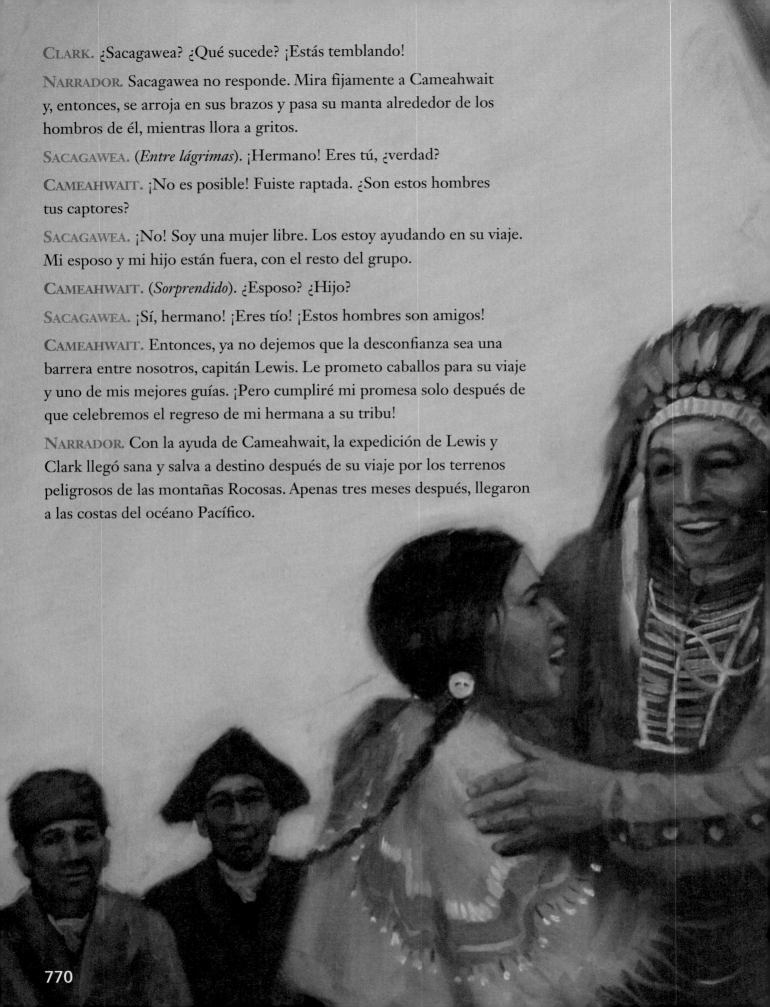

CLARK. ¿Sacagawea? ¿Qué sucede? ¡Estás temblando!

NARRADOR. Sacagawea no responde. Mira fijamente a Cameahwait y, entonces, se arroja en sus brazos y pasa su manta alrededor de los hombros de él, mientras llora a gritos.

SACAGAWEA. (*Entre lágrimas*). ¡Hermano! Eres tú, ¿verdad?

CAMEAHWAIT. ¡No es posible! Fuiste raptada. ¿Son estos hombres tus captores?

SACAGAWEA. ¡No! Soy una mujer libre. Los estoy ayudando en su viaje. Mi esposo y mi hijo están fuera, con el resto del grupo.

CAMEAHWAIT. (*Sorprendido*). ¿Esposo? ¿Hijo?

SACAGAWEA. ¡Sí, hermano! ¡Eres tío! ¡Estos hombres son amigos!

CAMEAHWAIT. Entonces, ya no dejemos que la desconfianza sea una barrera entre nosotros, capitán Lewis. Le prometo caballos para su viaje y uno de mis mejores guías. ¡Pero cumpliré mi promesa solo después de que celebremos el regreso de mi hermana a su tribu!

NARRADOR. Con la ayuda de Cameahwait, la expedición de Lewis y Clark llegó sana y salva a destino después de su viaje por los terrenos peligrosos de las montañas Rocosas. Apenas tres meses después, llegaron a las costas del océano Pacífico.

Comparar el texto

DE TEXTO A TEXTO

Comparar presentaciones de sucesos Con un compañero, repasa la obra de teatro y el relato del reencuentro de Sacagawea con su hermano en *Lewis y Clark*. Comenta las semejanzas y las diferencias de la presentación del suceso entre ambas versiones. Identifica el propósito del autor en ambos textos y explica cómo el propósito influye en la descripción del suceso. Resume tus ideas clave y compártelas con la clase; apoya tus ideas con evidencia y citas de cada texto.

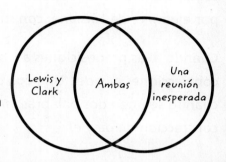

Lewis y Clark — Ambas — Una reunión inesperada

EL TEXTO Y TÚ

Escribir un cuento Escribe un cuento corto sobre un suceso clave que ocurrió después de que Lewis y Clark salieron de St. Louis, Missouri. Incluye detalles sensoriales, lenguaje apropiado y diálogo. Lee tu cuento en voz alta ante un grupo pequeño. Usa diferentes voces, expresiones faciales y gestos para hacer más interesante tu presentación y transmitir emociones.

EL TEXTO Y EL MUNDO

Conectar con los Estudios Sociales Usa fuentes impresas o en línea para investigar sobre la Compra de Luisiana. Toma nota de los datos nuevos que aprendas sobre esta histórica compra de tierras. Luego, comenta esos datos con un compañero.

Aprende en línea

ESTÁNDARES COMUNES RI.5.9 integrate information from several texts on the same topic; W.5.3a orient the reader by establishing a situation and introducing a narrator or characters/organize an event sequence; W.5.3b use narrative techniques to develop experiences and events or show characters' responses; W.5.3d use concrete words and phrases and sensory details; SL.5.6 adapt speech to contexts and tasks, using formal language when appropriate to task and situation

Gramática

Preposiciones: frases preposicionales y contracciones Las
preposiciones (*a, de, en, con, para*, etc.) son palabras que indican cómo
se relacionan otras palabras en una oración. Las **frases preposicionales**
comienzan con una preposición e incluyen un sustantivo o un pronombre;
por ejemplo, *de Luisiana, con sus nuevos amigos* o *para mí.*

Cuando a las preposiciones *a* y *de* les sigue el artículo *el*, se forman las
contracciones *al* y *del*. Una **contracción** es la palabra que se forma
cuando se unen dos palabras: *al* es la contracción de *a* y *el*, y *del* es la
contracción de *de* y *el*.

Contracciones	
al (a + el)	Lewis y Clark lograron llegar al océano Pacífico.
del (de + el)	La expedición del Cuerpo de Descubrimiento estableció un valioso contacto con muchas comunidades indígenas.

Sin embargo, cuando el artículo *el* forma parte de un nombre propio, no
hay contracción. Por ejemplo: *Salimos de El Paso y llegamos a El Álamo.*

Inténtalo **Vuelve a escribir las siguientes oraciones en una hoja
de papel. Reemplaza cada par de palabras en negrita
con una contracción solo cuando sea necesario.**

1. Los shoshone fueron en busca de Clark y **de el** grupo
de exploradores.

2. El artículo **de** *El País* sobre Lewis y Clark es muy interesante.

3. Los exploradores dejaron fascinado **a el** presidente Jefferson.

4. Durante su presidencia, se duplicó el territorio **de el** país.

5. Cuando fuimos **a El** Salvador, visitamos una comunidad indígena.

Cuando uses frases preposicionales, asegúrate de usar las contracciones correctamente. Usa *al* y *del* en lugar de *a el* y *de el*, excepto que el artículo forme parte de un nombre propio.

Contracciones

Incorrecto	Correcto
Sacagawea convence a el jefe Cameahwait para que les preste sus caballos a los exploradores. Así, la expedición llega finalmente a las costas de el océano Pacífico.	Sacagawea convence al jefe Cameahwait para que les preste sus caballos a los exploradores. Así, la expedición llega finalmente a las costas del océano Pacífico.

 ## Relacionar la gramática con la escritura

Mientras corriges tu ensayo de respuesta, asegúrate de haber usado las contracciones correctamente. Corrige cualquier error en el uso de las contracciones.

W.5.1a introduce a topic, state an opinion, and create an organizational structure; **W.5.1b** provide logically ordered reasons supported by facts and details; **W.5.1d** provide a concluding statement or section; **W.5.5** develop and strengthen writing by planning, revising, editing, rewriting or trying a new approach; **W.5.10** write routinely over extended time frames and shorter time frames

Escritura de opinión

Taller de lectoescritura: Revisar

✔ **Elección de palabras** Cuando escribas tu **ensayo de respuesta,** usa verbos y adjetivos convincentes para explicar claramente tus ideas. Apoya tu opinión y tus razones con buenos ejemplos y presenta una conclusión que quede en la memoria de los lectores.

Kira usó su tabla para hacer el borrador de un ensayo sobre este tema: *¿El formato de diario de* El diario de Rachel *relata mejor el cuento de lo que lo hubiera hecho una narrativa tradicional? ¿Por qué?* Luego, revisó su ensayo para reforzar la oración principal y la conclusión.

Usa la Lista de control del proceso de escritura mientras revisas tu escritura.

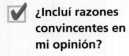

Lista de control del proceso de escritura

Preparación para la escritura

Hacer un borrador

▶ Revisar

✔ **¿Expresé una opinión clara en mi primer párrafo?**

✔ **¿Incluí razones convincentes en mi opinión?**

✔ **¿Usé buenos ejemplos para explicar mis razones?**

✔ **¿Es mi conclusión sólida y convincente?**

Corregir

Publicar y compartir

Borrador revisado

<u>El diario de Rachel</u> es un cuento sobre una joven pionera. ~~Me gusta el formato de diario.~~ A veces, ¡hasta te olvidas de que estás leyendo un texto de ficción!

Cuando escribe en su diario,
Rachel es como una reportera que toma notas sobre su propia vida.

Como el cuento está escrito en el diario de la protagonista, es muy realista.

774

Una buena manera de narrar cuentos

por Kira Delaney

El diario de Rachel es un cuento sobre una joven pionera. Como el cuento está escrito en el diario de la protagonista, es muy realista. A veces, ¡hasta te olvidas de que estás leyendo un texto de ficción!

Cuando escribe en su diario, Rachel es como una reportera que toma notas sobre su propia vida. Escribe sobre lo que ve, lo que hace y sobre las personas que conoce. Describe el río Platte, los atajos y a los búfalos. También escribe sobre su familia. A veces, escribe sobre las tareas cotidianas, como lavar y secar cosas y reparar carretas.

El formato de diario hace que sea fácil imaginar cómo hablaba una verdadera niña pionera. Rachel usa palabras que narran su experiencia en el Camino de Oregón, palabras como *piel roja, arrear el ganado* o *viajar en carretas.*

El formato de diario es la elección perfecta para este cuento. Permite que los lectores se sientan cercanos a Rachel y ayuda a ver los entornos, los sucesos y a las personas a través de los ojos de ella. Parece como si estuviéramos sentados junto a Rachel en la carreta.

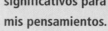

Leer como escritor

¿Cómo hizo Kira para que su ensayo de respuesta fuera más convincente? ¿Qué partes de tu ensayo puedes reforzar para hacerlo más convincente?

En mi trabajo final, logré que mi oración principal y mi conclusión fueran más sólidas. También usé adjetivos significativos para expresar mis pensamientos.

Lee los pasajes "En honor a la abuela" y "La bienvenida del abuelo". Mientras lees, detente y usa evidencia del texto para responder cada pregunta.

En honor a la abuela

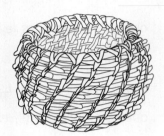

Julie no pudo evitar sentir celos al ver trabajar a su hermana mayor. Las habilidosas manos de Mirna tejían el hilo y unos atados de agujas de pino en forma de aliñadas espirales para formar una canasta. A medida que tomaba forma, la canasta comenzaba a parecerse a aquellas que solía hacer la abuela de las niñas.

Julie tomó una de sus fotografías favoritas de la abuela. Se la habían tomado a la abuela en su último año de vida. En esa foto, la abuela sostenía una hermosa canasta de agujas de pino que ella misma había hecho. Esa foto siempre le recordaba a Julie lo amable y talentosa que había sido su abuela y lo mucho que la extrañaba.

La escuela de las niñas estaba organizando un festival multicultural en el que los estudiantes podrían compartir tradiciones familiares especiales. Julie y Mirna querían compartir algo de su ascendencia cheroqui. Las canastas de hojas de pino parecían la opción perfecta porque ocupaban un lugar importante en la cultura cheroqui. Los cheroquis tejían canastas con materiales que encontraban en la naturaleza y las usaban para recolectar comida y almacenar diferentes cosas.

Para la semana siguiente, Mirna ya había terminado su canasta, pero Julie apenas había comenzado a tejer la suya. Julie se dio cuenta de que no era suficientemente habilidosa para terminar siquiera una sola canasta a tiempo para el festival.

—Mirna, ¿qué voy a hacer? —gritó Julie con desesperación—. ¡No tendré nada para compartir!

Mirna siempre trataba de calmar las aguas cuando Julie se alteraba.

—Quizá puedes pensar en otra cosa —sugirió con dulzura—. ¿Por qué no revisas algunos de los recuerdos de la abuela y ves si se te ocurre otra idea?

---

1 ¿Qué significa la frase *calmar las aguas* en el contexto del pasaje?

 ESTÁNDARES COMUNES

RL.5.1 quote accurately when explaining what the text says explicitly and when drawing inferences; **RL.5.2** determine theme from details/summarize; **RL.5.4** determine the meaning of words and phrases, including figurative language; **RL.5.9** compare and contrast stories in the same genre on their approaches to themes and topics

Julie fue a la antigua habitación de la abuela. Era tan fácil recordar a la abuela allí, con las manos siempre trabajando mientras les contaba relatos fascinantes a sus nietas. Julie abrió una cómoda y, con calma, revisó un cajón que aún contenía las pertenencias favoritas de la abuela. Apartó unos bonitos cinturones tejidos y canastas pequeñas. Luego, tomó una carpeta verde brillante y la hojeó. De pronto, exclamó: —¡Mirna, hallé un proyecto perfecto para mí! ¡La abuela dejó instrucciones para hacer un marco de portarretrato con cintas y agujas de pino! ¡Sé que puedo hacer esto!

Mirna sonrió de manera alentadora. Julie comenzó a hacer su marco, tejiendo cuidadosamente las cintas y las agujas de pino. Usó cintas verdes y azules porque esos habían sido los colores favoritos de la abuela. Cuando terminó, puso la foto de la abuela en el portarretrato. Julie esperaba con ansias mostrar su trabajo en el festival y sabía que su abuela se habría sentido orgullosa.

 ¿Cuál es el tema de este pasaje?

La bienvenida del abuelo

—Edgar, hoy debes ponerte a trabajar y llevar el resto de tus cosas a la habitación de Héctor —le recordó la Sra. Valdez a su hijo mayor.

—Pero, mamá, ya sabes que la habitación es demasiado pequeña para los dos —se quejó Edgar por vigésima vez. La Sra. Valdez dio un suspiro de frustración. Ya les había explicado muchas veces a sus tres hijos que su abuelo, de casi ochenta años, necesitaba ayuda con algunas tareas, como cocinar y lavar la ropa.

La Sra. Valdez lo había estado cuidando desde la muerte de la abuela, un año atrás. Juntos, habían decidido que sería más fácil para todos si el abuelo se mudaba con ellos. La Sra. Valdez ya les había explicado a los niños que todos se beneficiarían con esta decisión. El abuelo ayudaría a la familia, ya que se quedaría en la casa con los niños después de la escuela. De la misma manera, la Sra. Valdez y los niños estarían también disponibles si el abuelo necesitaba ayuda.

Lupita y Héctor, los niños más pequeños de la familia Valdez, estaban entusiasmados con la idea de que su abuelo viniera a vivir con ellos. Pero Edgar no estaba contento. Prefería que las cosas siguieran como estaban y, sin duda, ¡no quería compartir la habitación con el curioso de su hermanito!

El viernes a la noche, el abuelo se mudó con ellos. Durante la cena, Edgar casi no pronunció palabra. Pero el abuelo pareció no darse cuenta, ya que entretuvo a todos con relatos sobre su niñez. Si Edgar no hubiera estado tan malhumorado, habría disfrutado de los relatos tanto como Lupita y Héctor.

 3 ¿Cómo cambiaron las cosas para Edgar y su familia desde que su abuela murió?

—Cuando era niño, siempre nos sentábamos todos juntos para cenar en familia —dijo el abuelo—. Nos turnábamos para contar lo que habíamos hecho ese día. Me gustaría seguir la tradición aquí si todos están de acuerdo.

—Me parece una idea encantadora —dijo la Sra. Valdez. Héctor y Lupita asintieron con la cabeza.

—Para empezar —continuó el abuelo—, me gustaría agradecer a cada uno de ustedes por permitir que me mudara a su casa. Me gustaría agradecerte especialmente a ti, Edgar, por haberme dejado tu habitación. Sé que es un gran cambio y que debe de ser difícil para ti.

Edgar se puso colorado de la vergüenza por el escándalo que había hecho con respecto a su habitación.

Después de cenar, el abuelo se ofreció a lavar los platos. Edgar quería hacer algo para que el abuelo se sintiera como en su casa.

—¿Qué te parece si los lavamos juntos, abuelo? —le dijo.

 4 ¿En qué se parecen y en qué se diferencian los temas principales y otros tipos de temas de estos dos pasajes?

Glosario

En este glosario puedes encontrar el significado de algunas de las palabras de este libro.

A

a pesar de Algo que sucede sin importar otras cosas: *Lewis y Clark viajaron hacia el Pacífico **a pesar de** que era un territorio desconocido.*

abandonar *v.* Dejar algo o a alguien atrás: *La niña sintió que sus amigas la **abandonaban** cuando ellas se alejaron.*

abordar *v.* Subirse a un transporte: *Los marineros **abordaron** el barco.*

absorto *adj.* Totalmente concentrado: *Ella estaba **absorta** en su personaje de la obra de teatro de la escuela.*

acompasado *adj.* Que habla pausadamente en un mismo tono; que se mueve con mucho reposo y compás: *El andar **acompasado** del caballo era muy elegante.*

adaptar *v.* Hacer que algo o alguien se ajuste a un propósito específico: *Las casas se han **adaptado** para soportar los terremotos.*

admitir *v.* Reconocer o confesar que algo es verdad o es real: *Él **admitió** que yo tenía razón.*

afianzar *v.* Afirmar; dar soporte; sostener: *El acampante **afianza** su tienda con estacas.*

agotador *adj.* Que cansa mucho: *Estudiar para el examen fue una tarea **agotadora**.*

agudo *adj.* Muy sensible: *La vista **aguda** del búho lo ayuda a ver de noche.*

ajustado *adj.* Bien sujetado; apretado: *El casco de una bicicleta debe estar **ajustado** para que no se desprenda.*

alzar *v.* Levantar: *Ella regresó a casa **alzando** el premio que había recibido en la escuela.*

apacible *adj.* Agradable; tranquilo: *El viaje fue totalmente **apacible**.*

aplastar *v.* Oprimir algo hasta dejarlo plano o hecho pulpa; romper: *Mientras caminaba, ella **aplastaba** las hojas del suelo.*

apremiante *adj.* Que demanda una atención inmediata; urgente: *El hambre es uno de los problemas más **apremiantes** en el mundo.*

aprendiz *s.* Persona que trabaja para otra sin recibir pago para aprender un oficio: *El **aprendiz** de herrero se había entrenado muy bien para hacer herraduras.*

apresurar *v.* Hacer que algo se haga más rápido: *Juan se **apresuró** en tomar el desayuno para no perder el autobús. Mi papá siempre nos **apresura** para que lleguemos a tiempo a la escuela.*

aspecto
Aspecto proviene del prefijo latino *ad-* (a) y la raíz latina *specere* (mirar). La palabra *espectador,* que es alguien que observa, proviene de la misma raíz. Un *prospecto,* que es algo que se prevé que ocurra, proviene del prefijo *pro-,* (antes) y *specere.*

atraer
Atraer proviene de la palabra latina *attrahêre,* que significa "traer hacia". La palabra en español *tractor,* un vehículo que hala de otro vehículo u objeto, proviene de *trahere.* El verbo *retraer,* que significa "retirarse" o "retroceder", también proviene de *trahere.*

armarse de valor Hacerse valiente para enfrentar un peligro: *Todos los días, el bombero se arma de valor para ir a su trabajo.*

arrastrar los pies Caminar despacio, sin levantar los pies del piso: *Estaba tan cansada que solo arrastraba los pies.*

arremeter *v.* Lanzarse contra algo o alguien con fuerza: *El viento arremetió contra los árboles.*

asombrar *v.* Sorprender grandemente; maravillar: Me *asombró* que hayamos terminado nuestro proyecto a tiempo.

aspecto *s.* Manera en la que la mente percibe algo; un elemento o faceta: *El doctor evaluó todos los aspectos de la historia clínica del paciente.*

asunto *s.* Tema que se discute o sobre el que se debate: *El senador habló sobre el asunto de reformar las leyes de campaña.*

atraer *v.* Hacer que las cosas o las personas se acerquen por alguna cualidad o acción: *La bella playa atraía a grandes cantidades de personas.*

autocontrol *s.* Tranquilidad, calma, serenidad de uno mismo: *Para hacer esta dieta con éxito, es necesario tener mucho autocontrol.*

autoridad *s.* Persona u organización que tiene poder para hacer cumplir la ley, exigir obediencia, determinar algo o juzgar: *Las autoridades de la ciudad cerraron la calle por reparaciones.*

avergonzar *v.* Hacer sentir vergüenza o incomodidad: *Me avergonzaba no saber la respuesta.*

B

barrera *s.* Algo que evita el paso o el movimiento: *Las vacas, cuando cruzan un camino, son como una barrera que impide el paso.*

beneficio *s.* Algo que sirve de ayuda o ventaja: *Los deportes representan un gran beneficio para los estudiantes.*

burlar *v.* Reírse de algo o de alguien de manera despectiva: *Me sentía mal por Tom porque su hermano se burlaba de él.*

C

calcular *v.* Hacer cuentas por medio de operaciones matemáticas: *Los arquitectos calcularon el número de suministros necesarios antes de comenzar el proyecto.*

cambiar *v.* Reemplazar una cosa por otra; modificar: *Mi hijo* **cambió** *un libro de cuentos por uno de poesías. Me aconsejaron que no* **cambiara** *la respuesta a la pregunta.*

captar *v.* Atraer la atención de alguien: *El director* **captó** *la atención de los estudiantes.*

carecer *v.* No tener algo: *El vecindario* **carecía** *de luces en las calles.*

carrera *s.* Profesión u ocupación: *La* **carrera** *que elegí es medicina.*

chillido *s.* Grito agudo y molesto: *El perro dio un* **chillido** *cuando mi papá le pisó la cola.*

clasificar *v.* Cumplir con los requisitos para una posición o tarea: *Este año, se* **clasificaron** *diez competidores para la final del torneo.*

colapsar *v.* Caerse repentinamente o derrumbarse: *Una parte del techo* **colapsó** *después del incendio.*

comestible *adj.* Algo que se puede comer: *James no sabía que algunas flores pueden ser* **comestibles.**

competencia *s.* Prueba para demostrar habilidades o destrezas; torneo: *El partido de fútbol era una* **competencia** *increíble entre dos equipos talentosos.*

conceder *v.* Dar o permitir algo (que se ha pedido): *El maestro nos* **concedió** *permiso para irnos temprano.*

concentrarse *v.* Mantener los pensamientos, la atención o los esfuerzos en algo definido, o dirigirlos hacia él: *Es difícil* **concentrarme** *en la tarea cuando la televisión está encendida.*

conmoción *s.* Tumulto o disturbio: *La discusión creó una* **conmoción** *en la sala.*

conocer *v.* Estar informado de algo o familiarizado con algo o alguien: *Los esquimales sí* **conocen** *lo que es el frío. Los dos se* **conocían** *muy bien.*

conservar *v.* Proteger algo para que no se pierda o no se dañe: *Es importante* **conservar** *la energía.*

contagioso *adj.* Que se propaga por contacto directo o indirecto: *Su deseo de ganar la carrera de relevos fue muy* **contagioso** *para el equipo.*

contener *v.* Encerrar; reprimir un movimiento del cuerpo o una emoción: *El niño no pudo* **contener** *la emoción al ver a sus abuelos.*

continuar *v.* Seguir algo que se había suspendido: *La película* **continuó** *después de los comerciales.*

contribución *s.* Algo que se paga o que se dona: *Hicimos* **contribuciones** *de alimentos para las personas pobres de la comunidad.*

competencia

cordillera *s.* Cadena de montañas: *Las Montañas Rocosas forman una **cordillera** que se extiende por el oeste de Estados Unidos.*

crecer *v.* Aumentar repentinamente de tamaño o cantidad: *Cada vez que el río **crecía**, los habitantes tenían que ser evacuados.*

cumplido *s.* Expresión de alabanza, admiración o felicitación: *Mi jefa me hizo un **cumplido** por mi trabajo.*

cumplir *v.* Realizar una tarea: *Sharon **cumplió** la tarea de limpiar su habitación.*

D

darse cuenta Enterarse de algo que no se había percibido: *Cuando el hombre **se dio cuenta** de que había perdido la billetera, se alarmó.*

debate *s.* Discusión o consideración de argumentos a favor y en contra de algo: *La clase organizó un **debate** sobre el uso del uniforme escolar.*

decadencia *s.* Declinación; principio de debilidad o de ruina: *Algunas personas creen que este vecindario está en **decadencia**.*

decorado *adj.* Que está adornado con algo bello o llamativo: *El auditorio estaba bien **decorado** para la fiesta de graduación.*

decreto *s.* Regulación o estatuto expedido por una autoridad de gobierno: *El **decreto** requiere que todos los perros lleven correa.*

depender *v.* Necesitar la ayuda o el apoyo de algo o de alguien: *Las plantas **dependen** de la luz solar.*

derruido *adj.* Derribado; destruido: *El viejo edificio quedó **derruido**.*

desarrollar *v.* Crear; formar: *El escritor fue **desarrollando** la trama del libro de a poco.*

descender *v.* Moverse de un lugar o de una posición más alta a una más baja; bajar: *Los senderistas **descendieron** con cuidado de la cima de la montaña.*

desesperado *adj.* Que está lleno de temor o ansiedad: *Ella estaba **desesperada** y no dejaba de preocuparse por la situación.*

desgarrador *adj.* Que produce sufrimiento; estridente; ensordecedor: *El llanto **desgarrador** de la niña me conmovió profundamente.*

desterrar *v.* Llevar muy lejos o fuera de alcance; expulsar: *Debes **desterrar** esos pensamientos de tu mente.*

destino *s.* Lugar adonde va o es enviada una persona o cosa: *El **destino** del paquete estaba indicado en la etiqueta.*

destreza *s.* Habilidad o gracia en el uso de las manos, el cuerpo o la mente: *Un artesano puede crear jarrones hermosos gracias a su **destreza**.*

destrucción *s.* Resultado de derribar, romper, destruir: *El tornado causó una gran **destrucción**.*

desventaja *s.* Circunstancia o condición de dificultad para hacer algo o para lograr el éxito: *La **desventaja** del transporte por el río es su lentitud.*

detectar *v.* Descubrir o determinar la existencia o presencia de algo: ***Detectar** el olor a humo podría salvar tu vida.*

detener *v.* Parar o no dejar avanzar: *Los defensores debían **detener** a los delanteros rivales en el partido de fútbol.*

deteriorar *v.* Disminuir en calidad, carácter o valor con el paso del tiempo: *La humedad está **deteriorando** la cubierta del libro.*

determinado *adj.* Separado y diferente de los demás elementos de un mismo grupo o categoría: *El pintor quería que las paredes tuvieran un **determinado** tono de azul.*

diferente *adj.* Distinto o variado: *Sus comidas eran **diferentes** de un día a otro.*

disminuir *v.* Decrecer; hacerse cada vez más pequeño o menor: *La producción de zapatos **disminuyó** por la poca demanda.*

disponible *adj.* Que se puede obtener: *Hay entradas **disponibles** en la taquilla.*

distraerse *v.* Perder la atención: *El ruido **distrajo** a los estudiantes que estaban en la biblioteca.*

dominar *v.* Conocer bien una ciencia, un arte, un idioma, etc.: *El maestro **dominaba** muy bien el idioma francés.*

dramáticamente *adv.* De manera teatral: *El escritor contaba sus historias tan **dramáticamente** que siempre impactaba al lector.*

dudar *v.* Tardar en actuar, hablar o decidir: ***Dudábamos** sobre si cruzaríamos por el destartalado puente o no.*

E

echarse al hombro Llevar algo sobre los hombros: *En la mudanza, **me eché al hombro** la caja con la vajilla.*

edición *s.* Todas las copias de un libro, revista o periódico que se imprimen a la vez y tienen el mismo contenido: *La **edición** del periódico de hoy está totalmente vendida.*

destrucción

Destrucción proviene del prefijo latino *de-* ("de" o "abajo") y la raíz latina *struere*, ("construir"). Algunas palabras relacionadas son *estructura*, ("algo que se construye") e *instruir* ("enseñar"), que provienen de la misma raíz latina.

eficaz *adj.* Que tiene el efecto que se buscaba o se esperaba: *La vacuna es **eficaz** contra la gripe.*

eficiente *adj.* Que se hace o se produce de manera efectiva, con gastos o esfuerzos mínimos: *El bajo consumo de combustible convierte al auto en un vehículo **eficiente**.*

elemento *s.* Parte de un todo, especialmente, una parte fundamental de algo: *La novela es un relato de detectives que tiene algunos **elementos** de los cuentos de ciencia ficción.*

élite *s.* Grupo pequeño y privilegiado: *Los atletas eran la **élite** del mundo del deporte.*

empequeñecer *v.* Causar que algo se vea o parezca más pequeño: *El grandioso crucero **empequeñecía** al barco pesquero.*

en peligro de extinción Cerca de desaparecer para siempre: *Los animales que estaban **en peligro de extinción** fueron llevados a una reserva para su protección.*

enano *adj.* Que no creció o no se desarrolló normalmente: *El árbol **enano** no creció porque no había suficiente agua.*

enemigo *s.* Oponente o adversario: *Los **enemigos** decidieron hacer las paces.*

entorno *s.* Ambiente o lugar donde algo se desarrolla o lo que hay alrededor de algo: *Plantaron un árbol en el **entorno** del jardín.*

entumecer *v.* Impedir el movimiento de un miembro del cuerpo: *Al niño se le **entumecieron** los dedos del pie por el frío.*

entusiasmado *adj.* Que tiene gran interés o admiración: *Está **entusiasmada** por ir al campamento de verano con sus amigas.*

envidia *s.* Sentimiento de desagrado por las ventajas o el éxito de otras personas, junto con un fuerte deseo de tener esas mismas cosas: *Sentí mucha **envidia** cuando vi su nuevo auto.*

envolver *v.* Cubrir o rodear a alguien o algo por todas partes: *Ella se **envolvió** en una manta para soportar el frío.*

episodio *s.* Incidente que forma parte de una historia: *El cuento se adaptó y se dividió en seis **episodios** para la televisión.*

equipado *adj.* Que está provisto, que cuenta con lo necesario para un determinado fin: *El campamento estaba **equipado** con una tienda de campaña y una parrilla.*

erguirse *v.* Levantarse y ponerse derecho: *No podía **erguirme** porque me dolía la cintura.*

errar *v.* No acertar; fallar: *El jugador erró dos de los tres lanzamientos libres.*

esclavizado *adj.* Sometido a la esclavitud: *Muchas personas fueron esclavizadas; no tenían libertad para irse.*

esforzarse *v.* Hacer el mejor intento, tratar de hacer algo con empeño: *El niño se esforzó para levantar el pesado bolso.*

especialidad *s.* Talento o habilidad especial: *Su especialidad es pintar retratos de personas famosas.*

espejismo *s.* Ilusión óptica de que algo que en realidad no existe parece verse a lo lejos: *En medio del desierto creímos ver un lago, pero era un espejismo.*

estrategia *s.* Planificación y dirección de una serie de acciones que permitirán lograr un objetivo: *Al general George Washington se le ocurrió una estrategia para la batalla.*

estrecho *adj.* Angosto; limitado: *Una familia de cuatro integrantes vivía en un apartamento de dimensiones estrechas.*

estremecerse *v.* Temblar de frío o de miedo: *Me estremecí al pensar qué podría haber pasado si no hubiera prestado atención.*

estruendo *s.* Ruido muy fuerte: *El estruendo del trueno asustó al bebé.*

estupendo *adj.* Muy hermoso o muy bueno: *Las montañas cubiertas de nieve mostraban una vista estupenda al atardecer.*

evidente *adj.* Que se ve claramente; obvio: *Por la presencia de las nubes oscuras, era evidente que pronto iba a llover.*

exasperación *s.* Irritación, desesperación: *Con exasperación, él aplastó al mosquito.*

excepción *s.* Elemento que no sigue las mismas reglas de todos los de su grupo: *Todos nuestros invitados llegaron, a excepción de dos.*

exhortar *v.* Animar, incitar repetidamente: *El entrenador nos siguió exhortando para que nos mantuviéramos en forma durante las vacaciones de verano.*

expansión *s.* Extensión, dilatación: *Miré la vasta expansión del prado.*

expedición *s.* Grupo de personas que hace un viaje con un propósito específico: *La expedición festejó cuando sus integrantes llegaron a la cima del monte Everest.*

exquisitez *s.* Manjar, especialmente si se trata de alimentos de reducido tamaño y sabor delicado: *Cuando viajamos con mi familia, siempre probamos las exquiseces de la región.*

extenderse *v.* Prolongarse, ampliarse: *Vimos una cuerda para tender ropa que **se extendía** desde el árbol hasta la casa.*

F

factor *s.* Algo que lleva a un resultado: *La voluntad de trabajar arduamente es un **factor** importante para lograr el éxito.*

familia *s.* Parientes y otras personas que viven en la misma casa: *Cada **familia** tiene sus propias reglas.*

faro *s.* **1.** Torre alta en las costas, con una luz en la parte superior que sirve de señal a los navegantes durante la noche: *Las luces del **faro** advirtieron a los navegantes que su barco se estaba acercando a la costa.* **2.** Algo que se usa como guía visual o simbólica: *La escuela era como un **faro** de saber en la comunidad.*

faro

feroz *adj.* Muy salvaje, furioso: *El tigre **feroz** asustó con su rugido al ciervo.*

feroz

filtrarse *v.* Pasar lentamente a través de pequeños agujeros; supurar: *El aire frío **se filtraba** por los pequeños hoyos de la pared.*

florecer *v.* Ir bien; prosperar: *La empresa **floreció** y ellos se hicieron muy ricos.*

formal *adj.* Que se hace de acuerdo con determinadas convenciones o de cierta forma: *La junta directiva tuvo una reunión **formal.***

fórmula *s.* Método para hacer algo; procedimiento: *El maestro nos dio la **fórmula** para escribir un exitoso trabajo de investigación.*

fundamental *adj.* Extremadamente importante o decisivo: *La habilidad del cirujano fue **fundamental** para el éxito de la operación.*

G

girar *v.* Cambiar de dirección: *Giré el timón a la derecha para evitar estrellarme. En ese sitio, está prohibido **girar.***

gobernar *v.* Mandar con autoridad: *El alcalde **gobernaba** con justicia.*

gradualmente *adv.* Algo que sucede en pequeños pasos o por un cambio continuo y parejo: *El nivel del agua del lago fue subiendo **gradualmente** con el tiempo.*

guardián *s.* Persona o cosa que cuida o protege: *Los tribunales de justicia actúan como **guardianes** de la ley.*

guerra *s.* Enfrentamiento entre dos partes que luchan por algo, como un territorio: *Mi hijo se unió al ejército y ahora se fue a la **guerra.***

H

hacerse añicos Romperse en pedazos; destruir: *El cristal **se hizo añicos** y no se pudo reparar.*

hojear *v.* Pasar las hojas de un libro rápidamente: *Ella empezó a **hojear** la revista mientras esperaba.*

honrado *adj.* Orgulloso de recibir un respeto especial o una oportunidad especial: *Me sentí **honrado** de representar a nuestra clase en el concurso de talentos de la escuela.*

hostil *adj.* Que no es amigable: *No me mires de una manera tan **hostil.***

húmedo *adj.* Un poco mojado, pegajoso y frío: *Mis pies están **húmedos** porque tengo las botas mojadas.*

I

idéntico *adj.* Exactamente igual: *Nuestras bicicletas son **idénticas.***

imaginar *v.* Hacerse una imagen visual de algo; visualizar: *Se **imaginó** a sí mismo ganando la carrera de ciclismo.*

imitar *v.* Simular, hacer algo parecido a alguien: *Los niños suelen **imitar** los gestos de sus padres.*

impresionado *adj.* Que lo afectó fuertemente: *El gerente quedó **impresionado** con el trabajo del empleado y lo ascendió de puesto.*

impreso *adj.* Marcado o grabado en una superficie: *El jefe guardó todos los papeles **impresos.***

inadvertido *adj.* Que no se nota o no se ve: *Como nos movimos silenciosamente, pasamos **inadvertidos** en el salón.*

incomodidad *s.* Falta de comodidad; molestia: *La **incomodidad** de los zapatos ajustados hacía que ella corriera con dificultad.*

increíblemente *adv.* Difícil de creer: *El ganador de la carrera fue **increíblemente** veloz.*

indisciplinado *adj.* Que se resiste a obedecer normas: *Nunca tuve medallas en la escuela por ser un estudiante **indisciplinado.***

indudablemente *adv.* Sin duda: ***Indudablemente,** él estaba contento porque pudo llegar a la reunión a tiempo.*

hacerse añicos

idéntico

Idéntico proviene de una palabra del latín que significa "identidad", es decir, las características físicas y de la personalidad que hacen a una persona quien es. Otras palabras que provienen de la misma raíz latina son *identificar* e *identificación.*

inflar

inflar *v.* Expandir con aire o gas: *Infló los neumáticos de la bicicleta.*

influyente *adj.* Que tiene influencia: *Nuestra ciudad cuenta con un periódico muy **influyente**.*

infracción *s.* El acto de no cumplir o ignorar una regla o una ley: *Ella recibió muchas **infracciones** de tránsito.*

inspeccionar *v.* Mirar o examinar algo detalladamente: *Mientras yo **inspeccionaba** los estantes, mi hermanita cuidaba de que nadie viniera a la cocina.*

interior *s.* Parte interna; adentro: *Las figuras talladas se encuentran en el **interior** de la cueva.*

intermitente *adj.* Que comienza y termina: *Durante la tormenta, hubo ráfagas **intermitentes** de viento.*

interrumpir *v.* Hacer algo que estorba o detiene una acción o conversación; irrumpir: *Cuando estaba por contar el final del chiste, mi hermano me **interrumpió**.*

intimidado *adj.* Que tiene miedo, temor: *Nos sentíamos **intimidados** por las aguas violentas mientras navegábamos en nuestra canoa liviana.*

intuición *s.* Percepción de la verdadera naturaleza de algo: *Mi **intuición** me decía que la película sería un éxito.*

J

juego *s.* Acción de jugar, divertirse: *Es más fácil aprender las normas si se presentan en forma de **juego**.*

L

lanzamiento *s.* Efecto de poner algo en acción o empezar a ejecutar un plan: *La compañía estaba lista para el **lanzamiento** de su nuevo programa de investigación.*

legendario *adj.* Que es muy famoso; que pertenece o parece pertenecer a las leyendas: *La cabalgata de Paul Revere es **legendaria**.*

lugar elevado Sitio a gran altura: *El gato trepó a un **lugar elevado** para escapar del perro.*

M

madurar *v.* Crecer o desarrollarse: *La mayoría de los cachorros **maduran** hasta convertirse en perros adultos en uno o dos años.*

magnífico *adj.* Que sobresale entre los de su clase; excelente: *Jackie Robinson fue un* **magnífico** *deportista de su época.*

manar *v.* Brotar o salir: *El agua* **manaba** *del caño roto.*

manejo *s.* El acto de dirigir; administrar: *El entrenador era responsable del* **manejo** *del equipo.*

maravillado *adj.* Lleno de sorpresa, admiración o asombro: *Él observaba el océano, totalmente* **maravillado** *por su inmensidad.*

margen *s.* Borde o límite: *La hierba crece en los* **márgenes** *de la laguna.*

mental *adj.* Que tiene que ver con la mente: *Los buenos escritores crean imágenes* **mentales** *en los lectores.*

meter *v.* Hundir o colocar algo dentro de otra cosa: *El granjero* **metió** *la horquilla en la parva de heno.*

mínimo *s.* La menor cantidad o grado posible: *Necesitamos un* **mínimo** *de una hora para preparar la cena.*

mirar *v.* Examinar algo de cerca: **Miró** *con atención la libreta de calificaciones de su hija.*

molestar *v.* Irrumpir; incomodar: *Los músicos pidieron que nadie los* **molestara** *durante el ensayo.*

mostrar *v.* Descubrir algo para que se pueda ver: *El oso abrió la boca y le* **mostró** *los dientes al lobo.*

N

negarse *v.* Rehusarse: *Mi poni se detuvo bruscamente ante la cerca y* **se negó** *a saltar.*

número *s.* Acto que se realiza con regularidad: *Ahora, veremos el* **número** *de los payasos.*

O

obligar *v.* Forzar a hacer algo; exigir: *Su madre lo* **obligaba** *continuamente a hacer la tarea.*

obvio *adj.* Que es evidente o que se entiende fácilmente: *Los jugadores de fútbol americano de mayor tamaño corporal tienen una ventaja* **obvia.**

oficialmente *adv.* Comunicado o notificado públicamente por una autoridad: *Se declaró* **oficialmente** *ganador al equipo local.*

oponente *s.* Persona o grupo que está en contra de otra en una batalla, competencia, controversia o debate: *Los* **oponentes** *eran muy habilidosos con la pelota.*

organizar *v.* Arreglar las cosas de manera ordenada, sistemática: *Le pidieron que* **organizara** *la fiesta.*

origen *s.* Lugar de donde proviene algo o alguien: *Muchos amigos eran de su ciudad de* **origen.**

original *adj.* Que existió antes que todos los demás; el primero: *Virginia es una de las trece colonias* **originales** *de Estados Unidos.*

P

parecerse *v.* Tener semejanzas; ser como alguien o algo: *Algunos gatos domésticos* **se parecen** *a los pumas.*

pasar *v.* Ocurrir; suceder: *¿Qué* **pasó** *con tu proyecto?*

penosamente *adv.* Que se hace con dificultad: *Llevó por sí misma,* **penosamente,** *una pesada carga hasta el mercado.*

percance *s.* Accidente desafortunado: *El viaje terminó sin ningún* **percance.**

perdonar *v.* Librar a alguien de una obligación o castigo: *No te voy a* **perdonar** *que me hayas mentido. Mi madre jamás me* **perdonaría** *que falte a su cumpleaños.*

personalmente *adv.* En persona; por uno mismo: *Le di las gracias* **personalmente.**

persuadir *v.* Hacer que alguien haga o piense algo mediante discusiones, ruegos o razonamientos; convencer: *Los trató de* **persuadir** *de que vinieran con nosotros.*

primitivo

podio *s.* Lugar donde se premia a los ganadores de una competencia: *Los tres primeros atletas en llegar subieron al* **podio.**

preliminar *adj.* Que se hace antes o como preparación de un tema, acción o evento; introductorio: *El arquitecto mostró los bosquejos* **preliminares** *del edificio.*

presencia *s.* Hecho o condición de estar presente o cerca: *El niño que lloraba fue reconfortado por la* **presencia** *de su madre.*

previamente *adv.* Que ocurre antes de otra cosa: **Previamente,** *las niñas vivieron en Nueva Orleans.*

primitivo *adj.* Sencillo o antiguo: *Una cabina de troncos es un tipo de vivienda* **primitiva.**

procedimiento *s.* Manera de hacer algo o de que se haga algo, a menudo, mediante una serie de pasos: *Para realizar un experimento, el científico tenía que seguir un* **procedimiento.**

prohibir *v.* Evitar que se haga algo: *Las reglas de la piscina* **prohíben** *zambullirse en la parte poco profunda.*

prosperar *v.* Tener éxito o fortuna: *El hombre* **prosperó** *en sus negocios y abrió muchas tiendas nuevas.*

provisional *adj.* Que no se ha terminado por completo o que durará poco tiempo: *La editorial organizó un calendario **provisional** de trabajo.*

provisiones *s.* Reservas de alimentos y de otros artículos necesarios: *A los soldados que están combatiendo les llevan **provisiones.***

publicación *s.* Edición de un texto impreso o electrónico, como una revista, que se ofrece para la venta o distribución: *La **publicación** mensual de la escuela es informativa y entretenida.*

punto de vista Posición que toma una persona para opinar sobre algo: *Desde el **punto de vista** británico, su armada era la mejor.*

R

radiante *adj.* Con mucha alegría: *El jugador de béisbol estaba **radiante** después de hacer la jugada con la que su equipo ganó el partido.*

razonar *v.* Pensar claramente y con sentido: *Debes **razonar** para resolver el problema.*

rebelde *adj.* Alguien que quiere participar o que participa en una rebelión: *El granjero **rebelde** luchó en la Guerra de Independencia.*

recitar *v.* Repetir o decir en voz alta algo preparado o memorizado, en especial, ante una audiencia: *Los jugadores **recitan** la Promesa de lealtad a la bandera antes de cada partido.*

reconocer *v.* **1.** Conceder a alguien una cualidad: *Los **reconocieron** como expertos en ciencias.* **2.** Agradecer: *El pueblo **reconoció** al alcalde por su gran trabajo.*

récord *s.* La medición más alta o más baja que se haya registrado; por ejemplo, en un deporte o en el estado del tiempo: *El Valle de la Muerte cuenta con el **récord** de precipitaciones mínimas anuales de Estados Unidos.*

recto *adj.* Derecho: *El camino se ve muy **recto.***

regular *v.* Controlar o dirigir según una regla o una ley: *Los guardias están para **regular** la entrada de visitantes al parque.*

reprender *v.* Regañar, sermonear, amonestar: *Mi padre me **reprendió** porque salí solo a la calle después de que oscureció.*

representante *s.* Persona que actúa en nombre de otra u otras: *Rob y Peter fueron elegidos como **representantes** de la clase.*

requerir *v.* Necesitar: *Se **requiere** práctica para mejorar en este deporte.*

provisiones

reseco *adj.* Que no tiene humedad: *Como hace días que no llueve, la tierra está **reseca**.*

reservado *adj.* Que es propenso a la discreción; que guarda secretos: *Tuvimos que ser muy **reservados** mientras planeábamos la fiesta sorpresa.*

rural

residente *s.* Persona que vive en un sitio determinado: *Los **residentes** del edificio debieron irse porque no había electricidad.*

resistirse *v.* Oponerse: *Los colonos se **resistían** a pagar impuestos a Gran Bretaña.*

responsabilidad *s.* Obligación o deber: *Los dos gatos están bajo mi **responsabilidad**.*

restablecer *v.* Devolver a una condición inicial: *Se necesitarán muchos años para **restablecer** este hermoso bosque.*

retirarse *v.* Alejarse de algo peligroso o desagradable: *Los patriotas obligaron a los oponentes a **retirarse** de la batalla.*

revocar *v.* Anular algo de manera oficial: *El Senado votó para **revocar** la ley.*

ritmo *s.* Velocidad de un movimiento o progreso: *Me encanta el **ritmo** acelerado de la ciudad.*

rumor *s.* Historia o noticia que generalmente se propaga de boca en boca y que no se sabe si es cierta: *Oí un **rumor** de que Peter se va a vivir a China.*

rural *adj.* Relacionado con el campo: *Las granjas generalmente se hallan en zonas **rurales**.*

S

sacar *v.* Retirar algo que se encuentra en un lugar o dentro de un objeto; mostrar: *Al fin **sacaste** la bicicleta del sótano.*

saltar *v.* Dar brincos: *El ciervo **saltaba** por el bosque.*

salvación *s.* Rescate o solución: *El manantial fue la **salvación** para el viajero sediento.*

salvaje *adj.* Feroz; que no ha sido domesticado: *Los tigres **salvajes** cazaron a su presa.*

satisfacción *s.* Condición de estar contento; sentirse a gusto: *Los gatos ronronean con **satisfacción** cuando están contentos.*

sujetado *adj.* Atado, amarrado a alguien o algo: *Las escotillas del barco estaban bien **sujetadas**.*

suponer *v.* **1.** Pensar que algo es cierto: *Suponemos que tus papás van a pagar la cuenta.* **2.** Calcular: *Supongamos que nuestros invitados llegan puntualmente; entonces, cenaremos a las 6.*

supuestamente *adv.* Que se presume que es real: *Hasta que mintió, supuestamente ella era mi mejor amiga.*

suspenso *s.* Estado de no tener certeza o de no decidirse: *La película dejó el final en suspenso.*

T

tambalearse *v.* Moverse o caminar como si se fuera a caer de lado a lado: *Como cargaba una caja pesada, la mujer se tambaleaba de un lado al otro.*

técnica *s.* Procedimiento o método para realizar una tarea específica: *Juan aprendió técnicas para hacer juguetes de madera.*

temblar *v.* Agitar con sacudidas pequeñas, rápidas y frecuentes: *Las manos me temblaban por la emoción cuando me dieron una carta de recomendación.*

temporal *adj.* Que no es permanente; que dura poco tiempo: *El hombre recibió una licencia temporal hasta que obtuvo una licencia permanente.*

típicamente *adv.* De manera característica o representativa: *Típicamente, la escuela comienza temprano por la mañana.*

tormento *s.* Dolor físico o mental muy grande: *Era un tormento tratar de estudiar para el examen.*

trasladado *adj.* Llevado de un lugar a otro: *Las personas trasladadas recibieron atención médica.*

trastabillar *v.* Tropezarse: *Cuando subas al escenario, trata de no trastabillar.*

tributario *adj.* Río que va a desembocar en otro más grande: *A muchos turistas les gusta navegar por los brazos tributarios del gran río Mississippi.*

U

único *adj.* Que es uno solo en su especie: *El cachorro tiene una mancha única en el lomo.*

uniforme *adj.* Que es igual a otro o a otros: *Él construyó el porche con tablones de longitud uniforme.*

unísono *s.* Al mismo tiempo: *Todos los instrumentos de viento sonaron al unísono.*

suspenso
La palabra *suspenso* proviene del latín *sus-pendere,* que significa "detener o colgar algo en el aire". Un puente *suspendido* es un puente en el que la vía está colgada con cables. La palabra *depender,* que significa "vivir bajo la protección o la autoridad de alguien", también proviene de *pendere* y el prefijo *de-* ("debajo de").

uni-
El significado del prefijo *uni-* es "uno". Este proviene del prefijo latino *uni-,* que a su vez proviene de la raíz *unus,* "uno". La palabra *unicornio,* un ser mitológico que es un caballo con un cuerno, proviene de *uni-* y la raíz latina *cornu,* "cuerno". Otras palabras que contienen "uno" en su definición son *único, uniforme* y *unísono.*

villano

El significado de la palabra *villano* ha cambiado a lo largo del tiempo. La palabra proviene de la palabra latina *villa,* que significa "casa de campo". Al principio, se refería a un sirviente que vivía en el campo. Gradualmente, el significado fue cambiando para referirse a una persona ordinaria o tonta, y de allí pasó a significar "una persona malvada".

vegetación

V

valiente *adj.* Que tiene valor; esforzado: *Mi amigo fue muy* **valiente** *cuando admitió que había hecho trampa.*

vano *adj.* Que no da resultado; que no resulta exitoso: *Los bomberos hicieron intentos* **vanos** *para salvar el edificio en llamas.*

vegetación *s.* Especies vegetales en una región; plantas: *Hay poca* **vegetación** *en el Polo Norte.*

ventaja *s.* Factor o característica beneficiosa: *Los museos y las bibliotecas son algunas de las* **ventajas** *de vivir en una ciudad.*

versar *v.* Tener como tema: *El libro* **versa** *sobre la alfarería indígena.*

viaje *s.* Recorrido para ir de un lugar a otro: *Los colonos hicieron un largo* **viaje** *hacia el Oeste.*

villano *s.* Persona muy mala: *Los malvados hermanos eran los* **villanos** *de la película.*

violento *adj.* Cruel; sin consideraciones: *El enemigo lanzó un* **violento** *ataque.*

Z

zancada *s.* Paso muy largo: *La jirafa daba largas* **zancadas.**

Acknowledgments

The Birchbark House written and illustrated by Louise Erdrich. Copyright © 1999 by Louise Erdrich. Reprinted by permission of Hyperion Books. All rights reserved.

Can't You Make Them Behave, King George? by Jean Fritz, illustrated by Tomie dePaola. Text copyright © 1977 by Jean Fritz. Illustrations copyright © 1977 by Tomie dePaola. Reprinted by permission of Coward-McCann, a division of Penguin's Young Readers Group, a member of Penguin Group (USA). Inc., and Gina Maccoby Literary Agency.

Cougars by Patricia Corrigan, illustrated by John F. McGee. Copyright © 2001 by Northword Press. Reprinted by permission of T & N Children's Publishing.

Dangerous Crossing by Stephen Krensky, illustrated by Greg Harlin. Text copyright © 2005 by Stephen Krensky. Illustrations copyright © 2005 by Greg Harlin. All rights reserved including the right of reproduction in whole or in any form. Reprinted by permission of Dutton Children's Books, a member of Penguin's Young Readers Group, a division of Penguin Group (USA) Inc., and The Gersh Agency.

Darnell Rock Reporting by Walter Dean Myers. Copyright © 1994 by Walter Dean Myers. Reprinted by permission of Random House Children's Books, a division of Random House, Inc.

"Deanie McLeanie" by Walter Dean Myers. Copyright © 1994 by Walter Dean Myers. Reprinted by permission of Miriam Altshuler Literary Agency.

"Disturbed, the cat" from *The Penguin Book of Japanese Verse* (1967). Translated by Geoffrey Bownas and Anthony Thwaite. Reprinted by permission of Geoffrey Bownas.

"The Dog Newspaper" from *Five Pages a Day: A Writer's Journey* by Peg Kehret. Text copyright © 2005 by Peg Kehret. Reprinted by permission of Albert Whitman & Company and Curtis Brown, Ltd.

El Diario de Elisa by Doris Luisa Oronoz. Text copyright © by Doris Luisa Oronoz. Reprinted by permission of the author.

Everglades Forever: Restoring America's Great Wetlands by Trish Marx, photographs by Cindy Karp. Text copyright © 2004 by Trish Marx. Photographs copyright © 2004 by Cindy Karp. Reprinted by permission of Lee & Low Books, Inc., NY, NY 10016.

Excerpt from *The Black Stallion* by Walter Farley. Text copyright © 1941 by Walter Farley. Text copyright renewed © 1969 by Walter Farley. Reprinted by permission of Random House, Inc. and the Walter Farley Family Trust.

Excerpt from "Man Na Meri" from *Quest for the Tree Kangaroo: An Expedition to the Cloud Forest of New Guinea* by Sy Montgomery, photographs by Nic Bishop. Text copyright © 2006 by Sy Montgomery. Photographs copyright © 2006 by Nic Bishop. Reprinted by permission of Houghton Mifflin Harcourt Publishing Company.

"Genius" from *A Dime a Dozen* by Nikki Grimes. Copyright © 1998 by Nikki Grimes. Reprinted by permission of Dial Books for Young Readers, a division of Penguin Young Readers Group, a member of Penguin Group (USA) Inc. All rights reserved.

"Good Sportsmanship" from *All in Sport* by Richard Armour. Copyright © 1972 by Richard Armour. Reprinted by permission of Geoffrey Armour.

"James Forten" from *Now Is Your Time! The African-American Struggle for Freedom* by Walter Dean Myers. Copyright © 1991 by Walter Dean Myers. Reprinted by permission of HarperCollins Publishers.

"Karate Kid" by Jane Yolen from *Opening Day: Sports Poems*, published by Harcourt Brace & Co. Copyright © 1996 by Jane Yolen. Reprinted by permission of Curtis Brown, Ltd.

"LAFFF" by Lensey Namioka from *Within Reach: Ten Stories* edited by Donald P. Gallo. Copyright © 1983 by Lensey Namioka. Reprinted by permission of Lensey Namioka. All rights reserved by the author.

Lewis and Clark by R. Conrad Stein. Copyright © 1997 by Children's Press®, a division of Grolier Publishing Co., Inc. All rights reserved. Reprinted by permission of Scholastic Library Publishing.

Lunch Money by Andrew Clements. Text copyright © 2005 by Andrew Clements. Reprinted by permission of Simon & Schuster's Books for Young Readers, a division of Simon & Schuster's Children's Publishing Division, and Writers House, LLC, acting as agent for the author.

"A Package for Mrs. Jewls" from *Wayside School is Falling Down* by Louis Sachar, illustrated by Adam McCauley. Text copyright © 1989 by Louis Sachar. Illustrations copyright © 2003 by Adam McCauley. Reprinted by permission of HarperCollins Publishers.

Off and Running by Gary Soto. Text copyright © 1996 by Gary Soto. Reprinted by permission of the author and BookStop Literary Agency. All rights reserved. Jacket cover reprinted by permission of Random House Children's Books, a division of Random House, Inc.

Old Yeller by Fred Gipson. Copyright © 1956 by Fred Gipson. Reprinted by permission of HarperCollins Publishers and McIntosh & Otis, Inc.

"The Princess and the Pea" from *The Starlight Princess and Other Princess Stories* by Annie Dalton, illustrated by Belinda Downes. Text copyright © 1999 Dorling Kindersley Limited. Illustrations copyright © 1999 by Belinda Downes. Reprinted by permission of DK Publishing, Inc.

Rachel's Journal written and illustrated by Marissa Moss. Copyright © 1998 by Marissa Moss. All rights reserved. Reprinted by permission of Houghton Mifflin Harcourt Publishing Company and the Barbara S. Kouts Agency.

"Rockett Girls" from *Double Dutch: A Celebration of Jump Rope, Rhyme and Sisterhood* by Veronica Chambers. Copyright © 2002 by Veronica Chambers. Reprinted by permission of Hyperion Books for Children and the Sandra Dijkstra Literary Agency. All rights reserved.

"A Seeing Poem" from *Seeing Things* by Robert Froman, published by Thomas Y. Crowell, 1974. Copyright © 1974 by Robert Froman. Reprinted by permission of Katherine Froman.

Credits

Photo Credits